ताल-प्रकाश

[कानपुर विश्व-विद्यालय की एम० ए० (संगीत) के लिए स्वीकृत]

●

लेखक

भगवतशरण शर्मा

एम० ए०, साहित्यरत्न, संगीतालंकार

●

प्रस्तावना-लेखक

पं० किशन महाराज

संपादक

डॉ० लक्ष्मीनारायण गर्ग

प्रकाशक

संगीत कार्यालय, हाथरस-204 101 (उ. प्र.)

दसवाँ संस्करण

फ़रवरी, 1996

Publication No. 111

TAAL PRAKAASH

I.S.B.N. 81-85057-05-2

Written by
Bhagwatsharan Sharma

Edited by
Dr. Laxmi Narayan Garg

10th. Edition
February, 1996

Printed by
SANGEET PRESS
HATHRAS-204 101 (India)

Published by
SANGEET KARYALAYA
HATHRAS-204 101 (India)

पेशकार

'ताल-प्रकाश' नामक पुस्तक लिखकर श्री भगवतशरण शर्मा ने 'तबला-विषय' पर अच्छा प्रकाश डाला है। खेद है कि भारत में अनेक तबला-वादक अपने यश की पताका फहरा गए, परन्तु उन्होंने तबला-विषय पर कोई ऐसी पुस्तक नहीं लिखी, जिससे भारत के प्रत्येक तबला-घराने की शंकाओं का समाधान हो पाता। तबले की उत्पत्ति कैसे हुई, यह प्रश्न हर तबला-वादक के लिए एक पहेली बना हुआ है। दिल्ली-घराना 'तब्ल' से तबले की उत्पत्ति मानता है, तो बनारस-घराना 'मृदंग' से। इसका प्रवर्तक कोई उस्ताद सिद्धार खाँ ढाढ़ी को, तो कोई अमीर खुसरो को मानता है, लेकिन बनारस-घराना तबले का जन्म-स्थान पंजाब को मानता है। आज भी पजाब में बायाँ (डग्गा) के ऊपर आटे की स्याही लगाकर वादकगण वादन करते हैं, जिससे यह सिद्ध होता है कि मृदंग का आधार लेकर सर्वप्रथम तबला पंजाब में ही निर्मित किया गया और 'पखाओज' नाम से प्रसिद्ध हुआ।

मुस्लिम-काल में जिस प्रकार अनेक नगरों का नाम बदलकर कुछ-का-कुछ कर दिया गया, कितने ही विद्वानों के नाम से पंडित व मिश्र हटाकर 'मियाँ' की उपाधि दे दी गई, उसी प्रकार चाहे सिद्धार खाँ अथवा अमीर खुसरो ने 'पखाओज' नाम हटाकर 'तबला' प्रचलित कर दिया हो, तो कोई आश्चर्य नहीं !

उस्ताद सिद्धार खाँ से पूर्व भी पंजाब में तबले का प्रचलन था या नहीं, इसका प्रमाण एक प्राचीन किंवदन्ती से प्रकट होता है। सिद्धार खाँ के पौत्र उस्ताद मोदू खाँ की शादी पंजाब के किसी तबला-वादक की लड़की से हुई, जिसमें ५०० पंजाबी गतें मोदू खाँ

को दहेज में दी गई थीं। इससे स्पष्ट है कि पंजाब में तबला काफी प्राचीन काल से था और आज भी भारत का समस्त तबला-घराना पंजाबी गतों को तबले का एक प्रमुख अंग मानता है।

क्या ही अच्छा होता, अगर प्राचीन विद्वानों ने भी तबला-विषय को लिखकर प्रकाशित कर दिया होता, तब आज-जैसा मतभेद न होता! हर्ष है, शर्मा जो ने तबले के अनेक गुप्त विषयों को 'ताल-प्रकाश' द्वारा प्रकाश में लाने की प्रशंसनीय चेष्टा की है।

कितने ही लेखकों का मत है कि खब्बे हुसैन ढोलकिया, जब सुप्रसिद्ध मृदंग-वादक श्री कुदुम (कुदौ) सिंह जी से बजाने में पराजित हुआ, तो कुदौसिंह जी ने तलवार से उसकी उँगलियाँ काट लीं। इस पर खब्बे हुसैन ने दाहिने को बाएँ हाथ से तथा बाएँ का कटी हुई उँगलियों वाले दाहिने हाथ से अभ्यास करके बोलों में काफी मुलायमियत (मिठास) पैदा की, जिसे सुनकर कुदौसिंह बहुत प्रसन्न हुए। तदुपरांत खब्बे हुसैन ने ही मृदंग को काटकर खड़ा रख दिया और उसका वादन किया, 'तब भी बोला', इसलिए उसका नाम 'तबला' रखा। लेकिन विचार से देखा जाए तो जब एक-दो बद्धी कट जाने पर तबला या मृदंग ठीक नहीं बोलता, तब मृदंग के दो भाग कर देने पर कैसे बोला? इसलिए तबले की इस प्रकार उत्पत्ति असंगत मालूम होती है। हाँ, मृदंग के आधार पर तबले की उत्पत्ति अवश्य हुई है, इसमें तनिक भी संदेह नहीं।

शर्मा जी ने 'बनारस-बाज' के विषय में लिखा है कि बनारस-घराने के वादक 'धुमकिट' व 'धुमतिर' आदि बोलों का विशेष प्रयोग करते हैं। परन्तु वास्तव में बात यह है कि चाहे किसी भी घराने का तबला-वादक क्यों न हो, जो इन शब्दों का प्रयोग तबले पर करेगा, उसे शत-प्रतिशत अशुद्ध माना जाएगा। प्राचीन विद्वानों का मत है कि दोनों ओष्ठों के बीच में एक सुई खड़ी कर दी जाए और तबले का बोल पढ़ते समय सुई न चुभे, तब पहले का बोल शुद्ध माना जाएगा। परन्तु ऊपर लिखे दोनों बोल ऐसे हैं, जिनमें पहले ही 'धु' यानी 'उ' की मात्रा लगी हुई है, जो तबले में सर्वत्र वर्जित है।

भारत में कुछ ऐसे घराने भी हैं, जो बनारस-घराने के विषय में मिथ्या प्रचार किया करते हैं कि वहाँ के वादक मृदंग के बोल ही अधिक बजाते हैं। उन्हीं लोगों के प्रचार से शायद शर्मा जी ने ऐसा लिख दिया। वस्तुत: देखा जाय तो बनारस-बाज के प्रवर्तक स्वर्गीय रामसहाय जी ने उस तबले का आविष्कार किया, जो आज भारत के कोने-कोने में ध्रुवपद के साथ, नृत्य के साथ, तंत्रवाद्य के साथ, गीतों के साथ व स्वतन्त्र वादन में भी सुयश प्राप्त कर रहा है।

तबला-वादन पर इधर जितनी भी पुस्तकें प्रकाशित हुई हैं, उन सब पुस्तकों में 'ताल-प्रकाश' श्रेष्ठ माना जाएगा। शर्मा जी ने जिस परिश्रम से हर विषय का संग्रह इस पुस्तक में किया है, वह सराहनीय है। 'दुपल्ली', 'चौपल्ली', 'नौहक्का', 'एकहत्थी परण', लोम-विलोम का बोल, चक्रदार, फर्द, गत, तिहाई, टुकड़ा, पेशकार, बाँट, कायदा, रेला; इसके अतिरिक्त काल, क्रिया, कला, ग्रह, अंग, यति, प्रस्तार, लय और प्रबंध, मात्रा, छंद, ताल और ठेका आदि विषयों को स्पष्ट और विशद रूप से समझाया गया है। इस पुस्तक में कई बोल, परण ऐसे भी हैं जो आजकल अप्राप्य-से हो गए थे, उन चीजों को भी स्पष्ट रूप से लिखकर शर्मा जी ने अपनी उदारता और प्रखर बुद्धि का पूर्ण परिचय दिया है।

अलग-अलग घरानों के बाज, संगति करने का तरीका स्वतन्त्र वादन, अभ्यास करने का ढंग, हाथ व उँगलियों की रखावट का नियम, प्राचीन तथा आधुनिक कलाकारों का परिचय देकर पुस्तक को हर प्रकार से उपयोगी बनाया गया है। इसके अध्ययन से तबले के अनेक रहस्य पाठकों को ज्ञात होंगे तथा तबला-प्रेमी अभ्यास करके अच्छे तबला-वादक बन सकते हैं।

वाराणसी — शुभकामनाओं सहित

अक्टूबर, १९५९ — **किशन महाराज**

मेरी बात

आज संगीत में तबले का स्तर इतना ऊँचा हो गया है कि इसमें एम० ए० तक की परीक्षाएँ होने लगी हैं। पाठ्यक्रमों के अनुसार तबला-सम्बन्धी पुस्तकों की आवश्यकता होने पर अनेक पुस्तकों का प्रकाशन हुआ है, इसमें संदेह नहीं; परंतु जो भी पुस्तकें अभी तक प्रकाशित हुई हैं, उनमें से एक भी ऐसी दिखाई नहीं दी, जिसमें शास्त्र और क्रिया दोनों का यथोचित समावेश किया गया हो। फिर, इन पुस्तकों में परनें, कायदे, मुखड़े, तीए तथा चक्रदार आदि की रचना करने के सिद्धांतों का वर्णन तो अबतक किसी भी विद्वान् ने नहीं किया। इसका कारण यही है कि अधिकतर गुणियों ने इन सिद्धांतों को गुप्त रखा।

प्रस्तुत पुस्तक में मैंने अपनी बुद्धि के अनुसार इनका स्पष्टीकरण करने का प्रयत्न किया है। वैसे तो उदाहरण भी प्रत्येक ताल में इतने अधिक दिए गए हैं कि उन्हें याद करके ही तबले की ऊँची-से-ऊँची परीक्षा दी जा सकती है। केवल तीनताल का वर्णन ही काफी पृष्ठों में दिया गया है। परन्तु मनुष्य अल्पज्ञ है, इसलिए इस पुस्तक में अनेक कमियों का होना स्वाभाविक है। विदित होने पर भविष्य में उन्हें दूर करने का प्रयत्न करूँगा।

इसमें वर्णित सिद्धांत मुझे मेरे पूज्य गुरु बाबूराम जी कुलकर्णी द्वारा प्राप्त हुए हैं। सब प्रकार की चक्रदारों का और विशेष रूप से कमाली चक्रदारों का गणित मुझे पूज्य डी० आर० पार्वतीकर जी से तथा छंदों एवं स्तुतियों का रहस्य पूज्य मन्नू जी महाराज से और कायदों तथा गतों की रचना का क्रम पूज्य चाँद खाँ से प्राप्त हुआ है, अतएव मैं इन गुरुजनों का जन्म-जन्मांतर ऋणी रहूँगा।

अनेक रचनाओं को सुन्दर रूप देने में मेरे मित्र पं० श्रीधर जी शर्मा तथा पं० गोपालकृष्ण जी वीणाकार ने मुझे बड़ी सहायता दी है, अतः मैं हृदय से उनका अभिवादन करता हूँ।

इनके अतिरिक्त मैं श्री किशन महाराज एवं सुहृदय मित्र श्री लक्ष्मीनारायण गर्ग का विशेष आभारी हूँ जिन्होंने इस पुस्तक की प्रस्तावना लिखकर तथा सम्पादन कार्य करके मेरे परिश्रम को सार्थक बनाया है।

अन्त में मैं 'संगीत कार्यालय' का हृदय से अभिनन्दन करते हुए जिसने इसे प्रकाशित करके मुझ अकिंचन को योग्यता का प्रमाण-पत्र दिया है, अपनी बात समाप्त करता हूँ।

□ भगवतशरण शर्मा

१००, दुकानी स्ट्रीट, खुरजा-203 113 (भारत)

अनुक्रमणिका

अणिमा, अभिनंदन, अभिराम, अष्टमंगल, अर्य्युन, आड़ापन्न, आर्या, इकताली, इंद्र, इंद्रनील या ध्रुव (११ व १७ मात्राएँ) उदय, उदीर्ण, उक्षव, ऊषाकिरण, एक या सदानंद एकताल (४,५,७ व ९ मात्राएँ), अंक, अंतरक्रीड़ा, कपालभृत, कंदर्प, करालमंच, कलानिधि, कृष्ण, कुंभ, कुंभ (द्वितीय मत), कुसुमाकर, कैदफरोदस्त, कोकिल, कोकिला, कौशिक, खमसा, खंडपूर्ण, खेमटा, गजझंपा, गजलील (१७ व १८ मात्राएँ), गजारिश्च, गणेश, (१८, २० व २१ मात्राएँ), गंडकी, ग्रह, ग्रह (अन्य प्रकार), ग्रहाग्रह, गारुगी, गारुगी-पंचक, घट, चट, चक्र (५ व ३० मात्राएँ), चतुर, चतुर्पुट, चतुरस्ताल, चंद्र, चंद्रकला, चंद्रक्रीड़ा, चंद्रचौताला, चंद्रमणि, चंद्रावलि, चित्र (२ व १५ मात्राएँ), चूड़ामणि (१७ व ३२ मात्राएँ), चंग, चंपक, छपका, छोटी सवारी, जगझंप, जगदंबा, जगपाल, जयमंगल, जयमंगल (१४ मात्राएँ), झंपक, झंपा (६, ७,८, १० व १२ मात्राएँ), टप्पा, ठुमरी, ताम्रकर्णी, तिमिर, तिलवाड़ा, तुरंगलीला, दादरा, दामोदर, दाक्षामण, देवगांधार, देवध्वनि, देवगुना, दो बहार, धमार(पंजाबी), धुमाली, ध्रुव (१४,२१,२३ व २९ मात्राएँ), नट, नंदी, नक्षत्र, नांदी, निर्दोष, निशोरुक, निसारु, नीलकुसुम, नीलांबुज, पंचम, पंचशर, पंच-सवारी, पट, पर्ण, प्रतापशिखिर (१३ व १७ मात्राएँ), प्रति, प्रभातकिरण, प्रमाण, पश्तो, पशुपति, पुराण, पूर्ण, फरोदस्त, बसंत (९ व १८ मात्राएँ), बसंतशिखर, ब्रह्म (१४ व २८ मात्राएँ), ब्रह्मयोग (१५ व १७ मात्राएँ) भग्न, भड़ौआ दादरा, भृंग, भानुमती, भार्गवी, भैरव, मकरंदकीर्ति, मगध, मठ्य (८, १० व १६ मात्राएँ), मणि, मत्त, मत्तविजय, मदन (१२ मात्राएँ), मधुमालती, मन्मथ, मनसिज, मयूर, मरीची, मल्ल, मल्लिकटमोद, महानट, महाव्रज, (१२ व २० मात्राएँ), महासेन, महेश, मिथिलेश, मोहन, मोहिनी, मंठिका, यतिलग्न, यतिशेखर, रविनंदनी, राजमंडित, राजनारायण, राजसिंह, रायबंक, रास, रुद्र (११, १५, १६ व १७ मात्राएँ), रूपक या निर्दोष (५,६, ९ व ११ मात्राएँ), लघुशेखर (५ व ७ मात्राएँ), लक्ष्मी (१८ व ३६ मात्राएँ), लावनी, लीलावती, लोकमाता, वर्धन, वर्ण, वर्ण-भिन्न (१६ व ८ मात्राएँ), वर्णमंठिका, विजय, विमोही, विष्णु (१७व ३६ मात्राएँ), विषम, विश्व, वीरपंच, समदर्शन, सवारी, (१४,१५, ३० व ३२ मात्राएँ), सवारी छोटी, सवारी पंचम, सवारी बड़ी,

बजाना, गायन की संगति करना, वादन की संगति करना, नृत्य की संगति करना, एकाकी वादन, मृदंग-वादन में कौन अंग हिलना चाहिए, मृदंग-वादकों के गुण, प्रारंभिक हस्तसाधन-विधि।

□

प्रथम अध्याय

तबले का जन्म और उसके घराने

तबले के पूर्वज : इस वाद्य के जन्म के विषय में विचार करते ही मस्तिष्क में अनेक प्रश्न उठते हैं, जिनमें से कुछ इस प्रकार हैं— १. इस वाद्य का आकार किस वाद्य के आधार पर बना ? २. इसका जन्म किस शताब्दी में और क्यों हुआ ? ३. क्या अलाउद्दीन खिलजी (१२९०–१३२० ई०)–कालीन अमीर खुसरो ही इसके जन्मदाता हैं ? ४. यदि हाँ, तो १८–वीं शताब्दी में सिद्धार खाँ या सुधार खाँ द्वारा ५०० वर्ष बाद यह प्रचार में क्यों आया ? इतने काल तक इसकी क्या स्थिति रही ? और ५. इस वाद्य में ऐसी कौन-सी विशेषता रही, जिसके कारण आज यह अनेक ताल-वाद्यों को पीछे छोड़कर सबसे अधिक महत्त्व का ताल-वाद्य बन गया ? तो आइए, क्रम से प्रत्येक प्रश्न पर संक्षिप्त विचार करें।

जब हम इसके आकार के विषय में जानना चाहते हैं तो हमारा ध्यान भरतकालीन (दूसरी शताब्दी के) ताल-वाद्यों की ओर बरबस चला जाता है। उस काल में मृदंग नामक वाद्य के तीन भाग होते थे। इनमें एक वाद्य 'आंकिक' था जो पृथ्वी पर लेटा रहता था इसे दोनों ओर से बजाते थे। दूसरे और तीसरे भाग क्रमशः 'ऊर्ध्वक' और 'आलिंग्य' थे, जो खड़े रखे जाते थे और इन्हें एक ओर से बजाया जाता था। छठी, सातवीं शताब्दी के उपरांत इसमें परिवर्तन हुआ और कुछ दिनों तक केवल 'आंकिक' और एक 'उर्ध्वमुखी' वाद्य ही प्रचार में रहा। कालांतर में दूसरा उर्ध्वमुखी वाद्य भी हट गया और केवल आंकिक भाग ही 'मृदंग' या 'मर्दल' नाम से प्रचलित रह गया। इसी काल में 'मृदंग' अथवा कहो कि 'आंकिक' का दो उर्ध्वमुखी वाद्यों के रूप में अलग-अलग वादन होता रहा। किंतु यह रूप शास्त्र-सम्मत न होने के कारण न तो इसका नामकरण ही हुआ और न ग्रन्थों में ही उल्लेख किया गया। इस प्रकार मृदंग की यह संदिग्ध अवस्था लगभग १७-वीं शताब्दी तक रही।

अब तक इसमें दो प्रमुख परिवर्तन हो चुके थे। एक तो इसकी लंबाई कम करदी गई थी और दूसरे इसके दक्षिण भाग में भी

मिट्टी के लेप के स्थान पर लौह-चूर्ण से बने मसाले का प्रयोग होने लगा था। बाँयीं ओर इस समय भी आटे की पूलिका लगाई जाती थी।

इस वाद्य का प्रचार उन निम्नस्तरीय लोगों में था, जो इसे कमर से बाँधकर बेड़िनों (निम्नस्तर की नर्तकियों) के नाच के साथ बजाते थे। घरानेदार संगीतज्ञों ने इसे नहीं अपनाया था। परन्तु सरल और भारतीय परम्परायुक्त होने के कारण जन-साधारण के भजन, कीर्तन आदि में इसका प्रयोग होने लगा था।

इस वाद्य का नामकरण : चूंकि ये परिवर्तन ऐसे काल में हुए थे, जिसमें कि यवन शासक प्रत्येक वस्तु को उर्दू का रूप देना चाहते थे, अतः इस पखावज से काटे गए वाद्य को 'तब्ल' या 'तबला' कहा गया, जिसके अर्थ फ़ारसी भाषामें ऐसे वाद्य के हैं, जिसका मुख ऊपर की ओर हो और उसका ऊपरी भाग सपाट हो। संभवतः तभी से इस वाद्य के लिए 'तबला' शब्द प्रचार में आया हो।

तबले का अमीर ख़ुसरो से सम्बन्ध : इस वाद्य के विषय में मोहम्मद करम इमाम ने, जो कि 'मआदन्-उल-मूसीक़ी' (रचना काल १८५४ ई०) के लेखक हैं, यह लिख दिया कि हजरत अमीर ख़ुसरो तबला वाद्य व अनेक ताल व रागों के आविष्कारक हैं। जबकि इस वाद्य को शास्त्रीय संगीत के साथ प्रचार में लाने का श्रेय मोहम्मद शाह रँगीले-युग (१७१९ से १७४८ ई०) के ख़ुसरो खाँ नामक एक अन्य कलाकार को है। इसी कारण से १३-वीं शताब्दी (अमीर खुसरो का काल) से १८-वीं शताब्दी तक इतिहास में यद्यपि अनेक तानपूरा, रबाब, बीन, ढोलक, घड़ा और घेट तक बजानेवालों के नाम तो मिलते हैं, परन्तु किसी तबला-वादक का नाम नहीं मिलता। इन परिस्थितियों में नाम-साम्य के कारण लोग १८-वीं शताब्दी के खुसरो खाँ को अलाउद्दीन खिलजीकालीन अमीर खुसरो समझ बैठे। इस प्रकार अमीर ख़ुसरो की प्रसिद्धि ने लोगों के अज्ञान के कारण, खुसरो खाँ के यश को निगल लिया।

सिद्धार खाँ से तबले का सम्बन्ध : इस वाद्य ने अपने बोलों का साहित्य मृदंग, नगाड़ा, ढोलक और नृत्य से लिया। इन बोलों को लेते समय यह देखा कि ढोलक में हथेली को मोड़कर बाएँ मुख

से जो गमकदार बोल उत्पन्न किए जाते हैं, वे इस वाद्य में तबतक नहीं बज सकते, जबतक कि इसके बाएँ पर भी दाहिने-जैसी पक्की स्याही न लगी हो। अतः इस प्रकार के बोलों को उत्पन्न करने के लिए सिद्धार खाँ ने डग्गे पर जो आटे की पूलिका लगाई जाती थी, उसे हटाकर पक्की स्याही लगा दी और इसी सुधार के कारण तबले के प्रचार का श्रेय इन्हें दिया जाने लगा।

निष्कर्ष : इस-सबसे यह निष्कर्ष निकलता है कि १६-वीं शताब्दी के आस-पास पखावज के दो भाग करके वादन प्रारंभ हुआ तभी इसका नामकरण 'तबला' हो गया था, किन्तु इसमें उचित संशोधन १८-वीं शताब्दी के सिद्धार खाँ द्वारा हुआ और तभी शास्त्रीय संगीत के लिए खुसरो खाँ ने इसका प्रयोग किया।

इस वाद्य की लोकप्रियता का कारण : इस वाद्य ने बोलों का साहित्य पखावज या मृदंग, ताशा, नगाड़ा, ढोलक और नृत्य से लेकर इतना अधिक विस्तृत कर लिया, जितना किसी अन्य ताल-वाद्य का नहीं है। दूसरे, उँगलियों से बजाए जाने के कारण इसमें द्रुत लय का वादन जितनी उत्तमता से होता है, अन्य ताल-वाद्यों में कठिन है।

ठेकों का जन्म : प्राचीन ग्रन्थों में आज तक भी तालों के ठेके निश्चित नहीं हैं। अनुमान है कि ध्रुवपद-गायकी के साथ-साथ १५-वीं शताब्दी में ठेकों का जन्म हुआ और छंदों के अनुसार इन ठेकों की रचना करली गई, जिन्हें बार-बार दुहराया जाता रहा। इसी दुहराए जाने के कारण तालों के वे सभी ठेके जो एक बार विकसित हो गए, स्मृति में बने रहे और परंपराओं से अगली पीढ़ियों को थाती-रूप में मिलते रहे। यही नहीं, बल्कि आज भी विलंबित खयाल के साथ बजनेवाली एकताल के उस ठेके के लिए, जो ४८ मात्राओं का है, बोल निश्चित नहीं हैं। तबला-वादक भराव दिखाने के लिए चाहे जो बोल बजा देते हैं। ●

चूँकि सुधार खाँ (सिद्धार खाँ) दिल्ली के निवासी थे, अतः

● इस विषय में अधिक विस्तार से जानने के लिए लेखक की पुस्तक 'हिंदुस्तानी संगीत-शास्त्र', भाग २ का तृतीय संस्करण अथवा 'ताल-शास्त्र' पढ़ें।

इनका बाज 'दिल्ली-बाज' या 'दिल्ली-घराना' कहलाया। जो काम पखावज में पंजे से किया जाता है, वह इस वाद्य में उँगलियों के द्वारा किया जाने लगा। बोलों में भी आवश्यकतानुसार परिवर्तन कर लिया गया।

दिल्ली-घराना : उस्ताद सिद्धार खाँ के शिष्यों में रोशन खाँ, कल्लू खाँ और तुल्लन खाँ, तीन उत्तम शिष्य थे, परन्तु इनकी परम्परा के विषय में कुछ विशेष जानकारी प्राप्त न हो सकी।

इनके पुत्रों में उस्ताद बुगरा खाँ और घसीट खाँ के अतिरिक्त एक और थे, जिनका नाम ठीक मालूम न हो सका। इनमें से घसीट खाँ साहब की वंश-परम्परा के विषय में हम अंधकार में हैं। उस्ताद बुगरा खाँ के दो पुत्र हुए—उस्ताद सिताब खाँ तथा उस्ताद गुलाब खाँ। ये दोनों प्रसिद्ध तबला-वादक थे। सिताब खाँ के पुत्र नजीरअली तथा धैवते बड़े काले खाँ साहब भी प्रसिद्ध तबला-वादक थे। बड़े काले खाँ साहब के पुत्र उस्ताद बोलीबख्श प्रायः बम्बई रहा करते थे। दिल्ली घराने के प्रसिद्ध तबला-वादक नत्थू खाँ साहब, इन्हीं बोलीबख्श साहब के पुत्र थे। इनके शिष्यों में उस्ताद मुनीर खाँ उत्तम तबला-वादक थे। मुनीर खाँ के शिष्यों में उस्ताद अहमद जान थिरकवा, अमीर हुसैन खाँ, गुलाम हुसैन खाँ, शमसुद्दीन खाँ आदि हैं। मेरठ के प्रसिद्ध तबला-वादक उस्ताद हबीबुद्दीन खाँ इन्हीं उस्ताद नत्थू खाँ साहब के शिष्यों में से थे।

बुगरा खाँ साहब के दूसरे पुत्र गुलाब खाँ साहब के पुत्र मुहम्मद खाँ साहब थे। इनके पुत्र छोटे काले खाँ साहब थे। इनके पुत्र प्रसिद्ध तबला-वादक गामे खाँ साहब हैं। इन गामे खाँ साहब के पुत्र इमामअली दिल्ली-घराने की कला के प्रतीक हैं। इस पुस्तक का लेखक भी इसी दिल्ली-घराने का शिष्य है।

उस्ताद सिद्धार खाँ के तीसरे पुत्र (जिनका नाम मालूम नहीं हो सका) की वंश-परम्परा तबला-वादन में विशेष स्थान रखती है। इनके तीनों पुत्र उस्ताद मक्कू खाँ, मोदू खाँ तथा बख्शू खाँ प्रसिद्ध तबला-वादक थे। लखनऊ के नवाब के बुलावे पर उस्ताद मोदू खाँ व बख्शू खाँ दिल्ली से लखनऊ भेज दिए गए। इस प्रकार दिल्ली-घराने की एक शाखा लखनऊ जाकर बस गई। इसी ने तबले के लखनऊ (पूरब)-बाज की नीवँ डाली।

उस्ताद सुधार खाँ के छोटे भाई उस्ताद खाँ के पुत्र लिल्ली मसीत खाँ तथा पौत्र लँगड़े हुसैनबख्श थे। उस्ताद हुसैनबख्श साहब के दोनों पुत्र उस्ताद नन्हे खाँ व घसीट खाँ उत्तम तबला-वादक थे। उस्ताद नन्हे खाँ का निधन सन् १६४० में बंबई में हो गया। नन्हे खाँ साहब के शिष्य उस्ताद जुगना खाँ थे। इन्हीं जुगना खाँ साहब के शिष्य महबूब खाँ साहब मिरजकर हैं। आपके शिष्य श्री गोडबोले हैं।

लखनऊ (पूरब)-घराना : जैसा कि ऊपर बताया जा चुका है, इस घराने की नीवँ रखनेवाले उस्ताद मोदू खाँ तथा बख्शू खाँ थे। इनके वंशज उस्ताद मम्मू खाँ साहब इस घराने के गुरु थे। इनके पुत्र उस्ताद मुहम्मद खाँ एक प्रसिद्ध तबलिए थे। मुहम्मद खाँ साहब के दोनों पुत्र उस्ताद मुन्ने खाँ व उस्ताद आबिदहुसैन भी उत्तम तबला-वादक थे। मुन्ने खाँ साहब के पुत्र उस्ताद वाजिदहुसैन खाँ साहब आजकल लखनऊ-बाज के गुरु हैं। आप प्रायः कलकत्ता में रहते हैं। आबिदहुसैन खाँ साहब के शिष्यों में बनारस के प्रसिद्ध तबला-वादक पं० बीरू मिश्र थे। कलकत्ता के हीरेंद्र गांगोली तथा इंदौर के उस्ताद जहाँगीर खाँ आदि आपके शिष्य हैं।

फरुखाबाद (पूरब)-घराना : लखनऊ के उस्ताद बख्शू खाँ साहब की लड़की का विवाह फरुखाबाद के विलायतअली खाँ (हाजी खाँ साहब) से हुआ था। हाजी खाँ साहब को दहेज में लखनऊ-घराने के कुछ कायदे मिले। इन पर विशेष परिश्रम करने से हाजी खाँ साहब का नाम तबला-वादन में अमर हो गया। इनके शिष्यों में सलारी खाँ, चूड़ियावाले इमामबख्श, उस्ताद छुन्नू खाँ साहब और उस्ताद मुबारकअली आदि तबला-वादक हो गए हैं।

हाजी खाँ साहब के पुत्र उस्ताद हुसैनअली खाँ, उस्ताद मुनीर खाँ साहब के गुरु थे। मुनीर खाँ साहब की परंपरा में उस्ताद अहमदजान थिरकवा, अमीरहुसैन और गुलामहुसैन आदि हैं।

हुसैनअली खाँ साहब के वंश में नवाब वाजिदअली शाह के दरबारी तबला-वादक उस्ताद नन्हें खाँ थे। इनके पुत्र कलकत्ता-निवासी उस्ताद मसीत खाँ रामपुर में रहते हैं। करामत हुसैन खाँ इनके पुत्र तथा श्री ज्ञान घोष शिष्य हैं।

अजराड़ा-घराना : कल्लू खाँ व मीरू खाँ, दोनों भाई दिल्ली के प्रसिद्ध तबला-वादक उस्ताद सिताब खाँ के शिष्य थे। चूंकि ये मेरठ जिले के एक गाँव अजराड़े में रहते थे, अतः इस गाँव के नाम पर ही इस शैली का बाज कहलाने लगा। इनके वंश में उस्ताद मोहम्मदीबख्श प्रसिद्ध तबला-वादक थे। इनके पुत्र मियाँ चाँद खाँ तथा पौत्र उस्ताद काले खाँ तबला-वादन में प्रवीण थे। काले खाँ साहब के पुत्र हस्सू खाँ साहब तथा हस्सू खाँ साहब के पुत्र उस्ताद शम्मू खाँ प्रसिद्ध तबलिए थे। उस्ताद अब्दुलकरीम खाँ तथा उस्ताद हबीबुद्दीन खाँ आपके ही भतीजे एवं पुत्र थे। उस्ताद अब्दुलकरीम खाँ के शिष्य आगरे के पं० श्रीधर जी तथा उस्ताद हबीबुद्दीन खाँ के शिष्य बड़ौदा के सुधीरकुमार जी सक्सेना हैं।

बनारस-घराना : दिल्ली-घराने के शिष्य उस्ताद मोदू खाँ साहब जो लखनऊ में रहने लगे थे, के शिष्य रामसहाय जी थे। रामसहाय जी ने लखनऊ में रहकर तबला सीखा। फिर काशी में रहने लगे। इनके पाँच शिष्य प्रमुख थे, जिनके नाम जानकीसहाय जी, रामशरण जी, भैरोंसहाय जी, भगतजी तथा परतप्पू जी थे। जानकीसहाय जी रामसहाय जी के भाई थे। जानकीसहाय जी के गोकुल जी तथा विश्वनाथ जी, दो शिष्य हुए। विश्वनाथ जी के शिष्य भगवान् जी थे। इन्हीं भगवान् जी के पुत्र तथा विश्वनाथ जी के शिष्य श्री बीरू मिश्र थे।

रामशरण जी के लड़के का नाम दुरगा जी था। इन दुरगा जी के पुत्र श्री बिक्कू जी हैं। बिक्कू जी के पुत्र श्री गुम्मो जी प्रसिद्ध तबला-वादक हैं।

भैरोंसहाय जी के पुत्र का नाम बलदेवसहाय जी था। बलदेव-सहाय जी के पुत्र नन्हू और सूरदास जी के नाम से पुकारे जाते थे। श्री कंठे महाराज इन्हीं बलदेवसहाय जी के शिष्य थे। इसी घराने से संबंधित पं० किशन महाराज, पं० श्यामलाल जी और स्व० अनोखेलाल जी हैं।

भगत जी के शिष्यों में भैरों जी और भैरों जी के शिष्यों में मौलवीराम जी प्रसिद्ध तबला-वादक हैं।

परतप्पू जी के पुत्र का नाम जगन्नाथ जी था। इनके पुत्र का नाम श्री बाचा मिश्र था। इन्हीं बाचा जी के पुत्र श्री सामताप्रसाद (गुदई महाराज) हैं।

पंजाब-घराना : इस घराने पर दिल्ली-घराने की छाप न पड़ सकी। इन विद्वानों ने पखावज के ही खुले बोलों को बंद करके एक नवीन शैली को जन्म दिया। उस्ताद फकीरबख्श इस घराने के प्रसिद्ध तबला-वादक हुए। इनके शिष्य उस्ताद करमइलाही खाँ तथा श्री मालन खाँ और पुत्र उस्ताद कादिरबख्श प्रसिद्ध तबला-वादक हुए। बंबई के प्रसिद्ध तबला-वादक मास्टर अल्लारखा आपके ही शिष्य हैं। □

दूसरा अध्याय

तबला और उसके अंग

तबले के अंग : इसके मुख्य अंग दो होते हैं। जो बाएँ हाथ से बजाया जाता है, उसे बायाँ, डग्गा तथा माँडिया कहते हैं। दाहिने हाथ से बजनेवाले को तबला, दायाँ या मादी कहते हैं। कुछ लोग इसे नरघा तथा सौराष्ट्र में धुक्कड़ कहते हैं।

तबला : यह लकड़ी का बना होता है। आम, खैर, शीशम, चंदन, बबूल, कटहल तथा बिजैसार का बनता है। इसके नीचे का भाग प्रायः ८½ इंच, ऊपर का ७ इंच तथा ऊँचाई लगभग एक फुट की होती है। जो दाएँ तबले नीचे स्वर में मिलाए जाते हैं, उनका मुँह बजाय उन तबलों के, जो कि ऊँचे स्वर में मिलाए जाते हैं कुछ बड़ा होता है।

अच्छे तबले की पहचान : दाएँ का काठ जितना अधिक भारी होगा, उतनी ही अधिक गूँज उत्पन्न होगी। बिजैसार की लकड़ी का दायाँ प्रायः उत्तम रहता है।

उत्तम डग्गे की पहचान : बायाँ प्रायः मिट्टी का बना होता है। यह जितना हलका होता है, उतना ही अच्छा होता है। परंतु मिट्टी की कूँड़ी फूट जाने के डर से और सुविधा के लिए ताँबे या पीतल की भी कूँड़ियाँ बनाई जाती हैं। पंजाब में तो बायाँ भी प्रायः तबले के बराबर का ही होता है और इसे लकड़ी का बनाया जाता है। कुछ लोग बाएँ की पेंदी में राँगा, सीसा या जस्ता आदि डालकर उसे भारी कर देते हैं। फलस्वरूप उसमें से गूँज अधिक निकलती है और वह इधर-उधर नहीं हिलता।

पुड़ी : तबलों पर जो बजनेवाली खाल लगी रहती है, उसे पुड़ी कहते हैं। यह बकरे के चमड़े की बनाई जाती है। दाएँ की पुड़ी कुछ पतले और बाएँ की कुछ मोटे चमड़े की बनी होती है। पहले खाल को चूने के पानी में भिगोकर कमा लिया जाता है, तभी पुड़ी बनाई जाती है।

दाहिने पर स्याही रखना : स्याही, लोहे की जली हुई राख को नीलाथोथा मिली हुई लेही में मिलाकर तैयार की जाती है। तबले पर स्याही लगनेवाले स्थान को किसी धारवाली चीज से

चित्र नं० ६

एकांत में रियाज करने में, स्त्रियों के पैरों में पहने जानेवाले खड़ुओं को हाथ की कलाई में डाल लेना चाहिए। इससे रियाज उत्तम होता है और हाथ में दम, तैयारी एवं मिठास उत्पन्न होती है।

पुड़ी की प्रारंभिक दशा

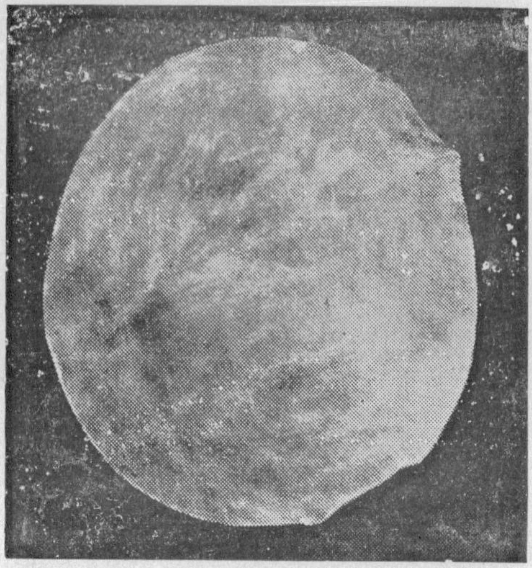

पुड़ी सफाई के बाद

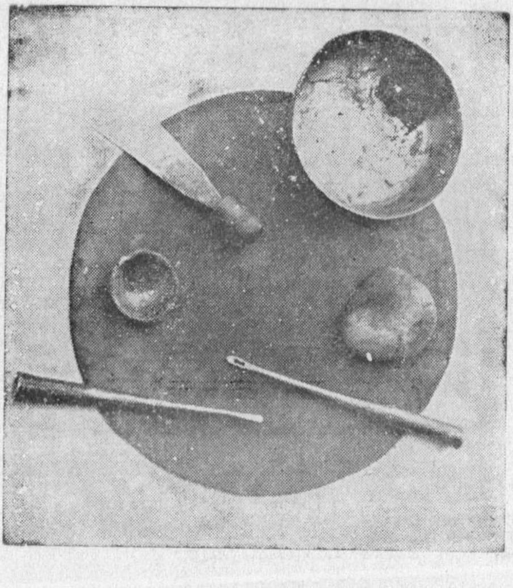

तबला तैयार करने में सहायक यंत्र

हल्का-हल्का खुरच लेते हैं। फिर इस तैयार की हुई स्याही की एक तह लगाकर, जब यह हल्की-सी सूख जाती है तो कसौटी के पत्थर से उसको खूब रगड़ते हैं। इसके सूखने पर इसी के ऊपर, पहली-सी गोलाई में छोटी, स्याही का दूसरा पर्त चढ़ाकर पुनः घुटाई करते हैं। इस प्रकार स्याही की तह को हर बार छोटा करते रहते हैं। अंत में लगभग आधा इंच व्यास की स्याही रखकर, सारे की घुटाई करते हैं। यदि स्याही पतली लगाई जाएगी तो तबले का स्वर ऊँचा होगा। यदि इसे अधिक लगा देंगे, तो स्वर नीचा होगा। जितनी अधिक घुटाई की जाएगी, स्याही उतनी ही मजबूत होगी और उसका दाना नहीं निकलेगा।

बाएँ पर स्याही रखना : ठीक दाहिने की तरह इस पर भी स्याही रखी जाती है, अंतर केवल यही होता है कि यह स्याही दाएँ पर बीचों-बीच रखी जाती है, जबकि बाएँ पर एक ओर। कुछ स्याही के स्थान पर आटा भी लगाते हैं। आटा लगाने का परिमाण और विधि मृदंग-विभाग में देखिए।

द्वाल और गजरा या सिंगार : पुड़ी को चमड़े की पट्टियों से बने हुए सिंगार या गजरे में गूँथ देते हैं। इस गजरे में सोलह घर होते हैं, इन घरों के बीच से चमड़े की बद्धी या द्वाल डाल देते हैं। बंबई की ओर ये द्वाल भैंस के कच्चे चमड़े की बनाई जाती हैं, जो बहुत मजबूत होती हैं। परंतु उत्तर-भारत में इन्हें प्रायः पके चमड़े की बनाते हैं। कुछ लोग चमड़े के स्थान पर सूत की डोरी काम में लाते हैं!

गट्टे तथा गुडरी : तबले के नीचे एक गोल चमड़े का पहिया-सा होता है। द्वाल को ऊपर गजरे में होकर और नीचे इस गुडरी में होकर गुड़ी को कस देते हैं। द्वालों के नीचे आठ लकड़ी के बने हुए गट्टे लगा देते हैं। प्रत्येक गट्टे पर चार-चार द्वाल रखी रहती हैं। गट्टे प्रायः तीन इंच लंबे और एक इंच मोटे होते हैं। जब तबले को अधिक ऊँचे या अधिक नीचे स्वर में मिलाना होता है तो इन गट्टों को नीचे या ऊपर ठोककर काम में लिया जाता है। एक-दो स्वर को ऊँचा-नीचा करने के लिए केवल गजरे पर ही प्रहार करके काम निकाल लिया जाता है।

किनारी या चाँटी और लव या मैदान : पुड़ी पर गजरे से ऊपर चारों ओर लगभग आध इंच चौड़ी एक चमड़े की गोट-सी लगी रहती है, इसे किनार अथवा चाँटी कहते हैं। इस किनार तथा स्याही के बीच में लगभग एक इंच चौड़ा, जो पुड़ी का भाग खाली रहता है, उसे लव या मैदान कहते हैं।

ईंडरी : यह मूंज या कपड़े का गोल पहिया-सा होता है। इस पर रखकर तबला बजाया जाता है। ऐसा करने से गूँज बढ़ जाती है। तबला इधर-उधर नहीं हिलता तथा उसकी पेंदी भी नहीं घिसती।

उत्तम पुड़ी की पहचान : तबले के मिलने पर यदि उसकी चाँटी और स्याही पर आघात करने से एक ही स्वर उत्पन्न होता हो, तो पुड़ी उत्तम समझनी चाहिए।

तबले में खिच्ची लगाना : दाएँ में खिच्ची लगाने के लिए पहले सारे गट्टे निकाल लिए जाते हैं; फिर द्वालों को इस ढंग से कसा जाता है कि पुड़ी चारों ओर ठीक गोलाई में रही आए। ऐसा न हो कि किसी एक ओर की किनार अधिक नीची हो जाए और दूसरी ओर की अधिक ऊँची। जब समस्त द्वालों को कस लिया जाता है तो बाद में चार-चार द्वालों को एक-एक गट्टे पर रख देते हैं। यदि सारे गट्टे काठ के बीच में रहने पर, तबले पर लगभग एक ही स्वर निकले, तो समझिए कि खिच्ची उत्तम हो गई।

डग्गे में खिच्ची लगाना : इसमें खिच्ची लगाते समय आप ज्यों-ज्यों द्वाल को कसते चलें, त्यों-त्यों बाएँ के गजरे पर हथौड़ी से प्रहार करते चलिए, ताकि पुड़ी चारों ओर से अधिक-से-अधिक खिच जाए।

तबले की रक्षा : प्रथम, बाईं-दाईं, दोनों पुड़ियों के लिए हल्की-सी रुई डलवाकर कपड़े की गद्दियाँ बनवानी आवश्यक हैं। जब तबला प्रयोग में न आए तब उनपर गद्दियों का बँधा रहना जरूरी है। द्वितीय, तबले को ऊँचे स्वर पर तभी तक मिला रखना चाहिए, जब तक कि उसे बजाना है। वादन समाप्त करने के उपरांत उसे कुछ उतारकर और गद्दियों से पुड़ियों को ढँककर रखना चाहिए। तृतीय, आपको यह समझ लेना चाहिए कि

किनार या गोट की कटाई

खिच्ची लगाने का ढंग

स्याही रखना

स्याही घोटना

दायाँ अधिक-से-अधिक अमुक ऊँचे स्वर तक जा सकता है। उस स्वर से आगे कभी मिलाने का प्रयत्न नहीं करना चाहिए। चतुर्थ, तबला-वादन करते समय कभी-कभी पिसी सेलखड़ी को दाएँ और बाएँ पर बुरकते रहना चाहिए, ताकि बजाते समय हाथों में जो पसीना आ गया है, वह सूख जाए और स्याही को खराब न करे। ध्यान रखिए, सील और पानी गिर जाने से स्याही के उखड़ जाने का भय रहता है, और यदि आप चाहते हैं कि हर मौसम में आपका तबला बढ़िया बोलता रहे, तो सदैव मुँह पर गद्दी बाँधकर और फिर इन्हें कपड़े में बाँधकर रखिए।

दायाँ तबला मिलाना : इसे मिलाने के लिए किसी एक ओर के भाग को जिस स्वर में तबला मिलाना हो, उससे कुछ नीचा मिला लीजिए। इसके बाद जो घर आपने मिलाया है, ठीक उसके सामनेवाले घर को भी इसी प्रकार मिला लीजिए। जब ये आमने-सामने के घर कुछ-कुछ मिल जाएँ, तब चाहे दाईं ओर का घर मिलाया है, तो बाद में बाईं ओर का और यदि पहले बाईं ओर का घर मिलाया है, तो बाद में दाईं ओर का घर मिला लीजिए। जव इस प्रकार चारों घर मिल गए, तो अब शेष बीच के घाटों (घरों) पर हल्की-हल्की चोट देते हुए सबको मिला लीजिए। इस प्रकार आपके सारे घर, स्वर से कुछ-कुछ नीचे होंगे। इसके उपरांत आप प्रत्येक घर को क्रम से गजरे पर हथौड़े से हल्का-हल्का प्रहार करते हुए ठीक स्वर में मिला लीजिए।

बायाँ डग्गा मिलाना : प्रायः लोग डग्गे को चारों ओर से ठोक देने से ही यह समझने लगते हैं कि वह ठीक हो गया। परंतु सच बात तो यह है कि डग्गे को इतना ठोकना चाहिए कि उससे उत्पन्न होनेवाला नाद, जिस स्वर पर बायाँ मिला है, उसके नीचे के (मंद्र) 'सा' में हो।

तबला मिलाते समय ध्यान रखने-योग्य बातें : तबला मिलाते समय इस बात का विशेष ध्यान रखना चाहिए कि कभी भूल से हथौड़ी द्वाल अथवा किनार पर न पड़ जाए। यदि हथौड़ी के प्रहार से द्वाल कट जाएगी, तो तबला ठीक नहीं मिल सकेगा। और यदि कहीं किनार कट गई, तो पुड़ी बेकार हो जाएगी। दूसरी

बात यह है कि जहाँ तक हो, गट्टों पर प्रहार करके तबला मिलाया जाए। अन्यथा उतरने का डर रहता है।

बिखरे हुए दाएँ को ठीक करना : यदि कोई तबला बहुत दिनों से नहीं बजा है, अथवा मिलानेवाले की गलती से उसके घरों में अधिक ऊँचा-नीचा अंतर हो गया है तो ऐसे दाएँ को बिखरा हुआ तबला कहते हैं। इसे स्वर में लाने के लिए तबला के प्रत्येक घर को बड़ी होशियारी से एक ही स्वर में लाकर ऊपर दिए विवरण के अनुसार मिलाना चाहिए। □

तैयार तबला-जोड़ी

तबले के रक्षार्थ गद्दियाँ

३. बाएँ पर हाथ का रखाव

४. तू, ५. ना

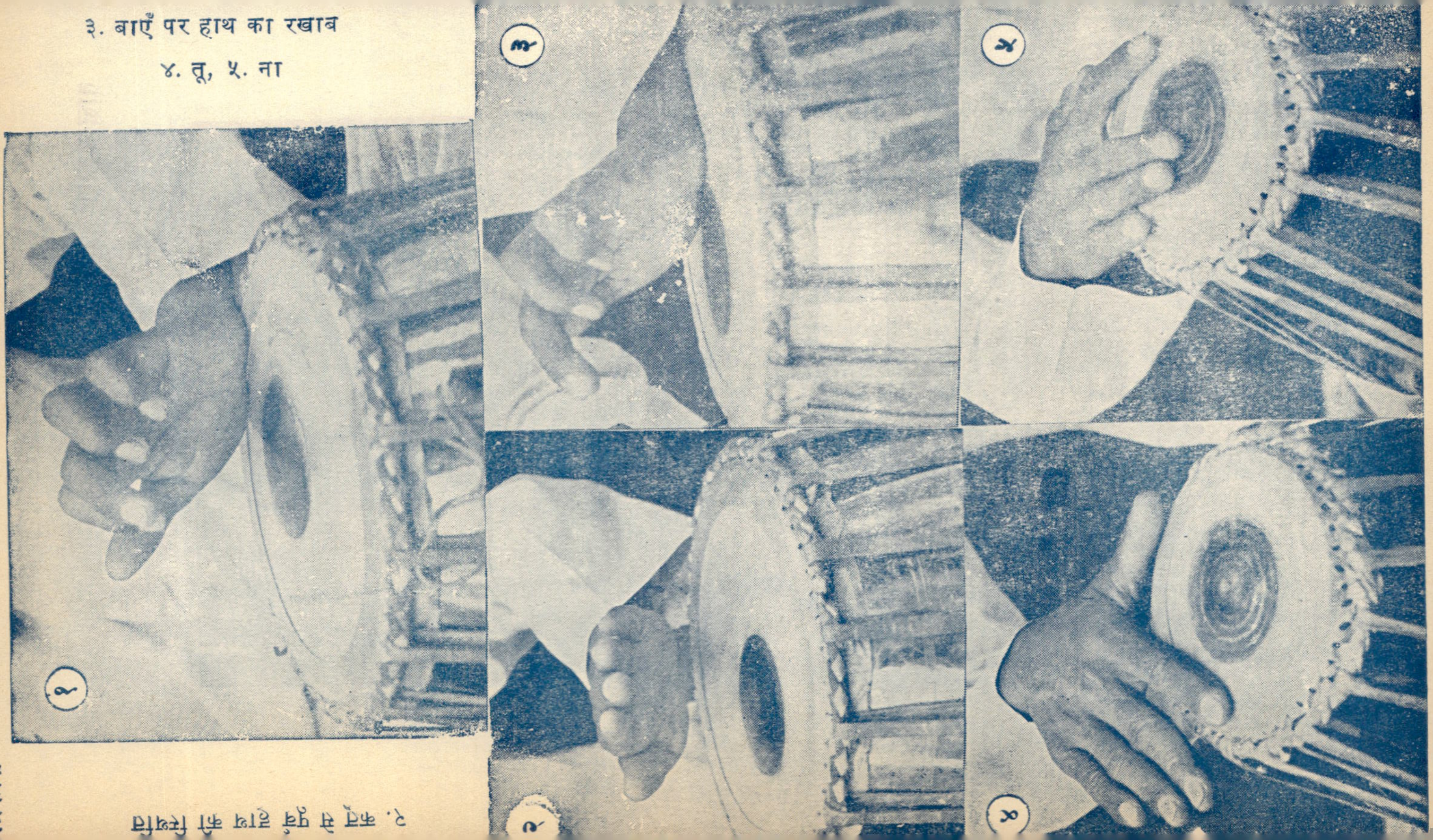

२. कत् से पूर्व हाथ की स्थिति

तीसरा अध्याय

तबले के बोल और उन्हें बजाना

तबले के मुख्य दस वर्ण : तबले पर दाहिने तथा बाएँ, दोनों पर मिलाकर कुल दस बोल होते हैं। ये 'ध ग द त र क ट न घ ड़' हैं। पखावज-शैली की तालों में कभी-कभी 'म' और 'थ' बोल भी तबले पर बजाए जाते हैं।

यदि ध्यान से देखा जाए तो तबले के मुख्य वर्ण सात ही होते हैं, जो 'ध ग द त र क और ट' हैं। अन्य वर्ण इनके अनुयायी होते हैं। उदाहरण के लिए 'त' का अनुयायी 'न' है, 'ट' का 'ड' और 'ग' का अनुयायी 'घ' होता है।

दाहिने हाथ से बजनेवाले बोल : १. ता या ना, २. तिं या ती, ३. दिं, ४. तू, ५. ते और ६. रे या ठ हैं।

बाएं हाथ से बजनेवाले बोल : १. ग, घ और २. का, कि या कत् हैं।

खुले और बंद बोल : जिन बोलों को बजाने के बाद तबले की गूंज सुनाई देती रहे, उन्हें खुले और इसके विपरीत जिन बोलों के बजने के बाद गूंज समाप्त हो जाए उन्हें बन्द बोल कहते हैं।

सीधे हाथ का रखाव : सर्वप्रथम इस बात की ओर ध्यान रखना चाहिए कि दाएँ हाथ की अनामिका स्याही के प्रारंभिक भाग पर कुछ मुड़ी हुई रखी रहनी चाहिए। अँगूठा या तो गजरे पर रहे या उसे छूता रहना चाहिए। उसका गजरे से नीचे लटकते रहना ठीक नहीं। इस अवस्था में तर्जनी गोट पर रखी रहेगी। इन-सब बातों के अतिरिक्त इसका ध्यान रखना चाहिए कि बोलों को बजाते समय दायाँ हाथ पुड़ी से अधिक ऊँचा नहीं उठाना चाहिए। तबला बजाते समय हाथ को पुड़ी से जितना कम ऊँचा उठाएँगे, हाथ उतना ही अधिक तैयार होगा।

बाएं हाथ का रखाव : बाएं हाथ को डग्गे पर बहुत हल्का रखना चाहिए। कलाई का गट्टा स्याही के पूर्व-भाग (अर्थात् अपनी ओर के भाग) में इस प्रकार रखा रहना चाहिए कि तर्जनी और मध्यमा से जब डग्गे पर आघात किया जाए, तो वह स्याही के

अंतिम भाग और गोट के बीच में जो लव (मैंदान) है, उसपर पड़े। जब गमक निकालनी हो, तो गट्टे को दबाकर निकाली जाए। पुड़ी के ऊपर गट्टे को रगड़कर या घिस्सा देकर गमक निकालने का ढंग गलत है।

बैठक : तबला बजाने के लिए पालथी लगाकर अथवा वीरासन से बैठना चाहिए। चूँकि तबला-वादन में हाथों का बल लगाना पड़ता है; अतः वे सारे आसन, जिनमें हाथों का बल लगाया जा सके, उपयुक्त होंगे।

जरब मारना : यवन कलाकार तबले पर हाथ से आघात करने की क्रिया को तबले पर जरब लगाना कहते हैं।

डग्गे पर बंद बोल 'क' बजाना : डग्गे पर बाएँ हाथ से केवल दो प्रकार से प्रहार किया जा सकता है। एक ढंग तो यह होगा कि आप हथेली के गट्टे को बाएँ पर से न उठाते हुए चारों उँगलियों और अँगूठे को जोड़कर स्याही पर थपकी लगा दें। इस बोल को 'क' कहते हैं। इसे 'की' या 'के' भी कहा जा सकता है।

'कत' बजाना : यूँ तो यह 'क' का ही दूसरा रूप है, परन्तु इसे बजाते समय हाथ को ढीला करके ऐसी जरब लगाई जाती है कि सुननेवालों को 'क' के साथ 'त' भी सुनाई दे। वैसे, बजता केवल एक बोल 'क' ही है।

'ग' या 'घ' अथवा बाएँ के खुले बोल बजाना : बाएँ पर जरब लगाने का दूसरा ढंग यह है कि आप हथेली के गट्टे को स्याही के पूर्व-भाग में रखकर अनामिका और मध्यसा अथवा तर्जनी और मध्यमा को मिलाकर, इस प्रकार प्रहार करें कि आपकी उँगलियाँ स्याही के अन्तिम भाग और किनारे के बीच में जो लव है, उसपर जाकर पड़ें। आघात करते ही उँगलियाँ तुरंत ऊपर उठ जानी चाहिए। इस प्रकार आघात करने पर डग्गे की स्याहीवाला भाग आपके गट्टे और उँगलियों के बीच में रहेगा। इस बोल को 'ग' कहते हैं।

यदि आघात करने के बाद उँगलियों के उठते ही तुरन्त गट्टे से बाएँ को दबा दिया जाए, तो उसे 'घ' कहते हैं। साधारण दृष्टि से 'ग' और 'घ' एक जैसे ही बजाए जाते हैं। गा, गी, गे, 'ग' की तरह और घा, घी, घे, 'घ' की भाँति बजते हैं।

दाहिने में चाँटी पर बंद बोल 'ना' या 'ता' बजाना : ये अनामिका को स्याही के प्रारम्भिक भाग पर रखते हुए तर्जनी के अग्रभाग से गोट पर आघात करने से निकलते हैं।

'ता' या 'ना' को खुले बोल की भाँति बजाना : दाहिने हाथ की अनामिका से स्याही के प्रारम्भिक भाग पर प्रहार करके हाथ को तुरंत उठा लेने पर ये बजेंगे। ठेकों में जब 'ना' या 'ता' आते हैं तो बंद ही बजाए जाते हैं। परन और बोल बजाते समय इन खुले बोलों का प्रयोग किया जाता है।

थाप का 'ता' बजाना : जब दाहिने हाथ की चारों उँगलियों को मिलाकर स्याही पर इस प्रकार आघात किया जाए कि कनिष्ठिका का प्रहार सबसे जोरदार पड़े और जरब लगते ही हाथ ऊपर उठ जाए, तो बहुत उत्तम 'ता' बजता है। इसे ठेका बजाते समय दम लेने के लिए बजा देते हैं।

'तिन' या 'तीं' : जब अनामिका को स्याही के प्रारम्भिक भाग पर रखकर तर्जनी से स्याही के पूर्व, लव पर प्रहार करके तुरन्त उठा लिया जाएगा, तो ये बोल बजेंगे।

तू : जब ऊपर की ही भाँति तर्जनी से स्याही के प्रारम्भिक भाग पर (ध्यान रखिए, ऊपर का बोल लव पर बजाया था) आघात करके उँगली को तुरन्त उठा लिया जाएगा, तो यह खुला बोल बजेगा।

'ति' या 'ते' : यह दो प्रकार से बजाया जाता है। 'दिल्ली' और 'अजराड़ा'-घराने के वादक मध्यमा से स्याही के बीचों-बीच उँगली से स्याही को दबाकर बजाते हैं; जबकि पूरब-बाज में बजाय एक के मध्यमा और अनामिका, दोनों से मिलाकर बजाया जाता है। यह स्याही के ऊपर बजनेवाला बंद बोल है।

दिन : चारों उँगलियों को जोड़कर स्याही के समाप्त होने से कुछ पहले, स्याही पर हल्का-सा-आघात करके हाथ को तुरन्त हटा लें, तो यह आँसदार बोल उत्पन्न होगा। यह स्याही पर बजनेवाला खुला बोल है।

थुं : यह बोल लगभग 'दिं' की भाँति बजाया जाता है। इसे बजाने के लिए सीधे हाथ की चारों उँगलियों को जोड़कर स्याही के मध्य भाग में आगे की ओर हाथ बढ़ाकर इस प्रकार आघात किया

जाता है कि उँगलियों के साथ हथेली का कुछ भाग भी प्रयोग में आ जाए। बस, यही 'थुं' होगा।

'रे' या 'टे' : यह बोल प्रायः 'ति' या 'ते' के तुरंत बाद 'तिट' अथवा 'तिर' बजाते समय आता है, अतः इसे बजाने के लिए मध्यमा और अनाभिका को मिलाकर स्याही के बीचों-बीच सीधो, किंतु दाबती हुई जरब लगानी चाहिए। तुरंत ही तर्जनी से उसी स्थान पर तथा उसी तरह से दबी हुई जरब लगानी चाहिए। इन दोनों बोलों को मिलाकर 'तिट' या 'तिर' कहेंगे।

'धा' या 'थेई' : जब सीधे हाथ से चाँटी पर बजनेवाला 'ना' या 'ता' और बाएँ पर बजनेवाला 'ग' एकसाथ मिलकर बजेंगे, तो इस सम्मिलित ध्वनि को 'धा' कहते हैं। नाच में 'थेई' भी इसी प्रकार बजाया जाता है।

धि : जब दाहिने हाथ का खुला बोल 'तिन्' और बाएँ का 'ग' एकसाथ मिलकर बजते हैं, तो इस सम्मिलित बोल को 'धिन्' कहते हैं।

कुछ अन्य मिले बोल बजाना; जैसे : 'कित्' या 'किट' : जब सीधे हाथ की चारों उँगलियों के केवल अगले भाग (पूरी उँगलियाँ नहीं) स्याही पर पड़े, तो 'किन्' या 'किट' बजेगा।

तिरकिट : इसमें 'तिर' ऊपर बताए क्रम से बजाकर 'कि' बाएँ पर बंद और 'ट' 'ति' के समान बजेगा। कुल चार जरबों का बोल है।

धिनगिन : यह चार जरबों का बोल है। चारों बोल साफ हैं।

घिड़नग : इसमें 'घि' बाएँ से, 'ड़' 'ति' की भाँति, 'न' किनारी पर और 'ग' बाएँ से बजेगा।

किड़नक : इसमें 'घ' के स्थान पर 'क' बजाकर, शेष को ऊपर की भाँति बजा दिया जाएगा।

तिनकिन : यह ठीक 'धिनगिन' की भाँति बजेगा। सभी बोल स्पष्ट हैं।

तुन्ना : 'तू' दाहिने के लव पर और 'ना' किनारी पर बजेगा।

तागे : दाहिने से 'ता' और बाएँ पर 'ग' बजेगा।

धड़घिन : 'धा' बजाकर मध्यमा और अनामिका से 'ड़' बजेगा। बाएँ से 'घि' तथा दाहिने की चाँट पर 'न' बजेगा।

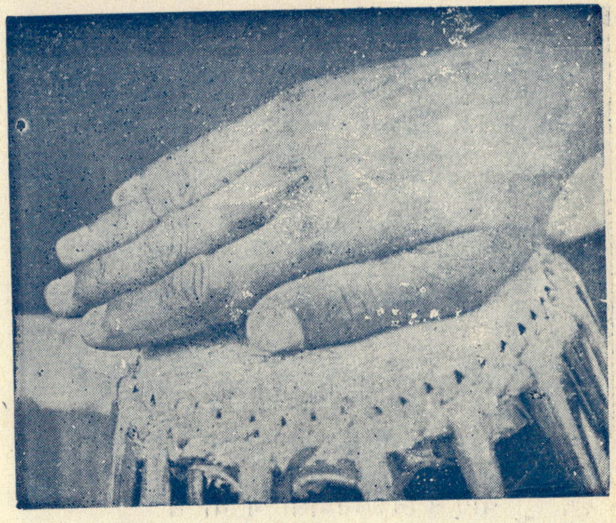

'रि' ('धिरधिर' में निकालनेवाला)

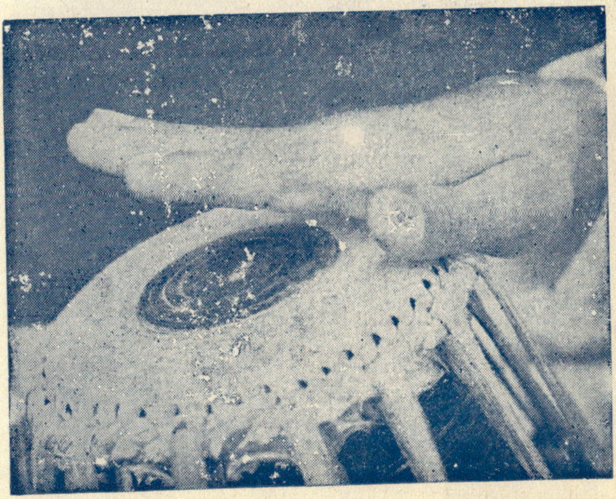

'दिन्'

बाएँ से निकलनेवाला 'ग' या 'ध'

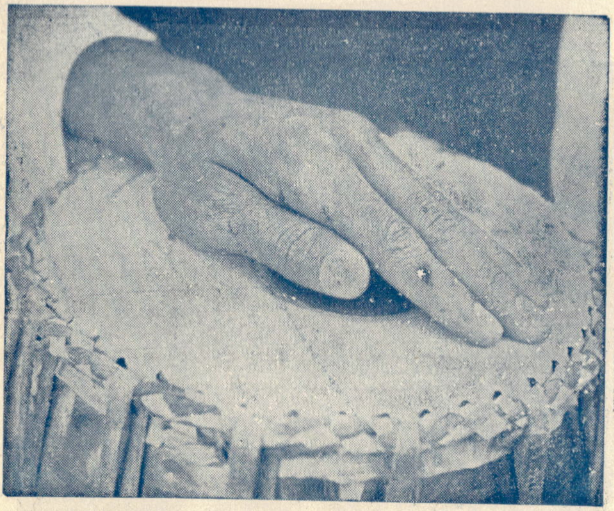

'क'

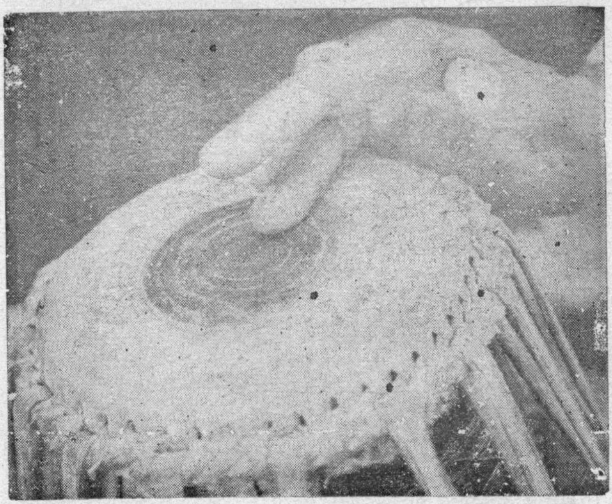

'त'

'टी' या 'ती' ('ती' या 'ट')

'धि'

('धिरधिर' में निकलनेवाला, जिसमें बाएँ हाथ का संपर्क भी रहेगा।)

चित्र नं० १

कभी-कभी सम आने पर गायक, वादक या श्रोताओं की ओर इस प्रकार हाथ करने से तालियाँ बज जाती हैं।

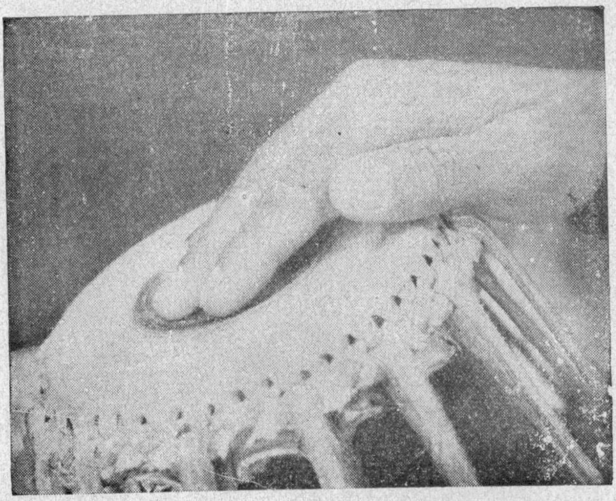

'दित्'

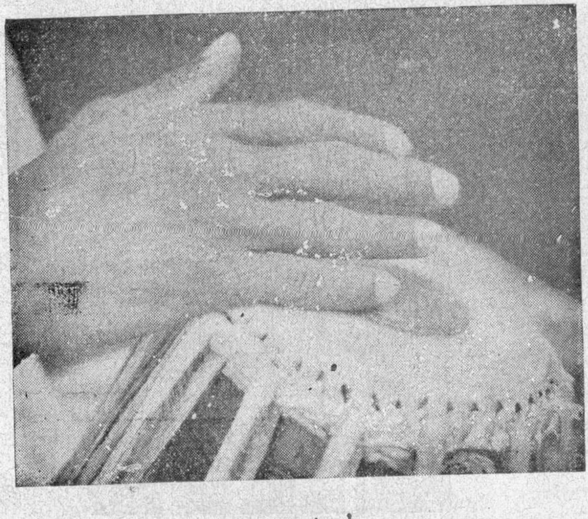

थाप का 'ता'

'ट' या 'त' ('टी' या 'ती')

चाँट का 'त'

तड़किन : बायाँ बंद करके 'धड़धिन' की भाँति बजेगा।

तिटकत : 'तिरिक' की भाँति 'तिटक' और 'त' दाहिने पर आँसदार बजेगा।

धिर : दाहिनी हथेली का दाहिना हिस्सा और बाएँ से 'घ' एकसाथ बजने से 'धि' होगा। हथेली के बाएँ भाग से 'र' बजेगा। आघात में दबाव तथा जोरदारी रहनी चाहिए।

त्रक : इस बोल में 'क' को बाएँ तबले पर न बजाकर दाहिने तबले पर 'ट' की भाँति बजाया जाता है। इसका शुद्ध रूप 'त्रत्' है। 'त्र' वर्ण में अनामिका, मध्यमा तथा तर्जनी, तीनों उँगलियों का प्रयोग होता है। स्याही के प्रारम्भिक भाग पर अनामिका और मध्यमा से हल्का-सा दबा हुआ आघात करके तुरन्त तर्जनी को लगा देने से 'त्र' बोल बज जाएगा तथा 'क' को 'ट' की भाँति दाहिने तबले पर बजाएँगे। इस प्रकार यह बोल 'त्रक' बजेगा।

धाड़ा : 'धा' को 'ता' व 'ध' से मिलाकर बजाओ और **'ड़'** दो प्रकार से बजता है—१. मध्यमा तथा अनामिका दोनों से लव पर और २. तर्जनी को 'त' के स्थान पर प्रहार करने से।

नाड़ा : ऊपर के बोल में बायाँ न बजाने से यह बोल निकलेगा।

कत्, कत् दित् : दाहिने की स्याही पर चारों उँगलियों से प्रहार करने से बजते हैं।

तित् : मध्यमा से स्याही पर अथवा तर्जनी से लव पर बंद करके बजाएँ।

घ्ड़ा : बाएँ से 'घ' तथा तुरन्त दाएँ से 'ता' बजाएँ। इसका शुद्ध रूप 'घ्ता' है।

क्ड़ा : बाएँ से 'क' और दाहिने से 'ता' बजाएँ। शुद्ध रूप 'क्ता' है।

तड़न्न : इसमें 'त' मध्यमा व अनामिका से चाँट पर, 'ड़' तर्जनी से तथा 'न' पुनः दोनों से बजेगा।

किड़धा : 'किटधा' की भाँति बजेगा।

गदिगिन : 'ग' बाएँ से, 'द' दाहिने की स्याही से, 'ग' पुनः बाएँ से तथा 'न' दाहिने से मध्यमा के अग्रभाग से स्याही पर बजेगा।

कड़ान और घड़ान : प्रायः इसे दो प्रकार से बजाते हैं। दोनों हाथों से बजाने के लिए पहले बाएँ पर चारों उँगलियों को मिलाकर स्याही पर जरब मारने से 'क' और उसके बाद तुरन्त तर्जनी से दाएँ पर 'ता' बजाते हैं। परन्तु कुछ लोग दाएँ पर सीधे हाथ को मारकर इस प्रकार तुरन्त उठा लेते हैं कि देखने में तो पूरे हाथ की जरब दिखाई दे, परन्तु पुड़ी पर केवल कनिष्ठिका तथा उसके नीचे की हथेली का भाग ही पड़ता है।

धिन्नक : पहले बाएँ पर खुला बोल बजाकर दाएँ पर तुरन्त 'ना' बजाया जाता है।

गिद्दी : दोनों तबलों पर खुले बोल बजाने से यह बनता है। पहले दाहिने पर सीधा हाथ पूरा उठा हुआ मारो, फिर डग्गे के किनारे पर उछटता हुआ बायाँ हाथ मारो।

धेत् : बाएँ हाथ की अनामिका तथा मध्यमा और दाएँ की कनिष्ठिका, अनामिका और मध्यमा को मिलाकर दोनों तबलों पर एकसाथ जरब लगाने से यह बोल बजता है।

तरान, ततान, तड़ान : दाएँ हाथ की कनिष्ठिका, अनामिका तथा मध्यमा के अग्रभाग से स्याही पर दबा हुआ आघात करके 'ट' की भाँति 'त' को बजाइए। फिर 'रा' को खुले 'ता' के समान तथा 'ना' को चाँटी पर बजाएँगे। यही 'तरान' बोल होगा। 'तरान' बोल वास्तव में 'टतान' बजाया जाता है।

बोलों के बजाने का विशेष रहस्य : यहाँ तबले के बोलों को निकालने के लिए जो नियम बताए गए हैं, ये केवल प्रारम्भिक बिद्यार्थियों के लिए हैं। इन बोलों को यदि इसी क्रम से बजाया जाएगा तो हो सकता है कि कुछ बोल बढ़ी हुई लय में रुकावट पैदा करें और स्पष्ट न निकलें। इसीलिए तबला-वादन में इस बात का ध्यान रखना चाहिए कि जो भी बोल बजाना हो, श्रोताओं को ठीक वैसी ही ध्वनि स्पष्ट सुनाई देनी चाहिए। सुनते समय श्रोताओं को ऐसा प्रतीत हो कि मानो तबला ही उन बोलों को बोल रहा है। ऐसा करने के लिए भले ही आपको बोलों के स्थान में कुछ परिवर्तन करना पड़े। इसे इस प्रकार से समझिए कि जिस तरह दौड़ने पर दाहिना और बायाँ पैर क्रमशः पड़ते हैं, तभी दोनों पैर गति में सहायक होते हैं। इसके विपरीत यदि दाहिने पैर के

बाद पुनः दाहिना पैर या बाएँ के बाद पुनः बायाँ पैर रखने की चेष्टा की जाएगी तो गति में अवरोध हो जाएगा। इसी लिए तैयारी में बोलों को बजाते समय यदि निकास का स्थान या ढंग बदल भी जाए, परन्तु बोल का वजन व उसको सुनते समय उसके रूप में विकृति प्रतीत न हो तो उसे ठीक ही समझना चाहिए। तबला-वादन करते समय यह ध्यान में रखना चाहिए कि उत्कृष्ट तबला-वादक बनने के लिए यह आवश्यक है कि आप किसी भी लय में किसी बोल को या छन्द की रचना को तबले पर तुरन्त प्रस्तुत कर सकें। ऐसा करने में भले ही आपके बोलों के निकास का वह प्रारम्भिक स्थान, जो आपने सीखा था, बदल जाए। आशा है, इस गुर को समझ लेने से आपके वादन में गति का अवरोध दूर हो जाएगा।

कुछ ऐसे बोलों के उदाहरण, जो पढ़ने में कुछ और आते हैं तथा बजते कुछ और हैं : ये बोल तबला व पखावज, दोनों के काम के हैं।

पढ़ने के बोल	**बजाने के बोल**	**पढ़ने के बोल**	**बजाने के बोल**
कधाऽन	किटधाऽन	धुमकिट	गदितिट
क्रधातिट	किटधातिट, तीधातिट	धड़ाऽन	धताऽन
		तरान	ततान (टतान)
कतकत	तकतक	किड़ना	कतिना
किड़ता	किटधा	धितिरकिटतक	दितिरकिटतक
तकधा	कतधा	धिलान्	घितान

पखावज-शैली के कुछ बोल

ताकिट	कतिट
तिट तकिट तका ऽकिट	किट कतिट कता ऽतिट
तकधे	कतधे
तक्काथुंगा	कताघता

सच बात तो यह है कि तबले में जो बोल बिना रुकावट के निकल जाएँ वे उत्तम है, परन्तु इन बोलों में बंद और खुले बोलों का ध्यान अवश्य रखना चाहिए। □

चौथा अध्याय

तबले के पारिभाषिक शब्द और उनका स्पष्टीकरण

ताल : संगीत-ग्रन्थों में ताल की परिभाषाएँ कई प्रकार की मिलती हैं। उदाहरण के लिए 'संगीत मकरंद' में कहा गया है कि 'काल का जो क्रियात्मक, आवृत होनेवाला खंड, गीत, वाद्य और नृत्य को अपने ऊपर धारण करता है, उसे ताल कहते हैं।' कुछ इसी प्रकार की परिभाषा 'संगीत-रत्नाकर' में भी है, जिसमें कहा गया है कि 'गीत, वाद्य और नृत्य जिसमें प्रतिष्ठित होते हैं, वह ताल है।' यहाँ प्रतिष्ठा का अर्थ व्यवस्थित करना, आधार देना या स्थिरता प्रदान करना है। 'अमरकोष' में 'काल-क्रिया के नाम' को ताल कहा है। इन अनेक परिभाषाओं को देखने पर भरतमुनि की ताल की परिभाषा जो कि अत्यन्त संक्षिप्त, स्पष्ट और सरल है अधिक उत्तम लगती है। उनके अनुसार 'संगीत में गायन-वादन की लंबाई नापने का साधन, ताल है।'

मात्रा : ताल को जिस 'इकाई' के द्वारा नापा जाता है, उसे 'मात्रा' कहते हैं। उदाहरण के लिए कपड़े की लंबाई नापने की इकाई मीटर है या सड़क की लंबाई के लिए किलोमीटर की सहायता ली जाती है। अतः तालों में उनकी लंबाई स्पष्ट करने-वाली इकाई को मात्रा कहते हैं।

सम : जिस स्थान से तबले का ठेका प्रारम्भ होता है, गायक अथवा वादक उस स्थान पर एक प्रकार का विशेष जोर देते हैं। वही स्थान, अर्थात् ठेका शुरू करने के स्थान को 'सम' कहते हैं।

ठेका : तबले या पखावज के बोलों के आधार से ताल के रूप को स्पष्ट करनेवाली रचना ठेका कहलाती है। जैसे—धा धी ना। धा तू ना दादरा का ठेका है'

ताली या भरी : ठेकों में जिस स्थान पर हाथों से ताली लगाई जाती है, उसे 'भरी' अथवा 'ताली' कहते हैं।

खाली : ठेके में जिस स्थान पर ताली न लगाकर केवल ताल

का रूप दिखाने के लिए हाथ से इशारा किया जाता है, उसे 'खाली' ताल कहते हैं।

आवृत्ति या आवर्तन : किसी ताल के ठेके को प्रारम्भ से अन्त तक बजा देने या बोल देने को आवृत्ति कहते हैं। यदि एक बार ऐसा करेंगे तो उसे एक आवृत्ति कहेंगे। जिस ताल को जितनी बार बोलेंगे, उसे उतनी आवृत्तियाँ बोलना या बजाना कहेंगे। उदाहरण के लिए छह मात्राओं को दादरा की एक आवृत्ति कहेंगे और अठारह मात्राओं को दादरा की तीन आवृत्तियाँ कहेंगे।

लय : दो क्रियाओं के मध्य में रहनेवाली विश्रान्ति या अवकाश अथवा पहली क्रिया का विस्तार 'लय' कहलाता है। यह विश्रान्ति अधिक या कम होने पर लय भी धीमी या तेज हो जाती है। मुख्य लय तीन प्रकार की होती हैं, जो निम्नांकित हैं :—

विलंबित लय : मध्य लय की ठीक दुगुनी विश्रान्तिवाली लय विलंबित कहलाती है। उदाहरण के लिए यदि मध्य लय में दो क्रियाओं का काल १ गिनती का है तो विलंबित लय में यह १–२ का हो जाएगा।

मध्य लय : मध्य लय में विलंबित लय की ठीक आधी विश्रान्ति रहती है।

द्रुत लय : इस लय में मध्य लय की भी ठीक आधी विश्रान्ति रह जाती है। इस प्रकार मध्य लय की ठीक आधी लय विलंबित और मध्य की ठीक दुगुनी लय द्रुत होती है। परन्तु आजकल किसी भी धीमी लय को विलंबित और प्रत्येक तेज लय को द्रुत कह दिया जाता है। इस प्रकार लयों के नाम तो प्राचीन हैं, परन्तु अब उनमें पारस्परिक सम्बन्ध नहीं रहा।

यही नहीं, बल्कि आजकल लय की धारणा और प्रयोग-बिधि, दोनों बदल गए हैं। आजकल जब हमसे किसी ताल की दुगुन करने को कहा जाता है तो हम दो क्रियाओं के बीच में जो विश्रान्ति है, उसे आधा कर देते हैं और ताल की एक आवृत्ति में ही ठेके को दो बार बजा देते हैं। इसे और अधिक स्पष्ट इस प्रकार से समझा जा सकता है कि जब हमसे पूछा जाता है कि एक मील लंबी सड़क का दुगुना कितना? या एक रुपए के दुगुने कितने रुपए? तो हम झट उन्हें दूना करके बता देते हैं। परन्तु जब किसी ताल की दुगुन

या चौगुन पूछी जाती है तो एक आवृत्ति में ही पूरे ठेके को दो बार या चार बार बजा देते हैं या बोल देते हैं। अब देखा जाए तो यहाँ विश्रान्ति सचमुच दुगुनी या चौगुनी न होकर आधी या चौथाई रह जाती है। इसी लिए हमने ऊपर कहा है कि आजकल लय की धारणा और प्रयोग-विधि दोनों बदल गए हैं।

अतिविलंबित लय : जब लय बहुत कम कर दी जाती है, तो 'अतिविलंबित लय' कहलाती है।

अणुद्रुत लय : जब लय बहुत बढ़ जाती है, तो 'अणुद्रुत' लय कहलाती है।

कुआड़ी लय : जब चार मात्राओं के काल में पाँच मात्राएँ बजा दी जाएँ, तो उसे 'सवाई' या 'कुआड़ी लय' कहते हैं।

आड़ी लय : जब चार मात्राओं के काल में छह मात्राएँ बजा दी जाएँ, तो उसे 'ड्योढ़ी' या 'आड़ी लय' कहते हैं।

बिआड़ी लय : जब चार मात्राओं के काल में सात मात्राएँ बजा दी जाएँ, तो उसे 'बिआड़ी' अथवा पौने दोगुनी लय कहते हैं।

महाकुआड़ी-महाआड़ी और महाबिआड़ी लय : जब कुआड़ी, आड़ी और बिआड़ी लयों की दुगुन कर दी जाती है, तो उन्हें क्रम से 'महाकुआड़ी' 'महाआड़ी' और 'महाबिआड़ी' लय कहते हैं।

दुगुन, तिगुन और चौगुन आदि : जब किसी ताल के बोल एक आवृत्ति के काल में ही दो बार बजा दिए जाएँ तो वह दुगुन, तीन बार बजा देने पर तिगुन और चार बार बजा देने पर चौगुन कहलाती है। इसी प्रकार पँचगुन तथा छहगुन आदि समझनी चाहिए।

प्रकार : प्रत्येक ठेके को अनेक प्रकार से बजाया जा सकता है। जैसे दादरा को 'धा धी ना। धा तू ना' के बजाए 'धा धी ना। आ तू ना' बजाइए। इसमें 'आ' की मात्रा पर शांत रहिए। या 'धाग धा धिं। ताक ता तिं' इत्यादि। ये सब ठेके के प्रकार हैं। इन्हें 'बदला हुआ ठेका' भी कहते हैं।

विभाग : जिस ताल के जितने खंड कर दिए जाएँ, उन खंडों को 'विभाग' कहते हैं; जैसे झप ताल में २, ३, २, ३, मात्राओं के चार खंड हैं, तो झप के यही चार विभाग कहलाएँगे। इसी प्रकार कहरवा और दादरा में दो-दो विभाग हैं। अतः ताल के पूरे ठेके को

विभाजित करनेवाले खंडों को 'विभाग' कहते हैं।

बोल : तबले में बजनेवाले शब्द-समूहों को 'बोल' कहते हैं।

टुकड़ा : यूं तो किसी भी तबले में बजनेवाले बोल को 'टुकड़ा' कहा जा सकता है, परन्तु यह प्रायः सम आने के लिए ऐसे बोलों के समूह का नाम है, जिसे हम गत या परन आदि न कह सकें। यह तिहाईदार अथवा बिना तिहाई के भी हो सकता है। इसकी लंबाई अधिक-से-अधिक तीन आवृत्तियों तक की और कम-से-कम चार मात्राओं तक की हो सकती है। उदाहरण के लिए एक आवृत्ति का टुकड़ा देखिए :—

धातिर किटतक ताऽ धातिर। किटतक ताऽ धि त्ता।
×
धित् तगि ऽन्ना धा। तिरकिट तकता ऽधा ऽन। धा

मुखड़ा : ठेके के बीच में सम पर आकर मिलने के लिए जो बोल बजाए जाते हैं, उन्हें 'मुखड़ा' कहते हैं। ये प्रायः एक आवृत्ति से कम के होते हैं। बड़े-से-बड़ा मुखड़ा एक आवृत्ति का होता है। ये तीएवाले और बिना तीए के, दोनों प्रकार के होते हैं; जैसे—कृता ऽन किड़नग तिरकिट। ताता तिरकिट तकतिर
×
किटतक। धा

दूसरा उदाहरण : तिरकिट धिड़नग तिरकिट धाधिड़।
×
नगतिर किटधा धिड़नग तिरकिट। धा

मोहरा : तबला-वादन में ठेका प्रारम्भ करने से पूर्व जिस रचना को बजाकर सम आया जाए, उसे 'मोहरा' कहते हैं। यदि इन्हीं बोलों को ठेका प्रारम्भ करने के बाद बीच से बजाकर सम पकड़ेंगे तो अब यही रचना 'मुखड़ा' कहलाएगी। इस प्रकार मोहरा और मुखड़ा एक ही चीज हैं, जो स्थान-भेद से दो नाम के हो जाते हैं। उदाहरण के लिए यदि 'धिरधिर किटतक धातिर किटतक। तक्‌ड़ान् धातक् ड़ान्धा तक्‌ड़ान्' को बिलकुल प्रारम्भ में बजाकर ठेका बजाना शुरू करेंगे तो इसका नाम 'मोहरा' होगा। किंतु जब तीनताल के ठेके की आठ मात्राएँ बजाकर अगली आठ में इन बोलों को बजा देगें तो अब यही रचना 'मोहरा' न कहलाकर 'मुखड़ा' कहलाएगी।

उठान : यह परन का ही एक प्रकार है, जो तन्त्रवादक की संगति अथवा नाच के प्रारम्भ में बजाया जाता है। कभी-कभी तबला के एकाकी वादन (सोलो) के प्रारम्भ में भी इसका प्रयोग किया जाता है। यह कई-कई आवृत्तियों का भी होता है। जैसे—

×

तिं ता ऽ धिन्। तिं ता तिट ता। ता घेघे तिट तिट।

×

ताकिट तकता किटतक किट। धा। दूसरा उदारहण खाली से देखिए—

o ×

ना तिं तिं नाना। तिना तिं तिं तिट। तग ता ऽ कत्। कत ती तागे तिट। तिरकिट तकतिर किटतक तिरकिट।

×

तकतक तिरकिट तकतिर किटतक। धा

कायदा : जब कुछ ऐसे बोलों को, जिनका ताल के विभागों के अनुसार खाली, भरी दिखाते हुए प्रस्तार भी किया जा सके, बजाया जाता है, तो उसे कायदा कहते हैं। जैसे :—

धा धा ति ट्टे। धा धा तू ना। ता ता ति ट्टे। धा धा तू ना। अथवा धा धा तिर किट। धा धा तू ना। ता ता तिर किट। धा धा तू ना। अथवा धिन् नग नग धिन्। नग नग दिन् तक। तिन् नग नग तिन्। नग नग दिन् तक। (यहाँ 'तिन्' 'दिन' की भाँति बजेगा और 'ना' चाँटी पर।)

कायदे के बोल बजाते समय इन बातों की ओर विशेष ध्यान रखा जाता है कि जो बोल प्रयुक्त हों, वे ऐसे हों कि उनकी उलट-पलटकर खूब विस्तार किया जा सके।

पलटा : जब कायदे के बोलों को उलट-पलटकर सुन्दर रूप देकर बजाते हैं, तो उसे 'पलटा' कहते हैं। ऊपर दिए गए दो कायदों के एक-एक पलटे उदाहरण-रूप से इस प्रकार होंगे :—

धाति ट,धा तूना धाती। टधा, तूना धाधा तूना। ताति ट,ता तूना ताती। टधा तूना धाधा तूना। अब दूसरे का पलटा देखिए :—

धातिर किटधा तिरकिट धातिर। किटतक तिरकिट

तकधा तूना। तातिर किटता तिरकिट तातिर। किटतक तिरकिट तकधा तूना।

एकाकी वादन में पलटे बजाने से विशेष आनन्द आता है तथा वादक की कल्पनाशक्ति का पता चलता है।

गत : बाज के अनुसार मुलायम बोलों की ऐसी रचना को, जिसमें बोलों का विस्तार न किया जा सके, 'गत' कहते हैं। जिस प्रकार दिल्ली-बाज में कायदे और पेशकार बजाए जाते हैं, उसी प्रकार पूरब-बाज में गतें बजाई जाती हैं। कुछ लोग इन गतों में खाली-भरी का भी प्रयोग करते हैं। अर्थात् जो बोल एक बार 'धा' से बजाते हैं तो दूसरी बार उसे 'ता' से बजाकर आवृत्ति पूरी करते हैं, जबकि पूरब-बाज की गतों में अनेक प्रकार की लयें पाई जाती हैं। गत-परन, चक्रदार, तिपल्ली, चौपल्ली आदि सभी गतों के प्रकार हैं। गतों में प्रायः तिहाइयाँ नहीं होतीं। इनमें स्याही तथा चाँटी, दोनों पर बजनेवाले बोलों का प्रयोग होता है। उदाहरण-रूप में उस्ताद मोदू खाँ की एक गत दे रहे हैं। यह गत बारह मात्राओं के बोलों से बनी है। इसमें पहले दो बार मात्राएँ ज्यों-की-त्यों बजा दी जाती हैं। फिर उनमें एक बार 'धा' के स्थान पर 'ता' का प्रयोग होता है। अन्त में फिर बारह मात्राएँ ज्यों-की त्यों बजा दी गई हैं। देखिए :—

'धीक्ड़ धीना तिरकिट धीना। ऽतिर किटतक तीना ऽतिर क्रिटतक तातिर किटतक तीना।' इसे ज्यों-की-त्यों दुबारा बजा कर, तीसरी बार 'धा' के स्थान पर 'ता' करके, अर्थात् 'तीक्ड़ तीना तिरकिट तीना। ऽतिर किटतक तीना ऽतिर। किटतक तातिर किटतक तीना'। बजाकर, पुनः एक बार पहली 'धा' वाली बारह मात्राएँ बजा डालिए। इस प्रकार यह गत तीन आवृत्तियों में पूरी होगी।

गत-कायदा : जब गत में इस प्रकार के बोल आएँ कि उन बोलों के आधार से उनका उचित विस्तार हो सके, तो इस प्रकार की गतों को 'गत-कायदा' कहते हैं; जैसे :—

१. धिन्ना धाक्ड़ कता धिन्ना। धातृ कता घिना तूना। किन्ना तातृ कता किन्ना। धातृ कता घिना तूना।

२. धात्र कता धिना धात्र। कधी नक घिना तूना। तात्र कता

किना तात्र। कधी नक घिना तूना।

३. घिना तूना धात्र कधा। घिना घिना तधा तूना। तिना तूना तात्र कता। धिना थिना तधा तूना।

४. तूना घिना धात्र कधा। त्रक धाधि नधा धिना। तूना किना तात्र कता। त्रक धाधि नधा धिना।

रेला : रेला और कायदा प्रायः एक प्रकार के ही होते हैं। इन दोनों में एक विशेष अंतर यह होता है कि कायदे दुगुन और चौगुन में ही बजाए जाते हैं, जबकि रेला प्रायः अठगुन और चौगुन में ही बजाया जाता है। रेले में प्रायः एक प्रकार के ही बोल होते हैं और उन्हीं बोलों को बार-बार ठहरते हुए बजाने से रेले की सुन्दरता बढ़ती है; जैसे—धातिर किटतक धातिर किटतक। तुन्ना किड़नग धातिर किटतक। तातिर किटतक तातिर किटतक। तुन्ना किड़नग धातिर किटतक।

कायदा-रेला : कुछ रेले ऐसे होते हैं कि उनका प्रयोग कायदे और रेले, दोनों की भाँति किया जा सकता है। उन रेलों को 'कायदा-रेला' कहते हैं; जैसे :—

धातिर किटघिड़ नगतिर किटतक। तातिर किटघिड़ नगधिर किटतक।

अब इन बोलों का कायदा देखिए :—

'धातिर किटधिड़ नगतिर किटघिड़। नगतिर किटघिड़ नगतिर किटतक। तातिर किटकिड़ नगतिर किटकिड़। नगतिर किटघिड़ नगतिर किटतक' अथवा 'धातिर किटघिड़ नगतिर किटतक। धिरधिर घिड़नग तातिर घिड़नग। तातिर किटकिड़ नगतिर किटतक। धिरधिर घिड़नग तातिर घिड़नग।' या 'धातिर घिड़नग तिरकिट तकतिर। किटतक घिड़नग धिरधिर घिड़नग। तातिर किड़नग तिरकिट तकतिर। किटतक घिड़नग धिरधिर घिड़नग।'

अजराड़े का कायदा-रेला : अब इसी प्रकार का एक रेला मेरठ-घराने का देखिए :—

धिन धिन गिन धाता। धिन धिन गिन धाता। धिन तिन किन ताता। तिन धिन गिन धाता।

इसका एक रूप इस प्रकार हो सकता है :—

धाता घिन धिन गिन। धाता घिन धिन गिन। धाता किन तिन किन। ताता किन धिन गिन।

एक प्रकार यह भी हो सकता है :—

धिन धाता धिन गिन। धिन धाता धिन गिन। तिन ताता तिन किन। तिन ताता धिन गिन।

रौ : जब रेले के संपूर्ण बोलों को या उसके भाग को झाले आदि के साथ संगति करते समय बिना पलटे का विस्तार किए हुए, एक प्रकार ही बजाते रहें, तो रेले के उस एक बोल को लगातार बजाने की क्रिया को 'रौ बाँधना' कहते हैं; जैसे :—

१. धाधा तिरकिट। धाधा तुन्ना। ताता तिरकिट। धाधा तुन्ना, अथवा

२. इसी में तिरकिट के स्थान पर तिरकिटतग भी बजाया जा सकता है।

३. धातिर किड़नग। तुन्ना किड़नग। तातिर किड़नग। तुन्ना किड़नग।

इस प्रकार चाहे जितने रेले बनाए जा सकते हैं।

पेशकार : जिस प्रकार अदालतों में मुकदमों के कागजों को रखने और समय पर हाकिम के सामने पेश करनेवाले को पेशकार कहते हैं, ठीक उसी प्रकार जब आप कोई ताल बजाना चाहते हैं, तो उसी के ठेके के रूप के बोलों के अनुसार एक कठिन कायदे की रचना की जाती है। यह रचना बढ़ी हुई लय में नहीं बजाई जाती। इसकी चाल प्रायः डगमगाती हुई रखते हैं। इसी लिए मध्य लय में ही इस चाल का विशेष आनंद है। इस कायदे के पलटे भी बनाए जाते हैं। परन्तु कायदे की भाँति इनमें अधिक बन्धन नहीं होता। इस प्रकार ठेके के विभागों का ध्यान रखते हुए जब यह प्रदर्शित किया जाता है कि हम अमुक ताल बजा रहे हैं और हाथ की सफाई, लयकारी, तैयारी दिखाना चाहते हैं, तो इस क्रिया को 'पेशकार' कहते हैं। संक्षेप में यों समझिए कि जिस प्रकार गायक गीत से पूर्व राग का आलाप करते हैं, उसी प्रकार तबला-वादन में यह क्रम सर्वप्रथम आता है। इसे बजाने के उपरांत ही कायदे, रेले, गतें, परनें आदि बजाए जाते हैं।

इस वादन का सुन्दरतम रूप दिल्ली और अजराड़ा घरानों में बहुतायत से मिलता है। यों तो कुछ लोग पूरब बाज में भी पेशकार बजाते हैं, परंतु वह दिल्ली और अजराड़ा की भाँति सुन्दर नहीं लगता। बनारस के तबला-वादक तो प्रायः उठान से ही तबला-वादन प्रारंभ करते हैं। पेशकार में प्रायः 'धीक्‌ धिंधा' बोल की बहुतायत रहती है; जैसे :—

धीक्‌ धिंधा ऽधा धिंधा। धाती धाती धाधा धिंधा।
तीक्‌ तिंता ऽता तिंता। धाती धाती धाधा धिंधा।

अथवा धाग धाती धाधा धिंधा। धाग धाती धाधा धिंधा।
ताग ताती ताता तिंता। धाग धाती धाधा धिंधा।

अथवा धीक्‌ धिंधा तिरकिट धिंधा। धाती धाती धाधा धिंधा।
तीक्‌ तिंता तिरकिट तिंता। धाती धाती धाधा धिंधा।

कायदा-पेशकार जब पेशकार में कायदे की भाँति के बोल आएँ और उनकी बढ़त भी हो सके, तो ऐसी रचना को 'कायदा-पेशकार' कहते हैं; जैसे :—

धाती धाधा तीना धाती। धाकिड़ धाती धाधा तीना।
ताती ताता तीना ताती। धाकिड़ धाती धाधा तीना।

अब कायदे के अनुसार इसकी बढ़त देखिए :—

धाती धाधा तीना धाती। धाकिड़ धाती धाधा तीना।
तीना किड़धा तीना धाती। धाकिड़ धाती धाधा तीना।
ताती ताता तीना ताती। ताकिड़ ताती ताता तीना।
तीधा किड़धा तीना धाती। धाकिड़ धाती धाधा तीना।

तिहाई : जब कोई बोल किसी स्थान से उठकर तीन बार बजने पर अंतिम 'धा' सम पर आए तो उस बोल को तिहाई या तीया कहते हैं; जैसे :—

कतगदिगनकत धा, कतगदिगनकत धा, कतगदिगनकत धा।

तिहाइयाँ दो प्रकार की होती हैं, जो निम्नलिखित हैं :—

दमदार तिहाई : जिस तिहाई में 'धा' के बाद एक या दो मात्रा ठहरना पड़े, उसे 'दमदार तिहाई' कहते हैं ; जैसे :—

धिरधिर किटतक धाऽऽ, धिरधिर किटतक धाऽऽ, धिरधिर किटतक धा। यह दो मात्राओं का दम हुआ।
×

बेदम की तिहाई : जब 'धा' पर टिकाव बिलकुल न हो, तो उसे 'बेदम की तिहाई' कहते हैं; जैसे :—

तिटकत गदिगन धाकत धाकत धाकत धा,तिट कतगदि
×
गनधा कतधा कतधा कतधा; तिटकत गदिगन धाकत धाकत धाकत धा।
×

नवहक्का : जब किसी तीए को तीन बार बजाकर सम पर आएँ अथवा उसमें नौ 'धा' बजाने पर ही सम आए तो उसे 'नवहक्का' तिहाई कहते हैं; जैसे :—

धिरधिरकिटतक धाऽधिरधिर किटतकधाऽ धिरधिरकिटतक धा,

यहाँ तक यह बेदम की तिहाई हुई। जब इसे तीन बार बजाकर सम पर आएँ; जैसे :—

धिरधिरकिटतक धाऽधिरधिर किटतकधाऽ धिरधिरकिटतक धा,
धिरधिरकिटतक धाऽधिरधिर किटतकधाऽ धिरधिरकिटतक धा,
धिरधिरकिटतक धाऽधिरधिर किटतकधाऽ धिरधिरकिटतक धा
×

तो इसे 'नवहक्का' या नौ 'धा' की तिहाई कहते हैं। इसका प्रयोग प्राय: पूरब-बाज में अधिक होता है।

दुपल्ली : जब किसी गत में ऐसे दो पहलू (भाग) हों, जिनकी लय पृथक्-पृथक् हों तो ऐसी गत को 'दुपल्ली' गत कहते हैं। उदाहरणार्थ थिरकवा साहब की एक गत देखिए :—

तकिटधा त्रकधिक धिंध्रकधा त्रकधिट। धिटधिंधा कधात्रक धिरधिरकिटतक तातिरकिटतक। तकिटता त्रकतिट दिंतकता त्रकतिट। तिटदिंत कतात्रक धिरधिरकिटतक तातिरकिटतक धा
×

तिपल्ली : जब किसी गत के पहलू (भाग) में तीन लय आएँ, तो उसे 'तिपल्ली' कहते हैं; जैसे एक अवधी तिपल्ली गत देखिए :—

तकधिन तकधिन घिनतक, धातिरकिटतक। धिनधिन तकधिरधिर किटतकतक घिनतक। तकतिन तकतिन तिनतक तातिरकिटतक। घिनघिन तकधिरधिर किटतकतक घिनतक।

चौपल्ली : जब किसी एक बोल को इस प्रकार से बजाया जाए कि मात्राओं की गति ठाह, दुगुन, तिगुन और चौगुन अथवा ठाह, दुगुन और चौगुन हो जाए, तो उसे 'चौपल्ली' कहते हैं; जैसे :—

ति ट क त । ग दि गि न । धा, तिट कत गदि । गिन, तिटकत गदिगिन, तिटकतगदिगिन । धा
×

चौपल्ली का दूसरा प्रकार : जब एक ही बोल को इस प्रकार बजाया जाए कि उसके चार खंड प्रतीत होने लगें, तो उसे भी 'चौपल्ली' कहते हैं; जैसे :—

धाकिट धाधिता किड़धा धितातक । कटित धाधिता किड़धा धिताकता । किड़धा धाधाधाधा कतिट ताऽन । किड़ता तातातात धाकिट धाऽन । धा
×

परण : परण या परन शब्द पखावज से सम्बन्धित है, अतः इसमें खुले और जोरदार बोलों के आधार पर तबले के वर्णों से निर्मित रचना बजाई जाती है। चूँकि यह क्रम पखावज का है, अतः पूरब-बाज में अधिक प्रयुक्त होता है। इसके स्थान पर दिल्ली और अजराड़ा बाज में अनेक प्रकार की लयों का समावेश किया जाता है। परण कम-से-कम दो या तीन आवृत्ति की होती है और प्रायः तीये-सहित होती है। चारताल की दो आवृत्ति की परण का एक उदाहरण देखिए :—

×
धा गद्दिगन धा तिटकत गदिगिन धान दिंता धादिन्
×
ताधा तातिट कतगदि गनधा । दिंता दिंता धागदि गनतिट कतगदि गनधाधा, तिट कतगदि गनधाधा, तिट कतगदि
×
गनधा । धा

कमाली परण : जब कोई परण साधारण न होकर कुछ विचित्रता लिए हुए हो, तो उसे 'कमाली परण' कहते हैं, जैसे नीचे लिखी परण एक आवृत्ति में ही सोलहवीं लय तक का हिसाब दिखाती है। यह सचमुच कठिन है, देखिए :—

तिट कत गदि गिन। धाऽते टेकत गदिगि नधाऽ।
×
तिटकतगदिगिनधा, तिटकतगदिगिनधा, तिटकतगदिगिन धा।
यहाँ पहली चार मात्राओं में दुगुन, अगली चार में तिगुन, नवीं व दसवीं में चौगुन, ग्यारहवीं में छहगुन और बारहवीं मात्रा का 'गदिगिनधा' बारहगुनी में और उसी मात्रा का 'तिटकतगदिगिन' सोलहगुनी लय में है। किन्तु कमाली चक्रदार अलग होती है।

फरमाइशी परण : जब कोई परन फरमाइश पर सुनाई जाए, तो उसे 'फरमाइशी परण' कहते हैं। इसके उदाहरण निम्न-प्रकार के अनेक हो सकते हैं :—

१. एकहत्थी परण : अर्थात् ऐसी परन, जिसमें क, ग, घ और धा बोल न हों, ताकि केवल सीधे हाथ से ही बज सके; जैसे :—

तिट तिट नाते टेता। ऽते नेता ऽते नेता। तिट ता नरा ऽन। तरा ऽन नाते टेता॥ ऽते टेता ऽते टेता। नाते टेता ऽते टेता। ऽते टेता नाते टेता।
×
ऽते टेता ऽते टेता॥ ता

२. लोम-विलोम का बोल : इसमें यह विशेषता होती है कि इस बोल को चाहे सीधा पढ़ो या उलटा, एकसमान ही होगा। इसलिए यह भी एक प्रकार का फरमाइशी बोल है; देखिए :—

×
धा नग दिग तक। धा नता गेन तत। कति कत
×
गेन कत। धा ता धा घेघे॥ धा घेघे धा ता। धा तक नग तक। तिक तत नगे तान। धा कत,
×
गदि गिन॥ धा

३. तोप का बोल : धा किट तक धुम। किट तक
×
धे ऽ। द्धं न न न। न न न न। कि ता ऽ धुम।
×

किट तक गेदा ऽन । धा ऽ, गेदा ऽन । धा ऽ, गेदा ऽन । धा
×

इसी आधार पर बिजली का बोल, रेल का बोल, जानवरों की बोली की ध्वनि, जय शब्द की ध्वनि, देवस्तुति आदि अनेक भेद फरमाइशी परणों के हैं। परन्तु फरमाइशी चक्रदार अलग होती है।

लग्गी : कहरवा, रूपक, दादरा आदि तालों में तीनताल के कायदे की भाँति बजनेवाले भेद को 'लग्गी' कहते हैं। इसका विस्तार भी हो सकता है, परन्तु 'लग्गी' एकाकी वादन में प्रयुक्त न होकर गायक के बोलों की चाल के अनुसार ही रूप देकर संगति करते समय बजाई जाती है। भजन, ठुमरी आदि में बहुतायत से प्रयोग की जाती है। तीनताल में भी बजा सकते हैं। एक अवधी 'लग्गी' तीनताल की देखिए :—

धाति ट,धा तिट धाति । धाति ट,धि नड़ किन । ताति टता तिट ताती । धाति ट,धि नड़ धिन ।

लग्गी का दूसरा अर्थ : कुछ विद्वान् लग्गी के शब्दार्थ उस बाँस की लकड़ी से लगाते हैं, जो नीचे से मोटी होती है और ऊपर की ओर पतली होती जाती है, और छप्पर आदि के नीचे लगाई जाती है।

इसके अनुसार उनकी लग्गी में प्रारंभ के बोल छोटे होते हैं और ज्यों-ज्यों आगे चलते रहते हैं, बोलों की संख्या प्रत्येक मात्रा में बढ़ती जाती है; जैसे :—

दींग किटतक ना तिरकिट । तिरकिट तीना तित् तिरकिटतक । धिरकिटतककत् तिरकिटतकधिर किटतकधाऽऽ । तिरकिटतकधिर किटतकधा ऽतिरकिट तकधिरकिटतक । धा
×

लड़ी : जब लग्गी के ही किसी एक बोल को तैयारी के साथ कुछ देर तक लगातार बजाएँ, तो उसे 'लड़ी' कहते हैं; जैसे :—

धातिऽन्न धातिरकिटतक धातिऽन्न धातिरकिटतक
तातिऽन्न धातिरकिटतक धातिऽन्न धातिरकिटतक

जिस प्रकार कायदों और पलटों के बाद रेला बजाया जाता है, उसी प्रकार छोटी तालों में 'लग्गी' के बाद 'लड़ी' बजाई जाती है। इसे सितार आदि के झालों के साथ बजाया जाता है।

लड़ी का दूसरा अर्थ : चूँकि इस प्रकार के वादन में लगातार एकसे बोल ही बजते हुए दिखाई देते हैं, इसलिए जब कोई ऐसा टुकड़ा बजाया जाए कि बोलों के रूप एक-दूसरे से मिलते-जुलते हुए-से दिखाई दें, तो उसे भी 'लड़ी' कहते हैं; जैसे :—

ताकिट तकिट धिकिटधिकिट तकिट। तकिटतक् धिकिट धिकिटतक् धिकिट। तकिट तकिटधिकिट तककत कतकत। कततक तककत धाकत धाकत। धा
×

बाँट : जब तबले के कुछ बोलों की बंदिश से खाली-भरी दिखाते हुए लय परिवर्तित की जाए, तो उसे 'बाँट' कहते हैं; जैसे—

धीना ऽधा तिरकिट धीना। तिरकिट धीना ऽधा तिरकिट। तीना ऽता तिरकिट तीना। तिरकिट धीना ऽधा तिरकिट।

बाँट का दूसरा अर्थ : जिस प्रकार तीनताल में कायदे के बाद पलटे बजाए जाते हैं, उसी प्रकार जब लग्गी के बोलों को उलट-पलटकर बजाया जाए, तो उसे 'बाँट' कहते हैं। इसी आधार पर ऊपर की लग्गी की 'बाँट' देखिए :—

धाति ऽन्न धातिर किटतक। धाति ऽन्न धातिर किटतक
ताति ऽन्न धातिर किटतक। धाति ऽन्न धातिर किटतक
या धाति ऽन्न धाति ऽन्न। धाति ऽन्न धातिर किटतक
ताति ऽन्न ताति ऽन्न। धाति ऽन्न धातिर किटतक

चलन या चाला : भिन्न-भिन्न तबला-वादक इन प्रकारों को विभिन्न प्रकार से बजाया करते हैं। उदाहरण के लिए दिल्ली या अजराड़े के वादक पेशकार को जिस प्रकार बजाते हैं, पूरब के वादकों का पेशकार बजाने का ढंग उनसे भिन्न है। इसी प्रकार गत, टुकड़े, लड़ी, लग्गी आदि सब में अंतर होता है। इसी अंतर को 'चाला' या 'चलन' कहते हैं।

अंगुश्ताना : जब कोई टुकड़ा इस प्रकार बजाया जाए कि चाँटी और स्याही दोनों पर निकलनेवाले बोल उँगलियों से बजाए जाएँ, तो इस प्रकार के बोल को 'अंगुश्ताना' कहते हैं; जैसे :—

धा तिट धाधा तिट। घिड़नग दिनतक तगतिर किटतक। ता किटतक ताकिट तकतिरकिट। तकधिरकिटतक

तकिटतकतिर किटतकधातिट घिड़नगदिनतक। धा
×

चक्रदार : जब किसी तीयेयुक्त बोल को तीन बार इस प्रकार बजाया जाए कि अंतिम 'धा' सम पर आए, तो उसे 'चक्रदार परन' कहते हैं। उदाहरण के लिए एक टुकड़ा ग्यारह मात्राओं का दिया जा रहा है। यह तीन बार बजने पर तीनताल की दो आवृत्तियों की चक्रदार कहलाएगी। देखिए :—

धाधातिरकिट धिंतिरकिटतक धिरकिटतकतिर किटतकधेऽत्त
१ २ ३ ४
तिरकिटधिरकिट तिरकिटधेऽत्त, तक्कड़ान धा,ऽतक् कड़ानधा,
५ ६ ७ ८ ९
तक्कड़ान धा
१० ११

चक्रदार के भेद : ये परणें तीन प्रकार की होती हैं, जो क्रम से साधारण, फरमाइशी तथा कमाली चक्रदार कहलाती हैं। इनका विस्तृत विवरण चक्रदार के अध्याय में देखिए !

कुछ अन्य शब्द : गुणियों ने तबले के भिन्न प्रकार के बोलों की रचनाओं पर मुग्ध होकर उनके नवीन-नवीन नामकरण कर दिए हैं। अतः इनकी शास्त्रोक्त परिभाषाएँ प्राप्त नहीं हो सकी हैं; जैसे :—

लालकिला परण : लालकिला, दिल्ली पर जो नगाड़े बजानेवाले वादक थे, उनके बोलों के आधार पर इस नाम की परणों को चालू किया गया।

चार बाग : जिस प्रकार आपको चार बागों में जाने पर अनेक प्रकार के सुन्दर पुष्प दिखाई देंगे, उसी प्रकार 'चारबाग' की गतों में भी अनेक प्रकार की सुन्दरता दिखाई देगी। कभी-कभी 'चारबाग' में चार संबद्ध बंदिशें प्रस्तुत की जाती हैं, इसलिए इन्हें 'चारबाग-परन' कहते हैं।

फरद या एक्कड़ : पहले गुणी लोग गतों की रचना जोड़ी से किया करते थे। परन्तु यदि कोई बोल ऐसा बन गया, जिसके जोड़ का दूसरा बोल तैयार न हो सका, तो ऐसे बोल 'फरद' या 'एक्कड़' के बोल कहलाए।

फूलझड़ी : जैसे फूलझड़ी जलाते समय उससे भिन्न-भिन्न प्रकार के फूल-से झड़ते रहते हैं, ठीक उसी प्रकार इन गतों में से भी फूल-से झड़ते प्रतीत होते हैं। इसका उदाहरण आगे दिया गया है।

तार-परन : जब कोई परन सितार या सरोद आदि के साथ इन वाद्यों की मिजराबों के समान बजती है, तो उसे 'तार-परन' कहते हैं। कुछ लोग सितार या वीणा में इस प्रकार की परनों को बोलते हुए और तबले के बोलों के वजन की मिजराब लगाते हुए तानें बजाते हैं।

'गांस', 'गुंबद', 'तांता', 'पेंच', 'लतीफा' आदि : ये कुछ ऐसे शब्द हैं, जिनकी परिभाषाएँ निश्चित नहीं हैं। अशिक्षित गुणियों की परिभाषाएँ होते हुए भी इनके वादन में भाव का सम्मिश्रण अवश्य प्रतीत होगा, जिसे भाषा द्वारा व्यक्त नहीं किया जा सकता।

पड़ार : 'रेला' और 'पड़ार' समान ही होते हैं। 'रेला' बहुत छोटा होता है, 'पड़ार' बहुत लंबी। 'पड़ार' में भी 'रेले' की तरह एक बोल की पुनरावृत्ति की जाती है। 'पड़ार' प्राय: पखावज पर बजाई जाती है। इसकी विशेषता यह और होती है कि एक ही 'पड़ार' अनेक तालों में बजाई जा सकती है; जैसे एक 'पड़ार' साठ मात्रा की हो तो आप उसे झप ताल तथा चारताल, दोनों में बजा सकते हैं। □

पाँचवाँ अध्याय

कुछ अन्य ताल-संबंधी शब्दों का स्पष्टीकरण

ताल के दस प्राण क्या और क्यों ?

संगीत को कालबद्ध करने के लिए ताल की आवश्यकता होती है। ताल को इस अनन्त असीम 'काल' के द्वारा ही नापा जा सकता है। इसे नापने के लिए घंटे, मिनिट, सैकिंड-जैसे कुछ नापने के अंग बनाने आवश्यक हैं। फिर, किस प्रकार से सशब्द और निःशब्द क्रिया करनी है और उस क्रिया को करने का क्रम या 'मार्ग' क्या होगा, यह भी जानना आवश्यक है।

जब ताल बन गई तो यह गीत को किस स्थान से ग्रहण करती है, उस ग्रहण करने के स्थान 'ग्रह' को भी जानना चाहिए। फिर इन तालों को अधिक बड़ा करने के लिए इनकी कुछ जातियाँ बनानी आवश्यक हैं। अतः 'जाति' के विषय में भी जानना आवश्यक है। अब यह भी जानना चाहिए कि इन तालों में 'लय' क्या होगी और इनमें एक-एक मात्रा के छोटे-छोटे अंश या 'कलाएँ' क्या होंगी ! अतएव 'लय' और 'कला' का ज्ञान भी आवश्यक है। अन्त में हम यह भी जानना चाहेंगे कि तालों में बोलों को किस 'गति' जिसे 'यति' भी कहा जाता है, या 'नियम' या 'सिद्धांत' से रखें, ताकि उनका सौंदर्य बढ़ जाए और फिर उनका 'प्रस्तार' कैसे करें ? तो आइए, अब क्रम से 'काल', 'मार्ग', 'क्रिया', 'अंग', 'ग्रह', 'जाति', 'कला', 'लय' 'यति' और 'प्रस्तार' को समझें।

१. **काल :** कुछ प्राचीन ग्रन्थों में कहा गया है कि यदि एक-समान सौ कमल के दलों (फूल की पंखड़ियों) को ऊपर-नीचे रखकर कसकर बाँध दें और फिर एक तेज सुई से शीघ्रता से उनको छेद दिया जाए, तो जितना समय सुई एक कमल को छेदने में लेगी, उस समय को एक 'क्षण' कहेंगे। कुछ पुस्तकों में इसे 'कण' भी कहा गया है।

ऐसे ८ क्षण=१ लव
८ लव=१ काष्ठ
८ काष्ठ=१ निमिष

८ निमिष = १ कला
२ कला = १ चतुर्भाग
२ चतुर्भाग = १ अणुद्रुत
२ अणुद्रुत = १ द्रुत
२ द्रुत = १ लघु
२ लघु = १ गुरु
३ लघु = १ प्लुत
४ लघु = १ काकपद

इनमें से पहले छह को 'सूक्ष्म काल' और शेष को 'स्थूल काल' कहते हैं।

आधुनिक काल में अणुद्रुत, द्रुत, लघु, गुरु इत्यादि अंग तो होते हैं, परंतु इनके लिए कोई काल-विशेष निर्धारित नहीं है। इनके द्वारा ताल में काल का माप किया जाता है। 'लघु' अक्षर को एक मात्रा-काल का माना जाता है। इस आधार पर अणुद्रुत $\frac{1}{4}$ मात्रा-काल का हुआ। द्रुत $\frac{1}{2}$ मात्रा-काल का, गुरु दो मात्रा-काल का, प्लुत तीन मात्रा-काल का और काकपद चार मात्रा-काल का होता है। अब यदि इन्हें चारगुना कर दें तो ये ही क्रम से इस प्रकार के होंगे :—

अणुद्रुत— १ मात्रा-काल का हो जाएगा।
द्रुत — २ मात्रा-काल का हो जाएगा।
लघु — ४ मात्रा-काल का हो जाएगा।
गुरु — ८ मात्रा-काल का हो जाएगा।
प्लुत —१२ मात्रा-काल का हो जाएगा और
काकपद—१६ मात्रा-काल का हो जाएगा।

२. **मार्ग** : 'गुरु' का दूसरा नाम है 'कला'। कला का काल-प्रमाण विभिन्न संप्रदायों में भिन्न-भिन्न रूपों में प्राप्त है। इस काल-प्रमाण के भेदों से भिन्न होने का नाम 'मार्ग' है। 'नाट्य-शास्त्र' में 'चित्र', 'वार्तिक' और 'दक्षिण' तीन प्रकार के मार्ग कहे गए हैं। 'चित्र' मार्ग में कला (गुरु) की दो मात्राएँ मानी जाती हैं। 'वार्तिक' मार्ग में कला की चार मात्राएँ होती हैं और 'दक्षिण' मार्ग में आठ। 'संगीत-रत्नाकर' में 'ध्रुव' नामक मार्ग भी कहा गया है। इसमें कला की मात्रा 'एक' है।

मुख्य रूप से मार्ग के छह प्रकार बताए गए हैं, जो 'दक्षिण', 'वार्तिक', 'चित्र', 'चित्रतर', 'चित्रतम' और 'अतिचित्रतम' हैं। इन छहों मार्गों को कभी-कभी 'शट्काल' भी कहा जाता है। इनमें पहले तीन के मात्रा-काल ऊपर बता दिए गए हैं। 'चित्रतर' मार्ग में एक कला के लिए एक मात्रा होती है, 'चित्रतम' में आधी मात्रा और 'अतिचित्रतम' में चौथाई मात्रा। इनमें अतिचित्रतम मार्ग को पहला काल, चित्रतम को दूसरा काल, चित्रतर को तीसरा काल, चित्र को चौथा काल, वार्तिक को पाँचवाँ काल और दक्षिण को छठा काल कहा जाता है।

चतुरस्र जाति की त्रिपुट (आदि ताल) में जब एक आवर्तन में आठ स्वर आएँगे, तब उसे पहला काल, सोलह स्वर आने पर दूसरा काल, बत्तीस स्वर आने पर तीसरा काल, चौंसठ स्वर आने पर चौथा काल, १२८ स्वर आने पर पाँचवाँ काल और २५६ स्वर आने पर छठा काल कहेंगे। साधारणतया तीन काल से ऊपर नहीं गाया जाता।

'मार्ग' के द्वारा गायन-वादन की मात्राओं को भली प्रकार से गिना जा सकता है और संगीत की स्वरलिपि को भी ठीक प्रकार से लिखा जा सकता है।

३. क्रिया : काल के गिनने के क्रम को 'क्रिया' कहते हैं। ताल की आनन्दजनक शक्ति क्रिया में है। दोनों हाथों के संयोग से शब्द पैदा करना, अँगुलियों को गिनना आदि क्रिया कहलाती हैं। क्रिया प्रधानतः मार्गी तथा देशी, दो प्रकार की होती है। इन दोनों के दो-दो भाग 'निश्शब्द' और 'सशब्द' और हो जाते हैं। इनका संक्षिप्त विवरण निम्न-प्रकार है :—

(क) मार्ग सशब्द क्रियाएँ

१. ध्रुवा : चुटकी बजाना।

२. सम्यक् या शंपा : दाएँ हाथ पर बाएँ से आघात करना।

३. ताल : बाएँ हाथ पर दाएँ से आघात करना।

४. सन्निपात : दोनों हाथों से परस्पर आघात करना।

(ख) मार्ग निश्शब्द क्रियाएँ

१. आवाप : हाथ को ऊपर उठाकर अँगुलियों को बंद करना।

२. निष्क्राम : अँगुलियों को खोलना।

३. विक्षेप : दाहिनी ओर अँगुलियों को हिलाना।

४. प्रवेश : हाथ को नीचे की ओर लाकर बाईं ओर हिलाना।

(ग) देशी सशब्द क्रिया

१. ध्रुव क्रिया : कोई भी सशब्द क्रिया करना।

(घ) देशी निश्शब्द क्रियाएँ

१. सर्पिणी : हाथ को दाहिनी ओर ले जाना।

२. कृष्य : हाथ को बाईं ओर ले जाना।

३. पद्मिनी : हाथ को ऊपर से नीचे की ओर ले जाना।

४. विसर्जित : हाथ को बाहर की ओर ले जाना।

५. विक्षिप्त : अँगुलियों को बंद करना।

६. पताक : हाथ को ऊपर उठाना।

७. पतित : जो हाथ ऊपर जा चुका है, उसे नीचे लाना।

अंग : ताल के विभिन्न भाग या अवयव 'अंग' कहलाते हैं। इन अंगों से ही प्रत्येक ताल बनाई जाती है। ये प्रधानतः छह प्रकार के होते हैं। इन छहों अंगों के नाम अणुद्रुत, द्रुत, लघु, गुरु, प्लुत और काकपद हैं। द्रुत काल के अंग के साथ यदि उसके आधे भाग को मिला दें तो उसे 'द्रुत विराम' या 'द्रुत शेखर' कहते हैं। इसी प्रकार लघु के साथ, लघुकाल के आधे भाग को मिलाना 'लघुविराम' कहलाता है। यदि लघु और द्रुत को मिला दें तो 'लघुद्रुत' अंग बनता है। मुख्य छह अंग निम्न-प्रकार हैं :—

अंग का नाम	चिह्न	अक्षर-काल
अणुद्रुत	U	१
द्रुत	o	२
लघु	|	४
गुरु	8	८
प्लुत	8	१२
काकपद	+	१६

इनसे मिलकर बननेवाले शेष दस अंग निम्न-प्रकार हैं :—

द्रुत विराम	8	३
लघु विराम	⌣|	५

लघुद्रुत	०।	६
लघुद्रुत विराम	◡०।	७
गुरु विराम	◡8	९
गुरुद्रुत	०8	१०
गुरुद्रुत विराम	◡०४	११
प्लुत विराम	◡।४	१३
प्लुतद्रुत	०।४	१४
प्लुतद्रुत विराम	◡०।४	१५

इन चिन्हों द्वारा ताल के अंग प्रदर्शित किए जाते हैं। जैसे तीनताल का चिह्न ।ऽ। है, इसके अर्थ हैं कि तीनताल में तीन भाग होंगे, जो क्रम से ४, ८ और ४ मात्राओं के होंगे। अर्थात् इतनी ही मात्राओं के अंतर से ताली लगाई जाएगी। मात्राओं का क्रम निम्न-प्रकार रहेगा :—

१	२	३	४ |	५	६	७	८	९	१०	११	१२ |
×				२							
१३	१४	१५	१६ |								
३											

इन चिह्नों द्वारा खाली का स्थान नहीं दिखाया जाता।

दूसरा उदाहरण झप ताल का और देखिए। शास्त्रोक्त झपताल का अंग ० ◡। ◡० है इसके अर्थ हुए कि इस ताल में तीन भाग हैं। पहला दो मात्रा का, दूसरा पाँच मात्रा का (क्योंकि दूसरे चिह्न में चार के चिह्न के ऊपर एक मात्रा का चिह्न और है)। इसी प्रकार तीसरा खंड तीन मात्रा का है, इसलिए इसका रूप यह होगा :—

१	२ |	३	४	५	६	७ |	८	९	१०
×		२					३		

५. ग्रह : प्राचीन ग्रन्थों के अनुसार गीत का आरंभ और ताल का आरंभ साथ-साथ होता है या आगे-पीछे, इस व्यवस्था का नाम 'ग्रह' है। यह चार प्रकार का होता है। जब गीत और ताल एकसाथ आरंभ होते हों, तो उसे 'सम ग्रह' कहते हैं। जब दोनों आगे-पीछे आरंभ होते हों तो उसे 'विषम ग्रह' कहते हैं। विषम ग्रह दो प्रकार का होता है—'अतीत' और 'अनागत' :—

अतीत **ग्रह :** अतीत का अर्थ है 'बीत जाना'। आजकल जब सम के निकल जाने के बाद सम दिखाया जाए, तो उसे 'अतीत ग्रह' कहते हैं। उदाहरण के लिए जो गीत का बोल आपके सम-स्थान पर है, उसे सम निकल जाने के बाद दूसरी मात्रा पर उसी प्रकार दिखाएँ, जैसे कि सम पर दिखाते हैं, तो उसे 'अतीत ग्रह' कहते हैं।

अनागत ग्रह : अनागत का अर्थ है 'आनेवाला'। आजकल जब सम आने से पूर्व ही आप सम का बोल उसी प्रकार दिखा दें कि श्रोताओं को वही स्थान सम प्रतीत हो, तो उसे 'अनागत ग्रह' कहते हैं। इन ग्रहों का उपयोग गायन-वादन में सुन्दरता एवं सम-स्थान का भ्रम उत्पन्न करने के लिए किया जाता है। यदि आपको ताल पर उत्तम रूप से अधिकार है, तो 'अतीत' और 'अनागत' को एक मात्रा में ही सम से आधी आगे-पीछे करके दिखा सकते हैं।

६. जाति : 'नाट्यशास्त्र' और 'संगीत-रत्नाकर' में ताल की जाति 'त्र्यश्र' और 'चतुरश्र' दो प्रकार की बताई गई हैं। त्र्यश्र और चतुरश्र जाति को मिलाकर एक नई जाति (३+४=७) मिश्र उत्पन्न हुई। अब मिश्र और त्र्यश्र को जोड़कर दो खंड करने पर $\left\{\frac{(७+३)}{२}=५\right\}$ अगली जाति 'खंड' मिली। इस प्रकार जो खंड जाति प्राप्त हुई, उसमें चतुरश्र जोड़ने पर अगली जाति (५+४=९) संकीर्ण प्राप्त हुई। इस जाति को प्राप्त करने की क्रिया $\left\{\frac{(७+३)}{२}+४=९\right\}$ संकीर्ण है, इसलिए इसका नाम 'संकीर्ण' पड़ा।

'जाति' शब्द के यह अर्थ और प्रयोग विस्मृत हो गए। अब 'जाति' नए अर्थ में प्रयुक्त होने लगा। लघु के अक्षरकाल या

मात्राकाल का नाम 'जाति' हो गया। लघु यदि तीन मात्राकाल का रहे तो उस ताल को त्र्यश्र जाति, चार मात्राओं का हो तो चतुरश्र, पाँच मात्राओं का होने पर खंड, सात मात्राओं का होने पर मिश्र और नौ मात्राओं का हो तो संकीर्ण जाति का कहते हैं। साधारणतया तालों की लंबाई बढ़ाने-घटाने के लिए जातियों का प्रयोग किया जाता है।

७. कला : कला शब्द का अर्थ है 'भाग'। इस प्रकार अक्षर-काल का सूक्ष्म विभाजन 'कला' कहलाता है। यदि एक अक्षरकाल में एक ही स्वर गाया जाएगा, तो उसे एक कला कहेंगे। दो गाए जाने पर 'दो कला' तथा चार गाए जाने पर 'चार कला' कहलाएगी। यदि एक अक्षरकाल के तीन भाग करके, प्रत्येक भाग के लिए एक-एक स्वर गाएँगे तो प्रत्येक भाग एक कला कहलाएगी और उस अक्षरकाल को तीन कलावाला कहेंगे। एक अक्षरकाल में जितनी कलाएँ होती हैं, उन कला-समूहों को 'गति' कहा जाता है। एक जैसे अक्षरकाल में तीन कलाओं के समूह को 'त्र्यश्रगति' कहेंगे। चार कलाओं का समूह 'चतुरश्रगति', पाँच कलाओं का समूह 'खंडगति', सात कलाओं का समूह 'मिश्रगति' और नौ कलाओं का समूह 'संकीर्णगति' कहलाएगा।

उदाहरण के लिए त्रिपुट ताल का रूप। ० ० है। यह त्र्यश्र जाति में सात मात्राओं की होगी। इसमें त्र्यश्र जाति का एक अलंकार 'सा रे ग सा रे ग म' जैसा सात अक्षर का हुआ। अब यदि प्रत्येक अक्षरकाल में चार कलाएँ कर दें तो इसका रूप सासासासा रेरेरेरे गगगग मममम होगा। इसे चतुरश्रगति में कहेंगे। इसी प्रकार यदि इसे 'सासासा रेरेरे गगग सासासा रेरेरे गगग ममम' जैसा तीन कलावाला बना दें, तो यही त्र्यश्रगति कहलाएगी।

सप्तसूलादि तालें जाति-भेद के कारण ३५ बन जाती हैं और पाँच गति-भेद के कारण १७५। इनका विवरण 'कर्नाटक संगीत' के अन्तर्गत दूसरे खंड में पढ़िए!

८. लय : दो क्रियाओं के मध्य में रहनेवाले अवकाश या पहली क्रिया की विश्रांति का नाम 'लय' है। साधारणतया गीत का वेग या ताल की धीमी या तेज चाल को बतानेवाली वस्तु को

'लय' कहते हैं। ये लय विलंबित, मध्य और द्रुत, तीन प्रकार की होती हैं। विलंबित का दुगुना वेग (चाल) 'मध्य लय' है और मध्य लय का दुगुना वेग 'द्रुत लय' है।

६. यति : लय को सुन्दर रूप देने के लिए जो 'सिद्धान्त', 'नियम' या 'मार्ग' हैं, उन्हें यति कहते हैं। इसके पाँच प्रकार माने जाते हैं :—

१. समा यति : टुकड़े के आरम्भ, मध्य और अंत, तीन भाग माने गए हैं। जब एक टुकड़े में इन तीनों स्थानों में एक ही लय चले, तो उसे 'समा' (अर्थात् सम लय की) यति कहते हैं; जैसे :—

धागेतिट धागेतिट तागेतिट तागेतिट धागेतिट किटधागे तिटतिट तागेतिट किटतागे तिटकिट तिटकत गदिगिन धा
×

२. स्रोतागता अथवा स्रोतावहा : जिस प्रकार नदी के स्रोत से जल बहता है, उसी प्रकार इसकी चाल मानी गई है। इस आधार पर कुछ लोग आदि में विलंबित, बीच में मध्य तथा अन्त में द्रुत मानते हैं; जैसे :—

धाकिट तकिट,त का̱किट; धाकिटतकधुम किटधुमकिटतक धुमकिटतकधा किटधुमकिटतक; तकिटतकाऽकिटतकगदि गिनधा-ऽऽकिटतकगदिगि नधाऽऽतिटकतगदिगिन धा।
×

उपर्युक्त दस मात्राओं के बोल में प्रत्येक अर्द्धविराम (;) के बाद लय बदली हुई है। कुछ लोगों के मत से 'स्रोतावहा' के आदि में मध्य, बीच में विलंबित तथा अन्त में द्रुत लय होती है; जैसे :—

धातिरकिटतक; तकधेन; किटतकधाकिटतकधाकिटतक धा
×

इसे रेखाओं के आधार पर निम्न-प्रकार समझना चाहिए :—

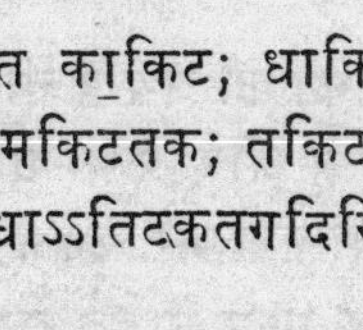

३. मृदंगा : जैसे मृदंग के दोनों मुख छोटे और बीच में बड़ा भाग होता है, उसी प्रकार जब आदि और अंत में द्रुत तथा मध्य में विलंबित लय होती है, तो उसे 'मृदंगा' यति कहते हैं; जैसे :—

तिरकिटतक्धिरकिटतक्तिरकिट धिरधिरकिटतक्धातिरकिट-तक्; धा धा तू ना; कत्तिरकिटतक्; धा,कत्तिर किटतकधा कत्तिरकिटतक धा
×

इसे रेखाओं के आधार पर निम्न-प्रकार समझना चाहिए :—

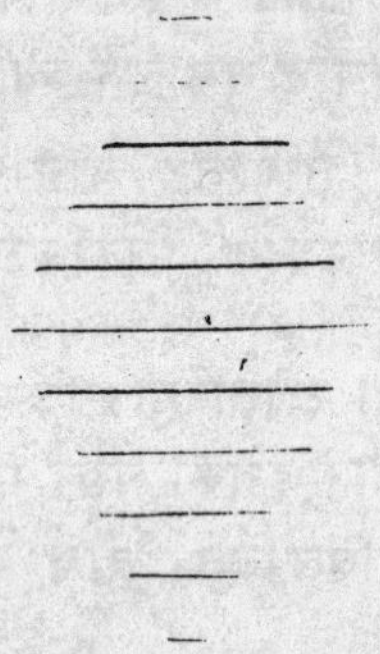

४. पिपीलिका : पिपीलिका का अर्थ है चींटी। जिस प्रकार चींटी कभी एकदम दौड़ने लगती है और कभी धीमी गति में चलती है, उसी प्रकार 'पिपीलिका' यति के भी अनेक भेद हैं। चाहे इसके आदि-अंत में विलंबित और मध्य में द्रुत लय रखें, चाहे आदि-अंत में मध्य और बीच में द्रुत लय रखें या अंत में मध्य और बीच में विलंबित लय रख सकते हैं; जैसे :—

किटतक ता किटतक ता; धा ऽ दिन् ता; क द्धाति द्धा क द्धाति द्धा क द्धाति द्धा
×

५. गोपुच्छा : इसका अर्थ है कि गाय की पूँछ की भाँति चाल हो। अर्थात् प्रारंभ में द्रुत लय हो और अंत में विलंबित लय हो जाए; जैसे :—

धाकिट धाकिट तकिटत काऽकिट धुमकिट तकिटत काकिट; दिन् ऽ; ता ऽ ऽ धा
×

रेखाओं के आधार पर गोपुच्छा को निम्नभाँति समझा जा सकता है :-

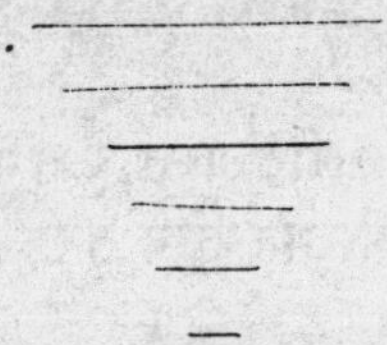

इन पाँच यतियों के अतिरिक्त दो यतियाँ 'डमरु' तथा 'विषम' और प्राप्त होती हैं। इनका स्पष्टीकरण निम्न-प्रकार है :—

६. डमरु यति : इसमें प्रारंभ और अंत में द्रुत लय रखते हैं, परंतु मध्य में विलंबित लय हो जाती हैं; जैसे :—

७. विषम यति : इसमें ताल के अंग किसी नियम-विशेष के अनुसार नहीं होते; जैसे :—

१०. प्रस्तार : जिस प्रकार स्वरों का प्रस्तार होता है, ठीक उसी प्रकार ताल के अंगों का भी प्रस्तार किया जाता है। भिन्न-भिन्न रूपों से किए जानेवाली अंगकल्पना को प्रस्तार कहते हैं। उदाहरण के लिए यदि चतुरस्र-लघु का प्रस्तार करें तो पहले हमें यह देखना होगा कि इससे कौन-कौन अंग बन सकते हैं। देखने पर विदित होगा कि द्रुतविराम 8, द्रुत O और अणुद्रुत U जैसे तीन भाग हो सकते हैं। अब हम इन्हें भिन्न प्रकार से मिलाएँगे। ये मेल निम्न-प्रकार होंगे। यहाँ ऊपर अंगों के चिह्न हैं तथा नीचे मात्राकाल। देखिए :—

१.	|	२.	8	U	३.	O	O
	४		३	१		२	२

४. OUU ५. U 8 ६. UOU

२ १ १   १ ३   १ २ १

७. UUO और ८. UUUU

१ १ २   १ १ १ १

इस प्रकार इसके कुल आठ प्रस्तार संभव हैं।

ताल के षडांगों का प्रस्तार तीन तरह से किया जाता है।

(i) चतुरंग-प्रस्तार, इसमें | 8 8̍ और + से प्रस्तार किया जाता है। (ii) षडांगप्रस्तार, इसमें U O | 8 8̍ और + अंगों से प्रस्तार किया जाता है और (iii) षोडशअंग प्रस्तार, इसमें अणुद्रुत से लेकर काकपद तक के समस्त अंगों को लेकर प्रस्तार किया जाता है। यही ताल के दस प्राणों की व्याख्या है। □

छठा अध्याय

तबला-वादन से पूर्व जानने-योग्य कुछ आवश्यक बातें

तबला ही क्यों : हम तबला क्यों सीखें ? यह एक ऐसा प्रश्न है, जिसका उत्तर प्रत्येक विद्यार्थी को जानना आवश्यक है। संगीत में गायन, वादन तथा नृत्य, तीनों का समावेश किया है। इनमें से यदि 'गीत' या 'गति' को निकाल दिया जाए, अर्थात् ताल के साथ गायन-वादन करने की क्रिया को पृथक् कर दें, तो केवल आलाप शेष रहेगा। दूसरे शब्दों में ये अधूरे रह जाएँगे। इसी प्रकार यदि नृत्य में से भी ताल के अंग को पृथक् कर दिया जाए, तो वह एकदम निर्जीव हो जाएगा। अतः गायन, वादन तथा नृत्य, अर्थात् संगीत की रीढ़ की हड्डी ताल है। यदि संगीत का आधा अंग स्वर है, तो उसे पूरा करनेवाला आधा भाग ताल है। इसी लिए प्रत्येक संगीत-विद्यार्थी को तबला-वादन भली प्रकार जानना आवश्यक है।

अब प्रश्न रहता है कि तबला ही क्यों ? इसका सीधा-सा उत्तर है कि इसमें खुले और बंद बोल बड़ी उत्तमता से निकल आते हैं। ठुमरियों और नाच के साथ भी उत्तम प्रकार से बजता है। लाने-लेजाने में हल्का है। ढोलक, नगारा, पखावज, खंजरी आदि वाद्यों के बोल इसमें सरलता से बज जाते हैं। इसमें उँगलियों के कारण अति द्रुत लय भी खूब बज जाती है। इसके शिक्षक सरलता से मिल जाते हैं और हलके संगीत से लेकर लोक-गीतों तथा शास्त्रीय खयाल-गायक तक के साथ बिना किसी परेशानी के सरलता से बज जाता है। इसके दोनों मुखों पर पक्की स्याही लगी रहने के कारण, पखावज के लिए गीले आटे की पूलिका को तैयार रखने की आवश्यकता नहीं है।

पखावज क्यों पिछड़ी : इसके छह प्रमुख कारण निम्न हैं :—

१. इस वाद्य का काफी बड़ा होना, २. बाएँ मुख पर लगाने के लिए गीले आटे की पूलिका को तैयार रखना, ३. बाएँ मुख पर गीले आटे की पूलिका लगी रहने के कारण, उसका इस वाद्य में

अभाव होना, ४. हथेली से बजने के कारण पखावज में लय उतनी द्रुत नहीं हो पाती, जितनी कि उँगलियों से बजनेवाले वाद्य तबले में हो जाती है, ५. ध्रुवपद-गायकी का लोप होने के कारण पखावज-वादन का भी प्रचार कम हो चला, ६. खयाल-गायकी में केवल ठेका चाहिए, जबकि यह संगति का प्रमुख वाद्य था, ७. नाच के साथ पेट से बाँधकर बजने में असंभव प्रतीत हुआ और ८. तबले में खुले और बंद, दोनों प्रकार के बोल सरलता से बजाए जा सकते थे। अतएव साधारण जनता और गुणी लोगों में क्रम से तबला-वादन का प्रचार बढ़ता चला गया और इस प्रकार पखावज-वादन दिन-प्रतिदिन कम होता चला गया।

तबला-वादन में मिठास कैसे उत्पन्न करें : वादन-क्षेत्र में जब भी मिठास शब्द आए, तो आप उसका केवल यही अर्थ लगाएँ कि हाथ में सफाई रहनी चाहिए। आपके बोल जितने अधिक स्पष्ट होंगे, उतनी ही अधिक मिठास आपके वादन में मानी जाएगी। यदि आपके बोल स्पष्ट न बजकर केवल वजन पूरा करने लगें, तो उस अवस्था में आप स्वयं यह अनुभव करने लगेंगे कि हाथ की मिठास समाप्त हो गई। बढ़ी हुई लय में भी आपके दोनों हाथों से बोल उसी जोरदारी से निकलते रहने चाहिए, जैसे कि मध्य लय में थे। लय बढ़ जाने पर श्रोताओं को वादन में कमजोरी प्रतीत नहीं होनी चाहिए।

हाथों की तैयारी का गुप्त रहस्य : हाथों को जल्दी तैयार करने के लिए दोनों कलाइयों में एक-एक लोहे का अथवा सीसे का भारी कड़ा पहनकर अभ्यास करना चाहिए। प्रारंभ में इस प्रकार अभ्यास करने में कुछ रुकावट-सी प्रतीत होगी, परंतु अभ्यास हो जाने पर महफिल में कड़े उतारकर बजाने में ऐसा प्रतीत होगा कि बिना विशेष प्रयास के तबला बज रहा है।

रियाज करने तथा उस्ताद बनने का रहस्य : प्रायः प्रत्येक तबला-वादक उस्ताद बनने का स्वप्न देखा करता है। बात भी ठीक है। तो लीजिए, आज हम आपके सामने इसके रहस्य का उद्घाटन कर रहे हैं। सचमुच बात तो यही है कि किसी भी कला का उस्ताद वही बन सकता है, जो उसका अभ्यास नित्य नियम से करता है। फिर भी उत्तम तबला-वादकों का कथन है कि

कम-से-कम तीन 'चिल्ले' लगाने के बाद ही शिष्य इस योग्य होता है कि किसी का उस्ताद बन सके। 'चिल्ले' शब्द से उनका यह तात्पर्य है कि विद्यार्थी लगातार चालीस दिन तक आठ घंटे नित्य तबला बजा ले, तो समझिए कि उसने एक 'चिल्ला' लगा लिया। इस प्रकार जब तक वह कम-से-कम तीन 'चिल्ले' नहीं लगा लेता, उस्ताद बनने योग्य नहीं होता। क्या ही अच्छा हो, यदि गुरु भी इस 'चिल्ले' के काल में विद्यार्थी के समीप रहा करें। इस प्रकार यदि एक कलाकार जीवन में सात 'चिल्ले' लगा लेगा, तो वह उस्ताद अवश्य बन जाएगा। इसके अतिरिक्त उस्ताद बनने का अन्य कोई उपाय नहीं है।

तबला-वादन में वाहवाही कैसे लें : समझदार श्रोता तबला-वादन में लय की विचित्रता का आनंद लेते हैं। अतः जब आप एक, दो अथवा अधिक-से-अधिक तीन आवृत्तियों में हर बार नवीन लय का बोल रखते चले जाएँगे, तो ज्यों ही लय बदलेगी, आपको वाहवाही अवश्य मिलेगी। इस प्रकार आप पेशकार, कायदे, पलटे, परन, चक्रदार आदि सबके द्वारा वाहवाही ले सकते हैं।

तबला सोलो (एकाकी वादन) का ढंग : एकाकी वादन में रेलों, गतों और कायदों द्वारा सुन्दरता पैदा की जाती है। इन-सबमें कायदों को अधिक महत्त्व दिया जाता है। इन कायदों में तनिक हेर-फेर के साथ एक प्रकार के ही बोल बजाए जाते हैं। यह परिवर्तन इतनी सुन्दरता से किए जाते हैं कि बँधे हुए बोलों की पुनरावृत्ति अप्रिय प्रतीत होने की अपेक्षा बहुत सुन्दर लगती है। कुछ उस्ताद तो एक ही कायदे के बल खोलने में, अर्थात् उनकी लौट-पलट करने में अधिक-से-अधिक समय लगा देते हैं। कायदों में बोलों के अतिरिक्त लय का भी हेर-फेर रहता है। इसी आधार पर दिल्ली के नत्थू खाँ साहब का बाज 'कायदे का बाज' के नाम से प्रसिद्ध है। इसमें पहले विलंबित लय में पेशकार, फिर कायदे, फिर उसमें पलटे बजाए जाने की प्रथा है। इसके उपरांत लय को मध्य करके गत, परन तथा चक्रदार गतें बजाई जाती हैं। अन्त में लय द्रुत करके रेले तथा अन्य गतें बजाकर वादन समाप्त किया जाता है; लेकिन पूरब-बाज में एक लंबी उठान के बाद परन, टुकड़े और चक्रदारों को अधिक महत्त्व दिया जाता है।

एकाकी वादन में दो बातों की ओर विशेष ध्यान दिया जाता है। प्रथम यह कि लय प्रारंभ में विलंबित होकर क्रम से बढ़ती रहती है। द्वितीय यह कि बोलों का चयन इस ढंग से किया जाता है कि एक के बाद दूसरा बोल प्रभावोत्पादक आता रहे। कहीं ऐसा न हो कि उत्तम् बोल प्रारंभ में ही बज जाएँ और उनके बाद उनसे उत्तम बोल अन्त तक न आएँ।

दिल्ली और पूरब-बाज में मुख्य अंतर : पूरब के वादक तबले को मृदंग का पुत्र समझकर खुले हाथों का प्रयोग अधिक करते हैं, जबकि दिल्लीवालों ने केवल दो उँगलियों का बाज निकाला है। पूरब के कलाकार दिल्ली-बाज के गुरुजनों से अधिक तैयार हैं; परंतु जो मिठास दिल्ली या अजराड़ा बाज में है, वह पूरब-बाज में नहीं है।

क्या तबले को मृदंग के ढंग पर बजाना उचित है : इस प्रश्न का उत्तर देने से पूर्व दो बातें अवश्य समझ लेनी चाहिए। प्रथम यह कि आजकल तबला एक पृथक् वाद्य माना जाता है और द्वितीय यह कि प्रत्येक कला की उन्नति कुछ पुरानी और कुछ नई बातों को मिलाकर होती है। इस प्रकार प्रत्येक कला में कुछ नई तथा कुछ पुरानी बातें सम्मिलित होती हैं। ठीक यही बात तबले पर भी लागू होती है। तबले पर बजनेवाली तालें और लय के रूप; जैसे आड़ी, कुआड़ी, बिआड़ी तथा बोलों के रूप; जैसे दुपल्ली और चौपल्ली आदि मृदंग जैसे होते हुए भी बोलों में अंतर पड़ जाता है। उदाहरण के लिए 'धुमकिट' का शुद्ध रूप तबले पर नहीं बज सकता। इन कारणों से तबले को पखावज के अनुसार बजाना उचित नहीं है।

गायन अथवा वादन की संगति करना : यह संगति दो प्रकार से होती है। एक में तबला-वादक गायक अथवा वादक के साथ-साथ संगति करते रहते हैं। इस प्रकार की संगति को 'लिपटना' कहते हैं। यह संगति तबला-वादक की सूझ पर निर्भर करती है। कारण कि इसमें बँधे हुए बोल नहीं बजते। जब गायक अथवा तंत्रकार 'अतीत' या 'अनागत' ग्रह आदि को दिखाते हुए गायन-वादन करते हैं, तो तबला-वादक भी उन्हीं के अनुसार वैसे ही बोल बजाने लगते हैं। इस प्रकार के वादन को 'लड़न्त

का बाज' कहते हैं। उस्ताद अहमदजान थिरकवा और उस्ताद हबीबुद्दीन इस प्रकार की संगति करने में अद्वितीय थे।

दूसरे प्रकार की संगति में गायक अथवा तंत्रकार की तान अथवा तीए को सुनकर तबला-वादक उसी वजन का टुकड़ा तबले पर बजा देते हैं। इसे 'सवाल-जवाब' की संगति कहते हैं। एक उत्तम तबला-वादक किसी नए गायक अथवा तंत्रकार के साथ इस प्रकार भली-भाँति संगति कर सकता है।

नृत्य की संगति करना : तबला-वादन तथा नृत्य, दोनों में ताल प्रधान होने के कारण एक प्रकार का सामंजस्य प्रतीत होता है। नृत्य की संगति में उत्तमता तभी प्रतीत होगी, जबकि जो बोल पैर से निकलें, वे ही तबले पर बजें। यद्यपि तबले में नृत्य के बोल पूर्ण रूप से नहीं निकल पाते, फिर भी उसी अंदाज का टुकड़ा बजाया जा सकता है। प्राय: अच्छे नृत्यकार की लयकारी बड़ी टेढ़ी होती है। इस कारण से एक उत्तम-से-उत्तम तबला-वादक भी एक ऐसे नृत्यकार की संगति करने से घबराता है, जिसके साथ पहले संगति कभी न की हो। कुछ नृत्यकार तो बीच में थोड़ा रुककर साधारण टुकड़े का भी ऐसा कठिन रूप बना देते हैं कि संगति करना कठिन हो जाता है।

क्या उत्तम तबला-वादक बनने के लिए हाथ की तैयारी काफी है?

लोगों का अनुमान है कि हाथ में तैयारी और मिठास पैदा हो गई, तो वे एक उत्तम तबला-वादक बन गए। परन्तु यह उनकी भूल है। इन दोनों चीजों के साथ-साथ बोलों की बंदिश, तरतीब और उस्तादी घराने की बारीकियों को याद किए बिना आप उत्तम तबला-वादक नहीं बन सकते। केवल पुस्तकें पढ़कर और 'धागेतिर तिरकिट' को पीसते रहने से हाथ उलझता चला जाता है। उत्तम तबला-वादक होने के लिए बोलों का भंडार होना आवश्यक है।

तबला-वादकों के गुण : ताल-वादकों में जो गुण होने चाहिए, उनमें से कुछ निम्नलिखित हैं :—

बोलों को बजाने की स्पष्टता, मुखड़े आदि अंगों की सुरूपता, मधुर और गंभीरता के साथ वादन करने का कौशल, दूसरे वाद्यों का अनुसरण करने की योग्यता, हस्तलाघव, सावधानी, श्रम को

जीतने की शक्ति, मोहरे बजाने (आरंभ करने) में पटुता, रंजन-शक्ति, दूसरे अवनद्ध वाद्यों का अनुसरण करना, शब्दों या बोलों की बहुलता, यति, ताल और लय का अच्छा ज्ञान तथा गीत, वाद्य, नृत्य के अनुसरण करने की योग्यता। इनसे रहित दोष हैं।

तबला-तरंग : इसमें तबलों के ऊपर बजाय ताल के राग बजाए जाते हैं। इसके लिए लगभग दस तबले ले लिए जाते हैं। इनमें चार तबले ऐसे होते हैं, जिनकी पुड़ी का व्यास लगभग साढ़े चार इंच होता है, और इनपर बहुत गहरी स्याही रखी जाती है। तीन तबलों की पुड़ी का व्यास लगभग तीन-तीन इंच होता है। इन पर स्याही कुछ कम होती है। इनके अतिरिक्त तीन पुड़ियों का व्यास लगभग ढाई इंच होता है। इनपर स्याही और भी कम होती है। जिस राग को बजाने की इच्छा हो इन तबलों को उसी राग के स्वरों पर मिला लिया जाता है। स्वरों का क्रम 'नि़ सा रे ग म प ध नि सां रें' रखा जाता है। इन्हें जलतरंग के प्यालों की भाँति सामने अर्द्धगोलाकार रख लेते हैं। जो भी स्वर बजाना होता है, उसपर हाथ का प्रहार इस प्रकार से करते हैं कि आघात करते ही हाथ तुरंत ऊपर उठ जाता है और खुला हुआ नाद निकलता है, इस प्रकार दाएँ तबलों पर राग बजाने को 'तबला-तरंग' कहते हैं।

ताल-वाद्य-कचहरी : यह आधुनिक विद्वानों द्वारा रखा गया नवीन शब्द है। जिस प्रकार अनेक तंत्रकार मिलकर एक ही राग को भिन्न-भिन्न वाद्यों पर बजाकर उसे वृंद-वादन कहते हैं, उसी प्रकार जब भिन्न-भिन्न ताल-वाद्यों (जैसे तबला, मृदंग, कंजीरम् और ढोलक आदि) पर एक ही ताल इस क्रम से बजाई जाए कि क्रम से प्रत्येक कलाकार एक-एक परन या टुकड़ा बजाता रहे, तो इस प्रकार के वादन को 'ताल-वाद्य-कचहरी' के नाम से पुकारते हैं।

तबले की जुगलबंदी : जब तबले के साथ बजनेवाला (मृदंग आदि) कोई अन्य ताल-वाद्य हो और दोनों पर एक समय में एक ही ताल बजाई जाए, तो उसे तबले की 'जुगलबंदी' कहते हैं। इसे वजाने का ढंग उसी प्रकार का होता है, जैसा कि 'ताल-वाद्य-कचहरी' का। इस प्रकार के वादन में श्रोताओं को एक साथ दो

कलाकार सुनने को मिल जाते हैं।

ताल-लिपि : हिंदुस्तानी संगीत-पद्धति में दो ताल-लिपियाँ प्रचलित हैं, जिन्हें भातखंडे-पद्धति और विष्णुदिगंबर-पद्धति कहते हैं :—

भातखंडे-पद्धति : इस पद्धति में सम का चिह्न × है और खाली का ० है। जब किसी मात्रा को बढ़ाया जाता है, तो उसके आगे रेखा अथवा अवग्रह लगा दिया जाता है; जैसे—धा–अथवा धाऽ। जब एक से अधिक बोलों को एक मात्रा में रखना होता है, तो उन सब बोलों के नीचे एक चंद्र-जैसा चिह्न लगा देते हैं; जैसे—तिटकत। अन्य तालियाँ आती हैं, वहाँ जिस नंबर की ताली आती है, वही गिनती लिख दी जाती है। इस पद्धति में झूमरा ताल का उदाहरण देखिए :—

धि	–धा	तिरकिट	|	धिं	धिं	धागे	तिरकिट
×				२			
तिं	–ता	तिरकिट	|	धिं	धिं	धागे	तिरकिट
०				३			

विष्णुदिगंबर-पद्धति : इस पद्धति में प्रत्येक बोल के नीचे जितनी मात्राओं का वह बोल है, उतनी मात्राओं का चिह्न लगा दिया जाता है। मात्राओं के चिह्न निम्न-प्रकार हैं :—

दो मात्राओं का चिह्न ऽ जैसे—धा धा धा ऽ

एक मात्रा का चिह्न, जैसे—धा

आधी मात्रा का चिह्न ० जैसे—धागे

चौथाई मात्रा का चिह्न ‿ जैसे—ति र कि ट

१।८ मात्रा का चिह्न ‿‿ जैसे—धि र धि र कि ट त क

१।३ मात्रा का चिह्न ~ जैसे—धा कि ट

१।६ मात्रा का चिह्न ≈ जैसे—त क त क त क

सम के स्थान पर एक का अंक और खाली के स्थान पर + लगाते हैं। जिस बोल के नीचे जो मात्रा आती है, वही गिनती लिख देते हैं। झूमरा ताल को इस पद्धति में इस प्रकार लिखेंगे :—

धिं	ऽ	धा	ति	र	कि	ट	धिं	धिं	धा	गे	ति	र	कि
१	०	०					४		०	०			

ट	तिं	ऽ	ता	ति	र	कि	ट	धिं	धिं	धा	गे	ति
	+	०	०					११		०	०	

र कि ट

दुगुन-तिगुन आदि को लिखना : जब दो-दो बोल एक मात्रा में लिख दिए जाएँ तो दुगुन, तीन-तीन लिखने पर तिगुन, चार-चार लिखने पर चौगुन कहते हैं। इसी प्रकार पँचगुन, छहगुन आदि समझिए; जैसे—दुगुन १-२, ३-४, ५-६, ७-८; तिगुन १-२-३, ४-५-६; चौगुन १-२-३-४, ५-६-७-८; पँचगुन १-२-३-४-५, ६-७-८-९-१० आदि।

कठिन लयकारियों को लिखना; जैसे दो मात्रा में तीन : जितनी मात्राएँ बोलनी हों, उन्हें कुछ दूरी पर लिख लीजिए; जैसे—१, २, ३। अब जितनी मात्राओं में इसे बोलना है, तो प्रत्येक गिनती में एक-एक अवग्रह लगाकर प्रत्येक को दो-दो कर लेंगे; जैसे—१ ऽ, २ ऽ, ३ ऽ। अब इन्हें दो बराबर भागों में विभाजित कर लेंगे; जैसे—१ऽ२, ऽ३ऽ। बस, यही दो मात्राओं में तीन मात्राएँ लिखना हो गया।

चार में छह लिखना : ठीक ऊपर की तरह ही तीन के स्थान पर छह मात्राएँ लिख देंगे; जैसे—१ऽ२, ऽ३ऽ, ४ऽ५, ऽ६ऽ।

तीन मात्राओं में दो लिखना : चूंकि इसमें दो मात्राएँ लिखनी हैं, अतः केवल दो गिनतियों को लिखकर प्रत्येक में दो-दो अवग्रह बढ़ाकर प्रत्येक गिनती को तीन-तीन पूरा करके इस प्रकार लिखेंगे—१ऽ, ऽ२, ऽऽ।

चार मात्राओं में तीन लिखना : यहाँ तीन मात्रा लिखकर प्रत्येक में अवग्रह लगाकर चार-चार बना लेंगे। फिर उन्हें चार बराबर भागों में विभाजित कर देंगे; जैसे—१ऽऽ, ऽ२ऽ, ऽऽ३, ऽऽऽ।

चार मात्राओं में पाँच लिखना : इसी सिद्धांत के अनुसार पाँच गिनतियाँ लिखकर प्रत्येक को चार-चार बनाकर, फिर चार बराबर भागों में विभक्त कर लेंगे; जैसे—१ऽऽऽ२, ऽऽऽ३ऽ, ऽऽ४ऽऽ, ऽ५ऽऽऽ।

चार में सात लिखना : अब पहले सात गिनतियाँ लिखकर प्रत्येक को चार-चार बनाकर, चार बराबर भागों में बाँट लेंगे; जैसे—१ऽऽऽ२ऽऽ, ऽ३ऽऽऽ४ऽ, ऽऽ५,ऽऽऽ६, ऽऽऽ७ऽऽऽ।

पाँच में सात लिखना : अब सात गिनतियाँ लिखकर, प्रत्येक के पाँच-पाँच भाग करके, फिर पाँच बराबर भागों में विभाजित कर देंगे; जैसे—१ऽऽऽऽ२ऽ, ऽऽऽ३ऽऽऽ, ऽ४ऽऽऽऽ५, ऽऽऽऽ६ऽऽ, ऽऽ७ऽऽऽऽ। इसी प्रकार से कोई भी लय लिखी जा सकती है।

तीन मात्राओं में दो बोलना : इसके लिए एक मात्रा के तीन-तीन भाग कर लीजिए और फिर दो-दो को एक मात्रा में बोलिए; जैसे—एए कदो ओओ तीई नचा आर।

दो मात्रा में तीन मात्रा बोलना : अबकी बार एक-एक मात्रा के दो-दो भाग करिए और तीन-तीन को एक मात्रा में बोलिए; जैसे—ए क दो ओ ती न। यहाँ यह ध्यान रखिए कि जितना समय 'ए' बोलने में लगे ठीक उतना ही 'क' में लगना चाहिए। हाथ से आघात जब भी 'ए' और 'ओ' शब्द आएँ लगाइए। □

सातवाँ अध्याय

विभिन्न बाज की विशेषताएँ तथा पेशकार / तीनताल

बाज : तबले के विभिन्न वादकों ने अपने ढंग से तबला-वादन में चमत्कार उत्पन्न करके अपने-अपने घराने बना लिए। फलस्वरूप उनके बोलों के निकास तथा उनकी बंदिशों में इतना अंतर हो गया कि प्रत्येक घराना अपनी निजी वादन-शैली से पहचाना जाने लगा। तबला-वादन के इन्हीं घरानों की वादन-शैलियों को 'बाज' कहते हैं। तो आइए, प्रत्येक बाज की शैलियों का पृथक्-पृथक् अध्ययन करें।

दिल्ली-बाज : इस बाज में प्रायः मध्यमा और तर्जनी, इन्हीं दो उँगलियों का प्रयोग होता है। इसी कारण इसमें कोमलता का प्राचुर्य है। केवल उँगलियों से बजने के कारण इसे किनार या चाँटी का बाज भी कहते हैं। दिंग, दिन, गिन, धिन, गिन, तिर, तिट, तिरकिट (एक उँगली से बजनेवाले) धागे, धाती, नाधा आदि बोलों का प्रयोग विशेष रूप से होता है। पेशकार, कायदे और रेले इस बाज में विशेष रूप से बजाए जाते हैं। परन और छंदों का उपयोग इस बाज में बहुत कम होता है। इनके स्थान पर छोटी-छोटी लयकारी-युक्त गतें, मोहरे और मुखड़े आदि पाए जाते हैं।

अजराड़ा-बाज : इस बाज में दिल्ली बाज की सारी विशेषताएँ; जैसे किनार का काम, पेशकार, कायदे और रेलों का बाहुल्य तथा लंबी परन और छंद आदि का अभाव आदि सारी बातें ज्यों-की त्यों पाई जाती हैं; परंतु यह सब समान होते हुए भी इस बाज के बोलों में डग्गे का काम विशेष रूप से मिला होता है। साथ-साथ लय कुछ आड़ी रखी जाती है। धा, घेघेनक, घेघेनक, घिन्, घेतक, घिनक, दिंग, दिन, गिन, धी, घ्ड़ां, धा, धातक, धेना, धाड़धा आदि बोलों में डग्गे का प्राधान्य रहता है। इस घराने में कायदों को सबसे अधिक महत्त्व दिया जाता है। वादक टेढ़ी लय को बजाते-बजाते बड़ी फुर्ती से मूल लय पर इस प्रकार

आते हैं कि श्रोताओं को बरबस वाहवाही देनी पड़ती है। इस बाज के कायदों में कठिन बोल-समूह होने के कारण अधिक प्रस्तार संभव नहीं हो पाता। कभी-कभी कायदों और गतों में ऊपर से कुछ अंतर भी प्रतीत नहीं होता।

पूरब-बाज (लखनऊ और फर्रुखाबाद) : इस बाज में कुछ-कुछ नाच के बोल भी प्रवेश कर गए, अतः यह बाज दिल्ली और अजराड़े से अधिक जोरदार बन गया। इस बाज में कायदे और रेले विशेष रूप से बजाते हैं, किंतु उनमें लव तथा स्याही के बोलों की प्रचुरता रखी जाती है। फलस्वरूप इसमें खुले और जोरदार बोलों का प्रयोग विशेष रूप से किया जाता है। धागेतिट, धिटतिट, क्ड़धा, तिटकता, गदिगिन, ध्ड़ा, क्ड़ांधा, तघ्घ्ड़ान्, घिड़नक, दिड़नक, दिंतक, धाकधा, धिरधिर, धातिन्न, तातिन्न, तकतक आदि बोलों का प्रयोग बहुतायत से किया जाता है। इसमें गत, टुकड़े, चक्रदार गतें, परन, तिपल्ली, चौपल्ली आदि का प्रयोग खूब किया जाता है।

बनारस-बाज : जैसा कि पहले बताया जा चुका है, बनारस के तबला-वादकों ने तबले को पखावज का ही पुत्र समझा, अतः उन्होंने कायदे और पेशकार के स्थान पर छंदों तथा परनों को अधिक महत्त्व दिया। इस प्रकार उन्होंने छंदों और परनों में धुमकिट, धुमतिर, तकिट तकाकिट, धाकिट तक, धुमकिट तक, क्धान, धागेन आदि बोलों को तबले पर बजाकर जोरदारी को बढ़ा दिया।

पंजाब-बाज : इस बाज के वादकों ने पखावज के बोलों को ही बंद करके तबला-वादन की एक पृथक् शैली का निर्माण किया। इस प्रकार पखावज की समस्त विशेषताओं की झलक इस बाज में स्पष्ट दिखाई देती है। इसमें खुले और जोरदार बोलों की प्रचुरता है। पंजाब के कायदे प्रायः दिल्ली-बाज की अपेक्षा अधिक लंबे होते हैं। बड़ी-बड़ी गतें, परनें, चक्रदार, अनेक लयकारियों से युक्त तिहाइयाँ आदि इस बाज में खूब बजाई जाती हैं। घेटत, दुग, दुग, नग, क्ड़तान, घिड़त, घिड़ना आदि बोलों का प्रयोग प्रायः पाया जाता है।

पेशकार बनाने का क्रम : पेशकार में प्रयुक्त होनेवाले बोलों

को किसी सुन्दर ढंग से रखकर आठ मात्राओं का टुकड़ा बना लेते हैं। ९-वीं, १०-वीं, ११-वीं और १२-वीं मात्राओं में १, २, और ४ मात्राओं में बजनेवाले बोलों को 'ता' से बजा देते हैं। १३, १४, १५, १६ के स्थान पर ५, ६, ७ और ८ मात्राओं के बोलों को ज्यों-का-त्यों रख देते हैं। फिर 'धीक्ड़', धिधा' और 'धातित्' को मिलाकर पेशकार बनाते हैं।

दिल्ली-बाज के पेशकार बनाना : चूँकि ये बोल किनारी पर बजते हैं, अतः इन सारे उदाहरणों को दिल्ली-बाज के पेशकार कहेंगे। देखिए :—

धीक्ड़ धिता ऽधा धिता। धातित् धातित् धाधा धिता।
तीक्ड़ तिता ऽता तिता। धातित् धातित् धाधा धिता।

अब यदि इसी में पहली आठ मात्राओं को दो बार बजा दें, उसके बाद ९ से १६ मात्राओं तक के बोल बजाकर पुनः पहली आठ मात्राओं को ही बजा दें, तो यही दो आवृत्तियों की रचना हो जाएगी। (यदि आप इन्हें दूनी लय में बजाएँगे, तो यह एक ही आवृत्ति का पेशकार होगा, किंतु ठीक प्रकार से समझाने के लिए केवल दो-दो बोलों से एक मात्रा की रचना कर दी गई है।) देखिए :—

धीक्ड़ धिता ऽधा धिता। धातित् धातित् धाधा धिधा
धीक्ड़ धिता ऽधा धिता। धातित् धातित् धाधा धिता
तीक्ड़ तिता ऽता तिता। धातित् धातित् धाधा धिता

अब इन्हीं बोलों में तनिक परिवर्तन करके नवीन रूप बनाते हैं।

धीक्ड़ धिधा ऽधा, धीक्ड़। धिधा ऽधा धिधा ऽधा।
धीक्ड़ धिता ऽधा धिता। धातित् धातित् धाधा धिता।
तीक्ड़ तिता ऽता, तीक्ड़। धिधा ऽधा धिधा ऽधा।
धीक्ड़ धिता ऽधा धिता। धातित् धातित् धाधा धिता।

यहाँ जो पहली आठ मात्राएँ हैं, वे ही तीसरी आठ मात्राएँ हैं। अंतर केवल यही है कि 'धा' के स्थान पर 'ता' का प्रयोग है। दूसरी आठ और अंतिम आठ ज्यों-की-त्यों हैं। इसी प्रकार आगे भी समझना चाहिए।

इन्हीं बोलों में तनिक अंतर से पुनः एक नवीन रचना देखिए :—

धीक्ड़ धीक्ड़ धिधा ऽधा। धीक्ड़ धीक्ड़ धिधा ऽधा।

धीक्ड़ धिता ऽधा धिता। धातित् धातित् धाधा धिता।
तीक्ड़ तीक्ड़ तिता ऽता। धीक्ड़ धीक्ड़ धिधा ऽधा।
धीक्ड़ धिता ऽधा धिता। धातित् धातित् धाधा धिता।

इन्हीं बोलों में 'धातित्' को पहले रखकर एक नवीन रचना देखिए :—

धातित् धातित् धाधा धिता। धातित् धातित् धाधा धिधा
धीक्ड़ धिता ऽधा धिता। धातित् धातित् धाधा धिधा
तातित् तातित् ताता तिता। धातित् धातित् धाधा धिता
धीक्ड़ धिता ऽधा धिता। धातित् धातित् धाधा धिता

अब इन्हीं बोलों में 'तक्घिड़ान' और 'किटतक' और मिला दिया। इन सब पेशकारों को रचते समय क्रम ऊपर का ही रखा। देखिए, कैसे-कैसे सुन्दर रूप बनते हैं :—

धातित् धाधा धिता धातित्। धाधा धिता धाधा धिता।
तक्घिड़ा ऽनधा धिता धातित्। धाकिट तकधि धाधा धिता।
तातित् ताता तिता तातित्। धाधा धिता धाधा धिता।
तक्घिड़ा ऽनधा धिता धातित्। धाकिट तकधि धाधा धिता।

अब इन्हीं बोलों में 'धीक्ड़ धिधा' को मिलाकर और नया रूप बनाया। देखिए :—

तक्घिड़ा ऽनधा धिता धातित्। धाकिट तकधि धाधा धिता।
धीक्ड़ धिता ऽधा धिता। धातित् धातित् धाधा धिधा।

अब इन्हीं बोलों में एक बोल 'तक्धिन्' मिला दिया। देखिए, कैसा रूप बनता है :—

तक्घिड़ा नऽधा धिता, तक्घिड़ा। ऽनधा धिता तक्धिन्
तक्धिन्। तक्घिड़ा ऽनधा धिता धातित्। धाकिट तकधिन
धाधा धिधा। तक्किड़ा ऽनता तिता तक्किड़ा। ऽनधा धिता
तक्धिन् तक्धिन्। तक्घिड़ा ऽनधा तिता धातित्। धाकिट
तकधि धाधा धिता।

अब एक पेशकार 'किटतक' बोल को मिलाकर बनाते हैं; देखिए :—

किटतक धींता किटतक धींता। धाकिट तकधि धाधा धींता
किटतक धींता किटतक धींता। धाकिट तकधि धाधा धींता
किटतक तींता किटतक तींता। धाकिट तकधि धाधा धींता

किटतक धींता किटतक धींता। धाकिट तकधिं धाधा धींता

अब इन्हीं बोलों में 'किड़नग' और 'तिरकिट' लगाकर देखिए:—

किड़नग तिरकिट धाकिट तकधिं। धाधा धिंता किड़नग तिरकिट
धाकिट तकधिं धाधा धिंता। धाकिट तकधिं धाधा धिंता
किड़नग तिरकिट ताकिट तकतिं। धाधा धिंता किड़नग तिरकिट
धाकिट तकधिं धाधा धिंता। धाकिट तकधिं धाधा धिंता

अब इन्हीं में 'तकता' और जोड़ दिया; देखिए :—

किड़नग तिरकिट तकता तिरकिट। धाकिट तकधिं धाधा धिंता
किड़नग तिरकिट तकता तिरकिट। धा आ धाकिट तकधिं
धाधा धिंता किड़नग तिरकिट। तकता तिरकिट धा धा
धाधिट तकधिं धाधा धिंता। किड़नग तिरकिट तकता तिरकिट

आप इसी आधार पर अनेक पेशकार स्वयं रच सकते हैं।

अजराड़े के पेशकार बनाना : इसी आधार पर अजराड़ा-बाज के पेशकार बनाए जाते हैं। दो-चार उदाहरण देखिए :—

१. धाती धाधा तीना धाती। धाकिड़ धाती धाधा तीना
तीधा किड़धा तीना धाती। धाकिड़ धाती धाधा तीना
ताती ताता तीना ताती। ताकिड़ ताती ताता तीना
तीधा किड़धा तीना धाती। धाकिड़ धाती धाधा तीना

२. धाधा तीना ऽधा तीना। धाघेघे नकधिन धाधा तीना
तीधा किड़धा तीना धाती। ऽधा धाती धाऽ तीना
ताता तीना ऽता तीना। ताकेके नकधिन ताता तीना
तीधा किड़धा तीना धाती। ऽधा धाती धाती तीना

३. धाती धाकिड़ धाती धाकिड़। धाती घिनघेघे नकधिन तीधा
किड़धा तीना धाती ऽधा। तीना धाती धाधा तीना
ताती ताकिड़ ताती ताकिड़। ताती किनकेके नकधिन तीधा
किड़धा तीना धाती ऽधा। तीना धाती धाधा तीना

४. धाती धाधा तीना धाती। धाघेघे नकधिन तीधा किड़धा
धिनघेघे नकधिन धा तीधा। तीना किड़धा तीधा तीना
ताती ताता तीना ताती। ताकेके नककिन तीता किड़ता
धिनघेघे नकधिन धा तीधा। तीना किड़धा तीधा तीना

पूर्वी पेशकार बनाना : इसी आधार पर अब कुछ पूर्वी पेशकार देखिए :—

१. धाक्र धिंता धिंता क्रधान। कतघिन धाकति टघिना क्रतान
ताक्र तिंता तिंता क्रतान। कतघिन धाकति टघिना क्रतान
२. धाक्र धिंता धिंता क्रधान। ऽक्रधा ऽनधा धिंता क्रधान
धाक्र धिंता ऽधा क्रधान। कतघिन धाकति टघिना क्रतान्
ताक्र तिंता तिंता क्रतान। ऽक्रता ऽनता तिंता क्रतान
धाक्र धिंता ऽधा क्रधान। कतघिन धाकति टघिना क्रतान
३. धिंता धाक्र धिंता धाक्र। धिंता क्रधान ऽक्रधा ऽनधा
धिंता ऽक्र धिंता क्रधान। कतघिन धाकति टघिना क्रतान
तिंता ताक्र तिंता ताक्र। तिंता क्रतान ऽक्रता ऽनता
धिंता ऽक्र धिंता क्रधान। कतघिन धाकति टघिना क्रतान
४. धाक्र धिंता धिंता क्रधान। ऽक्र धिंता धिंता क्रधान
धाक्र धिंता धिंता क्रधान। कतघिन धाकति टघिना क्रतान
ताक्र तिंता तिंता क्रतान। ऽक्र तिंता तिंता क्रतान
धाक्र धिंता धिंता क्रधान। कतघिन धाकति टघिना क्रधान

इसी प्रकार कुछ बोलों का हेर-फेर करके अनेक नवीन पेशकार बनाए जा सकते हैं। □

आठवाँ अध्याय

कायदे और उनके प्रस्तार करने का ढंग/तीनताल

एक कायदा और उसके पलटे : पहले हम एक कायदा दे रहे हैं—धा धा ति ट। धा धा तू ना। ता ता ति ट। धा धा तू ना। अब इसके पलटे देखिए। इसमें एकबार आठ मात्राओं का बोल बनाकर ९–१०–११–१२ को १–२–३–४ की भाँति 'ता' से बजाएँगे। १३-१४-१५-१६ मात्राओं को ५-६-७-८ की भाँति ही रखेंगे; देखिए :—

१. धाति टधा तूना धाती। टिधा तुन्ना धाधा तुन्ना
ताति टता तूना ताती। टिता तुन्ना धाधा तुन्ना
२. तिटि धाती धातू नाधा। धातू नाती टधा तूना
तिटि ताती तातू नाता। तातू नाती टधा तूना
३. तूना धाती धाति टधा। तूना धाती धाति टता
तूना ताती ताति टता। तूना धाती धाति टता
४. धाति ट,ति ट,धा तिट। धातू नाधा तिट धाती
ताति ट-ति ट,ता तिट। धातू नाधा तिट धाती
५. तिट धातू नाधा तिट। धाधा तिट धातू नाता
तिट तातू नाता तिट। धाधा तिट धातू नाता
६. तूना धाती टिधा तिधा। तिट तिधा तिधा तूना
तूना ताति टिता तिधा। तिट तिधा तिधा तूना
७. धाति टिधा तूना धाती। धाति ट,तू नाधा तिट
ताति टिता तूना ताती। धाति ट,तू नाधा तिट

दूसरा साधारण कायदा और उसके पलटे : यदि आप चाहें तो केवल धा, धिट और तिट के आधार से ही अनेक कायदे बना सकते हैं; जैसे :—

१. धाति ट,धा तिट, धाधा। तिट धा,ति ट,धा तिट
ताति ट,धा तिट, ताता। तिट धा,ति ट,धा तिट
२. तिट तिट धाधा तिट। तिट तिट धाधा तिट
धाति टधा तिट धाधा। तिट धा,ति टधा, तिट
तिट तिट ताता तिट। तिट तिट ताता तिट
धाति टधा तिट धाधा। तिट धा,ति टधा, तिट

३. धाधा ऽधा तिट धाधा । ऽधा तिट धाधा तिट
धाधा ऽधा तिट धाधा । तिट धा,ति ऽधा, तिट
ताता ऽता तिट ताता । ऽता तिट ताता तिट
धाधा ऽधा तिट धाधा । तिट धा,ति ऽधा, तिट

४. धाधा ऽधा तिट धाधा । तिट धा,ति टधा, तिट
धाधा ऽधा तिट धाधा । तिट धा,ति टधा, तिट
ताता ऽता तिट ताता । तिट ता,ति टता, तिट

अब पहली आठ मात्राओं को ज्यों-का-त्यों बजाइए ।

५. धाति ट,धा तिट धाधा । धाति ट,धा तिट धाधा
ताति ट,ता तिट धाधा । धाति ट,धा तिट धाधा
धाति टधा तिट धाधा । धा ऽ धाति टधा
तिट धाधा धा ऽ । धाति ट,धा तिट धाधा

तीसरा कायदा और उसके पलटे : धा धा तिर किट । धा धा तू ना । ता ता तिर किट । धा धा तू ना ।

अब इसके पलटे देखिए :—

१. धा तिर किट धा । तिर किट धा तिर । किट तक तिर किट । तक धा तू ना । ता तिर किट ता । तिर किट ता तिर । किट तक तिर किट । तक धा तू ना

२. तिर किट धा तू । ना धा तिर किट । धा तू ना धा । तिर किट धा ता । तिर किट ता तू । ना ता तिर किट । धा तू ना धा । तिर किट धा धा ।

३. धातिर किटतक तूना किटतक । किटतक धातू नाधा तिरकिट । धातिर किटधा ऽधा तिरकिट । धातिर किटधा ऽधा तूना । तातिर किटतक तूना किटतक । किटतक तातू नाता तिरकिट । धातिर किटधा ऽधा तिरकिट । धातिर किटधा ऽधा तूना ।

४. धातिर किटतू नाधा तिरकिट । धातिर किटधा तिरकिट धातू । नातू नातिर किटधा तूना । धातू नाधा तिरकिट धाता । तातिर किटतू नाता तिरकिट । तातिर किटता तिरकिट तातू । नातू नातिर किटधा तूना । धातू नाधा तिरकिट धाधा ।

कायदों के प्रस्तार करने का एक ढंग : आपने अब़तक पलटों में देखा होगा कि कुछ बोल लेकर उन्हें इस प्रकार उलट-पलटकर रखते रहते हैं—१. प्रत्येक बार कुछ-न-कुछ अंतर अवश्य हो जाए और २. यदि प्रस्तार एक आवृत्ति का है, तो पहली चार मात्राओं को, अगली चार मात्राओं और अंतिम चार मात्राओं के स्थान पर ज्यों-का-त्यों रख देते हैं। अर्थात् १, २, ३, ४, ५, ६, ७, ८ और १३, १४, १५, १६ मात्राओं के बोल समान होते हैं। ९, १०, ११ और १२-वीं मात्राओं के बोल भी ज्यों-के-त्यों वही होते हैं, परंतु उनमें 'धा' के स्थान पर 'ता' का प्रयोग कर देते हैं। उदाहरण के लिए केवल चार बोल लेकर एक सरल कायदा बनाते हैं। ये चार बोल 'धातिर किटतक तिरकिट धाधा' हैं। अब इनके आधार से कुछ पलटे बनाते हैं। आप ऊपर की कसौटी पर स्वयं इनकी परीक्षा कर लीजिए। देखिए :—

१. धातिर किटतक तिरकिट धाधा। धातिर किटतक तिरकिट धाधा। तातिर किटतक तिरकिट ताता। धातिर किटतक तिरकिट धाधा।

२. धातिर तिरकिट किटतक धाधा। धातिर तिरकिट किटतक धाधा। तातिर तिरकिट किटतक ताता। धातिर तिरकिट किटतक धाधा।

३. धातिर किटतक धाधा तिरकिट। धातिर किटतक धाधा तिरकिट। तातिर किटतक ताता तिरकिट। धातिर किटतक धाधा तिरकिट।

४. धातिर तिरकिट धाधा किटतक। धातिर तिरकिट धाधा किटतक। तातिर तिरकिट ताता किटतक। धातिर किटतक धाधा किटतक।

५. धातिर धाधा किटतक तिरकिट। धातिर धाधा किटतक तिरकिट। तातिर ताता किटतक तिरकिट। धातिर धाधा किटतक तिरकिट।

६. धातिर धाधा तिरकिट किटतक। धातिर धाधा तिरकिट किटतक। तातिर ताता तिरकिट किटतक। धातिर धाधा तिरकिट किटतक।

इन्हीं बोलों से चौबीस पलटे बनाने का क्रम : इन पलटों को बनाने में हमने इस बात का ध्यान रखा है कि प्रत्येक पलटे के प्रारंभ में 'धातिर' बोल रहे। जब हमने एक बोल प्रारंभ में रखकर छह पलटे बना लिए, तो इसी क्रम से प्रत्येक बोल को शुरू में रखकर, प्रत्येक से छह-छह नवीन पलटे और बना सकेंगे। इस प्रकार केवल चार बोलों के आधार से चौबीस पलटे बनाए जा सकते हैं।

कायदों के प्रस्तार का दूसरा ढंग : जब इन कायदों को एक स्थान पर दो आवृत्तियों में बजाना हो, तो दोनों आवृत्तियों में नवीं से सोलहवीं मात्रा तक समान बोल रखे जाते हैं। पहली आवृत्ति की पहली आठ मात्राओं में जो बोल 'धा' के होते हैं, दूसरी आवृत्ति की पहली आठ मात्राओं में उन्हें ज्यों-का-त्यों रखकर 'ता' से बजा देते हैं।

| १ २ ३ ४ | ५ ६ ७ ८ |
'धा' के साथ बजनेवाले

| १ २ ३ ४ | ५ ६ ७ ८ |
ऊपर के बोल 'ता' से बजेंगे

---

९ १० ११ १२ | १३ १४ १५ १६
९ १० ११ १२ | १३ १४ १५ १६
समान बोल

उपर्युक्त आधार से बजनेवाले अजराड़े के कायदे

१. धातिर किटधा घिना धागे। तिना ऽधा गिना धागे। तीना किना धातिर किटधा। गिना धागे तिना किना। तातिर किटता किना तागे। तिना ऽता किना तागे। तीना किना धातिर किटधा। गिना धागे तीना किना।

२. धातिर किटधा घिना धागे। किना ऽधा गिना धागे। घिना ऽधा घिना ऽधा। घिना धागे तीना किना।

तातिर किटता किना तागे। तिना ऽता किना ताके। घिना ऽधा घिना ऽधा। घिना धागे तिना किना।

३. धातिर किटधा घिना ऽधा। घिना धागे नधा तिरकिट। धागे तिना ऽधा तिरकिट। घिना ऽधा तीना किना। तातिर किटता किना ऽता। किना ताके नता तिरकिट। धागे तिना ऽधा तिरकिट। घिना ऽधा तिना किना।

४. घिना ऽधा घिना धागे। धातिर किटधा घिना धागे। नधा तिरकिट घिना ऽधा। तीना ऽधा तीना किना। किना ऽता किना तागे। तातिर किटता किना ताके। नधा तिरकिट घिना ऽधा। घिना ऽधा तिना किना

इसी आधार से बजनेवाले पूरब के कायदे

१. धात्र कधि ना धिना। गिना ता तिर किट। धात्र कधा गिना ता। गिना धागे नधा त्रक। तात्र कति ना तिना। किना ता तिर किट। धात्र कधा गिना ता। गिना धागे नधा त्रक।

२. धात्र कधि ना धिना। गिना ता ऽ धिना। गिना ता ऽ धिना। गिना धागे नधा त्रक। तात्र कति ना तिना। किन ता ऽ तिना। गिना ता ऽ धिना। गिना धागे नधा त्रक।

३. गिना धागे नधा त्रक। धिना गिना तात्र कधि। ना घिना गिना ता। ऽ धागे नधा त्रक। किना तागे नता त्रक। तिना किना तात्र कता। ना घिना गिना ता। ऽ धागे नधा त्रक।

४. तिर किट धात्र कधा। गिना ता धात्र कधा। गिना धागे तिना किना। घिना ऽधा गिना ता। तिर किट तात्र कता। किना ता तात्र कता। गिना धागे तिना किना। घिना ऽधा गिना ता।

इसी आधार से बजनेवाले दिल्ली के कायदे

१. धातिर किटधा धीना धाधा। धीना धा,तत् धाधा धीना। धातत् ऽधा तिरकिट धाधा। तिरकिट धातत् धाधा धीना। तातिर किटता तीना ताता। तीना ता,तत्

ताता तीना। धातत् ऽधा तिरकिट धाधा। तिरकिट धातत् धाधा धीना।

२. धातिर किटधा धीना, धातिर। किटधा धीना धाधा धीना। धातिर किटधा धीना, धाधा। धीना धातत् धाधा धीना। तातिर किटता तीना तातिर। किटधा धीना धाधा धीना। धातिर किटधा धीना धाधा। धीना धातत् धाधा धीना।

यों तो इन बोलों से अनेक कायदे और बन सकते हैं, परंतु यहाँ उदाहरण के रूप में दो पलटे ऐसे बनाकर दिखाए जाते हैं, जिनमें 'धातत्' को पहले रखकर रचना की गई हैं; देखिए :—

३. धातत् धातत् धाधा धीना। धातत् धातत् धाधा धीना। धातत् ऽधा तिरकिट धाधा। तिरकिट धातत् धाधा धीना। तातत् तातत् ताता तीना। धातत् धातत् धाधा धीना। धातत् ऽधा तिरकिट धाधा। तिरकिट धातत् धाधा धीना।

४. धातत् धातत् धाधा धीना। तिरकिट धातत् धाधा धीना। धातत् ऽधा तिरकिट धाधा। तिरकिट धातत् धाधा धीना। तातत् तातत् ताता तीना। तिरकिट धातत् धाधा धीना। धातत् ऽधा तिरकिट धाधा। तिरकिट धातत् धाधा धीना।

अब दो रचनाएँ ऐसी देखिए, जिनमें 'तिरकिट' को पहले रख रहे हैं; जैसे :—

५. तिरकिट धातत् धाधा धीना। तिरकिट धातत् धाधा धीना। धातत् ऽधा तिरकिट धाधा। तिरकिट धातत् धाधा धीना। तिरकिट तातत् ताता तीना। तिरकिट धातत् धाधा धीना। धातत् ऽधा तिरकिट धीना। तिरकिट धातत् धाधा धीना।

६. तिरकिट धातत् ऽधा तिरकिट। धा ऽधा धाधा तिरकिट। धातत् ऽधा तिरकिट धाधा। तिरकिट धातत् धाधा धीना। तिरकिट तातत् ऽता तिरकिट। धा ऽधा धाधा तिरकिट। धातत् ऽधा तिरकिट धाधा। तिरकिट धातत् धाधा धीना।

कायदे 'धागीन तीऽन' के : अब कुछ बोल 'धाधा तिट' और 'धागीन तीऽन' को मिलाकर बनाते हैं; देखिए :—

१. धागे नती ऽन धाधा। तिट धागे नती ऽन। धागे नती ऽन धाधा। तिट धागे नती ऽन। तागे नती ऽन ताता। तिट धागे नती ऽन। धागे नती ऽन धाधा। तिट धागे नती ऽन।

अब 'धाधा तिट' को अंत में रखा; जैसे :—

२. धागे नती ऽन धागे। नती ऽन धाधा तिट

विश्वास है कि ऊपर के पलटे की भाँति इसे आप स्वयं पूरा कर लेंगे।

अब ऊपर के पलटे के पहले आठ बोलों को ज्यों-का-त्यों रखकर अगले आठ बोलों में अंतर करते हैं; देखिए :—

३. धागे नती ऽन, धागे। नती ऽन, धाधा तिट। धाधा तिट तिट धाधा। तिट धागे नती ऽन। ताके नती ऽन, ताके। नती ऽन, धाधा तिट। धाधा तिट तिट धाधा। तिट धागे नती ऽन।

अब 'धाधा तिट' को पहले रखते हैं; देखिए :—

४. धाधा तिट तिट धाधा। तिट, धागे नती ऽन। धागे नती ऽन धाधा। तिट, धागे नती ऽन। ताता तिट तिट ताता। तिट, धागे नती ऽन। धागे नती ऽन धाधा। तिट, धागे नती ऽन।

कायदा 'धागेत्रक धिन गिन' और 'धात्रक धिन गिन' का : अब इन बोलों से कुछ उदाहरण बनाते हैं; देखिए :—

१. धात्रक धिनगिन धागेत्रक धिनगिन। धागेनधा त्रकधिन धागेत्रक धिनगिन। धागेतिट धागेतिट धिनगिन धागेतिट। धागेनधा त्रकधिन धागेत्रक धिनगिन। तात्रक तिनकिन तागेत्रक तिनकिन। ताकेनता त्रकतिन ताकेत्रक तिनकिन। धागेतिट धागेत्रक धिनगिन धागेतिट। धागेनधा त्रकधिन धागेत्रक धिनगिन।

अब ५, ६, ७ और ८-वीं मात्राओं को प्रारंभ में दो बार लेकर अगली आठ मात्राओं को ज्यों-का-त्यों रखकर एक नवीन रचना करते हैं; देखिए :—

२. धागेनधा त्रकधिन धागेत्रक धिनगिन। धागेनधा त्रकधिन धागेत्रक धिनगिन। धागेतिट धागेत्रक धिनगिन धागेतिट। धागेनधा त्रकधिन धागेत्रक धिनगिन। ताकेनता त्रकतिन ताकेत्रक तिनकिन। ताकेनता त्रकतिन ताकेत्रक तिनकिन। धागेतिट धागेत्रक धिनगिन धागेतिट। धागेनधा त्रकधिन धागेत्रक धिनगिन।

अबकी बार 'धागेनधा त्रकधिन' को दो बार रखकर चार मात्राएँ पूरी कीं, अगली चार में ऊपर के कायदे की पहली चार मात्राएँ जोड़कर आठ मात्राएँ पूरी कीं, इस प्रकार एक नया मेल बनाया; देखिए :—

३. धागेनधा त्रकधिन धागेनधा त्रकधिन। धागेनधा त्रकधिन धागेत्रक धिनगिन। धागेतिट धागेत्रक धिनगिन धागेतिट। धागेनधा त्रकधिन धागेत्रक धिनगिन। ताकेनता त्रकतिन तागेनता त्रकतिन। तागेनता त्रकतिन तागेत्रक तिनकिन। धागेतिट धागेत्रक धिनगिन धागेतिट। धागेनधा त्रकधिन धागेत्रक धिनगिन।

अब 'धागेतिट' को दो बार लेकर और 'धागेत्रक धिनगिन' को जोड़कर चार मात्राएँ बनाएँगे। उन्हें दो बार बजाकर पहली आठ मात्राएँ पूरी करेंगे। अगली ज्यों-की-त्यों रखेंगे; देखिए :—

४. धागेतिट धागेतिट धागेत्रक धिनगिन। चारों मात्राएँ ज्यों-की-त्यों बजाइए। धागेतिट धागेत्रक धिनगिन धागेतिट धागेनधा त्रकधिन धागेत्रक धिनगिन। ताकितिट ताकितिट ताकेत्रक तिनकिन। चारों मात्राएँ ज्यों-की-त्यों बजाइए।

यहाँ ९-वीं से १६-वीं मात्रा तक ज्यों-की-त्यों बजाइए।

अब पहली आठ मात्राओं के लिए एक बोल की रचना करते हैं। अगली आठ में ऊपर के कायदे की ९-वीं से १६-वीं मात्राओं को ज्यों-का-त्यों रखेंगे। चूँकि यह कायदा ऊपर की भाँति ही बजेगा, अतः केवल पहली आठ मात्राएँ लिख रहे हैं। शेष आप स्वयं पूरी कर लीजिए; देखिए :—

५. धागेत्रक धिनगिन धागेत्रक धिनगिन। धागेतिट धागेतिट धागेत्रक धिनगिन।

इसी प्रकार आप दूसरी आठ मात्राओं में से चाहे पहली चार को अथवा दूसरी चार को अपने कायदे की पहली चार मात्राएँ बनाकर पुनः नवीन रूप दे सकते हैं; देखिए :—

६. धागेतिट धागेत्रक धिनगिन धागेतिट । धिनगिन धागेत्रक धागेत्रक धिनगिन । या ७. धागेनधा त्रकधिन धिनगिन धागेतिट । धागेतिट धागेत्रक धागेनधा त्रकधिन ।

इसी आधार पर इन बोलों के अनेक कायदे बनाए जा सकते हैं।

पूरब-बाज के कायदे बनाना : इनके बनाने का क्रम ठीक ऊपर की भाँति ही है। मुख्य अंतर केवल इतना ही है कि इनमें खुले बोल अधिक होंगे; देखिए :—

१. धागेनधा तिरकिटधिन गिनधीऽ धिनगिन । धीऽधीना तिरकिटधिन गिनधागे नधातिरकिट । तागेनता तिरकिटतिन किनतीऽ तिनकिन । धीऽधीना तिरकिटधिन । गिनधागे नधातिरकिट ।

अब केवल पहले चार बोलों में कुछ अंतर करके शेष ज्यों-का-त्यों रख दें; देखिए :—

२. धागेनधा तिरकिटधाधा तिरकिटधीऽ धिनगिन । धीऽधीना तिरकिटधिन गिनधागे नधातिरकिट । ताकेनता तिरकिटताता तिरकिटतीऽ तिनकिन । धीऽधीना तिरकिटधिन गिनधागे नधातिरकिट ।

अब केवल पहले चार बोलों में कुछ अंतर करके कुछ नवीन मेल बनाते हैं। शेष ज्यों-का-त्यों रखेंगे । इसलिए अब केवल चार मात्राएँ ही लिखेंगे। शेष को आप स्वयं पूरा कर लीजिए; देखिए :—

३. धागेनधा गिनधाधा तिरकिटधीऽ धिनगिन
४. धागेनधा गिनधागे नधागिन धाधातिरकिट
५. धागेनधा तिरकिटधाधा तिरकिटधाधा तिरकिटधाधा
६. धागेनधा तिरकिटधाऽ ऽतिरकिट धाऽतिरकिट
७. धिनधागे तिरकिटधिन गिनधीऽ धिनगिन
८. धागेधागे नधातिरकिट धागेधागे नधातिरकिट
९. धागेनधा तिरकिटधाऽ गिनधागे नधातिरकिट

१०. धागेधागे धागेतिरकिट धागेतिरकिट धिनगिन
११. धागेनाधा तिरकिटधिन धागेनाधा तिरकिटधिन
१२. धिंऽऽधा गिनधींऽ ऽधागेन धिंऽधिंऽ
१३. धिंऽतिरकिट धिंऽतिरकिट धींऽधागे नधातिरकिट
१४. धागेनधा तिरकिटधागे नधातिरकिट धींऽधीं

यद्यपि इनकी अगली चार मात्राओं में वही बोल रखने हैं, जो उदाहरण नं० १ में हैं, परंतु ६, १०, ११ और १२ मात्राओं में इन नवीन रचनाओं के आधार पर 'धा' के स्थान पर 'ता' और 'ग' के स्थान पर 'क' बजाना है।

'घिड़नग' के कायदे बनाना : अब इसी आधार पर 'घिड़नग' से बननेवाले कायदों के कुछ उदाहरण देखिए :—

१. धातिरकिटधा तिरकिटधाती धाऽऽधिर किटतकधाती। धाऽऽधा घिनातूना घिड़नगतिरकिट तकतातिरकिट। तातिरकिटता तिरकिटताती ताऽऽधिर किटतकधाती। धाऽऽधा घिनातूना घिड़नगतिरकिट तकतातिरकिट।

अब हम पहली चार मात्राओं के लिए कुछ मेल बनाकर दे रहे हैं। अगली चार ज्यों-की-त्यों रखिए। इसके बाद खाली-ताली की चार मात्राओं में 'धा' के स्थान पर 'ता' तथा 'ग' के स्थान पर 'क' बजाकर स्वयं पूरा कर लीजिए; देखिए :—

२. धातिरकिटधा तिरकिटधाती धाऽधाती धाऽधाती
३. धातिरकिटधा तिरकिटधाती ऽऽधाती ऽऽधाती
४. धातिरकिटधा धातिरकिटधा धातिरकिटधा तिरकिटधाती
५. धातिरकिटधा तिरकिटधाधा तिरकिटधाधा तिरकिटधाधा
६. धातिरकिटधा तिरकिटधातिर किटधातिरकिट धातीधाती
७. धातिरकिटधा तिरकिटधाती धातीधाऽ धातीधाऽ
८. धातिरकिटधा धातिरकिटधा धाधाऽधा तिरकिटधाती
९. धातिरकिटधा धाधातिरकिट धाधाऽधा तिरकिटधाती
१०. धातिरकिटधा तिरकिटधिरकिट तकतिरकिटधिर किटतकधाती
११. धातीऽधा तिरकिटधिरकिट तकतिरकिटधिर किटतकधाती
१२. धातिरकिटधिर किटतकधातिर किटधिरकिटतक धातीधाधा

१३. धातिरकिटधिर किटतकधातिर किटधिरकिटतक तकधिरकिटतक

१४. धिरकिटतकधा ऽऽधिरकिट तकधाऽ धिरकिटतकधा

१५. धिरकिटतकधिर किटतकधिरकिट तकधिरकिटतक धाऽधिन, आदि।

कायदा 'घिन तूना' : अब एक-दो कायदे 'घिन तूना' से मिलाकर बनाते हैं। इसमें ५, ६, ७ और ८-वीं मात्राओं को ज्यों-का-त्यों रखकर शेष को पिछले पृष्ठ के क्रम से आप स्वयं पूरा कर लीजिए; देखिए :—

१६. धाऽऽधा घिनतूना धाऽऽधा घिनतूना

१७. धाऽऽधा घिनतूना धाऽघिन तूनाधा

१८. धिऽघिन तूनाधाऽ घिनतूना घिनतूना

इसी आधार पर 'घिड़नग' और 'तिरकिट' को मिलाकर अनेक नवीन रचनाएँ बन सकती हैं।

दिल्ली-बाज के आड़ी लय के कायदे बनाना : जब इन कायदों को रचने में आड़ी लय के बोल रख देंगे, तो ये आड़ी लय के कायदे कहलाएँगे; जैसे :—

१. धाक्ड़ धातिट घिनधा तित्घिन। धाक्ड़ धातिट घिनती नगीन। ताक्ड़ तात्रिट गिनता तिन्गिन। धाक्ड़ धातिट घिनती नगीन।

अब इसी आधार पर कुछ आठ-आठ मात्राओं की रचनाएँ देखिए। आगे की आठ आप स्वयं पूरी कर लीजिए :—

२. धाक्ड़ धातिट घिनधा तित्घिन। चारों ज्यों-की-त्यों बजाइए।

३. धाक्ड़ धातिट घिनधा तित्घिन। धातित्घि नधातित् घिनधा तित्घिन।

४. घिनधा तित्घिन धाक्ड़ धातिट। घिनती नगीन धातित् घिनधा।

५. धातित्घि नधातित् घिनधा तित्घिन। धाक्ड़ धाकिट घिनती नगीन, आदि।

अब कुछ बोल 'धागीन' और 'किड़नग' के आधार पर देखिए।

यहाँ केवल एक रचना पूरी लिखेंगे, शेष रचनाओं में चार मात्राएँ होंगी। इसी एक के आधार से अन्य बोलों को आप स्वयं पूरा कर लीजिए। देखिए :—

१. धागीन धातिरकिटतक धागीन तीनाकिड़नग। तिरकिटतक धाधातिरकिट धागीन तिनगिन। ताकीन तातिरकिटतक ताकीन तीनाकिड़नग। तिरकिटतक धाधातिरकिट धागीन तिनगिन।

अब केवल चार मात्राएँ देखिए :—

२. धागीऽन धातिरकिटतक धाऽधा तिरकिटतक।

३. धागीऽन धातिरकिटतक तिरकिटतक तिरकिटतक।

४. धागीऽन तिनगिन धातिरकिटतक तिरकिटतक।

५. धातिरकिटतक धागीन धाधातिरकिट तीनाकिड़नग।

अब आप कायदों के विस्तार करने का क्रम भली प्रकार समझ गए होंगे। इसी आधार पर आप कुछ बोल लेकर उन्हें किसी प्रकार बजाते रहिए। बस, इतना ध्यान रखिए कि रचना सुंदर हो तथा बजाने में हाथ में उलझन पैदा न हो।

कुछ अन्य प्रकार के कायदे

अब कुछ कायदे अन्य बोलों को देकर इस अध्याय को समाप्त करते हैं। आप इन बोलों का विस्तार ऊपर के ढंग से चाहे जिस प्रकार कर सकते हैं; देखिए :—

१. धातिर किटतक धातिर किटतक। धातिर किटतक तुन्ना किटतक। तातिर किटतक तातिर किटतक। तातिर किटतक धिन्ना किटतक।

इन कायदों में जब ५, ६, ७ और आठवीं मात्राओं को १३, १४, १५ और १६-वीं मात्राओं के स्थान पर बजाते हैं, तो उनमें 'धा' के स्थान पर 'ता' और 'ता' के स्थान पर 'धा' कर देते हैं। आगे के उदाहरणों से यह और अधिक स्पष्ट हो जाएगा :—

२. तड़न्न किटतक धिरधिर किटतक। तिरकिट तकतिर किटतक तिन्। धड़न्न किटतक धिरधिर किटतक। धिरकिट तकधिर किटतक धिन्।

३. दिनतक तिनतक धातिर क्रिटतक। धिरधिर किटतक धातिर किटतक । तिनतक तिनतक तातिर किटतक । तिरतिर किटतक तातिर किटतक।

४. धातिट घिड़नग दिनतक धातिट। घिड़नग दिनतक धातिर किटतक। तातिट किड़नग तिनतक तातिट। किड़नग तिनतक तातिर किटतक।

५. तिरकिट तकतिर किटतक तिरकिट। ताता तिरकिट धिरकिट धिन्। धिरकिट तकधिर किटतक धिरकिट। धाधा तिरकिट तिरकिट तिन्।

आशय यह है कि आप चाहे जो कुछ बजाएँ, किंतु होना चाहिए सुन्दर और नियमानुकूल।

□

नवाँ अध्याय

बाँट करना तथा गतें बनाना / तीनताल

बाँट करने का ढंग

बाँट की परिभाषा पीछे समझा दी गई है। अब कुछ बोल लेकर उनकी बाँट करने का ढंग समझाते हैं। बाँट करने का ढंग ठीक उसी प्रकार है, जैसा कि आपने कायदे के पलटों को देखा। इनमें बोल कुछ अन्य प्रकार के होते हैं।

अजराड़ा-बाज की कुछ प्रमुख विशेषता

बाँट करने में अजराड़ा-बाज अधिक प्रसिद्ध है। इसका कारण यह है कि इस बाज में बोलों की चाल कहरवा के ढंग पर होने के कारण विशेष रूप से झूमती हुई चलती है। इन्हें आप पेशकार के उपरांत और कायदा शुरू करने से पहले बजा सकते हैं। कुछ बाँट कहरवा की लय के देखिए :—

१. धीक धिन्ना तिरकिट धिन्ना। धाग धाती ऽकती नाड़ा। तीक तिन्ना तिरकिट धिन्ना। धाग नाधी ऽकधी नाड़ा।

२. धीग धिन्ना तिरकिट धेन। धेन धागे नधा तिरकिट। धिन्ना ऽधा तिरकिट धिन। धाग धाती ऽकती नाड़ा। तीग तिन्ना तिरकिट तेन। गेन तागे नता तिरकिट। धिन्ना ऽधा तिरकिट धिन। धागे नाधी ऽकती नाड़ा।

३. धेन गेन धीग धिन्ना। तिरकिट धिन्ना ऽधा तिरकिट। धिन्ना ऽधा तिरकिट धिन। धागे धाती ऽकती नाड़ा। तेन केन तीक तिन्ना। तिरकिट तिन्ना ऽता तिरकिट। धिन्ना ऽधा तिरकिट धिन। धागे नाधी ऽकधी नाड़ा।

४. तिरकिट धिन धातिर किट। धागेन धिन्ना धिन्ना ऽ। धिन्ना ऽधा तिरकिट धिन। धाग धाती ऽकती नाड़ा। तिरकिट तिन तातिर किट। तागेन तिन्ना धिन्ना ऽ। तिन्ना ऽता तिरकिट तिन। धागे नाधी ऽकधी नाड़ा।

अब कुछ गतों की बाँट एक आवृत्ति की देखिए। इनमें पहली आठ मात्राओं की भाँति ही ज्यों-की-त्यों दूसरी आठ मात्राएँ भी बजेंगी; अतः केवल आठ-आठ मात्राएँ लिख रहे हैं :—

१. धिन्ना ऽधी ऽधी नाड़ा। तिन्ना ऽधी ऽधी नाड़ा
२. धिध् धिना धिध् धिना। तित् तिना धिध् धिना
३. धागे नाधा ऽकती नाड़ा। तागे नाधा ऽकती नाड़ा
४. धागे ऽधी नाड़ा तिन। तागे ऽधी नाड़ा धिन
५. तागे ऽत्ति नग तिग। तागे ऽत्ति नग तिग
६. धिग धागे नधी नाड़ा। तिग तागे नधी नाड़ा
७. धिगे नधि गेन नाड़ा। तिगे नति गेन नाड़ा
८. नाधी ऽकधी नाड़ा धिन। नाती ऽकती नाड़ा तिन
९. घेना गेधा गेधा तिन। केना गेता गेता तिन
१०. धा गधि ना धिन। ता गति ना धिन
११. धिन तिधि ऽधि नत्। तिन तिति ऽति नत्
१२. नाधी ऽन्धी नाधी ऽन्धी। नाती ऽन्ती नाधी ऽन्धी

आड़ी लय की बाँट के उदाहरण

१. धग,ध ग,धग धगेन धगेन। तग,त ग,तग तगेन तगेन
२. धागेते टेघेन धागेतू नाकत्ता। तागेते टेघेन धागेतू नाकत्ता
३. धागेन धागेन धागेतू नाकत्ता। तागेन तागेन धागेतू नाकत्ता

कुछ अन्य प्रकार के उदाहरण

१. ऽधि नकधिन धागेनधि नकधिन। ऽति नकतिन तागेनति नकधिन।

२. धाकृधे नकधिन धाकृधे नकधिन। ताकृते नकतिन ताकृते नकधिन।

३. धाकृधे नकधिन धागेनधि ऽधिनागे। ताकृते नकतिन धागेनधि ऽधिनागे।

४. धिनक,धि नक,धिन धागेकृधे नकधिन। किनते,कि नतेकिन धागेतृक नकधिन।

५. धाकृ धिनधिन धाती ऽकृता। ताकृ धिनधिन धाती ऽकृधी।

अब कुछ उदाहरण ऐसी मात्राओं के दे रहे हैं, जिनमें ९, १०, ११ और १२-वीं मात्राओं पर 'धा' के स्थान पर 'का' और 'घ' के स्थान पर 'ग' बजाइए। १३, १४, १५, १६ मात्राओं को ५, ६, ७, ८ मात्राओं की भाँति बजाइए; देखिए :—

१. धातिरकिट धागेन धातिरकिट धागेन। धातिरकिट धागेन धागेधे नाघेन।

२. धातिरकिट धागेन धागेन धागेन। धातिरकिट धागेन धागेधे नाघेन।

३. धातिरकिट धागेन धागेधे धागेन। धाधा ऽधा धागेधे नाघेन।

४. धाधा ऽघेन धागेतू नाकत्ता। धातिरकिट धागेन धागेतू नाकत्ता।

५. धातिरकिट धागेन धागेतू नाघेन। धातिरकिट धागेन धागेतू नाकेन।

अब कुछ अन्य बोलों पर इसी प्रकार की रचनाएँ देखिए :—

१. धाक्ड़ धिन्धा धिन्धा धेनगेन। धागेनागे धेनगेन धागेत्रक तूनाकत्ता।

२. धाक्ड़ धिन्धा धिन्धा धेनगेन। धागेनधि नकधिन त्रकधिन घेड़नग।

३. धाक्ड़ धिन्धा धिन्धा धेनगेन। ऽत्रक तूनाकता धागेनाधि नकध्रिन।

४. ऽक्ड़ धिन्धा धाघेन गेनतक। ऽत्रक तूनाकता ऽधि नकधिन।

५. धागेक्ड़धे नकधिन तागेक्ड़धे नकधिन। ताकेक्ड़धे नकधिन तागेक्ड़धे नकधिन। ऽधि नकधिन धा ऽधे। नकधिन धा ऽधे नकधिन॥ धा
×

अवधी गतें

ये गतें भी ठीक उसी प्रकार बजेंगी, जैसे कि ऊपर के बाँट के बोल; इसलिए इनकी भी केवल आठ-आठ मात्राएँ लिखी जा रही हैं :—

१. तकधिन तकधिन धिनतक धातिरकिटतक। धिनधिन

तकधिरधिर किटतकतक घिनतक।

२. घिनघिन तकधिरधिर किटतकधातिर किटधाघिन। घिनघिन तकधिरधिर किटतकतक घिनतक।

दो आवृत्ति की गतें

ये गतें बत्तीस मात्राओं में पूरी होंगी, इसलिए जिस प्रकार दूसरी आठ (अर्थात् ९-वीं मात्रा से १६-वीं मात्रा तक) बजेंगी, ठीक उसी प्रकार अंतिम आठ (अर्थात् दूसरी आवृत्ति की ९-वीं मात्रा से १६-वीं मात्रा तक) बजेंगी। पहली आवृत्ति की प्रथम आठ मात्राओं को दूसरी आवृत्ति की आठ मात्राओं के स्थान पर बजाते समय उनमें 'धा' के स्थान पर 'ता' और 'गे' के स्थान पर 'के' बजाया जाएगा, इसलिए केवल सोलह मात्राएँ लिख रहे हैं। शेष को आप स्वयं पूरा कर लीजिए; देखिए :—

१. ताके टधा त्रक धिट। धिट कत कधि नक धागे नति नक धिट। धिरधिर किटतक तातिर किटतक

२. नग नत किट घिन। धग नधा ऽड़ घिन। धिर धेधे नक धिन। धिरधिर किटतक तातिर किटतक।

३. धग नति नक धिट। तकि ट,धा त्रक धिट। धिट तक कधि नक। धिरधिर किटतक तातिर किटतक।

४. धिनक तकिट धागे तिटघिड़ा। घेऽनगतिट तिटघिड़नग तिरकिटतक तात्रक। तकिट कता घिड़नगतिट तिटघिड़नग। तूनातिर किटधाती धात्रक धातूना। किनक तकिट ताके तिटकिड़ा। किड़नकतिट तिटकिड़नग तिरकिटनक तात्रक।

यहाँ पहली आवृत्ति की नवीं से १६-वीं मात्रा तक ज्यों-की-त्यों बजाइए।

गत, अजराड़ा-बाज

५. धगनड़ ऽनधागे त्रकधिन गिनताऽ। धागेत्रक धिनगिन धागेनागे धिनताऽ। धिनघेघे नकघिन घिनकत नकघिन। धागेत्रक घिनघिड़ नगधिन तूनाकिट। तकनड़ ऽनकाके त्रकतिन किनताऽ। ताकेत्रक तिनकिन ताकेनाके तिनताऽ।

यहाँ पहली आवृत्ति की नवीं से १६-वीं मात्रा तक ज्यों-की-त्यों बजाइए।

गतें बनाने का सूत्र

अब हम कुछ गतों की केवल आठ मात्राएँ लिख रहे हैं। इन्हें ज्यों-की-त्यों बजाकर ९-वीं, १०-वीं, ११-वीं, और १२-वीं मात्राएँ बजाते समय १, २, ३, ४ में 'धा' के स्थान पर 'ता' और 'घे' के स्थान पर 'के' बजाकर १३, १४, १५ और १६-वीं मात्राओं को ठीक उसी प्रकार बजाइए, जैसे कि ५, ६, ७ और ८ मात्राओं के बोल हैं। आप इस आधार से जितनी और जैसी गतें बनाना चाहें, बना सकते हैं। हम कुछ बोलों के उदाहरण-मात्र दे रहे हैं :—

१. धा किटतक धीन धाधा। किटतक धा किटतक धीन

२. धाधा किटतक धाकिट तकधी। ना धागी नधा किटतक।

३. धाकिट तकधा तिन घिन। धागे नधा किट घिन।

४. धाधा किट तक किटतक। धा किटतक धा तीना

५. धाधा किटतक धाकिट तकधा। तीना धाकिट तकधा तीना।

६. धाधा किटतक धाधा किटतक। धातत् धातत् धाधा किटतक।

७. धाधा किटतक धा किटतक। धा किटतक धा तीन।

८. धाकिट तकधा तत्धा धातत्। धाकिट धातत् धाकिट धातत्।

९. धाकिट तकधी नधा किटतक। धाधा किटतक धीन गीन।

१०. किटतक धीन गीन धागे। नधा किटतक धीन गीन

अब 'तुन्ना' के आधार से कुछ बोल देखिए :—

११. धागे तुन्ना किटतक धागे। तुन्ना किटतक धागे तिट।

१२. किटतक धागे तिट धागे। तिट धागे धागे तुन्ना

इसी आधार से आप चाहे जितने बोल बनाते रहिए। अब कुछ बोलों में 'घिड़नग' और 'धिरकिट' की रचनाएँ देखिए :—

१३. तक धिरकिट घिड़नग तिरकिट। तक किटतक धाधा तीना।

१४. धाधा तिरकिट तकधिर किटतक। घिड़नग तिरकिट ता तिरकिट।

१५. धिरधिर घिड़नग ता धिरधिर। घिड़नग तिरकिट तकधिर किटतक।

१६. धा धातिर किटतक धिरधिर। घिड़नग तिरकिट तकता तिरकिट।

१७. तकधिर किटघिड़ नगतिर किटतक। किटतक धाधा तीना किटतक।

१८. धातिर घिड़नग तिरकिट तकताऽ। धीन तृक धीन धिन।

१९. धिरकिट तक् घिड़नग तक्। धिर किट घिड़ नग

२०. धिरकिट घिड़नग नगतक धिरकिट। तकधा तूना घिड़नग तिरकिट।

इनके अतिरिक्त इन बोलों से और भी रचनाएँ की जा सकती हैं।

उस्तादी गतें

अब हम कुछ उस्तादी गतें दे रहे हैं। क्रम सबमें वही है, जो ऊपर दिया गया है :—

गत, थिरकवा साहब

तकिटधा त्रकधिट धिधकधा त्रकधिट। धिटधिधा कधात्रक
×
धिरधिरकिटतक तिरतिरकिटतक। तकिटता त्रकतिट दितकता
०
त्रकतिट। तिटदिता कतात्रक धिरधिरकिटतक तिरतिरकिटतक।

गतें, कालिका-बिंदादीन

इन गतों में तीन-चार बोलों को ही उलट-पलटकर रखा गया है; देखिए :—

१. तिरकिट तक् तघ् घ्ड़ान। धिरकिट तक् ता धिन। धिरकिट तक् तक् कड़ान। तिरकिट तक् ता धिन।

२. दीं किटतक तघ् घ्ड़ान। धिरकिट तक् ता धिन। दीं किटतक तक् घ्ड़ान। तिरकिट तक् ता धिन।

३. धिरकिट तक् ताऽ घिन। दीं नग तेत् तिरकिट। तिरकिट तक् ताऽ किन। दीं नग धेत् तिरकिट।

४. तक् घ्ड़ान धिरकिट तक्। ताऽ गिन तिरकिट तक् तक् क्ड़ान तिरकिट तक्। ताऽ धिन धिरकिट तक्।

गत, उस्ताद नत्थे खाँ

धीक धिन् धिन् नगधिं। न्नगतिरकिट धिन्नग तिन्नग तिरकिटतक् तीक तिन् किन् नगधिं। न्नगतिरकिट धिन्नग तिरकिटतक्।

गत, उस्ताद मोधू खाँ

यह गत तीन आवृत्तियों में बजेगी। इसमें कुल बारह मात्राएँ हैं। दो बार इन्हें ज्यों-की-त्यों बजाकर, तीसरी बार 'धा' के स्थान पर 'ता' और 'घे' के स्थान पर 'के' बजाकर, बारह मात्राएँ पूरी की जाएँगी। इसके बाद एक बार वही बोल पुनः बजेंगे, देखिए : –

धीक धिन धिन धातिर। किट धिन गिन धागेन। धागेतिर किट धागेन तक्।

मिश्र जाति की गतें

१. धात्रक धिनगिन धगन धागेतिट। घिनत किटधिन गिनध गिनताऽ। तात्रक तिनकिन तकन ताकेतिट। घिनत किटघिन गिनध घिनताऽ।

२. धातिरकिट तकधिरकिटतक धाऽघिड़नग धागेत्रक। घिनत किटतिरकिट धागेन धागेनता। तातिरकिट तकतिर-किटतक ताऽकिड़नग ताकेत्रक। घिनत किटतिरकिट धागेन धागेनता।

गतें, बनारस-बाज

अब हम कुछ ऐसी गतों के उदाहरण दे रहे हैं, जिनमें खाली-भरी का ध्यान न रखकर अनेक प्रकार की लयों का समावेश किया गया है। नीचे के उदाहरण इसे अधिक स्पष्ट कर देंगे, देखिए :—

१. धाधा ऽनधा किटतक तिरकिट। गदि गिन नागे
×
तिट। घेड़नग दिन्तक ताकिटत किटतक। धिरधिर किटतक ता धेड़कता। घिड़नक ता घिड़नग ता। घिड़नक
×

ता धेत्ता गदिगिन। धेत्ता गदिगिन धेत्ता गदिघिन । धा तकिट,त किटतक धिरधिर । किटतक ताघिड़ नकता
×
घिड़नक। ताघिड़ नकता गिड़नग ता। धेत्ता गदिगिन धेत्ता गदिगिन। धेत्ता गदिगिन धा, तकिट,त। किट,तक धिरधिर किटतक ता। घिड़नक ता घिड़नग ता। घिड़नक ता धेत्ता गदिगिन। धेत्ता गदिगिन धेत्ता गदिगिन ।। धा
×

गतें, पंजाबी (आड़ी लय)

१. धि धिऽधिऽ धगेन धगेन। धगेन, तकिट तकिट।
×
धड़घे न,धड़ घेन,ध ड़घेन। तकघे न,तक घेन,त कघेन। तक तकतक तिन,ति न,धिन। तगेन तगेन धातिरकिट
×
धगेन। धा धातिरकिट धागेन धातिरकिट । धागेन घेनग घेनग घेनग ।। धा
×

२. धागेन गेघेन धेड़ना गेतिरकिट। धाऽड़ धगेन धगेन
×
तगेन। ऽऽते नतेन धगेन घेनाऽ। ऽऽघे नघेन घेनघे नकेन। तेना,ते न,तेना कतिट कताऽ। ऽऽते टेतेटे कतिट कताऽ।
×
घेतेटे घेनाऽ घेतेटे घेना । घेतेटे घिड़नगदिनतकतिरकिट तकधिरकिटतक धिरकिटतकधिरकिटतक। धा
×

पंजाबी गत का एक उदाहरण और देखिए :—

३. धागेततकिट धगनगधिन धागेतिरकिटधेन घेड़नागेधिन। घ्ड़ाऽनधा धाघिड़नग घेनघिड़नग तिरकिटतूनाकत। तकतीऽतक ताऽकिड़नग तकतिगेनग तिरकिटतकतगेन । धागेतिरकिटघेन घेड़नागेधिन धागेतिरकिटघेन घेड़नागेधिन ।। धा
×

मिश्र लय की गत

घेतिरकिट धिकिट घेतागे तातिरकिट। धिकिट दीगेन नाऽगे धगेन। धाकिट केतागे नगेन धाकिट। कतक्र धाऽन घेतत् घेनेक दीगेन घेनेदिं ऽगन घेतिरकिट। धिकिट कतक धिकिट
×

कऽत्ते । टेकट कत्तिरकिटतक तगेन धाऽन । धातगे नधान, धातगे नधान ।। धा

बीच से उठनेवाली गत

यह आवश्यक नहीं है कि प्रत्येक गत सम से ही प्रारंभ की जाए। वादक जिस स्थान से चाहें, अपनी गतों को प्रारंभ कर सकते हैं। नीचे लिखी गत तेरहवीं मात्रा से उठाई जा रही है; देखिए :—

घेनतिट नातिटता गेदिनता कत् । ऽथुं ऽदीं ऽके
३ ×
नाकिटतक । तातिरकिटतक ताऽक ऽतूके नाकिटतक । तातिर किटतक ताऽकऽत्के नाता ।। धा
×

अब एक गत पूरब घराने की और देखिए, यह मिश्रित लय की है। इसे 'शंखध्वनि' गत कहते हैं। इसमें प्रारंभ का बोल धिन्-धिन् बजाने में 'दिन्' और 'ग' बोल एक साथ बजाए जाएँगे। 'दिन्'का आघात जोर से किया जाएगा। देखिए :—

धिन्धिन् धिन्धिन् धागेतिट तागेतिट । धेधेऽद् गिननग
×
धिटधिट धित्ता । कृधातिन तीनाकिड़नग तिरकिटतकधिर किटतकधा । क्ड़ाऽन् धा धाधाधा धाधिंता । कऽत्त धिकिटधा क्ड़ाऽन्धा किड़धित्तात्रक । धिऽत्ताऽ किड़नकता– किड़नगतिरकिट तकधिरकिटतक । धातीधाधा धाऽक़िड़नक तिरकिटतकधिर किटतकधाती । धाधाधाऽ किड़नकतिरकिट तकधिरकिटतक धातीधाधा ।। धा
×

अब हम आपको लखनऊ घराने की एक ऐसी गत दे रहे हैं जिसमें चार भिन्न लय हैं। इसमें रहस्य की बात यह है कि याद करने के लिए सोलह मात्राएँ हैं और बजाने पर उनका विस्तार आठ आवृत्तियों में होता है। यह एकाकी वादन के लिए है। देखिए :—

धा– घेड़नक तक् घेड़नक । ती– घेड़नक तक् घेड़नक ।
× २
धा–घेड़ नकधिर धिरधिर घेड़नक । धिरधिर घेड़नक
० ३

तीना किड़नग। अब पहली आठ मात्राओं को ता से बजाइए; जैसे—ता केड़नक तक् केड़नक। ती– केड़नक तक् किड़नक। अब नवीं से सोलह मात्राओं तक ज्यों-का-त्यों बजाइए। अब ज्यों ही सम आए, धा को दुगुन में बजाइए; जैसे—धाधा
×
–घेड़नक (यहाँ आधी मात्रा में शान्त रहिए और आधी में घेड़नक बजाइए। आगे भी इसी प्रकार समझें) तकतक –घेड़नक। त्ति–त्ति– –घेड़नग तकतक –घेड़नक। धा–घेड़ नकधिर
२
धिरधिर घेड़नक। अब आगे की चार मात्राओं में दुगुन करिए; जैसे—धा–घेड़नकधिर धिरधिरघेड़नक धिरधिरघेड़नक ती–ना–केड़नग। अब इन्हीं को ज्यों-का-त्यों ताता –केड़नक तकतक –केड़नक। ती–ती– –केड़नक तकतक –केड़नग। अब नवीं से सोलहवीं मात्रा तक को ज्यों-का-त्यों बजा डालिए। जैसे ही सम आए, धाधाधा धा–घेड़नग तकतकतक तकघेड़नग। तीत्तीत्ती त्ती–घेड़नग तकतकतक तकघेड़नग बजाइए। अब आगे की चार मात्राओं को भी अठगुन की लय में बजाइए; जैसे—धा–घेड़नगधिर धिरधिरघेड़नग—इन्हें ही एक बार और बजाकर चार मात्राएँ पूरी करें और तेरहवीं से सोलहवीं तक पहले की भाँति ही बजाएँ। सम आते ही इन्हीं सोलह मात्राओं को ता से बजाइए। जैसे—ताताता ता–केड़नक आदि।

अब पुनः सम आने पर चौगुन करिए; जैसे—धाधाधाधा धा–घेड़नग तकतकतकतक तकघेड़नग। तीतीतीती तीघेड़नग तकतकतकतक तकघेड़नग। अब आगे की आठ मात्राओं को अठगुन की लय में ऊपर की भाँति ज्यों-का-त्यों बजाइए। सम आने पर इन्हीं सोलह मात्राओं को ता से बजा जाइए। बस, यही आपकी गत हो गई।

आशा है, इन उदाहरणों से आप गतों का निर्माण करना अवश्य सीख गए होंगे। □

दसवाँ अध्याय

टुकड़े, लग्गियाँ, रेले तथा रौ बनाना / तीनताल

प्रतिदिन के अभ्यास के लिए एक टुकड़ा

तबले में बजनेवाले बहुत-से बोल इस टुकड़े में आ गए हैं। अतः इसे बजा लेने पर विद्यार्थी को अनेक बोल बजाने आ जाएँगे।

धाधा तिट्ट धागे तुन्ना, धातिर किटधा तकतिर
×
किटतक, तकघिड़ नगकिड़ धिनगिन किड़नक, धड़गिन
×
तिटकत धिरधिर तड़किन। धाधिन् तरान तुन्ना तिरकिट,
×
किड़धा तड़न्न तिनकिन दिन्नक, तकतक घड़ाऽन गद्दी
घिड़नग, धुमकिट गदिगिन धाक्ड़ान् धेत्। धा
×

कुछ उस्तादी बंदिशों के टुकड़े

अब कुछ ऐसे टुकड़े लिख रहे हैं, जिन्हें बजाकर विद्यार्थी उच्च श्रेणी के वादकों में स्थान पा सकते हैं।

१. धातिद्धा गद्दीघिड़नग तगतिरकिटतक नगदित्क्ड़ान। धातिरकिटतक तातिरकिड़धा दींगड़धा,दीं गड़धादींगड़। धाक्ड़ान् धा,किड़धा दींगड़धादीं गड़धादींगड़। धा,क्ड़ान् धा,किड़धा दींगड़धादीं गड़धादींगड़। धा
×

२. धाधातिरकिट धितिरकिटधि तरानधादिन् धातिरकिटतक, गेदिन्नकिटतक धिरधिरकिटतक तिरकिटनगदित् क्ड़ानधाती, धा,घेति धाऽकिटतक तिरकिटनगदित् क्ड़ानधाती। धा,घेति धाऽकिटतक तिरकिटनगदित् क्ड़ानधाती। धा
×

३. किटतकताऽ किटतकताऽ तूनाकिटतक तातिरकिटतक, तिरकिटतकतिर किटतकधाऽ दींऽकिड़धा ऽतगतिरकिट। धाऽतिर

किटतकधाऽ दींऽकिड़धा ऽतगतिरकिट। धाऽतिर किटतकधाऽ दींकिड़धा ऽतगतिरकिट। धा
×

४. गेदिन्ताऽ कत्तिद्धाऽ किटतकतिरकिट तातिरकिट, धिरधिरकिटतक धातिरकिटतक क्ड़ाऽनधा धिरधिरकिटतक, धाऽऽता ऽकतित् क्ड़ाऽनधाऽ धिरधिरकिटतक, धाऽऽता ऽकतित् क्ड़ाऽनधाऽ धिरधिरकिटतक। धा
×

५. धागेतिट तागेतिट धागेदिन् नगतिट, तिटतगे ऽन्नधिट तगेऽन्न धित्ता, धेद्धे तगेऽन्न धा,तिट धेऽद्धे, तगेऽन्न धा,तिट धेद्धे तगेऽन्न। धा
×

६. धेद्धे धिटतिट धागेतिट तागेतिट, धगनत किटधगे दिनदिन नाराऽन, धेद्धे धेत्क्ड़ान धा,तिरकिट धेद्धे, धेत्क्ड़ान धातिरकिट धेद्धे धेत्क्ड़ान। धा
×

७. कत्कत् तिटतिट कातिरकिटतक धिरकिटघ्ड़ान, धिरकिटतकधिर किटतकघ्ड़ान धिरकिटघ्ड़ान धिरकिटघ्ड़ान, ताघ्ड़ानता, घ्ड़ानधिरकिट धाधा ताघ्ड़ानता, घ्ड़ानधिरकिट धाधा ताघ्ड़ानता घ्ड़ानधिरकिट। धा
×

८. क्ड़ानकिटतक तगतिरकिटतक धानधागे दिंतागदिगिन, धिरधिरकिटतक तातिरकिटतक धातिरकिड़धा ऽधाऽत्, धाऽधा गदिगिनधा धातिरकिड़धा ऽधाऽत्, धाऽधा गदिगिनधा धातिरकिड़धा ऽधाऽत्। धा
×

९. किटतकतागे तिरकिटतकता ऽधागेदिं नागेदिंता, किटतकतागे दिंताकिटतक तागेधादि न्तानगधे, ऽद्धादिंता धेधेतेटे ऽताऽधा धाऽघेघे, तेटेऽता ऽधाऽधा घेघेतेटे ऽताऽधा। धा
×

१०. धाकिड़ धिन्ना घेड़नग दिनतक, धगतिट घ्ड़ान घेड़नग दिनतक, धिरकिट तकता तिरकिट धेनगेन, धागेन धेनगेन धागेन धेनगेन। धा
×

धाऽतिरकिटतक ताऽतिरकिटतक धाऽतिरकिटतक ताऽतिरकिटतक। धाऽन धिकिट धात्रक धिकिट। धाऽनधा किट,तकता धात्रकधि किट,तकता। धिरधिरकिटतक ताऽतिरकिटतक तक्कड़ान् ऽतिं। ऽधिरधिर किटतकतिरकिट धा, धिरधिरकिटतक। ताऽतिरकिटतक तक्ड़ान् ऽतिं ऽधिरधिर। किटतकतिरकिट धा, धिरधिरकिटतक ताऽतिरकिटतक। तक्ड़ान् ऽतिं ऽधिरधिर किटतकतिकिट। धा

नीचे का टुकड़ा खाली से उठेगा :— ×

११. कातिरकिटधे तेटेकातिर किटधेतेट्टे कत्कत्, कातिरकिटधे तेटेकत् धेतिरकिटतक तातिरकिटतक, ताऽ धाऽ धातिरकिटधे तेटेकत्, धाऽकत् धाऽकत् धाऽतिट कातिरकिटधे, तेटेकत् धाऽकत् धाऽकत् धाऽतिट, कातिर-किटधे तेटेकत् धाऽकत् धाऽकत्। धा
×

आड़ी लय के कुछ टुकड़े

१. घ्ड़ान घ्ड़ान घ्ड़ान, कतिट। कतिट, कतिट, कत,क
×
त,कत। धातिरकिट धिकिट धातिरकिट धिकिट। धातिरकिट धिकिट, धगेन, धगेन। धगेन, तगेन तगेन तगेन। तक,त
×
क,तक तिरकिटतक ताकिट। तिरकिटतक ताकिट तिरकिटतक ताकिट। धेट,धे ट,धेट धिटत तान। धिटक तान धाग
×
दिगन। धिटक तान धिटक तान। धाग दिगन धिटक तान। धिटक तान धाग दिगन। धा
×

२. कतिट तगेन कातिरकिट तिरकिटतक। धीकिट तगेन धातिरकिट तिरकिटतक। कत,क त,कत कतिट धातिट। धिट,धि ट,धिट धिटकिड़ धाकिट। कातिरकिट धातिट कतग दीगन। धाऽति ट,तिट कातिरकिट धातिट। कतग दीगन धाति ट,तिट। कातिरकिट धातिट कतग दीगन। धा
×

३. कतिट किड़धाकिट धागिन नागेदिन। कातिरकिट तिरकिटतकता कतिट धाता। धान धातिरकिट किड़धिन नागेधिन। घेतिटता कतिटधा ऽकतिटधा ऽकतिट। धा
×

एक बनारसी टुकड़ा

धाधा दिनदिन नाना तिटतिट। कातिरकिटधा तेटकत् धाकत् धाकत्। धा, तेटकत धाकत् धाकत्। धा, तेटकत धाकत् धाकत्। धा
×

कुछ लग्गियाँ

१. घेनेनाना धिंतिरकिटतक थुन्नक तदिन्। ऽता किटतकधाती तिरकिटतकधिरकिटतक घितराऽनधा। ऽकत् दिंता धाकत् ऽ,धिरकिटतक। धा, ऽधिरकिटतक धा, ऽधिरकिटतक। धा
×

२. ऽधिरकिटतक धिन्नड़ानधा कदिन्ता ऽदिन्ता। ऽदिन्ता ऽदिंता धाधिन्नड़ान कदिन्ता। ऽदिन्ता ऽदिन्ता ऽदिन्ता धाधिन्-नड़ानधा। कदिन्ता ऽदिन्ता ऽदिन्ता ऽदिन्ता। धा
×

३. घिन्तराऽनधा कत्ते टेता ऽकिटतक। धा कद्दिन्-नड़ान किटतकथुंन कत्ता। धा कत्तातिरकिट धाऽकत् ऽधाकत्। धाऽकत् ऽधाऽत् धाऽकत् ऽधाऽत्। धा
×

कुछ पूर्वी (अवधी) लग्गियाँ

इन लग्गियों में 'धातिटधिनड़किन और तातिटधिनड़किन' बोलों को लेकर खाली, भरी का ध्यान रखते हुए विस्तार किया गया है :—

१. धाति टधा तिटि धाति। धाति टधि नड़ किन। ताति टता तिटि ताति। धाति टधि नड़ धिन।

२. धाति टिधि नधा तिट। धाति टधि नड़ किन। ताति टिति नता तिट। धाति टधि नड़ धिन।

३. घिन धाती टधि नड़। धाति टधि नड़ किन। किन ताति टकि नड़। धाति टधि नड़ धिन।

४. घिन ड़धा तिट घिन। ड़धा तिट तिट किट। किन ड़ता तिट किन। ड़ता तिट तिट घिन।

५. तिट धाति टधि नड़। घिन धाति टधा तिट। घिन ड़धि नधा तिट। धाति टधि नड़ घिन।

पीछे दी हुई लग्गियों को द्रुत में बजाने का ढंग

१. घिनधाति तधिनड़ धातिटधि नड़धाती । ऽधिनड़ धातीधाऽ धातिटधि नड़धिन । किनताति टकिनड़ तातिटकि नड़ताती । ऽधिनड़ धातीधाऽ धातिटधि नड़धिन ।

२. धातिटधि नड़घिन धिनधाती टघिनधि । नधातिट धातिटधि नड़घिन नाधातिट । तातिटकि नड़किन किनताति टकिनकि । नधातिट धातिटधि नड़घिन नाधातिट ।

३. धातिटधि नतधिन घिनधाति टघिनाति । टघिनाति टघिनाति टधिनड़ किनताऽ । तातिटकि नतकिन किनताती टकिनाति । टघिनाति टघिनाति टधिनड़ किनताऽ ।

४. धातिटधि नधातिट घिनधाति टधिनड़ । तिटधाति टधातिट धातिटधि नड़किन । तातिटकि नतातिट किनताति टकिनड़ । तिटधाति टधातिट धातिटधि नड़किन ।

कुछ लखनवी लग्गियाँ

१. घिनधाऽ घिनाऽत घिनधाऽ धिनगिन । धगनधा ऽतघिन धाऽघिन धाऽघिन । किनताऽ किनाऽत किनताऽ तिनकिन । धगनधा ऽतघिन धाऽघिन धाऽघिन ।

२. घिनाऽत घिनधाऽ धगनधा ऽतघिन । धाधिन धिनगिन धाऽघिन धाऽघिन । किनाऽत किनताऽ तगनता ऽतकिन । धाधिन धिनगिन धाऽघिन धाऽघिन ।

३. धिनधाऽ धिनऽत धाऽघिन धाऽघिना । ऽत्धाऽ धिनगिन धाऽगिन धाऽगिन । किनताऽ किनऽत ताऽकिन ताऽकिना । ऽत्धाऽ धिनगिन धाऽगिन धाऽगिन ।

४. घिनधाऽ घिनाऽत घिनधाऽ धिनगिन । धागिन धाऽघिना ऽतघिन धिनगिन । धगनधा गनधाऽ धिनगिन धगनधा । ऽतघिना ऽतघिन धाऽघिन धाऽघिन । किनताऽ किनाऽत किनताऽ तिनकिन । ताकिन ताऽकिना ऽतकिन तिनकिन । धगनधा गनधाऽ धिनगिन धगनधा । ऽतधिना ऽतधिन धाऽघिन धाऽघिन ।

कुछ रेले

१. धागे तिट धागे तिट । धागे नागे तुन्ना कत्ता । तागे तिट तागे तिट । धागे नागे तुन्ना कत्ता ।

२. धातिर किटतक धातिर किटतक। धागे नागे तुन्ना कत्ता। तातिर किटतक तातिर किटतक। धागे नागे तुन्ना कत्ता।

३. धिरकिट तकधिर किटतक धिरकिट। धीना तिरकिट धा धीना। तिरकिट तकतिर किटतक तिरकिट। धीना तिरकिट धा धीना।

४. धिंतिर किटतक धाकत् घ्ड़ान। तग्घिड़ा ऽन्तग् घ्ड़ान धिरकिट। तिंतिर किटतक ताकत् क्ड़ान। तग्घिड़ा ऽन्तग् घ्ड़ान धिरकिट।

५. धिनातिर किटतक धिनातिर किटतक। धीनातिर किटधा धीना तिरकिट। तिनातिर किटतक तिनातिर किटतक। धीनातिर किटधा धीना तिरकिट।

६. धक् तेटे घेना तकता। घेघे तिट धाधा क्ड़ान। तक् तेटे गेना तकता। घेघे तिट धाधा क्ड़ान।

७. धाकि टधा किट धागे। नागे तिर किट ताता। ताकि टता किट तागे। नागे तिर किट ताता।

८. धाघिड़ नगतिर किटतक तिरकिट। धिरकिट किटतक तगतिर किटतक। ताकिड़ नगतिर किटतक तिरकिट। धिरकिट किटतक तगतिर किटतक।

९. धागेतिट तिरकिट तागेतिट केड़नग। तागेतिट घेड़नग तिरकिट तागेतिट। धागेतिट तिरकिट तागेतिट घेड़नक। तागेतिट घेड़नग तिरकिट तागेतिट।

१०. घिड़नग तातिर किटता किड़नग। धातिर किटता धातिर किटता। किड़नग तातिर किटता किड़नक। धातिर किटता धातिर किटता।

११. तिरकिट ता घेड़नग तिरकिट। तागेतिट घेड़नग तागेतिट घेड़नग। तिरकिट ता किड़नग तिरकिट। तागेतिट घेड़नग तागेतिट घेड़नग।

इसी प्रकार अनेक रेले बनाए जा सकते हैं। इन्हीं बोलों के आधार पर बनाई गई कुछ 'रौ' देखिए :—

कुछ 'रौ'

१. धागे तिट। धागे तुन्ना। तागे तिट। धागे तुन्ना।

२. धातिर किटतक। धाधा तुन्ना। तातिर किटतक। धाधा तुन्ना।

३. धिरकिट तकधिर। धीना धीना। तिरकिट तकतिर। धीना धीना।

४. धाकत् घड़ान। घड़ान तिरकिट। ताकत् कड़ान। घड़ान तिरकिट।

५. धीना तिरकिट। धीना किटधा। तीना तिरकिट। धीना किटधा।

६. धाक् तेटे। धाधा कड़ान। ताक तेटे। धाधा कड़ान।

७. धाघिड़ नगतिर। किटतक तिरकिट। ताकिड़ नगतिर। किटतक तिरकिट।

८. धातिर घिड़नग। धीना किड़नग। तातिर किड़नग। धीना घिड़नग।

९. धागेन तकधिन्। धेनक तकतिरकिट। ताकेन तकतिन्। घेनक तकतिरकिट।

१०. धिरधिर किटतक। तूना कत्धा। तिरतिर किटतक। तूना कत्धा।

इसी आधार से चाहे जितनी 'रौ' बनाई जा सकती हैं। □

ग्यारहवाँ अध्याय

मोहरे (मुखड़े या उठान) और परनें / तीनताल

मोहरे बनाना

'मोहरे' की परिभाषा पहले समझा दी गई है। यह चार मात्राओं से लेकर एक आवृत्ति तक का होता है। कभी-कभी इसका रूप दो आवृत्ति तक भी हो सकता है। नीचे लिखे मोहरे आठ-आठ मात्राओं के हैं इन्हें आप जिस स्थान से उठाना चाहें, उठा सकते हैं। इनमें इच्छित बोल रखे जा सकते हैं। ध्यान केवल इतना रखा जाता है कि सम से पहले जो बोल आए, वह ऐसा होना चाहिए कि उस के बाद 'धा' (सम-स्थान) सुन्दर लगे; जैसे—'तिरकिट, किटतक, तत्, कत्, क्ड़ान, घ्ड़ान, धातित् गदिगिन, तक्क्ड़ान, धिड़नग, किड़नग, तगिन्न' आदि। आप अनुभव करेंगे कि इन बोलों के बाद 'धा' उत्तम लगता है और बजाने में हाथ में रुकावट पैदा नहीं होती। यदि आपके मुखड़े में कोई तीया हो और ये बोल न आएँ तब भी वह तीए के कारण सुन्दर हो जाएगा। स्थान-भेद से ये मोहरे ही मुखड़ों का काम देंगे। अब कुछ मोहरों के उदाहरण देखिए :—

आठ मात्राओं तक के मोहरे

१. ना तिरकिट तकता तिरकिट। धा
×

२. धातित् धा तिरकिटतक धातित्। धा धातित् धा धातित्। धा
×

३. धेत्धेत् त्रकधेत् तगिन्न धेत्त्रक। धेततगि ऽन्नधेत त्रकधेत् तगिऽन्न। धा
×

४. धागिनधा ऽधागिन धा ऽधा। धा ऽधा धा ऽधा। धा
×

५. धिरधिर धिरधिर किड़नाऽ किड़नाऽ। तक्ड़ान् धाऽतक क्ड़ाऽनधा तक्क्ड़ान्। धा
×

६. ताकिनता ऽताकिन ताता तिरकिटनगधिर। किटतक्धेत ऽताधिन धाघिन धाघिन। धा
×

७. किड़ऽधेत्ता घिड़नग धाधातिरकिट धातिरकिटधा। क्ड़ान्धाधा धाऽक्ड़ान् धाधाधाऽ क्ड़ान्धाधा। धा
×

८. घिड़नगतूना घिड़नगतूना घिड़नगतिट धागीतूना। घिड़नगघिड़नग किड़नगतूना किड़नगधा,किड़ नगधा,किड़नग। धा
×

९. धाऽतिरकिट तकधिरकिटतक घिड़नगतिरकिट तकधिरकिटतक। धाधिरधिरधिर घिड़नगतूना घिड़नगधा,घिड़ नगधाघिड़नग। धा
×

१०. धितधित त्रकधित घिड़ान धात्रक। धेतघिड़ा ऽनधाऽ त्रकधेत घिड़ाऽन। धा
×

११. धातिरकिटधा तूनाघिड़नग तिरकिटतकता तिरकिट धातित। धाऽधातित ताऽतातित धाऽधातित ताऽतातित। धा
×

१२. धिरधिरकिटतक तातिरकिटतक तिरकिटतकता तिरकिटधागी। नधींऽत धागीनधीं ऽतधागी नधींऽत। धा
×

१३. धातिरकिटतक तातिरकिटतक तिरकिटनगधिर किटतकधातित। धाक्ड़ान् धाधातित धाक्ड़ान् धाधातित। धा
×

१४. घिड़नगघिड़नग तिरकिटघ्ड़ान धागेतिटगदिगिन नगतिरकिटतक। तिरकिटतकता तिरकिटघ्ड़ान धा,घ्ड़ान धा,घ्ड़ान। धा
×

१५. धेत्धेत्त्रकधेत्   धिटतिटकिड़धातिट   तकिटधाऽनधा तिटकतगदिगिन । धाधात्रकधेत् तगिन्नधात्रक धेत्तगिन्नधा त्रकधेत्तगिन्न । धा
×

१६. धाऽगदिंता किड़नगतातिर किड़नगतिरकिट तकता-तिरकिट । धातिरकिटतक   तातिरकिटतक   क्ड़ान्धाक्ड़ाऽन्धाक्ड़ान् । धा
×

१७ धात्रकधिरकिटतक धागेतिटघिड़नग   तक्तक्गिड़नग धाधिरघिड़नगतातिरघिड़नग । धातिरकिटतकतातिरकिट धाआधा-तिरकिट तकतातिरकिटधाआ धातिरकिटतकतातिरकिट । धा
×

एक आवृत्ति के कुछ मोहरे

१. धेत्धेत् त्रकधेत् तिटतिट गधितिट । किड़,धेत्तदि गननग तिरकिटता कताकता । कतिटता किटघिड़ा ऽननाना किटतकदींगड़ । धाऽनाना किटतकदींगड़ धाऽनाना किटतक-दींगड़ । धा
×

२. धिटधिट तातिट किड़धातिट तातिट । क्ड़ाधाऽन धा कत्धा तिनाऽना । धाधा धाकत् धातिना ऽनाधा । धाधा कत्धाऽ तिनाऽना धाधा । धा
×

३. धागेतिट तागेतिट धागेदिग नागेतिट । कत्तधितिर किटतकता किड़धेऽत्ता घिनानाना । कताऽन कतागिड़ ऽन्न,-धिरधिर किटतकतकिट । धा,धिरधिर किटतकतकिट धा,धिरधिर किटतकतकिट । धा
×

४. कततूना किड़नगतातिर किड़नगतिरकिट तूनाकिड़नग तिरकिटतकता तिरकिटनगतक घिड़ानधाधा तूनाघिड़नग तक्घिड़ानधा तूनाघिड़नग धा, तक्घिड़ाऽनधा तूनाघिड़नग धा, तक्घिड़ाऽनधा तूनाघिड़नग । धा
×

५. धाधाऽधा तिरकिटतकता घड़ानधाधा तूनाकिड़नग तिरकिटतकता तिरकिटनगतक क्ड़ानधाधा तूनाकिड़नग ताताऽता तिरकिटतकता तातिरकिटतक तकतातिरकिट धा,तिरकिट तकतातिरकिट धा,तिरकिट तकतातिरकिट । धा
×

६. घेंतिरकिटतक तातिरकिटतक धिटधिटघिड़नग, क्ड़ानधाक्ड़ धाऽताऽ घेंतिरकिटतक तातिरकिटतक तकता-क्ड़ान धा, घेंतिरकिटतक तातिरकिटतक तकताक्ड़ान धा, घेंतिरकिटतक तातिरकिटतक तकताक्ड़ान । धा
×

७. धिंतिरकिटतक ता कतागिधि दिं नगधे ऽत्ता धागी तिट धागी धींकत् धातिरकिट धाधा धातिरकिट ताता तातिरकिट धाधा । धा
×

८. धातिरकिड़नग तातिरकिड़नग धिटधिट घिड़नग क्ड़ानधाऽक्ड़ि धाऽतत् धातिरकिटतक तातिरकिटतक तक्क्ड़ान धा,धातिर किटतकतातिर किटतकतक् क्ड़ानधाऽ धातिरकिटतक तातिरकिटतक तक्क्ड़ान । धा
×

कुछ पूर्वी मोहरे

१. धागेतिट तागेतिट धा कतिटक । तिटकत तड़ऽन्न ताधा धिंतिरकिटतक । धा, तड़ऽन्न ताधा धिंतिरकिटतक । धा तड़ऽन्न ताधा धिंतिरकिटतक । धा
×

२. धिरकिटतक् धे:धे: धाऽकिट धाधातिट । धाकिटतक धुमकिटकतान नगधे: धिरधिरकिटतक । धाऽत् धा,नग धे:धिरधिर किटतकधा । ऽत्धाऽ नगधे: धिरधिरकिटतक धाऽत् । धा
×

३. तिरकिट धे: तिरकिट धे: । धिरधिर किटतक धिरधिर किटतक । धिरधिर किटतक धातिर किटतक । धिरधिर किटतक धा क्ड़ान । धा कत् धा धिरधिर ।

किटतक धा क्ड़ान धा। कत् धा धिरधिर किटतक।
धा क्ड़ान धा कत् । धा
×

४. कत्कत् तिटतिट कातिरकिटतक तिरकिटक्ड़ान। धातिरकिटतक तातिरकिटतक धिरधिरकिटतक तक्घ्ड़ानतक्। धा, धिरधिरकिटतक तक्घ्ड़ानतक् धा,धिरधिर। किटतकतक्घ्ड़ा ऽनतकधाऽ धिरधिरकिटतक तक्घ्ड़ानतक्। धा
×

५. धाऽन धिकिट धात्रक धिकिट। धिरकिटतक धाड़धा दींगदीं नगन। कऽत्त धिकिट धिरकिट धाड़धा। धिरकिटतक धाड़धा धिरकिटतक धाड़धा। धा आ धिरकिटतक धाड़धा। धिरकिटतक धाड़धा धिरकिटतक धाड़धा। धा आ धिरकिटतक धाड़धा। धिरकिटतक धाड़धा धिरकिटतक धाड़धा।
×

६. तिरकिटता गिनतक कतिट धिनधा। धगऽन धागेतिट कतऽग दीन्ता। दीन्ता नानानाना तिरकिटतक् धिरधिर-किटतक। तिरकिटतक् धिरधिरकिटतक तिरकिटतक् धिरधिर-किटतक। धा, नानानाना तिरकिटतक् धिरधिरकिटतक। तिरकिटतक् धिरधिरकिटतक तिरकिटतक् धिरधिर-किटतक। धा, नानानाना तिरकिटतक् धिरधिरकिटतक। तिरकिटतक् धिरधिरकिटतक तिरकिटतक् धिरधिरकिटतक। धा
×

परन

ये तीए-सहित और तीए-रहित, दोनों प्रकार की होती हैं। इनमें पखावज के बोल भी मिले रहते हैं। कुछ उदाहरण देखिए :—

१. धिनतिरकिटतक ताऽ कत्धिन नड़ाऽन। धिनतरा
०   ३
ऽनकत् तातिरकिट।

२. धातिरकिटतक ताऽ कत्धेन दिनऽ। धाकद्धा धाऽताऽ
२   ३
धाऽताऽ धाऽताऽ। धा
×

दो-दो समान बोलों की परन

३. धिनघिड़ान धिनघिड़ान धिधनकतिन् धिधनकतिन् । धात्रकधिकिट धात्रकधिकिट घिनकतीन घिनकतीन । नगतिनक नगतिनक तगिऽन्नकिट तगिऽन्नकिट । धाधादिन् धाधादिन् तिरकिटतकताकिटतक तिरकिटतकताकिटतक । धा
×

तीन-तीन समान बोलों की परन

४. धाधाधा दिंदिंदिं नानाना तिंतिंतिं । तकतकतक
× २
तिरकिटतकधिरकिटतक तिरकिटतकधिरकिटतक तिरकिटतक-धिरकिटतक ।

यह दो बार बजाने पर सम से सम तक ठीक बैठेगी ।

जवाबी परन

इस परन में जो बोल बजेंगे, उससे अगला बोल उलटा होगा, इसी लिए इसे जवाबी परन कहते हैं ।

५. कत्तिट तिटत्तिट कतिट,क तिटकत । कतगदि गनतग
×
तिटकत गदिगिन । धित्तगि ऽन्नकत् गिधिऽन्न धाकत् । धिनतड़ा ऽनधा तूना कत् । ऽधा धाधा धा,कत् घिन्तड़ा ।
×
ऽनधा तूना कत् ऽधा । धाधा धा,कत् घिनतड़ा ऽनधा । तूना कत् ऽधा धाधा । धा
×

कठिन लय की परनें

६. कताऽक ताऽकत् ताऽ किड़्त्तकता । घेकता
×
घेकता गदिगिन घिंतड़ा । ऽनता नातीटीता गदीगिन द्धिन्द् । धिन्ता धिंनाकिड़नग तातिरकिटतक तिरकिटतकधिर । किटतकधाती धाद्धि ऽद्धिन् ताधिन्नना । किड़नगतातिर किटतकतिरकिट तकधिरकिटतक धातीधाऽ । द्धिन्द् धिन्ता धिंनाकिड़नग तातिरकिटतक । तिरकिटतकधिर किटतकधाती धाऽद्धि ्धिऽ, ता
×

७. धागेन धागेदिन् दीऽन्त नाना।किटतक। तिरकिटतक
०
तागेथुंगा धाथुंगा किड़धादिंता। तकिटथुंकिट घेनकतगदिगिन
×
धाऽघ्ड़ान धाधाघ्ड़ान। धा ऽधिरकिट धाऽघ्ड़ान धाधाघ्ड़ान। धा, ऽधिरकिट धाऽघ्ड़ान धाधाघ्ड़ान। धा धाधाघ्ड़ान धा धाधाघ्ड़ान। धा
×

८. धागेनदिन ऽन्नाकिट धाता ऽनधा। धाधाकिटतक
×
दिंकिटतक्घिड़ नगतिरकिटतक क्ड़ानकिटतक। नगतिरकिटतक तगतिरकिटतक तिरकिटतकधिर किटतकतिरकिट। तकधिर-किटतक धिरधिरकिटतक धा घेड़नग। तिरकिटतकधिर किटतक-तिरकिट तकधिरकिटतक धिरधिरकिटतक। धा घेड़नग तिरकिटतकधिर किटतकतिरकिट। तकधिरकिटतक धिरधिर-किटतक धा घेड़नग। तिरकिटतकधिर किटतकतिरकिट तकधिरकिटतक धिरधिरकिटतक। धा
×

चारबाग की परनें

९. धिन्ना किटतक तघ्ड़ा ऽनधा। तुन्ना किटतक घेड़नग धाती। किटतक घेड़नग नगतिर किटतक। धीघेड़ नगधा घेड़नग दिन्तक। तिरकिट तकतिर किटतक तिरकिट। तिन ऽ ता धा। ऽ कत् ऽ ऽ। घिड़ नग तगे ऽन्न। धा
×

१०. धाति ऽद्धा ऽन तिट। घेतिर किटधा तिट तिट। कति ट,ता ऽन किट। कातिर किटघे तिट तिट। कत् क्धा ऽन कत्। धा ऽ कत् धा। ऽ कत् धा कत्। क्धा ऽन कत् धा। ऽ कत् धा ऽ। कत् धा कत् क्धा। ऽन कत् धा ऽ। कत् धा ऽ कत्। धा
×

११. धागे नत किट घेन। धागे नधा ऽड़ घेन। घेन गदि गन घेन। तिरकिट तूना किट तक। तकिट तकधिर किटधिर किटतक। तान किटतक धिंधिं धिंधिं। धातिर किटधा तिट धा। ऽ तेटे धा ऽ। तेटे धा, धातिर किटधा। तिट धा तिट धा। तिट धा, धातिर किटधा। तिट धाति टधा तिट। धा
×

लोम-विलोम का बोल

१२. धा तक धा ता। नग दिग नाड़ा नन। कत धा ता धा। घेघे दिं दिं घेघे। ता नधा नाना धा। नघे नन गेन नगे। तत गेन नगे नन। गेन धा नाना धा। नता घेघे दिं दिं। घेघे धा ता धा। तक नन ड़ाना गदि। गन ता धा कत्। धा
×

परन लाल किला

१३. धाड़धा गिनधा घिड़नग धिनधा। नगतिट किड़नग धिनधा कऽत्। तगेनता ऽड़ता धिनधा धा। किड़नग दिनतक नगतिट कऽत्। धिनधा धा तिटधिड़ ऽनधा। घिड़नग धा, धाधिन धिनधा। धा धाड़धा तिटधा तेत्तगे। ऽन्नकत् धाकत् धाकत् धाकत्। धा, धाड़धा तिटधा तेत्तगे। ऽन्नकत् धाकत् धाकत् धाकत्। धा, धाड़धा तिटधा तेत्तगे। ऽन्नकत् धाकत् धाकत् धाकत्। धा
×

गाँस (फर्रुखाबादी)

यह एक प्रकार की गत होती है।

१४. धि धा धि धा। धाधा धीं त्रक तिंता। त्रक तिंता तिरकिट धि। गिन धग नध नग। धग नधा तिट घिन। त्रक तिंता तीता तिरकिट। त्रक तिंता तिरकिट धिं। गिन धग नधा गन। धा
×

फुलझड़ी

इसे एक प्रकार की गत समझिए। इसे बनाते समय इस बात की ओर ध्यान रखा गया है कि फुलझड़ी की भाँति कभी एकदम

लय बढ़ जाए, तो कभी कम हो जाए। आप देखेंगे कि इसे बजाते समय मात्राओं की चाल में जल्दी-जल्दी अंतर पड़ता है।

१५. धग नधा तिरकिट धागे। तिरकिट धाती ऽधा तिरकिट। धाती ऽधा तिरकिट धागे। नधा तिरकिट धागे तिरकिट। तक नता तिरकिट ताके। तिरकिट ताती ऽता तिरकिट। धाती ऽधा तिरकिट धागे। नधा तिरकिट धागे तिरकिट। धा
×

अब इसे 'धातिर' बोल के साथ देखिए :—

१६. धातिर किटधा गन धा। धग नध गन तिरकिट। धाति ऽधा तिरकिट धाति। धातिर किटधा तीधा तिरकिट। तातिर किटता कन ता। तक नत केन तिरकिट। धाती ऽधा तिरकिट धाधि। धातिर किटधा तीधा तिरकिट।

इन्हीं को बदलकर नए रूप और बनाए जा सकते हैं; जैसे :—

१७. तीधा तिरकिट धग नधा। तीधा तिरकिट धग नधा। तिरकिट धग नधा तिरकिट। धागे तीधा तीधा तिरकिट। तीता तिरकिट धग नता। तीता तिरकिट तक नता। तिरकिट धग नधा तिरकिट। धागे तीधा तीधा तिरकिट।

इसी का एक रूपांतर और देखिए :—

१८. धागे तीधा तीधा तिरकिट। तीधा तिरकिट धागे तिरकिट। धातिर किटधा गन धागे। तिरकिट धग नधा तिरकिट। ताके तीता तीता तिरकिट। तीता तिरकिट ताके तिरकिट। धातिर किटधा नग धागे। तिरकिट नधा तिरकिट।

पेंच

ऐसा मालूम होता है कि इसमें विभिन्न लय के बोलों को बार-बार लेते हुए चलते हैं। निम्नांकित उदाहरण से यह अधिक स्पष्ट हो जाएगा :—

१९. धागेनधा तिरकिटधागे नधातिरकिट धाधातिरकिट। धागेनधा तिरकिटतूना किटतकतिरकिट तकतातिरकिट। ताकेनता तिरकिटताके नतातिरकिट धाधातिरकिट। धागेनधा तिरकिटतूना किटतकतिरकिट तकतातिरकिट।

अंगुश्ताना बोल

२०. ताकिड़ नगधेन घेड़नग तूनाकत्ता। तागेनता किटतकघेन घिड़नग तिरकिटतकता। कतघेन कतघेन कतघेन किटतातिरकिट। ताकेनता किटतकघेन कतगेन तूनाकत्ता। धा
×
□

बारहवाँ अध्याय

तिहाइयाँ और चक्रदार \ तीनताल

तिहाइयों का एक प्रकार

तिहाइयों के अनेक प्रकारों में सबसे सरल रूप वह है, जिसमें कोई एक बोल लगातार तीन बार बजाने पर अंतिम 'धा' सम पर आए। इस प्रकार की तिहाइयाँ तीनताल के लिए एक मात्रा से सोलह मात्राओं तक की नीचे दी जा रही हैं। इनमें आप चाहे जो बोल रख सकते हैं।

एक से सोलह मात्राओं तक की तिहाइयाँ

एक मात्रा में : धाधा। धा
×

दो मात्राओं में : किटधा,कि टधा,किट। धा
×

तीन मात्राओं में : त्‌धा ऽत्‌धा ऽत्‌। धा
×

चार मात्राओं में : कत्ता धा,क त्ताधा कत्ता। धा
×

पाँच मात्राओं में : धाति द्धा धाति द्धा धाति। द्धा
×

छह मात्राओं में : गदिगिन धा ऽगदि गिनधा ऽ गदिगिन। धा
×

सात मात्राओं में : कृधान धाति द्धाकृधा ऽनधा तिद्धा कृधान धाति। द्धा
×

आठ मात्राओं में : तिटकत गदिगिन धा, तिटकत। गदिगिन धा, तिटकत गदिगिन। धा
×

नौ मात्राओं में : किटतक। धाति द्धा द्धाकिट तकधा। तिद्धा ऽद्धा किटतक धाति। धा
×

दस मात्राओं में : तिरकिटधेत् तड़ऽन्न । धातिद्धा, तिरकिट धेत्तड़ ऽन्नधा । तिद्धा तिरकिटधेत् तड़ऽन्न धाति । द्धा
×

ग्यारह मात्राओं में : तिटकत गदिगिन धाति । द्धा, तिटकत गदिगिन धाति । द्धा, तिटकत गदिगिन धाति । द्धा
×

बारह मात्राओं में : धातिरकिट धेत्ता गदिगिन धाति । द्धा,तिरकिट धेत्ता गदिगिन धाति । द्धा,तिरकिट धेत्ता गदिगिन धाति । द्धा
×

तेरह मात्राओं में : कतघड़ा । ऽनधा तिद्धा ऽता धाकत । घ्ड़ान धाति द्धाता ऽधा । कतघड़ा ऽनधा तिद्धा ऽता । धा
×

चौदह मात्राओं में : घिंतरा ऽनधा । क द्धाति धा, घिंतरा । ऽनधा क द्धाति द्धा । घिंतरा ऽनधा क द्धाति । द्धा
×

पंद्रह मात्राओं में : धागदि गनदिग दिंता । धित्ता कृधान धागदि गनदिग । दिंता धित्ता कृधान धागदि । गनदिग दिंता धित्ता कृधान । धा
×

सोलह मात्राओं में : तगेऽन्न धाता ऽनधा ताधा । गदिगिन धा, तगे ऽन्नधा तान । धाता धागदि गिनधा, तगेऽन्न । धाधा ऽनधा ताधा गदिगिन । धा
×

तिहाइयों का दूसरा प्रकार

कभी-कभी ऐसी तिहाइयाँ सुनने में आती हैं, जिनमें क्रम से एक-एक 'धा' बढ़ता रहता है । प्रत्येक में मुखड़ा समान रखते हैं । 'धा' की संख्याएँ बढ़ाते समय मुखड़े से पहले आनेवाले बोलों की मात्राएँ कम कर दी जाती हैं, नीचे के उदाहरण में मुखड़ा सदैव 'तिटकत गदिगिन धा' रहेगा; देखिए :—

एक से सात 'धा' तक के तीए : कत्तिट तिटतिट कतिट,क तिटकत । कतगदि गिनतक तिटकत गदिगिन । ता

तिटकत गदिगिन धा,तिट। कतगदि गिनधा, तिटकत गदिगिन। धा
×

दो 'धा' का तीया : कत्‌तिट तिटतिट कतिट,क तिट,कत। कतगदि गिनतग तिटकत तिट,तिट। कतगदि गिनधा धा,तिट कतगदि। गिनधा धा,तिट कतगदि गिनधा। धा
×

तीन 'धा' का तीया : कत्‌तिट तिटतिट कतिट,क तिटकत। कतगदि गिनतग तिटकत गदिगिन। धाधा धा,तिट कतगदि गिनधा। धाधा तिटकत गदिगिन धाधा। धा
×

चार 'धा' का तीया : कत्‌तिट तिटतिट कतिट,क तिटकत। कत्‌तिट कतगदि गिन१ २,३। ४,तिट कतगदि गिन१, २,३। ४,तिट कतगदि गिन१, २,३। ४ यहाँ हमने 'धा' के
×

स्थान पर गिनतियाँ लिख दी हैं। आप भी 'धा' के स्थान पर इन गिनतियों को ही बोलिए, अन्यथा गलती होने की पूरी संभावना है। आगे भी गिनतियाँ ही लिखी जाएँगी; आप उनके स्थान पर 'धा' बोल समझें।

पांच 'धा' का तीया : कत्‌तिट तिटतिट कतिट,क तिट,कत। गदिगिन १,२ ३,४ ५,तिट। कतगदि गिन१ २,३ ४,५। तिटकत गदिगिभ १,२ ३,४। ५
×

छह 'धा' का तीया : कत्‌तिट तिट,तिट कतगदि गिन१। २,३ ४,५ ६,तिट कतगदि। गिन१, २,३ ४,५ ६तिट। कतगदि गिन१ २,३ ४,५। ६
×

सात 'धा' का तीया : तिटकत गदिगिन १,२ ३,४। ५,६ ७,तिट कतगदि गिन,१। २,३ ४,५ ६,७ तिटकत। गदिगिन १,२ ३,४ ५,६। ७
×

तिहाइयों का तीसरा प्रकार

आपने ध्यान दिया होगा कि ऊपर की सभी तिहाइयाँ सम से प्रारंभ हो रही हैं। कभी-कभी ऐसा होता है कि जितनी मात्रा छोड़कर बोल उठेगा, उतने ही 'धा' का तीया आएगा। उदाहरण के लिए, यदि पहली मात्रा से बोल शुरू होगा तो तीए में एक 'धा' होगा, यदि दूसरी से शुरू हुआ तो दो 'धा' और तीसरी से शुरू होने पर तीन 'धा' आएँगे। इसी प्रकार आगे समझना चाहिए। अब हम आपके सामने इस प्रकार की पाँच 'धा' तक की तिहाइयों के उदाहरण देते हैं :—

पाँच 'धा' तक की तिहाइयाँ

एक धा) धिध् धिध् धिट धिट। धाधा तिरकिट धिट धा। धातु ऽन्ना तिट ता। तातु ऽन्ना किड़नग तिरकिट। तकता तिरकिट धिट धागे। नधा तिरकिट धा, धिट। धागे नधा तिरकिट धा। धिट धागे नधा तिरकिट। धा
×

दो धा) १, धाधा तिरकिट धिट। धा, धातु ऽन्ना तिट। ता, ता तुन्ना किड़नग। तिरकिट तकता तिरकिट, धिट। धागे नधा तिरकिट धा। धा, धिट धागे नधा। तिरकिट धा धा, धिट। धागे नधा तिरकिट धा। धा
×

तीन धा) १, २, धा तुन्ना। तिट ता, ता तुन्ना। किड़नग तिरकिट तकता तिरकिट। धिट धागे नधा तिरकिट। धा धा धा, धिट। धागे नधा तिरकिट धा। धा धा, धिट धागे। नधा तिरकिट धा धा। धा
×

चार धा) १, २, ३, धा। तुन्ना किड़गन तिरकिट तकता। तिरकिट धिट धागे नधा। तिरकिट १, २, ३। ४, धिट धागे नधा। तिरकिट १, २, ३। ४, धिट धागे नधा। तिरकिट १, २, ३। ४

पाँच धा) १, २, ३, ४। तकता तिरकिट धिट धागे। नधा तिरकिट १, २। ३, ४, ५, धिट। धागे

नधा तिरकिट १ । २, ३, ४, ५, । धिट धागे नधा
तिरकिट । १, २, ३, ४ । ५
×

तिहाइयों का चौथा प्रकार अथवा साधारण चक्रदार

जब किसी बोल को लगातार तीन बार बजाने पर अंतिम 'धा' सम पर आए, तो उसे चक्रदार तिहाई कहेंगे। तीनताल की ऐसी छोटी चक्रदारों को सम-से-सम तक का तीया भी कह सकते हैं। जब किन्हीं पाँच मात्राओं के बाद छठी मात्रा के आधे में 'धा' रख दें और उसी बोल को पुनः तीन बार बजा दें, तो यही हमारी चक्रदार कहलाएगी। इन्हें बेदम के तीए भी कहते हैं; यहाँ केवल ५½ मात्राएँ लिखी जा रही हैं। इन्हें तीन बार बजाकर आप पूरा कर लीजिए; देखिए :—

१. किड़नगतिरकिट तकधिरकिटतक घड़ान्धाधा तूना-
१ २ ३
किड़नग तिरकिटतकता धा
४ ५ ½

२. धिनाऽधा तिरकिटधीना गीनधागी नधातिरकिट
१ २ ३ ४
तकड़ान धा
५ ½

इच्छा होने पर इनमें 'धा' घटाए-बढ़ाए भी जा सकते हैं। उदाहरण के लिए हम केवल ५½ मात्राएँ लिख रहे हैं, इन्हें आप तीन बार बजा डालिए :—

३. कत्तिट तिटतिट कतिटक तिटकत गदिगिन धा
१ २ ३ ४ ५ ½

४. कत्तिट तिटतिट कतिटक तिटकत कत्धा धा
१ २ ३ ४ ५ ½

५. कत्तिट तिटतिट कतिटक तिटकत धाधा धा

इच्छा होने पर किसी भी लय के बोलों पर यह रचना की जा सकती है; जैसे :—

६. धिरकिट तक,धिर किट,धिर किटतक धातिरकिटतक धा
१ २ ३ ४ ५ १/२

इन्हीं तीयों का दूसरा रूप

इच्छा होने पर 'धा' से पहले कुछ और बोल भी जोड़े जा सकते हैं; जैसे :—

७. कत्तिट तिटतिट कतिटत तिटकत धाकत् धा
१/२

८. कत्तिट तिटतिट कत्कत् धाकत् धाकत् धा
१/२

९. तिटकत गदिगन धाकत् धाकत् धाकत् धा
१/२

दमदार तीये बनाना

इन तीयों को बनाने के लिए कोई चार बोल लेकर पाँचवाँ बोल 'धा' बजा देते हैं। इसके बाद छठी मात्रा का (अर्थात् एक मात्रा का) दम दे देते हैं। इन्हीं छह मात्राओं का दुबारा ज्यों-का-त्यों बजाकर बारह मात्राएँ पूरी कर लेते हैं। पुनः तीसरी बार बजाने पर पाँचवीं मात्रा का 'धा' स्वतः सम पर आ जाता है। नीचे केवल एक तीये को पूरा लिख रहे हैं; शेष आप स्वयं पूरे कर लीजिए; देखिए :—

१. तिट कत गदि गिन। धा ऽ तिट कत। गदि गिन धा ऽ। तिट कत गदि गिन। धा
×

अब केवल पाँच-पाँच मात्राएँ लिखेंगे :—

२. कड़ान् तिरकिट तकता तिरकिट धा ऽ
३. तिटकत गदिगिन धाती धाती धा ऽ
४. धिनकधि, नक,धिधि नकधिन् धाती धा

५. कड़ानतिरकिट तकतातिरकिट तकतिरकिटतक तातिरकिटतक धा

साधारण चक्रदार का दूसरा प्रकार

जब दो आवृत्तियों में चक्रदार बजानी हो, तो किन्हीं ऐसे ग्यारह बोलों को, जिनमें तीया हो, तीन बार बजा दिया जाता है। इस प्रकार अंतिम बोल तैंतीसवीं मात्रा पर अर्थात् दो आवृत्तियों के बाद सम पर आता है। अब हम केवल ग्यारह बोल लिख रहे हैं। आप इन्हें तीन बार बजाएँगे तो आपकी एक साधारण चक्रदार पूरी होगी; देखिए :—

१. धेत्धेत् तिरकिटता धेधेतिट धेधेदीन् दीऽऽक्र धानधान
१ २ ३ ४ ५ ६
धाऽक्र धानधान धाऽक्र धानधान धा
७ ८ ९ १० ११

२. धाऽन धिकिट कऽत्त धिकिट। धो कऽत्त धिकिट। धा। कऽत्त धिकिट धा

३. धातिरकिटतक तातिरकिटतक घेघेऽत्ता घेघेतिरकिट। धाऽऽकत् घेघेऽत्ता घेघेतिरकिट धाऽऽकत्। घेघेऽत्ता घेघेतिरकिट धा।

४. धातिर किटतक तगतिर किटतक। दिंदिं नानानाना क्ड़ान धाक्ड़ा। ऽनधा क्ड़ान धा

५. तूनाकिड़नग तातिरघिड़नग तिरकिटतक् धेऽत्तातिरकिट तकतकतिरकिट धाऽतित्धातिरकिटतक् तकतकतिरकिट धाऽतित्धातिरकिटतक तकतकतिरकिट धाऽतित् धा।

साधारण चक्रदार का तीसरा प्रकार

जिस प्रकार आपने ग्यारह मात्राओं को तीन बार बजाकर दो आवृत्तियाँ पूरी कीं, उसी प्रकार किसी भी तिए-सहित सत्ताईस मात्राओं को तीन बार बजाकर पाँच आवृत्तियों की चक्रदार बनेगी। अब हम इसी प्रकार की चक्रदारों के लिए केवल सत्ताईस मात्राओं के बोल लिख रहे हैं। आप उन्हें तीन बार बजाइए। यही आपकी साधारण चक्रदार होगी।

१. घेघेतिट किटतक तगतिर किटतक। धिरधिर किटतक तातिर किटतग। तग्घ्ड़ान धा, घ्ड़ान् धाकिट। कतिट धागेन ताकिट धिकिट। ताऽन धा,तूना किड़नगतिरकिट

तकतातिरकिट । धा,तूना किड़नगतिरकिट तकतातिरकिट धा,तूना । किड़नगतिरकिट तकतातिरकिट धा ।

२. धिरकिट, तक,धिर किटधिर किटतक । घिंतड़ा ऽनधा तूना त्रकधित् । तगिन्न धा, धाधाधा धादिंता । तकिट धिकिट धाकड़ धाऽनधा । धिंधिं धा,धिरधिर किटतकताकड़ धा,धिंधिं । धा,धिरधिर किटतकताकड़ धा,धिंधिं धा,धिरधिर । किटतकताकड़ धा,धिंधिं धा । इसी प्रकार चाहे जितनी चक्रदार वना लीजिए ।

फरमाइशी चक्रदार

आपने देखा होगा कि इन चक्रदारों में बजाते समय बीच में सम-स्थान स्पष्ट नहीं होता । यदि इनमें पहले चक्र में मुखड़े के पहले 'धा' पर, दूसरे चक्र में दूसरे मुखड़े के दूसरे 'धा' पर और तीसरे चक्र में तीसरे मुखड़े के तीसरे 'धा' पर सम आए, तो इन्हें फरमाइशी चक्रदार कहेंगे । इनका स्थूल रूप इस प्रकार होगा :—

———	+ ———	+ ———	+ ———
बोल	मुखड़ा धा	मुखड़ा धा	मुखड़ा धा
	×		

———	+ ———	+ ———	+ ———
बोल	मुखड़ा धा	मुखड़ा धा	मुखड़ा धा
		×	

———	+ ———	+ ———	+ ———
बोल	मुखड़ा धा	मुखड़ा धा	मुखड़ा धा
			×

इन्हें बनाने का नियम

इन चक्रदारों को बनाने का सबसे सरल नियम यही है कि आप सोलह मात्रा के बोल को, जिसमें तीया न हो, ले लीजिए; जैसे—धिट धा धाधा तिरकिट । धिट धा धातु ऽन्ना । किड़नग तिरकिट तकता तिरकिट । धिट धागे नधा तिरकिट । अब इसमें अंतिम चार मात्राएँ तथा अंतिम (समवाला) 'धा' मिलाकर, इन पाँच मात्राओं को तीन बार बजा डालिए । इस प्रकार यह तीन बार बजने पर पंद्रह मात्राएँ हुईं । इनमें

पहली बारह मात्राएँ मिलाकर, कुल सत्ताईस मात्राएँ हुईं। जब इन सत्ताईसों को लगातार तीन बार बजा दिया, तो यही हमारी एक चक्रदार हुई। स्थानाभाव से हम केवल सत्ताईस मात्राएँ लिख रहे हैं। आप इन्हें स्वयं पूरा कर लीजिए; देखिए—धिट धा धाधा तिरकिट। धिट धा धा तुन्ना। किड़नग तिरकिट तकता तिरकिट। धिट धागे नधा तिरकिट। धा, धिट धागे नधा। तिरकिट धा, धिट धागे। नधा तिरकिट धा।

इच्छा होने पर इन चक्रदारों में तीया भी रखा जा सकता है; जैसे—धितिरकिटतक ता कतगदि गिन। नगधे ऽत्ता घितड़ा ऽनधा। धागे नाती नक धिन। धिरधिरकिटतक धा,धिरधिर किटतकधा, धिरधिरकिटतक। धा धिरधिरकिटतक धा,धिरधिर किटतकधा। धिरधिरकिटतक धा धिरधिरकिटतक धा,धिरधिर। किटतकधा धिरधिरकिटतक धा,

इन्हें प्रत्येक मात्रा से उठना

ध्यान देने पर मालूम होगा कि इन चक्रदारों में दो बातें हैं—एक बोल और दूसरा 'धा' सहित मुखड़ा, जो तीन बार बजता है। अतएव हम यहाँ एक तालिका दे रहे हैं। आप इसके अनुसार जो बोल चाहें रचकर चक्रदार बना सकते हैं; देखिए :—

मात्रा, जिससे उठना है।	जितनी मात्रा का बोल बजेगा।	जितनी मात्रा का 'धा' सहित मुखड़ा होगा।	जितनी मात्रा का दम होगा। यदि है तो प्रत्येक चक्र को बजाने के बाद जितनी मात्रा का दम है, उतनी मात्रा ठहरना चाहिए।
१	१२	५	×
२	११	५	१
३	४	११	×
४	८	६	×
५	१२	१	×
६	१६	१२	×
७	४	७	×
८	८	२	×

९	१२	१३	×
१०	१६	८	×
११	४	३	×
१२	८	१४	×
१३	१२	९	×
१४	१६	४	×
१५	४	१५	×
१६	८	१०	×

यहाँ पहली मात्रा से उठनेवाली चक्रदार का उदाहरण पीछे दे दिया गया है। अब दूसरी और तीसरी मात्रा से उठनेवाली चक्रदारों के उदाहरण भी दे रहे हैं। शेष को आप इसी प्रकार इच्छित बोलों पर बना लीजिए।

दूसरी मात्रा से उठनेवाली फरमाइशी चक्रदार

इसमें हम केवल एक चक्र ही लिख रहे हैं। इसे तीन बार बजाने पर पूरी चक्रदार बनेगी।

देखिए—एक धिट धा धाधा। तिरकिट धिट धा धा। तुन्ना किड़नग तिरकिट तकता। धिट धागे नधा तिरकिट। धा धिट धागे नधा। तिरकिट धा, धिट धागे।
×
नधा तिरकिट धा दम।

तीसरी मात्रा से उठनेवाली चक्रदार

एक दो धिट धा। धाधा तिरकिट धाऽ तुन्ना। किड़नेग तिरकिट तकता तिरकिट। धिट धागे नधा तिरकिट। धा, धा तुन्ना किड़नग। तिरकिट तकता तिरकिट धिट। धागे नधा तिरकिट धा। धा तुन्ना किड़नग तिरकिट। तकता तिरकिट धिट धागे। नधा तिरकिट धा।

कमाली चक्रदार

इन चक्रदारों में अंत में कम-से-कम तीन 'धा' आते हैं। सम-स्थान पहली बार तीनों 'धा' में से पहले 'धा' पर, दूसरे चक्र में तीनों

'धा' में से बीच के 'धा' पर और अंतिम बार तीनों 'धा' में से अंतिम 'धा' पर आता है। इसका स्थूल रूप निम्न-प्रकार होगा।

——+——धा धा धा + ——धा धा धा + ——धा धा धा
बोल मुखड़ा× मुखड़ा मुखड़ा
——+—— धा धा धा +——धा धा धा + ——धा धा धा
बोल मुखड़ा मुखड़ा × मुखड़ा
——+——धा धा धा + ——धा धा धा + —— धा धा धा
बोल मुखड़ा मुखड़ा मुखड़ा ×

इसका उदाहरण

यह चक्रदार सम-स्थान से उठ रही है। इसमें दस मात्राओं का बोल, छह मात्राओं का मुखड़ा, तीन 'धा' और अंत में एक मात्रा का दम है; देखिए :—

धिट धा धाधा तिरकिट। धिट धा धा तुन्ना। किड़नग तिरकिट तकता तिरकिट। धिट धागे नधा तिरकिट। धा धा धा, तकता। तिरकिट धिट धागे नधा। तिरकिट धा धा धा। तकता तिरकिट धिट धागे। नधा तिरकिट धा धा। धा (दम) इसे प्रारंभ से तीन बार बजाइए। १

इन्हें प्रत्येक मात्रा से उठना

इन्हें प्रत्येक मात्रा से उठने के लिए निम्न गणित दे रहे हैं। इसी आधार पर आप स्वयं निर्माण कर लीजिए; देखिए :—

उठने की मात्राएँ	बोल की मात्राएँ	मुखड़े की मात्राएँ	'धा' की संख्या	दम की मात्राएँ
१	१०	६	३	१
२	९	६	३	२
३	७	७	३	०
४	६	७	३	१
५	५	७	३	२
६	३	१०	३	०
७	२	८	३	१

८	१	८	३	२
९	१५	९	३	०
१०	१४	९	३	१
११	१३	९	३	२
१२	११	१०	३	०
१३	१०	१०	३	१
१४	९	१०	३	२
१५	७	११	३	०
१६	६	११	३	१

चार 'धा' की कमाली चक्रदार

जिस प्रकार तीन 'धा' की चक्रदार होती है, ठीक उसी प्रकार चार 'धा' की भी चक्रदार बजाई जाती है। परंतु यह चक्रदार चार आवृत्तियों में पूरी होती है। सम-स्थान का क्रम वही रहता है, जो तीन 'धा' की चक्रदार में था। इसका उदाहरण देखिए। इस संपूर्ण को चार बार बजाना पड़ेगा। हम केवल एक ही चक्र लिख रहे हैं। इसे चार बार बजाकर आप स्वयं पूरा कर लीजिए। इसमें १४ मात्राओं का बोल, दो मात्राओं का मुखड़ा, चार 'धा' और अंत में तीन मात्राओं का दम है; देखिए :—

धिट धा धाधा तिरकिट। धिट धा धा तुन्ना। किड़नग तिरकिट तकता तिरकिट। धिट धागे नधा तिरकिट। धा धा धा धा। नधा तिरकिट धा धा।
×
धा धा, नधा तिरकिट। धा धा धा धा। नधा तिरकिट धा धा। धा धा (दम १, २, ३, मात्रा का) इसे प्रारंभ से चार बार बजाइए।

इसे प्रत्येक मात्रा से उठना

इसका गणित भी यहाँ दे रहे हैं। इसी आधार पर इच्छित बोलों की रचना कर लीजिए।

मात्राएँ उठने की	मात्राएँ बोल की	मात्राएँ मुखड़े की	'धा' की संख्या	मात्राएँ दम की
१	१४	२	४	३
२	१२	३	४	०

३	११	३	४	१
४	१०	३	४	२
५	९	३	४	३
६	७	४	४	०
७	६	४	४	१
८	५	४	४	२
९	४	४	४	३
१०	२	५	४	०
११	१	५	४	१
१२	१६	५	४	२
१३	१५	५	४	३
१४	१३	६	४	०
१५	१२	६	४	१
१६	११	६	४	२

पाँच 'धा' की कमाली चक्रदार

जिस प्रकार चार 'धा' की चक्रदार बजाई जाती है; ठीक उसी प्रकार पाँच 'धा' की चक्रदार भी बजाई जाती है। यह चक्रदार पाँच आवृत्तियों में बजकर पूरी होती है। यहाँ हम सम से उठने-वाली केवल एक चक्रदार का उदाहरण लिख रहे हैं। इसे पाँच बार बजाना पड़ेगा, तभी पूरी होगी। इसमें तेरह मात्राओं का बोल, तीन मात्राओं का मुखड़ा, पाँच 'धा' तथा दो मात्राओं की विश्रांति है; देखिए :—

धिट धा धाधा तिरकिट। धिट धा धा तुन्ना। किड़नग तिरकिट तकता तिरकिट। धिट धागे नधा तिरकिट। धा धा धा धा। धा, धागे नधा तिरकिट। १, २, ३, ४। ५, धागे नधा तिरकिट। १ २, ३, ४। ५, धागे नधा तिरकिट। १, २, ३, ४। ५, धागे नधा तिरकिट। १, २, ३, ४। ५ (दम दो मात्राओं का) × ५

इन्हें प्रत्येक मात्रा से उठना

इन चक्रदारों को प्रत्येक मात्रा से उठने के लिए आगे गणित दे रहे हैं। इच्छित बोलों की रचना करके बजा लीजिए।

उठने की मात्राएँ	बोल की मात्राएँ	मुखड़े की मात्राएँ	'धा' की संख्या	दम की मात्राएँ
१	१३	३	५	२
२	१२	३	५	३
३	११	३	५	४
४	९	४	५	०
५	८	४	५	१
६	७	४	५	२
७	८	४	५	३
८	५	४	५	४
९	३	५	५	०
१०	२	५	५	१
११	७	५	५	२
१२	१६	५	५	३
१३	१५	५	५	४
१४	१३	६	५	०
१५	१२	६	५	१
१६	११	६	५	२

छह और सात 'धा' की चक्रदार

यों तो हमने छह और सात 'धा' तक की चक्रदारों का गणित किया है, परंतु ये इतनी लंबी हो जाती हैं कि बजाने और सुनने में भली नहीं लगतीं; अतः इनके गणित को नहीं दे रहे। □

तेरहवाँ अध्याय

ताल-रचना के सिद्धांत तथा ठेकों के बोल

ताल-रचना के सिद्धांत

चूंकि ध्रुवपद-धमार के गायन में सारा काम बँधा हुआ किया जाता था, अतएव उस समय पखावज के वादकों को भी नपा-तुला काम करना पड़ता था; इसी कारण से अधिक मात्रावाली तालों को गाने-बजाने का रिवाज पाया जाता था। परन्तु आज के गायक को खयाल गाते समय तबले का ध्यान रखना पड़ता है। ऐसी परिस्थिति में अधिक मात्रावाली तालों में यदि एक बार सम निकल गई तो दूसरी आवृत्ति का सम पकड़ने के लिए अधिक समय लग जाने के कारण, गायन के नीरस हो जाने की संभावना रहती है। इसलिए अब कम मात्रावाली तालों का प्रचार अधिक हो चला है। खयालियों ने बारह मात्राओं के चक्र को विशेष रूप से चुना है। खयालों की रचना अधिक-से-अधिक सोलह मात्राओं की तालों तक करते हैं।

विभागीकरण

जब मात्राओं का स्थिरीकरण कर लिया जाता है, तो सुविधानुसार उनके विभाग कर लिए जाते हैं। उत्तर-भारतीय संगीत में ये विभाग कम-से-कम दो और अधिक-से-अधिक पाँच मात्राओं तक के मिलते हैं। आवश्यकतानुसार विभागों को बदलकर ही तालें बदल दी जाती हैं। जैसे—चौदह मात्राओं में धमार, आड़ाचारताल, झूमरा, दीपचंदो आदि अनेक तालें हैं।

खाली का स्थान नियत करना

सम का स्थान स्पष्ट दिखाने के लिए तालों में खाली ताल की रचना की गई। इसे प्रायः ताल के मध्य में रखा करते हैं; अर्थात् जब ताल की आधी मात्राएँ समाप्त हो जाएँ, तब खाली का स्थान आएगा। इसका उदाहरण वे सभी तालें हैं, जिनमें दो बँटनेवाली मात्राएँ प्रयुक्त होती हैं, जैसे तीनताल, कहरवा, दादरा, झप, झूमरा, धमार, दीपचंदी आदि। जब ताल की मात्राएँ दो से

विभाजित न होती हों, तो ऐसी परिस्थति में आधी मात्राए समाप्त होने के बाद अथवा उनके निकट किसी स्थान पर खाली रख ली जाती है; जैसे पंद्रह मात्रा की गजझंपा में। जब किसी ताल में एक से अधिक ताली रखनी होती हैं, तो दो लगातार खाली तालें एकसाथ नहीं रखी जातीं।

बोलों का चयन

गीत के गंभीर तथा चपल बोलों के अनुसार तबले के बोलों को चुनकर भिन्न-भिन्न तालों की रचना कर ली जाती है। गंभीर चाल के गीतों के लिए खुले तथा खयाल व भजन आदि के लिए बंद बोल चुने जाते हैं। यदि हो सके तो इस बात का ध्यान रखा जाता है कि इस प्रकार के बोल चुने जाएँ कि विलंबित लय के ठेके में प्रत्येक मात्रा भरी-सी दिखाई दे तथा उसी ठेके को द्रुत लय में भी सरलता से बजाया जा सके। ठेके को और अधिक सुन्दर बनाने के लिए अन्तिम मात्रा में, अर्थात् सम से पूर्व की मात्रा में एक से अधिक बोल हों; जैसे झूमरा, तो ठेका अधिक सुन्दर बन जाता है।

प्राचीन ग्रन्थों में ठेकों के रूप

पाँचवें अध्याय में 'अंग' का वर्णन करते समय हमने कुछ चिह्न दिए हैं। उन्हीं चिह्नों के आधार पर प्राचीन ग्रन्थों ('रत्नाकर' आदि) में तालें दी गई हैं। ऊपर दिए गए सिद्धांतों के आधार पर इच्छानुसार बोलों को रखकर, तालों का निर्माण कर सकते हैं। उदाहरण के लिए हम ताल यतिलग्न लेते हैं। इसमें छह मात्राएँ होती हैं। संकेत रूप ०। है। पाँचवें अध्याय को देखने पर प्रकट होगा कि ताल में दो खंड होंगे। पहला दो मात्राओं का और दूसरा चार मात्राओं का। अब आप इच्छानुसार चाहे जो बोल इस प्रकार बजाइए कि पहले विभाग में दो तथा दूसरे विभाग में चार मात्राएँ हों। सबसे सरल बोल इस बंदिश के लिए हमारे विचार से 'धा तिट। धा तिट कत गदिगिन' उत्तम रहेंगे। बस, यही आपकी यतिलग्न ताल हो गई। इसी क्रम से प्राचीन ग्रन्थों में दी गई तालों पर बोलों की रचना की जा सकती है।

चौबीस प्रचलित ठेके

अब हम कुछ प्रचलित ठेकों के बोल अकारादि क्रम से लिख रहे हैं।

अद्धा

धा धिं ऽ धा। धा धिं ऽ धा। धा तिं ऽ ता
× २ ०

ता धिं ऽ धा।
३

इसे सितारखानी भी कहते हैं।

आड़ाचारताल

इसमें १४ मात्राएँ, ७ विभाग, चार ताली तथा दो खाली हैं:—

धिं तिरकिट। धी ना। तू ना। क त्ता। तिरकिट धी
× २ ० ३ ०

ना धी। धी ना।
४ ०

इकवाई

यह ठीक तीनताल की भाँति होती है।

ता ऽ घे घे। ता ऽ घे घे। ता ऽ के के
× २ ०

ता ऽ घे घे।
३

एकताल

इसमें ग्यारह मात्राएँ, छह विभाग, चार ताली तथा दो खाली हैं।

धीं धीं। धागे तिरकिट। तू ना। क त्ता
× ० २ ०

धागे तिरकिट। धी ना।
३ ४

कव्वाली

यह कहरवा की भाँति बजता है:—

धा धिं धाधा तिं। ता तिं धाधा धिं।
× २

कहरवा

इसमें आठ मात्राएँ, दो विभाग तथा दो तालियाँ हैं :—

धा गे ना ती । न क धि न् ।
× ०

चाचर

(देखो दीपचंदी)

चारताल

यह ठीक एकताल की भाँति है, परंतु इसमें खुले बोल बजते हैं :—

धा धा । दीं ता । किट धा । दीं ता
× ० २ ०

तिट कत । गदि गिन ।
३ ४

जत

इसमें आठ मात्राएँ होती हैं। तालें तीनताल की भाँति लगाई जाती हैं :—

ताक धिं । धाग धिं । ताक तिं । धाग धिं
× २ ० ३

झपताल

इसमें दस मात्राएँ तथा चार विभाग होते हैं। विभागों में दो तथा तीन मात्राओं का क्रम रहता है। तीन ताली तथा एक खाली होती है।

धी ना । धी धी ना । ती ना । धी धी ना
× २ ० ३

झूमरा

इसमें १४ मात्राएँ तथा चार विभाग होते हैं। कुल तीन ताली तथा एक खाली होती है।

धिं धा तिरकिट । धिं धिं धागे तिरकिट । तिं ता तिरकिट
× २ ०

धिं धिं धागे तिरकिट।
३

कुछ लोग पहली मात्रा को १½ में और दूसरी को आधो मात्रा में भी बजाते हैं; जैसे :—

धिं ऽधा तिरकिट। धिं धिं धागे तिरकिट। तिं ऽता तिरकिट
× २ ०
धिं धिं धागे तिरकिट।
३

टप्पा

यह तीनताल का ही एक रूप है; जैसे :—

धीं ऽत धीं ता। धीं ऽत धीं ता। क ऽत्त कत् ता
× २ ०
धीं ऽत धीं ता।
३

ठुमरी

यों तो ठुमरी किसी भी ताल में गाई जा सकती है, परंतु जब वह निम्न प्रकार के ठेके पर गाई जाती है, तो विशेष उत्तम लगती है। यह तीनताल का ही एक रूप है :—

धा धिं ऽक्र धिं। धा धिं ऽक्र धिं। धा तिं ऽक्र तिं
× २ ०
ता धिं ऽक्र धिं।
३

तिवरा

यह सात मात्रा की ताल है। इसमें तीन विभाग तथा तीन ताली हैं।

धा दिं ता। तिट कत। गदि गिन
× २ ३

तिलवाड़ा

यह तीनताल का विलंबित रूप है। सोलह मात्राएँ तथा चार विभाग हैं। तालियाँ तीनताल की तरह ही लगाई जाती हैं :—

धा त्रक धिं धिं। धा धा धिं धिं। ता त्रक तिं तिं
× २ ०
धा धा धिं धिं।
३

तीनताल

इसमें सोलह मात्राएँ तथा चार विभाग होते हैं। कुल तीन तालियाँ तथा एक खाली होती है। इसे प्रायः ८०% गाया-बजाया जाता है। इसके बोल निम्न-प्रकार हैं :—

धा धिं धिं धा। धा धिं धिं धा। धा तिं तिं ता
× २ ०
ता धिं धिं धा।
३

दादरा

इसमें छह मात्राएँ तथा दो विभाग होते हैं, एक भरी और एक खाली होती है; देखिए :—

धा धी ना। धा तू ना
× ०

दीपचंदी

इसे चाँचर भी कहते हैं। ठुमरी-गायन और होली-गायन में इस ताल का प्रयोग बहुतायत से किया जाता है। चौदह मात्राएँ, तीन तालियाँ तथा एक खाली ताल है। विभागों में तीन तथा चार मात्राएँ होती हैं; जैसे :—

धा धीं ऽ। धा धा धीं ऽ। ता तीं ऽ
× २ ०
धा धा धीं ऽ।
३

धमार

इसमें चौदह मात्राएँ तथा चार विभाग होते हैं। विभागों में मात्राओं का क्रम ५, २, ३ और ४ का होता है। तीन तालियाँ तथा एक खाली है, देखिए :—

क धि ट धि ट। धा ऽ। ग ति ट। ति ट ता ऽ
× २ ० ३

धुमाली

यह कव्वाली का ही एक रूप है, केवल बोल बदल दिए गए हैं; जैसे :—

धा	धिं। धा		तिं। तक		धिं। धागे	तिरकिट
×	२		०		३	

पंजाबी

यह तीनताल का ही एक रूप है, जिसमें बोलों की चाल को बदल दिया गया है; देखिए :—

धा	ऽधीं	ऽन	धा। धा	ऽधीं	ऽन	ता। ता	ऽतीं	ऽन	धा		
×			२			०					
धा	ऽधीं	ऽन	धा।								
३											

रूपक

इसमें सात मात्राएँ, तीन विभाग, दो ताली तथा एक खाली होती है। यह एक ऐसी ताल है, जिसमें खाली मात्रा के स्थान पर सम माना जाता है, देखिए :—

धिं	ऽ। धा	गे। तिं	ऽ	त्रक।	
१	२	०			

कुछ लोग इसके बोल ती ती ना। धी ना। धी ना भी बजाते हैं। ० १ २

सितारखानी

देखिए ताल अद्धा; क्योंकि इसका दूसरा नाम अद्धा ताल है।

सूल

इसे सूलफाक या सूलफाक्ता भी कहते हैं। इसमें दस मात्राएँ, पाँच विभाग, तीन ताली तथा दो खाली होती हैं; देखिए :—

धा	धा। दिं	ता। तिट	धा। तिट	कत		
×	०	२	३			
गदि	गिन।					
०						

२६० अप्रचलित ठेके

जो ठेकों के बोल हमने ऊपर दिए हैं अथवा अब नीचे लिखेंगे, कुछ विद्वानों के मतानुसार उनमें कुछ अंतर हो सकता है, परंतु मात्राओं की संख्या, विभागीकरण तथा तालों का क्रम सबमें समान रहेगा। अतएव किसी विद्वान् को किसी ठेके के बोलों में यदि अंतर प्रतीत हो, तो उसे अशुद्ध नहीं समझना चाहिए।

अट

इस ताल को अठ भी कहा जाता है। इसके अनेक भेद हैं, जो क्रम से नीचे दिए जाते हैं; देखिए :—

अट या आवर्त (दस मात्राएँ)

धा	घेत्	ता।	तिट	गेन	ता।	किट	धिट।	किट	कत
×			२			३		०	

अट (बारह मात्राएँ)

इसे चार ताल भी कहते हैं; देखिए :—

धा	धा।	दिं	ता।	किट	धा।	दिं	ता
×		०		२		०	
तिट	कत।	गदि	गिन।				
३		४					

अट (१४ मात्राएँ)

धा	ऽ	द्धा।	गे	तिं।	ता	तिट	धा।	दिं	ता
×			०		२			०	
किट	तक।	गदि	गिन।						
३		४							

अट (१८ मात्राएँ)

धा	धा	तिट	धा।	तिट	कत	धेत्।	ता	किट	तक
×				०			२		
गदि	गिन	तिट	ता।	गेन	तिट।	धिट	ता		
०				३		४			

अट (२२ मात्राएँ)

धा	धा	गे	तिट	ता	धा।	गे	तिट	किट
×						०		

तक	धिट	तिट	गेन	तिट	क्टि	तक।	धेत्	ता
२							०	

तिट	कत।	गदि	गिन।
३		४	

अट (२४ मात्राएँ)

धा	ऽ।	कि	ड़ा।	ऽ	न	धु	म।	कि	ट।	त	क	धे	ऽ।
×		२		३				४		५			

ता	ऽ	कि	ट।	तक	क।	ध	दि	गि	न।
६				७		८			

अर्जुन (२० मात्राएँ)

धा	ऽ	धि	न।	न	क।	धे	ऽ	धि	न।	न	क।
×				२		३				४	

धे	ऽ।	धा	ऽ	धि	न।	न	क
५		६				७	

अर्घ्य (२७ मात्राएँ)

धा	गे	ता	धा।	दिं	ऽ।	दिं	ऽ।	ता	धा	दिं	ता	तिट।
×				२		३		४				

कत	गदि	गिन।	धा	ऽ	ता	ऽ	ता।	धा।	दिं।	ता।
५			६					७	८	९

धा।	गदि।	गिन।
१०	११	१२

अणिमा (१३ मात्राएँ)

धी	त्रक।	धी	ना	क	त्ता	त्रक।	ता	त्रक।
×		२					०	

धी	ना।	धी	ना।
३		४	

अभिनंदन (२० मात्राएँ)

धा ऽ धि न। न क। धे ऽ धि न। न क।
× २ ३ ४

धे ऽ। धा ऽ धि न। न क।
५ ६ ७

अभिराम (२४ मात्राएँ)

धा त्रक धिन धिन तक धिन। तिर किट धिन।
× २

ता गे तागे केटे। धा गदि गिन तुं ना।
३ ४

ता तिन धिन धिन त्रक धिन।
५

अष्टमंगल (२२ मात्राएँ)

धा ऽ कि ट। त क। धु म कि ट। त क।
× २ ३ ४

धे ऽ त्ता ऽ। त क। ध दि। गि न।
५ ६ ७ ८

अय्युन (२४ मात्राएँ)

धिं ना। धिं त्रक धिं ना। ती ना। ती त्रक ती ना
× २ ३ ४

तिट कत। गदि गिन। धा त्रक। धिं ना तिट कत। तुं ना
५ ६ ७ ८ ९

आड़ापन्न (१५ मात्राएँ)

धिन् तिरकिट। धिं ना। धिं धिं। धा धा तं ना।
× २ ० ३

कत्त ती धिंधी। नाधी धीना।
४ ५

आर्या (१६ मात्राएँ)

धागे तिट। धुम किट तक तक। धुम किट तक।
× २ ३

धुम किट तक। तिट कत गदि गिन।
४ ५

इकताली (११ मात्राएँ)

धा धि ट धि। ट धा। ध दि ग न ता।
× २ ३

इंद्र (१५ मात्राएँ)

धागे तिट धुम किट। धदि गन धिन नक। तिट कत।
× २ ३

गदि गिन। किट तक ता।
४ ५

इंद्रलीन या ध्रुव (११ मात्राएँ)

धा। दिन् ता। धेत् ता। दिन् तिट किट। धा क द्धा।
× ० २ ३ ४

इंद्रलीन (१७ मात्राएँ)

धा धा धा। क द्धा ता तिट। किट धा कत किट तिट।
× ० २

कत दिन् ता। तिट धा।
३ ०

उदय (१२ मात्राएँ)

धा कि ट धी ना। त क। ता कि ट धी ना
× २ ३

उदीर्ण (१६ मात्राएँ)

धा ऽ कि ट कि ट धिं। ति ट
× २

ता ऽ कि ट त क ति।
३

उक्षव (१० मात्राएँ)

धागे तिट। तागे तिट। धा त्रक। क त्ता
× ० २ ३

गदि गिन।
४

ऊषाकिरण (१६ मात्राएँ)

धा त्रक धीं त्रक धीं धीं । धागे त्रक तिं तिं ।
× २
तागे त्रक धिं धागे । नधा त्रक ।
३ ०

एक या सदानंद (३ मात्राएँ)

धा दिं ता ।
×

एकताल (४ मात्राएँ)

धा किट धा दिन् ।
×

एकताल (५ मात्राएँ)

धा धेत् । ता तिड़ किट ।
× ०

एकताल (७ मात्राएँ)

धा तिट धा । दिं ता तिट कत ।
× ०

एकताल (९ मात्राएँ)

धा तिट धा दिं । ता ता गे धा दिन् ।
× ०

अंक (९ मात्राएँ)

धा ऽ । धि न न क । धे ऽ त्ता ।
× २ ३

अंतरक्रीड़ा (७ मात्राएँ)

धा गे । धा गे । तिट गदि गिन ।
× २ ३

कपालभृत् (१० मात्राएँ)

धा । किट किटतक । धा धा । तिटकत । धा धा तिटकत गदिगिन
× ० २ ० ३

कंदर्प (२४ मात्राएँ)

धा ऽ। धा ऽ। ति ट क ता। गि दि कत।
× २ ३ ४

ता दी थुं ना। ति ट क त। ग दि गि न।
० ५ ०

करालमंच (१० मात्राएँ)

धा तिट। किट तक दिन् ता। किट कत। गदि गिन।
× २ ३ ०

कलानिधि (२५ मात्राएँ)

धी धी नक धागे तिर किट धीना। त्रक धागे तिट
× २

धुम किट धा। ति ना ता तिर। क त्ता धिंधिं तिट
० ३

धा त्रक। तिट कत्।
०

कृष्ण (२० मात्राएँ)

धा। ऽ। धा। ऽ। कि ट त क। धु। म। कि
× २ ३ ४ ५ ६ ७ ८

ट त क द्धे। ऽ। ध। दि ग न।
९ १० ११ १२

कुम्भ (११ मात्राएँ)

धा। धिं। तिट। कत। धा। धिं। नक। तिट। कत। गदि। गिन
× ० २ ३ ४ ० ५ ६ ७ ८ ०

कुम्भ (११ मात्राएँ, द्वितीय मत)

धा। धिन। तक। तिट। धा। घिड़। नक। तिट। कत। गदि। गिन
× ० २ ३ ० ४ ० ५ ६ ७ ०

कुसुमाकर (२७ मात्राएँ)

धिं धिं ना। धा धा त्रक धिन तक थु गा
× २

ति ति ट। धिन तक धुम किट तक धिन।
० ३

तक गदि गिन। तु न्ना कत गदि गिन।
४ ५

कैदफरोदस्त (१९ मात्राएँ)

धिं ता कत। तिं ता तिरकिट। धिन् ता। क त्ता।
× ० २ ३

तिरकिट तूना। धीधी नग धीधी। नग धी। धिंता कत
४ ५ ६

कोकिल (७ मात्राएँ, त्रिपुट)

धा दिं ता। तिट कत। गदि गिन।
× २ ३

कोकिला (१७ मात्राएँ)

धा धिने। नग धे। धेने नग। धेन नग। तेने नग।
× ० २ ३ ०

तिट किट। तक गदि। गन धा दिन्
४ ५ ६

कौशिक (१८ मात्राएँ)

धा ऽ त क धु म कि ट। धे ऽ त्ता ऽ
× २

ध दि ग न। धदि गन
३

खमसा (८ मात्राएँ, जैश्री)

धाधा धिंधा। कद्धागे। धिंधा। ऽतिरकिट। तूना
× २ ३ ४ ५

कद्धागे। नधागेन
६ ०

खंडपूर्ण (१६ मात्राएँ)

धिन तक धेत्। धेत् धिन नक। तिट कत। धागे तिट।
× २ ० ३

कत तिट तिट कत। गदि गिन
४ ५

खेमटा (६ मात्राएँ) यह दादरा का ही एक प्रकार है।

धा धि तक। ता तिं तक अथवा धागे धिन गिन
× ० ×
तागे तिन किन
०

गजझंपा (१५ मात्राएँ)

धा धिन नक तक। धा धिन नक तक। तिन नक तक।
× २ ०
तिट कत गदि गिन
३

गजलील (१७ मात्राएँ)

धा किट धे त्ता। ता तिट धिन नक। गद्दि कत
× २ ३
तिट कत। धुम किट तक धदि गिन
४

गजलील (१८ मात्राएँ, अन्य प्रकार)

धा किट धे त्ता। ता तिट धिन नग। गिदि कत घेघे तिट।
× २ ३
धुम किट गदि गिन। तिट कत
४ ५

गजारिश्च (२० मात्राएँ)

धा धा। ता धेत् तक। धा दिं ता धा। धा दिं ता
× ० २ ३
दिं दिं ता त्रक। तिट कत गदि गिन।
०

गणेश (१८ मात्राएँ)

धा ऽ धि ट। धि ट धा ऽ। धग ऽ कि ट। त क।
× २ ३ ४
ध दि गि न।
५

गणेश (२० मात्राएँ)

धा दिन । ता ता । धेत् धेत् । घेने नग । धेत् धा ।
× ० २ ३ ४

किट तग । किड़ धा । किट तक । तिट । कत ।
० ५ ० ६ ७

गदि । गिन
८ ९

गणेश (२१ मात्राएँ)

धा ऽ कि ट । त । धा ऽ क्कि ट । त । क । धं दि
× २ ३ ४ ५ ६

ग न । धिं । धा । त । का धा ता
७ ८ ९ १०

गंडकी (१७ मात्राएँ)

देत्देत् । थुंथुं । धाकत दिंता । किटतक । देत्देत् । थुंथुं । धाकत
× २ ३ ४ ५ ६ ७

दिंता । कड़ान धा । तिरकिट । तका । थुंगा । गदिगिन
८ ९ १० ११ १२ १३

नगदेत् तिटकत
१४

ग्रह (९ मात्राएँ)

धा दिंदिं । ता । तिटकत गदिगिन तकाथुंगा धा ।
× २ ३

तिटकत गदिगिन
४

ग्रह (९ मात्राएँ, अन्य प्रकार)

धी ऽन । ता / गि न ति ट कि ट ।
× २

ग्रहाग्रह (२० मात्राएँ)

धा कि । ट त क धा । धा धा कि । ट धा कि ।
× २ ३ ०

ट त क धा। तिट कत गदि गिन
४ ५

गारुगी (९ मात्राएँ)

धा ऽ। घिड़ नग। धिड़ गन। धे ऽ त्ता
× २ ३ ४

गारुगी पंचक (१५ मात्राएँ)

धी धी ना तुं ना क त्ता। धुम किट। तिट कत।
× २ ३

धा त्रक। धदि गिन
४ ५

घट (८ मात्राएँ)

धा। ऽ। ति ट। क त। धे। त्ता
× २ ३ ४ ५ ६

चट (१२ मात्राएँ)

धा। कि। ट ध। दि। ग। न ता। त। क। धदि गन
× २ ३ ४ ५ ६ ७ ८ ९

चक्र (५ मात्राएँ)

धी ऽन। ध कि ट
× २

चक्र (३० मात्राएँ, अन्य प्रकार)

धा ऽ कि ट त क धु म। कि ट त क। धा गे ते
× २ ३

टे क त त क ता ऽ। ध दि ग न धि न न क
४

चतुर (१५ मात्राएँ)

धी ना। धी धी ना। ती ना। क त्ता। धी धी ना।
× २ ० ३ ४

धी धी ना
५

चतुर्पुट (९ मात्राएँ)

धा धिन तिट । तक किड़धा । केटे धागे । तिट किट
× २ ३ ४

चत्रुस्ताल (१० मात्राएँ)

धा धे ट धे । ट ग । दि न । दि न
× २ ३ ४

चंद्र (१८ मात्राएँ)

ता ऽ धेत् धिन । धा ऽ । धा ऽ । तिट कत ।
× २ ३ ४

धेत् धिन नक धेत् । धा गे तिटकत गदिगिन
५ ६

चंद्रकला (१५ मात्राएँ)

धा दिं । ता देत् । देत् तिट । कता थुं थुं । थुं क्ड़ा ऽन ।
× २ ३ ४ ५

तिट गदि गिन
६

चंद्रक्रीड़ा (९ मात्राएँ)

धिं ना । तिट कत । कत तिं ना । तिट कत
× २ ० ३

चंद्रचौताला (१३ मात्राएँ)

धा ऽ धा तिट । कत धा तिट कत । धागे दिं ता ।
× २ ३

गदि गिन ।
×

चंद्रमणि (११ मात्राएँ)

धिं ना । तिं ना तिट । धी धी त्रक तूना
× २ ३

किटतक । धा
४

चंद्रावल (१८ मात्राएँ)

ता देत् थुं ना कत । तुं ना गदि गिन तुं ना ।
×　　　　　　　　२

धा गदि गिन ता दित थुं ना
३

चित्र (२ मात्राएँ)

धा । तिटकत
×　०

चित्र (१५ मात्राएँ, अन्य प्रकार)

धिं ना । धिं धिं ना । तू ना क त्ता ।
×　　　२　　　　　०

त्रक धी ना धी । धी ना
३　　　　　　０

चूड़ामणि (१७ मात्राएँ)

धा क त । तुं ना । धी धी ना त्रक ।
×　　　२　　　३

ना धी धी ना । धी त्रक धी ना
४　　　　　५

चूड़ामणि (३२ मात्राएँ)

धा गे । । धा गे । दिं ता । धा गे धि न न ।
×　　२　　३　　४

क दिं ऽ ता ऽ । धा गे । ध दि ग न ।
५　　　　　६　　७

धि न न धि न । न त का ता ऽ
८　　　　　९

चंग (इसे खयाल का ठेका भी कहते हैं । ८ मात्राएँ)

ता धिन । नग धिन । ता तिन । ऽ धिन
×　　२　　०　　३

चंपक (इसी का नाम आड़ा चारताल है। १४ मात्राएँ)

धि धि । धा त्रक तू ना । क त्ता धीं धीं ।
× २ ३

धा धीं धीं धा ।
४

छपका (८ मात्राएँ)

धिन् तधिन् । ऽतिन् नग । नग ततिन् । ऽतिं तक
× २ ० ३

छोटी सवारी (१५ मात्राएँ)

धा ऽ ध दि । ग न धु म । कि ट त क
× २ ३

धि न ता ।
४

जगझंप (१५ मात्राएँ)

धा ऽ धा गे ध दि ग न । धु म । कि ट
× २ ३

दि ग न ।
४

जगदंबा (१९ मात्राएं)

धि त्ता तिट तिट कत । कत गदि गिन ।
× २

न क । धि धि धागे त्रक । धा धुम किट धुम किट ।
० ३ ४

जगपाल (११ मात्राएँ)

धा धिन नक थुं ना । धुम किट । किट तक । गदि गिन
× ० २ ३

जयमंगल (१३ मात्राएँ)

धा धा । किड़ धा । तिट कत । गेना । गेता । गेन किड़ ।
× २ ३ ४ ५ ६

धा । दिन । ता
७ ८ ९

जयमंगल (१४ मात्राएँ, अन्य प्रकार)

धि त्ता तिट कत । ता दित् थुं ना । किट तक ।
× २ ३
तुं ना गदि गिन
४

झंपक (११ मात्राएँ)

धा ऽ । धि न न क । धे ऽ । धिन न क
× २ ३ ४

झंपा (६ मात्राएँ)

धा किट । गेन । किट । तक ता । (इसे 'सीर' भी कहते हैं ।)
× ० २ ३

झंपा (७ मात्राएँ)

धा । गे न । ता तिट । किट तक ।
× २ ३ ४

झंपा (८ मात्राएँ)

धा ता किट । तक गदि । गन । ता किट
× ० २ ३

झंपा (१० मात्राएँ)

धा ऽ दिन् ता ऽ । तिट धा । तिट । कत गदि
× ० २ ३

झंपा (१२ मात्राएँ)

धा धा तिट धा दिन् ता तिट कत गेन ।
×
तिट । कत गदि ।
२ ३

टप्पा (१६ मात्राएँ, यह तीनताल का ही एक प्रकार है।)

कड़धिं ऽ धा ऽग। धा धिं ता ऽ। कड़तिं ऽ ता ऽक
× २ ०
धा धिं धा ऽ।
३

ठुमरी

यों तो ठुमरी प्रायः दीपचंदी तथा तीनताल में अधिक गाई जाती है, फिर भी ठुमरी की एक निराली सुन्दरता निम्नलिखित ठेके में मिलती है :—

धा धा। गे तिं। ता धा। गे धिं
× २ ० ३

ताम्रकर्णी (९ मात्राएँ)

धा। कत। धीं ता ता। धा। धिं ता तिट
× ० २ ३ ४

तिमिर (१४ मात्राएँ)

धा धेत्। धा कत थुं थं। ना ना। धे।
× २ ० ३
धे तिट ता तिट कत।
४

तिलवाड़ा (१६ मात्राएँ)

धा तिरकिट धिं धिं। धा धा तिं तिं। ता तिरकिट
× २ ०
धिं धिं। धा धा धिं धिं
३

तुरंगलीला (१० मात्राएँ)

धा दिं ता। धिं धिं ता। तिट कत। गदि गिन
× २ ३ ४

दादरा

(इसके दो भेद हो जाते हैं; एक खेमटा दादरा और दूसरा भड़ौआ दादरा) खेमटा को 'ख' और भड़ौआ को 'भ' से प्रारंभ होनेवाली तालों में देखिए। इसे प्रचलित ठेकों के अंतर्गत देखिए।

दामोदर (९ मात्राएँ)

धिं । तिर किट धिंधिं । धिं त्रक । धी धी ना
× २ ० ३

दाक्षामण (२१ मात्राएँ)

धाग धाग दीं कत । धा धी दीं ता । धग तिट ।
× २ ३

कत धग । धागे धा । धा दीं । ता तिट कत गदि गिन
४ ५ ०

देवगांधार (२३ मात्राएँ)

धा दिं ता धा । दिं ता किट । धा धा दिं ता धा ।
× १ २

तिट कत धा । धा गे दीं ता किट । धा दिं ता
० ३ ४

देवध्वनि (१७ मात्राएँ)

धीधी तृक तूना किड़ नक धा । कत गदि गिन ।
× २

तिट गदि गिन । धुम किट तक गदि गिन
३ ४

देवगुना (१२ मात्राएँ)

धा धिं नाना कत । ता कत ता । धा तिट ।
× २ ० ३ ४

कता गदि गिन
५

दोबहार (१३ मात्राएँ)

धादिन । धाकिट । किटतक । थुंथुं । गदिगिन । तादेन् । कद्धा ।
×　２　०　३　४　५　६
दिंता । तिटकत । गदिगिन । धाती । द्धा । दिंता
०　७　८　९　१०　०

धमार पंजाबी (१४ मात्राएँ)

ता धि ऽक्ड़ । धिं धिं धागे तिरकिट । धिना ऽत ऽक ।
×　２　०
ता तिरकिट ता तिरकिट
३

धुमाली (७ मात्राएँ)

धा । धि । न त । क धि न
×　२　३　४

ध्रुव (१४ मात्राएँ)

धा तिट । धा दिन् । ता धा । तिट किट ।
×　०　२　३
दिं ता । धेत् तिट गदि गिन
०　४

ध्रुव (२१ मात्राएँ, अन्य प्रकार)

धा । ऽ ति ट । क त ग । दि । ग न धु । म ति ट ।
×　२　३　४　५　६
क । त ग दि । ग न ता
७　८　९

ध्रुव (२३ मात्राएँ, अन्य प्रकार)

धा किट धा दिं । ता क द्धा । दिं ता । तिट कत
×　०　२　३
गदि गिन । दिं ता तिट । कत क्रिट तागे नागे ।
०　४
तिट दिं ता
५

ध्रुव (२९ मात्राएँ)

धा तिद्धा धा दिं तिट धा किट । तक दिं ता ।
×   ०
तिट । धागे नागे दिग तागे तिट कत । गेन तिट ता ।
२   ३   ०
धा गे तिट ता गे तिट । दिं तागे धागे
४   ०

नट (४ मात्राएँ)

धा । तिट । कत । गदिगिन
×   २   ३   ०

नंदी (२४ मात्राएँ)

धा ऽ क त्त । ते टे । दि ग । गि दो क त ।
×   २   ३   ४
धी धी ना त्रक ता ऽ तुं ना त्रक धी धी ना
५

नक्षत्र (२७ मात्राएँ)

धा धि नक । तक धि नग । धा किट तक ।
×   २   ३
धुम किट तक । नग धि नग । तग धि ना ।
४   ५   ६
कड़धा तक नग । तकि टध किट । कड़ाऽ नक्ड़ा ऽन
७   ८   ९

नांदी (३२ मात्राएँ)

ता धिन नक धिन । नक धेत् । धेत् धिन । नक तक
×   २   ३   ४
धिग नक । किट तक धिन नक । तक धेत् धागे धिन
          ५   ६
नक धेत् धा ऽ । दीं ऽ ता ऽ तिट कत गदि गिन
                 ७

निर्दोष (देखो रूपक, ५ मात्राएँ)

निशोरुक (९ मात्राएँ)

धिं ना किट तक। धुम किट तकि टत। का
× २ ३

निसारु (१० मात्राएँ)

धा धि ट धि ट। धा ति ट ति ट
× २

नीलकुसुम (१५ मात्राएँ)

देत् देत् थुं। थुं तिट कत। धा दित् थुं नाना
× २ ३

तिट धागे। नाधा तिटकत गदिगिन
४

नीलांबुज (१३ मात्राएँ)

धा तेत्। धा तिट। धा। धा थुं थुं तिट तिट।
× २ ३ ०

कत गदि गिन
४

पंचम (१६ मात्राएँ)

धा ऽ कि ट। त क। धु म कि ट। त क।
× २ ३ ४

ध दि गि न
५

पंचशर (२३ मात्राएँ)

धा धिं ना त्र क। धी ना क त्ता। त्रक धिं ना धिं ना।
× २ ०

तिं ना तिर किट। तक गदि गिन। थुं ना
३ ४ ५

पंचसवारी (१५ मात्राएँ)

धिऽतिर किटधि ऽना ता । धीधी नाधी धीना ।
×   २

तीना तीना त्रकतूना किड़नग । कत्ता धीधी नाधी धीना
०   ३

पट (२ मात्राएँ)

धातिट । तकिट
×   ०

पर्ण (१२ मात्राएँ)

आजकल इसका नाम चारताल है। अतः चारताल के बोल देखिए।

प्रतापशिखर (१३ मात्राएँ)

धा किट तक धुम किट तक धेत् । ता ।
×   २

धा तिट कत गदि गिन
३

प्रतापशिखर (१७ मात्राएँ, अन्य प्रकार)

धा धिन नक धेत् धिन नक धेत् धिन नक धेत्
×

धेत् धिन । नक तिट । कत गदि गिन
          २   ३

प्रति (८ मात्राएँ)

धा किट तक धुम । किट तक । गदि गिन
×   २   ३

प्रभातकिरण (११ मात्राएँ)

धा । धी ना । धी ना त्रक ती ना । धी । धी ना
×   २   ३   ४   ५

प्रमाण (१७ मात्राएँ)

धा ऽन धा कि ट। कि ड़। ता कि ट त क।
× २ ३

धी ना धी ना त्रक
४

पश्तो (यह ठीक रूपक की भाँति है। ७ मात्राएँ)

तिं ऽ त्रक। धिं ऽ। धा गे
× २ ३

पशुपति (२६ मात्राएँ)

धा कि ट त क। धा कि ट त क धे ऽ।
× २

त्ता कि ट त क धि न धे त्ता। धा ध दि गि न
३ ४

पुराण (१८ मात्राएँ)

धा ऽ धि न। न क। धे ऽ धि न। न क।
× २ ३ ४

धा गे। ध दि गि न
५ ६

पूर्ण (१९ मात्राएँ)

धा ऽ धा कि ट कि ड़। धि ट। ता धे ऽ
× २ ३

त्ता ऽ। त कि ट ता ऽ
४

फरोदस्त (१४ मात्राएँ)

धिं धिं। धागे तिरकिट। तूं ना। क त्ता
× ० २ ०

धिन कत्ता। तिरकिट धिन। कधा तिरकिट
३ ४ ५

बसंत (९ मात्राएँ)

धा । दिन । ता । धेत् । ता । तिट । कत । किट । तक
× २ ३ ४ ० ५ ० ६ ०

बसंत (१८ मात्राएँ, अन्य प्रकार)

धु म । कि ट । धु म । कि ट त क ।
× २ ३ ४

धु म कि ट । त क धा ता
५ ६

बसंतशिखिर (२६ मात्राएँ)

धा त्रक धिन नक । थुं गा धिन नक तिट कत ।
× २

धा । धग तिट । कत गदि गिन । धग तिट । कत गदि गिन ।
३ ४ ० ५ ०

धग तिट । कत गदि गिन
३ ०

ब्रह्म (१४ मात्राएँ)

धा । तत् । धेत् । धिन । नक । धेत् । धेत् । धिन । नक । धागे ।
× ० २ ३ ० ४ ५ ६ ० ७

तिट । कत । गदि । गिन
८ ९ १० ११

ब्रह्म (२८ मात्राएँ, अन्य प्रकार)

धा धिं । धिं धा । त्रक धिं । धिं धा । त्रक धिं ।
× ० २ ३ ०

धिं धा । ती ती । ता ती । ती ना । तू ना ।
४ ५ ६ ० ७

क ता । धागे नधा । त्रक धिन । गदि गिन
८ ९ १० ०

ब्रह्मयोग (१५ मात्राएँ)

धा धा। धे। द्धे तिट। धा। धिट। धा तिट। कत।
× २ ३ ४ ५ ६ ७

गदि। गन। धिन नक ता
८ ९ १०

ब्रह्मयोग (१८ मात्राएँ, अन्य प्रकार)

धाधित् ताधित्। धाधा। धेऽनग तिटकिट। थुंथुं।
× २ ३ ४

गदिगिन कत्तातिट। ताधा। थुं। धुमकिट। कड़ाऽन्।
५ ६ ७ ८ ९

धाकत गदिगन। घेनान ताकत। धाकत कताकत
१० ११ १२

भग्न (२३ मात्राएँ)

धा ऽ। ति ट। क त। धु म। ति ट क त ग।
× २ ३ ४ ५

दि ग न धु म। धि न न क ता
६ ७

भड़ौआ दादरा (६ मात्राएँ)

तक धिन नक। तक तिन नक
× २

भृङ्ग (१५ मात्राएँ)

धीं त्रक। धी धी ना तू ना। कत गदि गिन।
× २ ३

धागे तिट किट धी ना
४

भानुमती (११ मात्राएँ)

धा तिट धिन नक। धिट धिट धागे। तिट। तिन गदि गिन
× २ ३ ४

भार्गवी (२२ मात्राएँ)

धा ऽ दिं । धा किट तक । धुम किट तक तकि टत ।

× २ ३

का किट धुम । धुम किट तिट कत । धागे नधा तिट कत

४ ५ ६

भरव (२२ मात्राएँ)

धा ऽ धि न । न क धे ऽ । धि न । न क धि न ।

× २ ३ ४

न क । त क । ध दि गि न

५ ६ ७

मकरंदकीर्ति (१७ मात्राएँ)

दिं दिं ता धा । दिं दिं ता । धा धा । दिं ता ।

× २ ० ३

दिं ता तिट कत गदि गिन

४

मगध (२३ मात्राएँ)

धा ऽ धि न । न क धे ऽ धि न न क ।

× २

धे ऽ धे ऽ । धि न धा । क त । धा ऽ

३ ४ ५ ६

मठ्य (८ मात्राएँ, इसे महाव्रज भी कहते हैं ।)

धा दिं ता । तिट कत । तिट तक दिन

× २ ३

मठ्य (१० मात्राएँ, अन्य प्रकार)

धा किट धा गे । दिन ता । तिट कत गदि गिन

× २ ३

मठ्य (१६ मात्राएँ, अन्य प्रकार)

धा तिट तिट कत । गेन धागे तिट । किट धिट ।
× ० २

तागे तक किट तक । दिन ता तिट
३ ४

मणि (११ मात्राएँ)

धा धि ट । कि ट । ध कि ट । त कि ट ।
× २ ३ ४

मत्त (६ मात्राएँ)

धा तिट । नागे । तिट कत । किट । तिट । कत गेन
× २ ३ ४ ५ ६

मत्त (१८ मात्राएँ, अन्य प्रकार)

धी ऽ । ना ऽ । धी तिरकिट । धी ना । तू ना ।
× ० २ ३ ०

क त्ता । तिरकिट धिं । ना धी । धी ना
४ ५ ६ ०

मत्त (१८ मात्राएँ, अन्य प्रकार)

धा ऽ । घि ड़ । न क । घि ड़ । न क ।
× ० २ ३ ०

ति ट । क त । ग दि । गि न
४ ५ ६ ०

मत्तविजय (१३ मात्राएँ)

धा धिन धेत् । धिन नक ता । धा कत ।
× २ ३

धा तिट तक गदि गिन
४

मदन (३ मात्राएँ)

धा । तिट । कत
× २ ०

मदन (१२ मात्राएँ)

धा ऽ । धि दि । ग न धु म कि ट त क
× २ ३

मधुमालती (१६ मात्राएँ)

धीं धीं नग धागे तिर किट धीना । धा गे तिट कता ।
× २

धी धी ना । धी ना
३ ४

मन्मथ (२० मात्राएँ)

धा ऽ धेधे नग धिन । धा ऽ धेधे नक धिन ।
× २

धा ऽ धेधे नक धिन । धा ऽ धे ऽ त्ता
३ ४

मनसिज (२१ मात्राएँ)

ती ती नक धागे तिर किट धीना । न देत् थूं ना कत ।
× २

किट तक धि त्ता । धुम किट तक तिं ना
३ ४

मयूर (१७ मात्राएँ, त्रिपुट)

धा धा । धिन नक धे धे । धिन नक कि ट त क ।
× २ ३

ग दि ग न ता
४

मरीची (२६ मात्राएँ)

धा ऽ धिं ना धि न। धुम किट गदि गन तक।
× २

तूं ना क त्ता धुम किट। तिट किट धा गदि गिन।
३ ४

धुम किट तक। ता
५ ६

मल्ल (२१ मात्राएँ)

धा ऽ दिं ता। धिं धिं ता ऽ। धा ऽ दिं ता।
× २ ३

धिं धिं ता धिं। धिं ता। तिट गदि गिन
४ ५ ६

मल्लिकटमोद (१६ मात्राएँ)

धा ऽ दिं ता। धिं धिं ता ऽ। तिट किट।
× २ ३

तक धुम। किट तक। धा गन
४ ५ ६

महानट (१४ मात्राएँ)

धा कड़ा ऽन। धा कड़ा ऽन। धा।
× २ ३

धा कृधा तिट तिट कत गदि गिन
४

महानट (१६ मात्राएँ)

धा धेत् धेत् धा। धा धेत् धेत्। धा धागे नधा तिट।
× २ ३

धागे तिट कत गदि गिन
४

महाव्रज (१२ मात्राएँ)

धा धा दिं दिं ता। ऽ तिट। कत गेन तिट किट तक
× २ ३

महाव्रज (२० मात्राएँ)

धा ऽ तिट धा दिं ता तिट कत दिग । नागे तागे ।
× २

धागे नागे किट ता तिट गेन धिट किट तक
३

महासेन (२० मात्राएँ)

धात्र कधि नक धात्र कधि नक । दी ना क त्ता त्रक ।
× २

धी ना । धी धी ना तिट कत गदि गिन
३ ४

महेश (९ मात्राएँ)

धा तिट तिट धा । तिट कत । गदि गन ता
× २ ३

मिथिलेश (२० मात्राएँ)

धा धिं तक तक । धा धिं तक धा क त्ता ।
× २

धिन तक तक किट क त्ता धी । धी धी ना
३ ×

मोहन (१२ मात्राएँ)

धा । धा तागे । तिट तत् ता । तिट कत ।
× २ ३ ४

गदि गन । तग धेत् ।
५ ६

मोहिनी (३ मात्राएँ)

धागे । तिटकत गदिगिन
× २

मंठिका (१३ मात्राएँ, द्वितीय)

धा धि ट धि । ट धु म क्डि । ट ध दि । ग म
× २ ३ ४

यतिलग्न (६ मात्राएँ)

धा तिट । धा तिट कत गदिगिन
× २

यतिशेखर (१५ मात्राएँ)

धा । तत् धि । ना त्रक । धिं । धिं । ना तत् । धागे ।
× २ ३ ४ ५ ६ ७

नधा । त्रक । धिना गदि गिन
८ ९ १०

रविनंदनी (१४ मात्राएँ)

किट तक धुम किट तक । किट तक थुं ना ।
× २

कत गदि गिन । तिं ना
३ ४

राजमंडित (१४ मात्राएँ)

धा ऽ धिट तक तक धुम किट तक । धदि गिन
× २

तिट कत । गदि गिन
३

राजनारायण (२८ मात्राएँ)

धा ऽ । धि न । न क धे ऽ । धि न न धि न
× २ ३ ४

न त क । ध दि ग न । धि न न धि न न त क
५ ६

राजसिंह (४० मात्राएँ)

धा ऽ धि न न क । धा ऽ । धा गे । धि न क ता ।
× २ ३ ४

धा गे । धा । धे त्ता ऽ । धि न न क ता ऽ ।
५ ६ ७ ८

धि न न क त क ति ट। क त ग दि गि न
९ १०

रायबंक (२४ मात्राएँ)

धा ऽ कि ट धु म कि ट। धि न धा ऽ।
× २

धु म कि ट त क धा ऽ। ध दि। ग न
३ ४ ५

रास (१३ मात्राएँ)

धा दिं। ता। किट ता। धा। दित्। धा किट।
× २ ३ ४ ५ ६

तक तिट। तक दिन
७ ८

रुद्र (११ मात्राएँ)

धा तत्। धा। तिरकिट। धी ना। तिरकिट।
× २ ३ ४ ५

तू। ना। क त्ता
६ ७ ८

रुद्र (१५ मात्राएँ)

धा दिं। ता। तिट कत। गदि। गन। धा धा।
× २ ३ ४ ५ ६

दिं। ता। तिट। किट। तिट गदि
७ ८ ९ १० ११

रुद्र (१६ मात्राएँ)

धा ऽ। कि ट। त। क धु। म। कि। ट त।
× २ ३ ४ ५ ६ ७

क। त। क धा। ता
८ ९ १० ११

रुद्र (१७ मात्राएँ)

धा धिड़। नक। धिड़ नक। धुम। किट। धिड़ नक।
× २ ३ ४ ५ ६

तक । धुम । किट । तक धुम । किट गदि गिन
७ ८ ९ १० ११

रूपक या निर्दोष (५ मात्राएँ)

धा किट । ता तिट ता
× २

रूपक (६ मात्राएँ)

धा तिट । धा दिं ता तिट
× २

रूपक (९ मात्राएँ)

धा तक । धा तिट धा किट तक धा दि
× २

रूपक (११ मात्राएँ)

धा कत । किट तक दिं ता तिट किट कत किट ता
× २

लघुशेखर (५ मात्राएँ)

धा गे धिट कता । कत
× ०

लघुशेखर (७ मात्राएँ)

धा धि ट धु । म कि ट
× २

लक्ष्मी (१८ मात्राएँ)

धिना । धिधा । तिरकिट धिना । धिधा । तिरकिट
× २ ३ ४ ५

धाधा तिरकिट । धाधा । तिरकिट । धिना । धिधा ।
६ ७ ८ ९ १०

तिरकिट । तूना । किड़नग । तागे । ता तिरकिट
११ १२ १३ १४ १५

लक्ष्मी (३६ मात्राएँ, अन्य प्रकार)

धा ऽ कि ट। त क। धु म। कि ट त क। धे ऽ।
× २ ३ ४ ५

त्ता ऽ। कि ट त क। धि न। न क। धे। ऽ।
६ ७ ८ ९ १० ११

त्ता ऽ कि ट। त क। ध दि। गि न
१२ १३ १४ १५

लावनी (८ मात्राएँ)

धिंधी नाधी। नातिं नागेतिरकिट। तिंती नाधी।
× २ ०

नातिं नागेतिरकिट
३

लीलावती (१३ मात्राएँ)

धिं धिं धा त्रक। धिं ऽ तिं तिं। ता त्रक धिं। धिं ऽ
× २ ३ ४

लोकमाता (१९ मात्राएँ)

धा कि ट [illegible]। धा कि ट क्ड़। धा कि ट ति।
× २ ३

ट क त ग। दि गि न
४ ५

वर्धन (१९ मात्राएँ)

धा ऽग। धा गे। तिट ता ऽग ता। गे तिट धा
× २ ३ ४

गे तिट कत गदि गिन नग द्धे ऽ

वर्ण (८ मात्राएँ)

धा गे। तिट कत दिं। ता गदि गिन
× २ ३

वर्णभिन्न (१६ मात्राएँ)

धा धिट । धिट धा । धा तिट कत धा । तिट कत गदि
× २ ३ ४
गिन धा ऽ गदि गिन

वर्णभिन्न (८ मात्राएँ, अन्य प्रकार)

धा गे । धा गे । धि न न क
× २ ३

वर्णमंठिका (२० मात्राएँ)

धा ऽ धा ऽ । ति ट क त । ग दि । क त ।
× २ ३ ४
ति ट क त । ग दि । ग न
५ ६ ७

विजय (२० मात्राएँ)

धा ऽ धि न न क धे ऽ । धि न । न क ।
× २ ३
धे ऽ त्ता ऽ ध दि ग न
४

विमोही (१३ मात्राएँ)

धिं ना तिट किट । धी धी ना । नग तिर
× २ ३
किट तक । तेटे कत
४

विष्णु (१७ मात्राएँ)

धा ऽ कि ट । त क । धु म कि ट । त क ।
× २ ३ ४
धे ऽ । धि न ता
५ ६

विष्णु (३६ मात्राएँ, अन्य प्रकार)

धा ऽ धि ट । धि ट धा ऽ । ता ऽ कि ट ।
× २ ३

धि ट। धा ऽ दि न। धि ट धि ट। धा ऽ।
४   ५   ६   ७

कि ट। त क। ध दि। ग न। धा ऽ दि न
८   ९   १०   ११   १२

विषम (१८ मात्राएँ)

धा धा। दिं ता। किट धा। धिं ता ऽ। किट तक।
×   २   ३   ४   ५

गदि गिन। धुम किट। तक धदि गन
६   ७   ८

विश्व (१३ मात्राएँ)

धा ऽ। धि न न। क। धे ऽ। धि। न।
×   २   ३ ४ ५   ६ ७

न। क ता
८ ९

वीरपंच (२० मात्राएँ)

धा ऽ। दिं ता। तिट धा तिट कत। गदि गिन।
×   ०   २   ३

दिन ता। किट तक धिट तिट। गेन किट। तक दिन
०   ४   ५   ०

समदर्शन (२४ मात्राएँ)

धा ऽ धि ट। धा धा धि ट ति ट ता ऽ तिट
×   २

ता ऽ ति ट। के तिट के धि ट त
                  ३

सवारी (१४ मात्राएँ)

धिं ना धिं धिं। धा धा तिं ना। क त्ता दिंना कत्ता
×   २   ३

किटतक तिरकिट
४

अथवा :—

धेऽना ऽक्ड़धे ऽनाऽक्ड़ । धे नात धीना धीना । तीक्ड़तूना
×　　　　　　　　२　　　　　　　　०

तिरकिटतूना किड़नग । कत्ता धीधी नाधी धीना
　　　　　　　　३

सवारी (१५ मात्राएँ, अन्य प्रकार)

धी ना धीधी । कत धीधी नाधी धीना ।
×　　　　　२

तोक्ड़ तूना तिरकिट तूना । कत्ता धीधी नाधी धीना
०　　　　　　　　　३

सवारी (३० मात्राएँ, अन्य प्रकार)

धी ता क धी ता क धीं धीं । ता क धीं धीं ता
×　　　　　　　　　　२

क ती ना । ती ना त्रि किट धी ना धी धी ।
　　　　३

ना धी धी ना धी ना
४

सवारी (३२ मात्राएँ)

धी ऽ ना ऽ धी ऽ धी । ऽ ना ऽ धी धी ना
×　　　　　　　　२

धी धी ना । तिन तिरकिट तिन तिन ना ना तू ।
　　　　३

ना कत् ता तिरकिट धी ना धी धी ना
४

सवारी छोटी (देखो सवारी पंचम)

सवारी पंचम (छह के क्रम में छोटी सवारी पृष्ठ १५० पर देखो)।

सवारी बड़ी (१६ मात्राएँ)

धी ना । धी ना । धीधी धीना । धीधी धीना ।
× ० २ ०

ताऽत्रक तूना । ताऽत्रक तूना । कत्ता त्रकधिन ।
३ ४ ५

गिनधागे नधातिरकिट
०

सवारी बड़ी (१६ मात्राएँ, ध्रुवपद की)

धा ऽ कि ट । धु म कि ट । त कि ट त ।
× २ ३

का ऽ । कि ट
४ ५

सरस्वती (१८ मात्राएँ)

धा ऽ धिं ना । धे न । कि ट धे न । धा गे ।
× २ ३ ४

ति ट । धा गे तुं ना
५

सरोज (१२ मात्राएँ)

त किट तक किट । तिट गदि गिन किड़ नग ।
× २

तक थुं ना
३

सागर (१७ मात्राएँ)

धा धु म धे ता । त क घु म क । धा क तिट
× २ ३

कत गदि गिन ता

सार (८ मात्राएँ)

धा कि त क । धा कि ट
× २ ३

सालवंठ (२६ मात्राएँ)

धा ऽ गे ऽ। धा ऽ गे ऽ। धि न न क। धे ऽ।
× २ ३ ४

ता ऽ धि न। न क त क। धा ऽ। धि न
५ ६ ७ ८

सिंहनाद (४० मात्राएँ)

धा ऽ कि ट। धु म कि ट त कि ट त।
× २

का ऽ कि ट धु म कि ट। धा गे धे ट त
३ ४

क धा ऽ। धि न न क। धा गे ते टे ध दी गि न
५ ६

सुदर्शन (२० मात्राएँ)

धा ऽ। कि ट। त क। धु म। कि ट।
× २ ३ ४ ५

त क। धे ऽ त्ता ऽ ध दि गि न
६ ७

संगविक्रम (६४ मात्राएँ)

धी त्रक धी ना। धी धी ना कत्त। ति ट क ता।
× ० २

ग दि गि न। ता दि थुं ना। धा गे ति ट।
० ३ ०

ग दि गि न। धे दा ऽ न कि ट क त।
४ ५

ता ड़ी थुं थुं। कि ट त ग। दिं ऽ ग ड़।
० ६ ०

धु म कि ट। धु म कि ट ग दि गि न।
७ ०

ता गे ते टे
८

संघलीला (१४ मात्राएँ)

धी त्रक धि ना । तुं ना । धी धी । ना धी ।
× २ ३ ४

धी ना क त्ता
५

शक्ति (१० मात्राएँ)

धा धा । दिं । कत किट । तक । तिट । किट । थुं थुं
× २ ३ ४ ५ ६ ७

शरजन्मा (१५ मात्राएँ)

धा धुम किट । धेत् धुम किट तक ।
× २

धे त्ता तिट कत तिट कत गदि गिन
३

शरभक्रीड़ा (१६ मात्राएँ)

धा त्रक थुं ना ना । क ता । धिन नक धेत् धिन
× ० २

नक तिट । धागे नधा । धिट । कत । गदि गिन
३ ४ ५ ६

शरभलीला (२१ मात्राएँ)

धा गे दिं ता ता किट । धागे दिं ता दिं दिं ता तिट ।
× २

कत गिन धग तग दीं । ता गदि गिन
३ ४

शंभु (१६ मात्राएँ)

धा त्रक धि ना । धा गदि गिन । किट तक ।
× २ ० ३

धा क त । तिट कत तिं ना
० ४

शवार्णी (७ मात्राएँ)

धा धा । धा देत ता तिट कत

× २

शिखिर (१७ मात्राएँ)

धा त्रक धिन नक । थुं गा धिन नक । धुम किट तक ।

× २ ३

धेत् धा । तिट कत गदि गिन

४ ५

शिखिरवाहन (१२ मात्राएँ)

धा दिं ता । धा दिं ता । क त्ता । तिट कत गदि गिन

× २ ० ३

शेष (१९ मात्राएँ)

धा ऽ कि ट । त क धु म । कि ट । त क ।

× २ ३ ४

धा ऽ ता ऽ । धा । गे ता

५ ६ ७

शोभाधाम (२२ मात्राएँ)

धा त्रक धी ना । धा किट तक धुम तक । तिट कत

× २ ३

धदि गिन गिन गिन । किट तक धुम किट तक । थु ना

४ ५ ६

शंकर (११ मात्राएँ)

धाकिट । तकथुन किटतक । धादिन । धाकिट ।

× २ ३ ४

तादेत् ताधा । तिटकिट । धादिन कतधा । दिन्ता

५ ६ ७ ८ ९

शंख (१० मात्राएँ)

धा । धिन । धिन धा तिट कत । गदि । गिन धेट ता
× २ ३ ४ ५

शंख (१३ मात्राएँ)

धीं त्रक धिं ना । ता तुं ना किट । धा गदि गिन
× २ ३

तुं ना
४

श्रवणनील (२१मात्राएँ)

धा क्ड़धा ऽन । धे त्ता त्ता । ध दि गि न । क्ड़धा ऽन
× २ ३ ४

तिट कत तक ता ऽ तिंट कत । गदि गिन
५

श्रुति (२२ मात्राएँ)

धा ऽ धि न । न क । धे ऽ । धि न न क ।
× २ ३ ४

धे ऽ । धि ऽ । धि न । न क ता ऽ
५ ६ ७ ८

षड्ताल (१२ मात्राएँ)

धा गे । धा गे । धिन नक । धेत् धिन ।
× २ ३ ४

नक धेत् । धिन नक
५ ६

हनुमान (२२ मात्राएँ)

धा ऽ कि ट । त क धु म । कि ट । त क धे ऽ ।
× २ ३ ४

त्ता ऽ । त क । धे ऽ । त्ता ऽ
५ ६ ७ ८

हिमांशु (१५ मात्राएँ)

धागे तिट धुम किट धा । तिर किट धिं धिं ।
× २

तिर किट तिं । तिं ना थु
३ ४

हेमवती (२१ मात्राएँ)

धा गे । धा गे धा ऽ धिट । धा कत धिन ता ।
× २ ३

धा गे धिन ता क । त्ता तिट कत गदि गिन
४ ५

हंसलील (५ मात्राएँ)

धा धि । ट धि टि
× २

त्रिपुट (८ मात्राएँ)

धा तिट ता किट । तिट कत । गदि गिन
× २ ३

त्रिपुट (९ मात्राएँ)

धा तिट किट । तक दिन् । ता तिट । किट तक
× ० २ ३

त्रिपुट (११ मात्राएँ)

धा गेन तिट कत । गेन किट तक । धा तिं । धा तिट
× ० २ ३

त्रिपुट (१३ मात्राएँ)

धा धेत् ता धेत् ता किट । तिट कत धेत् ।
× ०

ता किट तक ता
२

त्रिवेणी (१९ मात्राएँ)

धा । धा । धि । ट । धि । ट धु । म कि ।
× ० २ ३ ० ४ ५

ट त । क । धा । ति । ट क । त । धे त्ता
६ ७ ८ ९ १० ११ १२

कुछ विचित्र तालें

आज के युग में प्रत्येक कला में कुछ-न-कुछ नवीन प्रयोग हो रहे हैं। कुछ दिन हुए, बंबई के रेडियो-स्टेशन से श्री बाबूराव कुलकर्णी ने ९॥ मात्राओं में सितार पर गतें बजाई थीं। उन्हें सुनकर यह अनुभव हुआ कि आज के युग में ९॥, १०॥ या ११॥ आदि मात्राओं के अतिरिक्त ९॥। या १०॥। मात्राओं की तालें भी सुनाई दे सकती हैं। इसी को ध्यान में रखकर हम कुछ तालें इन्हीं मात्राओं के लिए बनाकर लिख रहे हैं :—

कलावती (९॥ मात्राएँ)

धी ना । धी धी ना । ती ना । धीना धिंतिर किट । धी
× २ ० ३ ½ ×

रमणीक (१०॥ मात्राएँ)

धी ना । धी धी ना । ती ना । धी धीना
× २ ० ३

धिंतिर किट । धा
½ ×

अश्विनी (११॥ मात्राएँ)

धी धी । ना त्रक । तू ना । क त्ता ।
× ० २ ०

धी धीना । धिंतिर किट । धी
३ ४ ½ ×

अजय (६।।। मात्राएँ)

धाऽधुम	किटतक	।	तकिटत	काऽकिट	।
×			२		

धुमकिट	गदिगिन	।	धाऽतिद्धा
३			×

बिलहैरी (८। मात्राएँ)

धी	ना	।	धी	धी	ना	।	ती	ना	।
×			२				०		

धीऽनाऽ	धिंऽतकि	ट	।	धी
३		४		×

नारायणी (८।।। मात्राएँ)

धाऽकिट	धुमकिट	।	धित्ता	कड़ान्	।	धुमकिट	तकिटत
×			०			२	

का	धुमकिट	।	गदिगिन	।	धाऽतिद्धा
०			३		×

इसी आधार पर आवश्यकतानुसार अनेक नवीन तालें निर्मित की जा सकती हैं। □

चौदहवाँ अध्याय

कहरवा, धुमाली, दादरा, रूपक, तिवरा, पश्तो तथा एकताल का पूरा बाज

कहरवा और धुमाली

इन तालों में उठान तथा मुखड़े; जो बाँट और गतों का वर्णन करते समय नवें अध्याय में दिए गए हैं, वे केवल पहली आठ मात्राओं के आधार से बजाए जा सकते हैं। इसी आधार पर दसवें अध्याय में दी गई रौ भी बजेंगी। फिर भी कुछ उदाहरण नीचे दे रहे हैं। यहाँ कोई चार बोल लेकर, एक बार भरी और दूसरी बार खाली के आधार से बजाए जाते हैं। इन्हीं बोलों से लग्गियों का भी काम निकाला जा सकता है; जैसे :—

१. धिन	धागे	नती	नाड़ा।	किन	ताके	नती	नाड़ा
२. धिन	धाती	धाती	नाड़ा।	किन	ताती	धाती	नाड़ा
३. घेघे	नाड़ा	ऽति	नाड़ा।	केके	नाड़ा	ऽति	नाड़ा
४. धाधिं	नाड़ा	धाधिं	नाड़ा।	तातिं	नाड़ा	धाधिं	नाड़ा
५. धाऽ	कधि	नाऽ	गिन।	ताऽ	कति	नाऽ	धिन

फिल्मी गानों के साथ बजनेवाले कुछ रूप

ये चार मात्राओं में बजाए जाते हैं। इनमें बायाँ घिसते रहने पर उत्तम रहता है; देखिए :—

१. धा	तिन	नक	धिन।	२. धिन	तकि	ऽट	धा।
३. धिन	नग	आग	धाड़ा।	४. नाधि	नाना	तक	धिन।
५. धिन	नता	ऽक	धिन।	६. घेंता	कत्	ऽता	घेंत।
७. धाग	घेघे	नाक	घेघे।	धागे	नागे	नक	घेघे। आदि

तिहाइयाँ

तीनताल की आठ मात्राओं की अथवा सोलह मात्राओंवाली सभी तिहाइयाँ इसमें बजाई जा सकती हैं, अतः उन्हें नहीं दे रहे हैं।

दादरा की लग्गियाँ

जब किन्हीं भी तीन मात्राओं के बोलों को इस प्रकार बजाया जाए कि पहली बार वे 'धा' के साथ बजें और फिर उन्हें ही 'ता' के साथ बजा दिया जाए, तो यही दादरे की लग्गियों के प्रकार कहलाएँगे; जैसे :—

१. धाधिं धाधा तूना । तातिं धाधा तूना
× ०

२. धाग धिन गिन । धाग तिन किन
× ०

३. धिन गिन धा । तिन गिन धा
× ०

४. धा धी ना । आ ती ना
× ०

५. धागेधीना किड़नग तिरकिट । ताकेतीना किड़नग
× ०

तिरकिट, आदि।

इस प्रकार चाहे जितने बोल चाहे जिस लय के बनाए जा सकते हैं।

दादरे के लिए पेशकार बनाना

जब पेशकारों में बजनेवाले किन्हीं तीन बोलों को 'धा' और 'ता' के आधार से बजाते हैं, तो उसे पेशकार कहते हैं; जैसे :—

१. धाती धाधा धिंना । ताती ताता धिंना
२. धाती धाधा तिरकिट । ताती ताता तिरकिट
३. धाधा ऽधा तिरकिट । ताता ऽता तिरकिट
४. धीक्ड़ धिंना धाती । तीक्ड़ तिंना ताती
५. अद्धा तिरकिट धाधा । ऽत्ता तिरकिट ताता

इच्छा होने पर इसी आधार से इन्हें दो आवृत्तियों का भी बनाया जा सकता है।

दादरे के मुखड़े बनाना

ऐसा प्रत्येक बोल, जो अधिक-से-अधिक बारह मात्राओं का हो और इस प्रकार बजाया जाए कि अंतिम 'धा' सम पर आए, मुखड़े

का काम दे सकता है। यदि यह टुकड़ा तीयेदार होगा तो और अधिक सुन्दर लगेगा; जैसे :—

१. धा धिन धग। नधा धिन तिरकिट। धा धिना
×　　　　　　　　०　　　　　　　×

तिरकिट। धा धिना तिरकिट। धा
　　　　०　　　　　　　×

२. धिग नग नधा। तिर,धिड़ नगतिर किटतक
×　　　　　　　०

धा,धिड़ नगतिर किटतक। धा,धिड़ नगतिर किटतक। धा
×　　　　　　　　०　　　　　　　　×

गतें बनाना

जिस प्रकार तीनताल की गतें बनाने का क्रम समझाया गया है, उसी प्रकार किन्हीं छह अथवा बारह बोलों के आधार से गतें बनाई जा सकती हैं; जैसे :—

१. धाग धिना त्रक धाग धिन तूना
ताक तिना त्रक धाग धिन तूना ।
धात्र कधि नाऽ धिन धिना तिरकिट
तात्र कति नाऽ धिन धिना तिरकिट

रेले बनाना

इसी आधार पर इन्हीं बोलों से चाहे जितने रेले बनाए जा सकते हैं; जैसे—

१. धाधिर नगतिर किटतक ताकिड़ नगधिर किटतक।
२. धिरकिट तकता किड़नग तिरकिट तकता किड़नग।
३. धिरकिट तक,धिर किटतक तिरकिट तक,धिर किटतक।

तिहाइयाँ बनाना

एकताल की सम-से-सम तक की सारी तिहाइयाँ इसमें बजाई जा सकती हैं। चूंकि इन तिहाइयों को सम से उठकर तेरहवीं मात्रा पर सम लाना पड़ता है, अतः यदि किसी भी 'धा' सहित चार मात्रावाले बोल से पहले एक मात्रा का बोल जोड़कर उसे तीन बार बजा देंगे, तो यही हमारी तिहाई बन जाएगी। जैसे—'तिरकिट तकता तिरकिट धा' को तीन बार बजाने से पूर्व

एक मात्रा में कड़ान जोड़कर इसे पूरा करेंगे; देखिए—

१. कड़ान तिरकिट तकता तिरकिट धा, तिरकिट
×
तकतातिरकिट धा, तिरकिट तकता तिरकिट धा ।

२. कत् धातिर किटतक धाति द्धा, धातिर किटतक
×
धाति द्धा, धातिर किटतक धाति द्धा ।
×

यदि आपके तीये में आनेवाले बोल चार मात्रा से कम के हैं, तो आवश्यकतानुसार प्रारंभ में कुछ बोल बढ़ाए जा सकते हैं; जैसे—धातिट धाऽक्र धान धान धाऽऽक्र धान धान
×
धाऽऽक्र धान धान धा ।
×

दमदार तिहाइयाँ बनाना

'धा'-सहित किसी भी तीन मात्रावाले बोल को बजाकर, दो मात्राओं का दम देकर, तीन बार बजाने से ठीक आएगी; जैसे—

१. तिरकिट कड़ान धा ऽ ऽ, तिरकिट कड़ान धा ।
× ×

अब नीचेवाले बोलों को भी इसी आधार से बजाइए :—

२. धिरधिर किटतक धा ।

३. धिटक तान धा ।

४. धातिर धाकिट धा ।

५. गदिगिन धाधा धा ।

इसी आधार से चाहे जितनी तिहाइयाँ बना लीजिए ।

कायदे बनाना

कायदे बनाने का क्रम आठवें अध्याय में विस्तार से बताया जा चुका है । अब उन्हीं कायदों में से केवल छह-छह बोल लेकर दादरा के लिए इस प्रकार कायदे बनाए जा सकते हैं; देखिए :—

१. धातिर किटतक तिरकिट धाधा धातिर किटतक
तातिर किटतक तिरकिट धाधा धातिर किटतक

२. धातिर किटधा धिना धागे तिना ऽधा
तातिर किटधा तिना धागे तिना ऽधा

३. धात्र कधि नाऽ धिना गिना ता
तात्र कति नाऽ धिना गिना ता

४. धाती नाती ऽना धाधा तिट धागे
तागी नाती ऽना धाधा तिट धागे

५. धातिरकिटधा तिरकिटधाती धाऽऽधिर
किटतकधाती धाऽऽधा धिनातूना
तातिरकिटता तिरकिटताती ताऽऽतिर
किटतकधाती धाऽऽधा धिनातूना

दादरा की बाँट करना

जिस प्रकार नवें अध्याय में बाँट करने का क्रम बताया गया है, उसी आधार से कोई भी छह बोल लेकर इस ताल की बाँट की जा सकती है; जैसे :—

१. धीक धिंना धाग धाती ऽकती नाड़ा
तीक तिंना ताग धाती ऽकती नाड़ा

२. धाक्‌ धिंधा ऽधा धेनगेन ऽत्रक तूनाकता
ताक्‌ तिंता ऽता धेनगेन ऽत्रक तूनाकता इत्यादि

परनें बनाना

ग्यारहवें अध्याय के अनुसार किन्हीं छह बोलों को लेकर चाहे जितनी परनें बनाई जा सकती हैं। इन्हीं से मुखड़ों का काम भी लिया जा सकता है; जैसे :—

धाधा तिरकिट धातिरकिटधा क्ड़ानधाधा धाऽक्ड़ान
×   ०
धाधाधाऽ क्ड़ानधाधा धा
                                          ×

रूपक, तिवरा और पश्तो का अंतर

चूँकि ये तीनों तालें सात-सात मात्राओं की हैं, अतः एक के बोल दूसरी ताल में आसानी से बजाए जा सकते हैं। कुछ विद्वानों

के मत से रूपक तबले की और तिवरा पखावज की ताल है। पश्तो को रूपक का ही भेद मानते हैं। इसलिए रूपक तथा पश्तो में पेशकार व कायदे भी बजाए जाते हैं, जबकि तिवरा में परनें विशेष रूप से प्रयुक्त की जाती हैं। यहाँ हम रूपक तथा पश्तो का विस्तार दे रहे हैं; देखिए :—

रूपक तथा पश्तो के मुखड़े बनाना

किन्हीं भी सात मात्राओं के आधार से इनके मुखड़े बनाए जा सकते हैं। हम सम से उठनेवाले केवल दो मुखड़े बनाकर लिख रहे हैं। इनमें मात्राओं के चिह्न नहीं दिए जा रहे हैं। उन्हें आप स्वयं लगा लीजिए; देखिए :—

१. तिट ता तिट ता तूना किटतक तातिर किटतक
×
ताकिट तकधा दिंता किटतक क्ड़ान किटतक तूना
किटतक ताकिट तकधा दिंता किटतक धा, तकधा दिंता
किटतक धा, तकधा दिंता किटतक धा
×

२. कत्तिट कत्तिट क्धातिट क्धातिट धागदिन नागतिट
×
कतिट,क तिट,कत कत्क्धा आनकत धाऽक्धा धानकत
आऽक्धा आनकत धा
×

ग्यारहवें अध्याय में जो बोल मुखड़े के दिए गए हैं, उनमें से कोई बोल कम करके सात मात्राओं के मुखड़े बनाए जा सकते हैं; जैसे :—

धिड़नगधिड़नग धागेतिटगदिगिन नगतिरकिटतक तिरकिट-
×
तकता तिरकिटघ्ड़ान धा,घ्ड़ान धा,घ्ड़ान धा आदि।
×

इनके पेशकार बनाना

पहले कहा जा चुका है कि ठेके में प्रयुक्त होनेवाले बोलों को बदलकर, खाली-भरी का स्थान दिखाते हुए तबला-वादन की क्रिया को पेशकार कहते हैं। अतएव यदि हम इन्हें यहाँ पेशकार

न कहकर रूपक अथवा पश्तो के ठेके के प्रकार कहें, तब भी उचित ही होगा। इन्हें बनाने के लिए आप चाहे जो बोल लेकर रचना कर सकते हैं; कुछ उदाहरण देखिए :—

१. तिन ताता त्रक धिन धिन धागे त्रक
२. तिन त्रक धिंधि नाना धिंधि धिंधि नाना
३. तिन ताता तिंति ताता धग नधा तिरकिट
४. तीती नाती नाती धाधा ऽधा धाती नाना

इसी आधार पर चाहे जितने बना डालिए।

इनके लिए गतें बनाना

नवें अध्याय के आधार पर किन्हीं सात बोलों को लेकर इनकी गतें बनाई जा सकती हैं; जैसे :—

१. तिरकिट तक् घ्ड़ान धिरकिट तक ताऽ धिन
धिरकिट तक् घ्ड़ान तिरकिट तक ताऽ धिन

२. तक् घ्ड़ान तक ताऽ धिन तिरकिट तक
तक् क्ड़ान तक ताऽ किन तिरकिट तक

३. धाधा किटतक किटतक धातत् धातत् धाधा किटतक
ताता किटतक किटतक धातत् धातत् धाधा किटतक

आदि अनेक गतें बनाई जा सकती हैं।

इनके रेले बनाना

इनके रेले बनाने का सिद्धांत ठीक वही रहेगा, जो तीनताल के रेले बनाते समय दिया गया था। अंतर केवल यही होगा कि मात्राएँ सात ली जाएँगी; जैसे :—

१. धागे तिट धागे धागे नाधे तुन्ना कत्ता
तागे तिट तागे तागे नाधे तुन्ना कत्ता

२. धातिर किटतक तिंना तिरकिट धातिर किटतक तिंना
तातिर किटतक तिंना तिरकिट धातिर किटतक तिंना

कायदे बनाना

किन्हीं सात बोलों को खाली-भरी के क्रम से बजाने से कायदे बनाए जा सकते हैं; जैसे—

१. धीना ऽधा तिरकिट धीना ऽधा तिरकिट धीना
तीना ऽता तिरकिट तीना ऽता तिरकिट धीना

२. धाधा धीना ऽधा तिरकिट धीना ऽधा तिरकिट
ताता तीना ऽता तिरकिट तीना ऽधा तिरकिट

३. धीना ऽधा तिरकिट धाधा धीना ऽधा तिरकिट
तीना ऽता तिरकिट ताता तीना ऽधा तिरकिट

४. धाधा ऽधा तिरकिट धीना ऽधा तिरकिट धीना
ताता ऽता तिरकिट तीना ऽता तिरकिट धीना

इन्हीं बोलों को अनेक प्रकार से बदल-बदलकर बजाया जा सकता है।

लग्गियाँ बनाना

कुछ बोल लेकर इसी क्रम से अनेक लग्गियाँ बनाई जा सकती हैं। यहाँ उदाहरण के लिए थोड़े से बोलों को उलट-पुलटकर लग्गियाँ बना रहे हैं; देखिए :—

१. धातिर घिड़नग तिरकिट धग नधा घिना तिरकिट
तातिर किड़नग तिरकिट धग नधा घिना तिरकिट

२. धातिर घिना तिरकिट धग नधा घिना तिरकिट
तातिर किना तिरकिट धग नधा घिना तिरकिट

३. घिना धग नधा तिरकिट तातिर घिड़नग तिरकिट
तिना तक नता तिरकिट धातिर घिड़नग तिरकिट

इसी आधार से चाहे जितनी लग्गियाँ बनाई जा सकती हैं।

सम-से-सम तक की तिहाइयाँ बनाना

यों तो प्रत्येक तिहाई को इच्छित ताल में, मात्राओं का गणित करके बजाया जा सकता है, परंतु जब किसी ताल में सम-से-सम तक की तिहाइयाँ ली जाती हैं तो वे उसी विशेष ताल की समझी जाती हैं। सात मात्रा की तिहाइयाँ बनाते समय किसी दो-मात्रा के बोल के आगे एक 'धा' लगाकर और उसी तीसरी मात्रा में, फिर यदि उसी बोल को दुबारा बजा दें तो यह एक बोल ढाई मात्रा का बनेगा। जब इसे तीन बार बजाया जाएगा तो यह ठीक

सम-से-सम तक की तिहाई बन जाएगी। नीचे का उदाहरण इसे अधिक स्पष्ट कर देगा; देखिए :—

१. कत्तातिरकिटतक तकातिरकिटतक धाऽकत्तातिर किटतक-
×
तगतिर किटतकधाऽ कत्तातिरकिटतक तकतिरकिटतक धा
×

इसी धाधार पर अब केवल तीन मात्राओं के बोल लिख रहे हैं। आप इसमें से 'धा' को आधी मात्रा में ऊपर की भाँति बजाकर इन तीनों को स्वयं पूरा कर लीजिए :—

१. कत्ताक्ड़ान कत्ताक्ड़ान धा २. तागेऽन क्ड़ानक्ड़ान धा ३. धिरधिरकिटतक तातिरकिटतक धा ४. किटतक धाति द्धा।

इस प्रकार चाहे जितने तीए बनाए जा सकते हैं।

तिवरा

चूँकि यह ताल पखावज की है, अतः इसमें जो भी बोल बनाए जाएँगे, वे पखावज के बोलों पर आधारित होंगे। धमार में बजनेवाले सारे बोल इस ताल में खूब बजाए जा सकते हैं, अतः इसमें बजाने के लिए मृदंगाध्याय में आए हुए धमार के बोल बजाइए।

एकताल का परिचय

यह ताल विलंबित खयाल के साथ बहुतायत से बजाई जाती है। गायक विलंबित लय में केवल ठेका चाहते हैं। आजकल विलंबित एक ताल को इतनी धीमी लय में गाया जाता है कि यह बारह मात्राओं के स्थान पर अड़तालीस मात्राओं की दिखाई देने लगती है। परन्तु होती एकताल ही है और इसका ठेका अभी तक (१९७७ ई० तक) निश्चित नहीं हो पाया है। अतः तबलावादक अपनी इच्छानुसार बोलों को भराव का रूप देते हुए इसी ठेके को भिन्न प्रकार से बजाते हैं। इस ठेके का एक प्रकार निम्नांकित भाँति भी है। इसमें दो-दो मात्राओं के छह विभाग एकताल की तरह ही हैं। देखिए :—

धिऽऽतिट धिऽऽतिट । धाऽगधागेगे तिरकिट । तूऽतितिं
×   ०   २

नाऽनानन । कत्ऽऽकत् ताऽऽतिट । धाऽगधागेगे तिरकिट
              ०   ३

धिऽऽतिट नाऽधाधागे ।
४   ×

हाँ, यदि किसी गायक या वादक ने द्रुत एकताल में कोई रचना गाई या बजाई, तो तबला-वादक को भी साथ में बजाने का अवसर मिल जाता है; अन्यथा तबला-वादक जब एकाकी वादन में इस ताल को बजाते हैं, तभी विलंबित लय में टुकड़े आदि बजाए जाते हैं। जैसे अति विलंबित एकताल के लिए कोई ठेका निश्चित नहीं है, उसी प्रकार अति द्रुत के लिए भी कुछ लोग एकताल को धीन धागे तुन तिट धागे तुन की भाँति
× ० २ ० ३ ४
बजाते पाए जाते हैं।

खयालियों की संगति करते समय एक, दो, तीन या अधिक-से-अधिक चार मात्राओं के मुखड़ों का प्रयोग किया जाता है। एकाकी वादन में पेशकार, गतें, कायदे, रेले, परनें तथा चक्रदार आदि सभी कुछ बजाई जाती हैं। अतः अब क्रम से प्रत्येक को बनाने के सिद्धांत लिखते हैं। उन्हीं के आधार से आप चाहे जितने बोलों का निर्माण कर सकते हैं।

पेशकार बनाना

एकताल के लिए, जो भी बोल बनाए जाएँगे, उनको छह-छह मात्राओं के दो भागों में विभक्त कर लेंगे। अब जो पहली छह मात्राओं के बोल होंगे, उनमें 'धा' रखेंगे और दूसरी छह मात्राओं के बोलों में 'ता'। जिस प्रकार आपने अबतक तीनताल के लिए आठ मात्राओं को चुनकर 'धा' और 'ता' से बजाया था, ठीक उसी क्रम के अनुसार, बजाय आठ के छह मात्राएँ ले लेंगे। कुछ उदाहरण इसी आधार पर बनाकर लिख रहे हैं; देखिए :—

१. धाक्ड़ धिधा धाधा धिधा ऽधा धिधा
ताक्ड़ तिता ताता तिता ऽधा धिधा

अब हम केवल छह बोल लिखेंगे। 'धा' के स्थान पर 'ता' आप स्वयं बजा लीजिए; देखिए :—

२. धाधा ऽधा धिधा धाति धाक्ड़ धिधा
३. धाग धाती धाधा धिधा ऽधा धिधा
४. तिरकिट धाती धाधा धिधा ऽधा धिधा
५. धाक्ड़ धाती धाक्ड़ धाती धाधा धिधा

इसी प्रकार इन्हीं बोलों को उलट-पलटकर आप स्वयं अनेक पेशकार बना सकते हैं।

विलंबित लय के लिए मुखड़े बनाना

जैसा कि ऊपर लिखा जा चुका है, ये दो-दो या तीन-तीन मात्राओं के बोल होते हैं। अतः आप कोई भी एक या दो मात्राओं का बोल बजाकर सम पर आ सकते हैं। उदाहरण के लिए दो-दो मात्राओं के टुकड़े नीचे दिए जा रहे हैं; देखिए :—

१. किटतगधाधाधा,किटतक धाधाधा,किटतकधाधा। धा
×

२. अन्नगतिरकिटधा,अन्नग तिरकिटधा,अन्नग,तिरकिट। धा
×

३. अत्तिर,किटतकधा,अत्तिर किटतकधा,अत्तिरकिटतक। धा
×

४. धातिरकिड़नग तूनगतिरकिट।

५. तिरकिटता,तिर किटता,तिरकिट।

६. धातिरक्टिधाकत्तातिरकिट नकतिरकिटतागीनगतिरकिट।

अब कुछ बड़े मुखड़े देखिए; नीचे लिखा मुखड़ा साढ़े तीन मात्राओं में हैं :—

७. आआधातिरकिटतक तूनाकिटतकधा,धातिर
किटतकतूनाकिटतकधा धातिरकिटतकतूनाकिटतक। धा
×

८. धातिरकिटतक तातिरकिटतक तूनाकिड़नग
२ ०
घिड़ानघिड़नग । तक्घ्ड़ाऽनतक् धा,ऽतक्घ्ड़ा ऽनतकधा
३
तक्घ्ड़ाऽनतक् । धा
×

९. धीक्ड़ धींधीं धागेनागे तिरकिट तूनातिरकिट
×
नकनकतिरकिट धा तूनातिरकिट नकनकतिरकिट धा
तूनातिरकिट नकनकतिरकिट । धा
×

१०. धागेतिर घिड़ाऽन घिड़नक धिरधिरकत् धिरधिरकत्
तिरकिटतकधिर किटतकधाती धा,तिरकिट तकधिरकिटतक
धातीधाऽ तिरकिटतकधिर किटतकधाती । धा
×

विलंबित लय के लिए कायदे बनाना

जब किन्हीं तीन मात्राओं के बोलों को लगातार किसी एक क्रम से दो बार बजा देंगे, तो यही हमारी छह मात्राएँ पूरी हो जाएँगी। फिर अगली तीन मात्राओं में उन्हीं तीनों बोलों में 'धा' के स्थान पर 'ता' कर देंगे और अंतिम तीन को पहली तीन की भाँति बजा देंगे। इस प्रकार यह एक आवृत्ति पूरी हो जाएगी; जैसे :—

१. धातिरकिटतक धिरधिरकिटतक तीनाकिटतक
धातिरकिटतक धिरधिरकिटतक तीनाकिटतक
तातिरकिटतक तिरतिरकिटतक तीनाकिटतक
धातिरकिटतक धिरधिरकिटतक तीनाकिटतक

यदि आप चाहें तो प्रत्येक बोल को दो-दो बार बजाकर छह मात्राएँ पूरी करके अगली छह मात्राओं में उन्हें ही फिर 'धा' के बजाय 'ता' से बजा डालिए; जैसे :—

२. धातिरकिटतक धातिरकिटतक धिरधिरकिटतक
धिरधिरकिटतक तीनाकिटतक तीनाकिटतक

आगे की मात्राओं में 'धा' के स्थान पर 'ता' बजाकर स्वयं

पूरा कर लीजिए। आगे भी केवल पहली छह मात्राएँ ही लिखेंगे। अब यदि इन्हीं बोलों के क्रम को बदलकर बजा दें तो वही एक नया रूप बन जाएगा; जैसे :—

३. धातिरकिटतक धातिरकिटतक धिरधिरकिटतक धिरधिर-किटतक धातिरकिटतक तीनाकिटतक आदि।

इनमें और अधिक परिवर्तन करने के लिए ऊपर की जिस मात्रा पर चाहें 'धा' बजाकर नवीनता उत्पन्न कर सकते हैं; जैसे :—

४. धिरधिरकिटतक धा धिरधिरकिटतक धिरधिरकिटतक धिरधिरकिटतक तीनाकिटतक।

यदि एक स्थान पर दो 'धा' प्रयोग करना चाहें, तो और भी नवीनता उत्पन्न हो जाएगी; जैसे :—

५. धा धिरधिरकिटतक धा धिरधिरकिटतक धिरधिर-किटतक तीनाकिटतक।

इसी आधार पर इनके अतिरिक्त कोई छह या बारह बोल लेकर, उनमें अनेक बोल बनाए जा सकते हैं। टुकड़े बनाते समय दो बातों का विशेष ध्यान रखना चाहिए—१. ऐसे बोल चुने जाएँ कि उन्हें बजाते समय हाथ उलझें नहीं और २. प्रत्येक बार उनमें कुछ-न-कुछ नवीनता रखते हुए खाली और भरी का ध्यान भी रखना आवश्यक है। अब हम कुछ बोल अठगुन के लिख रहे हैं। आप चाहें तो इन्हें एक-एक मात्रा के लिए, चाहे दो-दो मात्राओं के लिए प्रयोग कर सकते हैं। इनमें पहला बोल 'धा' का है तथा दूसरा 'ता' का; देखिए :—

धातिरकिटधा, तातिरकिटता; धागेतिरकिटधा, तागेतिर-किटता; धिरधिरधिड़नग, तिरतिरकिड़नक; धिड़नगतिरकिट, किड़नकतिरकिट; धिरकिटधागेतिट, तिरकिटतागेतिट; धागेतिट-धिरकिट, तागेतिटतिरकिट; धाधिड़नगधा, ताकिड़नकता; धिनधिड़नगतक, तिनकिड़नकतक; धाधातिरकिट, तातातिरकिट; धातिरकिटतक, तातिरकिटतक; धिनगिनधागेतिर, तिनकिन-तागेतिर; धागीधाधीऽगि, ताकीताकीऽकि; धातिटधातिटधाती, तातिटतातिटताती; धातिटधातिटतिट, तातिटतातिटतिट।

इसी आधार से अनेक बोलों की रचना की जा सकती है। आप ऊपर बताए हुए क्रम के अनुसार इनसे चाहे जितने कायदे बना सकते हैं।

एकताल के लिए परनें बनाना

परनें बनाने के लिए अनेक क्रम हैं। एक क्रम में तो ऊपर बताए हुए ढंग से केवल दो मात्राओं के आधार से छह बोल रच लिए जाते हैं। दूसरी बार उन्हीं छह बोलों को 'ता' से बजा देते हैं। इसी आधार पर बनाकर हम केवल छह बोलों की कुछ रचनाएँ लिख रहे हैं। इन्हें 'ता' से बजाकर छह बोल आप स्वयं पूरे कर लीजिए; देखिए :—

१. धिनगिन धागेतिरकिट धिनगिन धिनगिन धिनगिन धागेतिरकिट।

अब केवल दो-दो बोल लिखेंगे। इन्हें आप स्वयं पूरा कर लीजिए; देखिए :—

२. धातिरकिटतक धिटतिटधिड़नग अथवा

३. धातिरकिटतक तूनाकिड़नग

४. धिटधागे नधातिरकिट। आदि

दूसरे क्रम में छह भिन्न प्रकार के बोलों से आधी आवृत्ति की रचना कर ली जाती है। अगली छह मात्राओं में उन्हीं छह बोलों को 'ता' से बजाकर आवृत्ति को पूरा कर लेते हैं; जैसे :—

१. धातिरकिटधा तिरकिटधा गीऽनग तिरकिट तूऽ नाऽ। तातिरकिटता तिरकिटता गीऽनग तिरकिट तूऽ नाऽ।

अब एक-दो उदाहरण इसी प्रकार के और दे रहे हैं; देखिए :—

२. धाधाऽधा तिरकिटतकता घ्ड़ानधाधा तूनाकिड़नक धागेतिरकिटधा तुन्नातिरकिट।

३. धिटधिटताऽ धिटधिटताऽ धिरधिरकिटतक तातिर-किटतक धितिरकिटतक तक्घ्ड़ान्।

तीसरे क्रम में किसी भी प्रकार के बोलों से बारह मात्राओं की रचना कर ली जाती है। यदि इच्छा हो, तो इन बोलों में तीया भी रखा जा सकता है; जैसे :—

धातिरकिटतक तातिरकिटतक तिरकिटनगतक तिरकिट-धाती धातिरकिटधा तीधातिरकिट धा धातिरकिटधा तीधातिरकिट धा धातिरकिटधा तीधातिरकिट धा
×

पीछे दिए गए बोलों के आधार से इस प्रकार की अनेक परनें बनाई जा सकती हैं।

एकताल में तिहाइयाँ बनाना

जिन तालों की मात्राएँ तीन से विभाजित हो जाती हैं, (जैसे–९, १२, १५ और १८ मात्राओं की तालें) तो उनमें बेदम की तिहाइयाँ नहीं बनतीं। उदाहरण के लिए जब एकताल में बेदम की तिहाई सुनाते हैं तो किन्हीं चार बोलों को सुनाकर अन्त में 'धा' लगा देते हैं। अब इन चार बोलों में यदि पहला बोल धा से शुरू होता है, जैसे—धा–तिट तो अन्त में जो धा बढ़ाया जाता है, पकड़ में नहीं आता। उदाहरण के लिए हम चार बोल लिख रहे हैं, इन्हें तीन बार बजाकर अन्त में एक 'धा' और बोल दीजिए। जैसे :—

धाकिट त्रकधेत्। किटतक क्ड़ान्। धाकिट त्रकधेत्। किटतक क्ड़ान्। धाकिट त्रकधेत्। किटतक क्ड़ान्। धा
×

कुछ लोग ऐसी रचनाएँ भी सुना देते हैं कि प्रारम्भ का बोल धा से प्रारम्भ न होकर कुछ और होता है। वे रचना के बीच में कुछ ऐसा परिवर्तन कर देते हैं कि एक बार सुनने पर श्रोता उसे पकड़ नहीं पाते और उसे बेदम की तिहाई मान लेते हैं। उदाहरण के लिए नीचे के बोल में जहाँ अकार हैं, उन्हें स्पष्ट रूप से अलग-अलग न बोलकर केवल एक जैसा आ ऽऽ बोलिए तो आपको भी यह तिहाई बेदम की प्रतीत होगी। देखिए :—

तिटकत गदिगन धाऽ ऽकत् धा–तिट कतगदि गनधाऽ ऽकत् धा–तिट कतगदि गनधाऽ ऽकत्। धा
×

(ध्यान दीजिए कि यहाँ तिहाई में पहला धा डेढ़ मात्रा में है और आगे के दो एक-एक मात्रा में। जबकि लिखने में भी हमने हर बार धा के आगे दो-दो अकार लगाए हैं)।

अब आपको एक ऐसा बोल बता रहे हैं, जो एकताल की दो आवृत्तियों में आएगा। सुनने पर श्रोताओं को एकताल में बेदम की तिहाई जैसा प्रतीत होगा। इसमें धा–तिरकिटतक ता–तिर-किटतक के बाद तीन बार कृधा–न कतधा– बजाना है। अब पहली बार इस कृधा–न कतधा से पहले आधी मात्रा में धा और बजाना है, जो आगे आनेवाले तिहाई के दो पल्लों में नहीं बजेगा। देखिए :—

धा–तिरकिटतक ता–तिरकिटतक। धा–कृधा आनकत।
×
धा–कृधा आनकत। धा–कृधा आनकत। धा,धा–तिर किटतक-
ता–तिर। किटतककृधा आनकत। धा–कृधा आनकत।
×
धा,कृधा आनकत। धा–धा–तिर किटतकता–तिर। किटतक-
कृधा आनकत। धा–कृधा आनकत। धा–कृधा आनकत।
धा। ध्यान रखिए कि यहाँ तीसरी मात्रा में आनेवाला आधी
×
मात्रा का धा आगे ता–तिरकिटतक के बाद नहीं है।

एकताल के लिए रेले बनाना

ऊपर के बोलों को रचने का जो क्रम दिया गया है, उसी आधार से किसी प्रकार के छह मात्राओं के बोलों की रचना करके अगली छह मात्राओं में उनको 'ता' से दिखाते हुए, बारह मात्राएँ पूरी की जाती हैं। उदाहरण के लिए हम एक रेला बारह मात्राओं का लिखेंगे। उसके बाद केवल छह मात्राएँ लिखेंगे, आगे की छह आप स्वयं पूरी कर लीजिए; देखिए :—

१. धात्रकधिकिटधिन तात्रकधिकिटधिन धागेतिटतुन्नाकता
धागेतिटतुन्नाकता कत्तातिरकिटतक किटतकगदिगिन;
तात्रकतिकिटतिन तात्रकतिकिटतिन।

अगली चार ३, ४, ५ और ६ मात्राओं की भाँति ही बजेंगी।

२. धा–किटधाकिटधा धागेतिटधागेतिधा तागेत्रकधिनधिर
नगधिरनगधिन धिनकधिनकधिन धिननकधिननक

यदि आप चाहें तो अंत में बजनेवाले छह बोलों में कुछ परिवर्तन भी कर सकते हैं; जैसे :—

धिंतिरधिड़नग धिंतिरधिड़नग धागेनागेतिरकिट
किटतकतिरकिट तूनकतिरकिट नानातिरकिट
तकिटतकिटतक तातिरकिड़नग धागेनागेतिरकिट
किटतकतिरकिट धिंतिरधिड़नग नगनगतिरकिट

इन रेलों की समाप्ति पर तीया भी लगाया जा सकता है; जैसे :—

धातिरकिटतक तिधाऽत्ता धातिरकिटतक तातिरकिटतक धातिरकिटतक तिधाऽत्ता धाऽ धातिरकिटतक तिधाऽत्ता धाऽ धातिरकिटतक तिधाऽत्ता। धा
×

इन रेलों में जैसी लय रखना चाहें, उसी प्रकार की लय के बोलों से रचना कर ली जाती है। जैसे नीचे का उदाहरण आड़ी लय के रेले का है; देखिए :—

धात्रकधात्रक धिनकधिनक तकिटतकिट
किटतकिटत धागिनधागिन तागिनतागिन

शेष छह मात्राएँ आप स्वयं पूरी कर लीजिए।

एकताल के लिए साधारण चक्रदार बनाना

किसी भी उन्नीस मात्रा के तीएवाले टुकड़े को बजाकर जब दो मात्राओं की विश्रांति दे देंगे तो कुल इक्कीस मात्राएँ होंगी। इनको दो बार बजा देने से बयालीस मात्राएँ पूरी हो जाएँगी। तीसरी बार इकसठवीं (४२+१९=६१) मात्रा पर 'धा' आएगा, वही सम होगा। अब नीचे १९-१९ मात्राओं के दो बोल लिख रहे हैं। किसी एक टुकड़े को बजाकर दो-दो मात्राओं का दम दीजिए और कुल को तीन बार बजाइए; देखिए :—

३. धातिरकिटतक तातिरकिटतक धिटतिट घिड़नग क्ड़धाक्ड़ धाऽतत् धातिरकिटतक तातिरकिटतक तक्ड़ा ऽन्तक् धा, धातिरकिटतक तक्ड़ा ऽनतक् धा, धातिर-किटतक तक्ड़ा ऽनतक् धा (दम दो मात्राओं का)

४. धातीधा तिरकिटधाती धातिरकिटतक तातिरकिटत, तिरकिटतकतक तिरकिटधाती धातिरकिटधा तीधातिरकिट धा तिरकिटतकतक तिरकिटधाती धातिरकिटधा तीधा-तिरकिट धा तिरकिटतकतक तिरकिटधाती धातिरकिटधा तीधातिरकिट धा (दम दो मात्राओं का)

फरमाइशी तथा कमाली चक्रदार बनाना

इन चक्रदारों को बनाने के लिए मृदंगाध्याय में चारताल को देखिए। उसी गणित के अनुसार इच्छित बोलों की रचना करके चाहे जैसी चक्रदार बना लीजिए।

मध्य तथा द्रुत एकताल

जिस ढंग से आपने ऊपर की रचनाएँ की हैं, उसी आधार पर दो-दो या चार-चार बोलों की एक-एक मात्रा बनाकर मध्य तथा द्रुत के लिए बोल बना लीजिए।

धोखा देनेवाले बोल

कभी-कभी विद्वान् कलाकार मध्य लय में किसी भी पाँच मात्राओं के बोल को दो बार बजाकर दस मात्राएँ पूरी करते हैं और इन पाँच मात्राओं से पूर्व पहली मात्रा पर शांत रहते हैं तथा दूसरी मात्रा पर बजनेवाले बोल के नाद को बड़ा करके सम-स्थान का धोखा दे देते हैं; जैसे—ऽ धी ना त्रक धी ना ऽ ती
× ० २ ०
ना त्रक धी ना। यहाँ अवग्रह के स्थान पर पूर्ण शांत रहना
३ ४
है और सम से आगे की 'धी' को जोर से बजाकर यह दिखाना है कि सम यह है; जबकि सम है अवग्रह के ही स्थान पर।

एकताल की बाँट करना

बाँट करने के लिए कुछ बोल लेकर उन्हीं की लौट-पलट की जाती है। इनमें छह बोल 'धा' से और अगले छह 'ता' से बजते हैं। हम यहाँ केवल छह बोल दे रहे हैं। अगले छह बोलों को पहली तीन मात्राओं में 'धा' के स्थान पर 'ता' से बजाइए तथा १०-११-१२ को ज्यों-की-त्यों ४-५-६ की भाँति बजाइए; देखिए :—

१. धाग धाति ऽन्ना धाग धाति ऽन्ना
२. धाग धाति ऽन्ना ताग धाति ऽन्ना
३. धाग धाति ऽन्ना धिन धाति ऽन्ना
४. धाति ऽन्न धाति ऽन्न ताति ऽन्न
५. धाति ऽधा धाधि ऽन्न ताति, ऽन्न, आदि।

□

पंद्रहवाँ अध्याय

झप तथा सूलताल का पूरा बाज़

झपताल का परिचय

इसमें दस मात्राएँ होती हैं। यह ताल तबला और मृदंग दोनों पर बजाई जाती है। इसमें अन्य तालों की भाँति पेशकार, टुकड़े, गतें, कायदे, परनें तथा चक्रदार आदि बजाए जाते हैं। अब हम क्रम से प्रत्येक को बजाने का ढंग समझाते हैं।

झप के लिए पेशकार बनाना

पेशकार में प्रयुक्त होनेवाले 'धीक्र, धिधा, धिता, कत्ता, धाधा, तिरकिट, धाग, धातित्, धिना, ऽधा' आदि बोलों से किसी प्रकार पाँच मात्राएँ रच ली जाती हैं, फिर उन्हें ही खाली से दुबारा बजा दिया जाता है। उदाहरण के लिए हम इनमें से कोई तीन मात्राएँ लेकर उन्हीं से पाँच मात्राएँ बनाते हैं; देखिए— धीक्र धिधा ऽधा धिधा ऽधा। अब इनमें दो मात्राओं को खाली से बजाकर अंतिम तीन को ज्यों-की-त्यों रखेंगे। इस प्रकार इनका रूप 'तीक्र तिता ऽधा धिधा ऽधा' होगा, इस प्रकार यह पूरा पेशकार 'धीक्र धिधा ऽधा धिधा ऽधा तीक्र तिता ऽधा धिधा ऽधा' हुआ। अब हम इन्हीं बोलों से रचना करके केवल पाँच-पाँच मात्राओं के बोल लिख रहे हैं। अगली पाँच मात्राएँ आप स्वयं बना लीजिए; देखिए :—

१. धीक्र धिधा ऽधा धीक्र धिधा २. धाग धाधा धिधा ऽधा धिधा ३. धाधा ऽधा तिरकिट धाधा धिधा ४. धाधा धिधा तिरकिट धाधा धिधा ५. धिधा तिरकिट धाधा ऽधा तिरकिट ६. तिरकिट धाग धातित् धिधा ऽधा ७. धाधा तिरकिट धिधा ऽधा कता ८. धीक्र धिता धाग धातित् धाधा ९. धाग धिना ऽधा तिरकिट धाधा १०. धातित् धिधा ऽधा धिधा तिरकिट।

इसी आधार पर अनेक रचनाएँ की जा सकती हैं।

जब इन्हें एक आवृत्ति से अधिक लंबा बनाना होता है, तो इन्हीं पाँच मात्राओं को दुबारा बजाकर एक आवृत्ति पूरी कर ली जाती है। इसके बाद दूसरी आवृत्ति के प्रारंभ में पहली पाँच मात्राओं को 'ता' से बजाकर अंत में पहलीवाली पाँच मात्राओं को ही पुनः ज्यों-का-त्यों बजा देते हैं।

कायदे बनाना

कायदों में बजनेवाले बोलों के आधार से ऊपर की भाँति ही पाँच मात्राओं की रचना करके पुनः उन्हीं को 'ता' से बजाकर आवृत्ति पूरी कर ली जाती है। कायदे में बजनेवाले कुछ बोलों को हम 'धा' तथा 'ता' दोनों प्रकार से बजाने के उदाहरण दे रहे हैं—धातिर, तातिर, धेना, केना; किटधा, किटता; कृधा, कृता; धिनगिन; तिनकिन, धीनाऽधा, तीनाऽता; धातीगिन, तातीकिन; धातीधागे, तातीतागे; नधातिट, नतातिट धागेनधा, तागेनता; गिनत्रक, किनत्रक; त्रकधिना, त्रकतिना; धिरधिरकिटतक, तिरतिरकिटतक; धातिरकिटतक तातिरकिटतक, धेत्तिरकिटतक, तेत्तिरकिटतक; धीनाकिट-तक, तीनाकिटतक, आदि। इस प्रकार अनेक बोल बनाए जा सकते हैं।

कायदे बनाने के लिए इनमें से कोई दो बोल ले लीजिए। मान लो कि हमने 'धिनगिन' और 'धीनाऽधा' लिया। अब दो मात्राएँ तो हमारी यही हो गईं। तीसरी और चौथी में पुनः 'धिनगिन' को रखकर पाँचवीं में फिर 'धीनाऽधा' रख दिया। इस प्रकार हमारी 'धिनगिन धीनाऽधा धिनगिन धिनगिन धीनाऽधा' पाँच मात्राएँ बन गईं। अब अगली पाँच मात्राएँ बनाने के लिए पहली तथा दूसरी मात्रा को 'ता' से बजाकर और ८–९–१० की जगह ३–४–५ को बजाकर आवृत्ति पूरी कर ली; जैसे—धिनगिन धीनाऽधा धिनगिन धिनगिन धीनाऽधा तिनकिन तीनाऽता धिनगिन धिनगिन धीनाऽधा।

अब हम ऊपर दिए बोलों को किसी प्रकार भी रखकर पाँच-पाँच मात्राओं के बोल बनाकर लिख रहे हैं। इन्हीं के आधार से 'ता' से बजनेवाले बोल आप स्वयं रचकर इन्हें पूरा कर लीजिए; देखिए :—

१. धातीधागे धिनगिन धातिरकिटधा गिनधागे धिनगिन
२. धागेनधा तिटधागे धिनगिन धातीधागे धिनगिन
३. धिनगिन त्रकधिन धागेनधा ऽधागेन त्रकधिन
४. धीनाऽधा त्रकधिना धातिरकिटधा धातीगिन धिंतिरकिटतक
५. धातिरकिटधा ऽधातिट धीनाऽधा तिटघिन धातीगिन
६. धागेत्रक धिनगिन धातिरकिट धागेत्रक धिनगिन
७. धातिरकिटतक धातिरकिटतक धागेत्रक धिनगिन धातिरकिटतक।
८. धा धातिरकिटतक धाधातिरकिट नानाकता धिनगिन
९. धागेनधा तिरकिटधिन धातिरकिटतक धा धागेत्रक
१०. नानानाना धिनगिन नानानाना धिनगिन धातिरकिटतक आदि। इसी प्रकार अनेक रचनाएँ की जा सकती हैं।

झप ताल के लिए मुखड़े बनाना

दस मात्राओं के लिए मुखड़े बनाने का सबसे सरल नियम यही है कि कोई दो मात्राओं का बोल बजाकर उसमें आठ मात्राओंवाले किसी तीए को जोड़ दो। जैसे—धीना तिरकिट धीना तिरकिट धा धीना तिरकिट धा धीना तिरकिट धा। इसी प्रकार

×

'कत्तिर किटतक' के आगे 'किटतक गदिगिन धा' का तीया जोड़ दीजिए।

मुखड़े बनाने का दूसरा क्रम

जब कोई तीन मात्राओं का बोल बजाकर चौथी मात्रा के आधे में 'धा' बजा दें और उसी की आधी मात्रा से पुनः वही बोल बजाना शुरू कर दें तो यह एक बोल साढ़े तीन मात्राओं का होगा। जब इस साढ़े तीन मात्राओं के बोल को लगाकर तीन बार बजा देंगे तो यही हमारा सम-से-सम तक तीया या मुखड़ा होगा; जैसे—तिटकत गदिगिन धाती धा,तिट कतगदि गनधा तीधा; तिटकत गदिगिन धाती धा।

×

अब हम 'धा' सहित केवल चार मात्राओं के बोल लिख रहे हैं। ऊपर की भाँति प्रत्येक को बिना रुके हुए तीन बार बजाकर एक-एक मुखड़ा बना लीजिए; देखिए :—

१. घेघेतिट धिन्तिरकिटतक तागेतिट धा।
२. क्ड़ांधा तिरकिट गदिगन धा।
३. तिरकिट तगतिर किटतक धा।
४. धिंन्नड़ानधा तूनाकिटतक धिरधिरकिटतक धा।

इसी क्रम से चाहे जितने तीए बना लीजिए।

मुखड़े बनाने का तीसरा क्रम

जब किसी भी छह मात्राओं के बोल के आगे सातवीं मात्रा में 'धा' बजाकर, कुल टुकड़े को तीन बार बजा दें, तो यही दो आवृत्तियों का मुखड़ा बनेगा। यहाँ हम उदाहरण-रूप से केवल सात मात्राएँ लिख रहे हैं। प्रत्येक को तीन बार बजाकर आप स्वयं इन्हें पूरा कर लीजिए; देखिए।

१. धिरधिर किटतक तूना किड़नग धाक्ड़ां धाक्ड़ां आ
२. धित्तगे ऽन्नधित् तगेऽन्न धित्धित् तगेऽन्न धाधा धा
३. तिरकिट धाड़ तिरकिट धा,तिर किटधा तिरकिट धा
४. तिरकिट तकधिर किटतक तिरकिट तकधिर किटतक धा
५. ता कत् धिनाऽत धाधिन ऽत्धा धिनाऽत धा

इसी आधार से अनेक मुखड़े बनाए जा सकते हैं।

मुखड़े बनाने का चौथा क्रम

इस क्रम में चाहे जो बोल बजाकर, जहाँ से इच्छा हो, तीया लगाकर अंतिम 'धा' सम पर ले आइए; जैसे :—

१. तक तूना किटतक ता (तिरकिट तकतिर किटतक तिरकिट धा आ) का तीया लगाइए।

२. दिनदिन नगतिट कतगदि ऽन्नाधागे तिट,क्रधा आनकत् धा,क्रधा आनकत धा,क्रधा आनकत धा
×

इसी आधार से तैयार किया हुआ अब एक मुखड़ा आड़ी लय का देखिए :—

३. धा किटतकतक तकतकतक धातिट तातिट तिट,तिट धाऽ तिरकिटतक ता धेड़नगतिट तिटघिड़नग दिन्तिरकिट तकिटतान ताऽ,तान् ताऽतान् ताड़,क्र धानधान धा,क्रधान धानधाक्र धानधान धा
×

झप ताल की बाँट करना

जब कुछ बोलों को इस प्रकार बजाया जाए कि लय बिखरी हुई दिखाई दे तो इसे बाँट करना कहते हैं। उदाहरण के लिए बराबर की लय की बाँट के कुछ रूप देखिए :—

१. धागे तिरकिट धिन गिन धिन धागे तिन गिन,
×
तागे तिरकिट धिन धिन धिन धागे धिन गिन; धागे धिन गिन, धागे धिन गिन, धिन धागे तिन गिन धा धिन धा धिन धा
×

यहाँ आप देखेंगे कि चाल तीनताल-जैसी है, जबकि मात्राओं का क्रम झप ताल के लिए रखा गया है। इसी प्रकार का एक और उदाहरण देखिए :—

धातिर किटधि नक धिन धिन धागे धिन गिन
×
तातिर किटधि नक धिन तिन तागे धिन गिन धिन धागे तिन गिन धातिर किटधि नक धिन, धातिर किटधि नक धिन, धातिर किटधि नक धिन, धिन धागे तिन गिन, तातिर किटति नक तिन तातिर किटति नक तिन धातिर किटधि नक धिन तिन धागे धिन धिन धा ऽ धिन गिन धा ऽ धिने गिन धा।
×

यदि इच्छा हो तो इनमें आड़ी लय के बोल भी रखे जा सकते हैं; जैसे:—

धातिरकिट धगेन धगेन तातिरकिट तगेन धगेन
×
धातिरकिट तातिरकिट तगेन धगेन आदि। आप इसी आधार से चाहे जैसी रचना कर सकते हैं।

झप ताल की परनें बनाना

परनें बनाने का सबसे सरल नियम यही है कि कोई दो मात्रा के बोल लेकर, जिस प्रकार कि कायदे बनाए हैं, ठीक उसी प्रकार इन्हें भी बजा लीजिए। यही आपकी परनें कहलाएँगी; जैसे :—

१. धागेतिट किटकिट धागेतिट धागेतिट किटकिट; तागेतिट किटकिट धागेतिट धागेतिट किटकिट।

२. 'धिनगिन धितिरकिटतक' इन्हें भी ऊपर की भाँति ही बजाकर पूरा कर लीजिए। अब आगे केवल दो-दो मात्राओं के बोल लिख रहे हैं। इन्हें भी इसी क्रम से बजा लीजिए; देखिए— धातिरकिटतक तूनाकिड़नग; धिनगिन धागेतिरकिट; धागेतिट गदिगन; आदि।

अब कुछ बोल भरी और खाली से बजने के लिए लिख रहे हैं। इनकी सहायता से आप इसी प्रकार की अनेक रचनाएँ कर सकते हैं।

धीऽ धीना त्रक, तीऽ तीना त्रक; धींतिरकिट तींतिरकिट धीनातिरकिट, तीनातिरकिट; धीऽकधिनगिन, तीऽकतिनगिन; धीनाधागेनधात्रक, तीनतागेनतात्रक; धाऽगधा-तिरकिटतक, ताऽगतातिरकिटतक; आदि। इन्हीं बोलों को उलट-पलटकर और भी अनेक बोल बनाए जा सकते हैं; जैसे— धीनाधिनगिन, धागेधिनगिन, धात्रकधिनगिन, धागेत्रकधिनगिन आदि। यदि इनमें 'धिनगिन' को पहले रख देंगे, तो इन्हीं के नवीन रूप और भी बन जाएँगे।

दूसरा क्रम

इन्हें बनाने के लिए यह आवश्यक नहीं है कि दो मात्राओं के बोलों को मिलाकर ही पूरी परन बनाएँ। यह तो सरल ढंग था। सचमुच बात तो यह है कि आपकी दस मात्राएँ पूरी होनी चाहिए। चाहे इन दसों मात्राओं के सारे बोल भिन्न-भिन्न हों, चाहे उनमें कुछ समान हों। बजाते समय बोलों में सुन्दरता रही आए, यह नहीं भूलना चाहिए; जैसे :—

१. धागेतिट कतधागे तिटकत धागेनधा ऽनधाऽ तिटकत तागेतिट कतधागे तिटकत धागेनधा ऽनधाऽ ऽताऽन धाऽकत धागेनधा ऽनधाऽ ऽनताऽ धाऽकत धागेनधा ऽनधाऽ ऽताऽन धा
×

२. धात्रकधि नकधिन तक्धिन तक्धिन धिरधिरकत्

धिरधिरकत् धिनातक धिनातक धातिटधा तिटतिट धा धा (तिरकिटधा,तिर किटधा,तिरकिट धा) का तीया बजाइए।

पखावज के बोलों पर बनाई हुई परनें

यद्यपि इन परनों में पखावज पर बजनेवाले बोलों की बंदिश हैं, तथापि ये तबले पर भी खूब बज सकते हैं; देखिए :—

१. धाकिट तकिट,त का धुमकिट तकिटत, का (धित् ता धित्ता गदिगिन धा) का तीया लगाइए।

२. तागेदिग तागेतिट तागेदिग तागेतिट तगन,ध गन,धागे दिगतागे तिटकत तगऽन्न तागेतेटे तागेदिग (तागेतेटे तगऽन्न तागेतेटे तागेतेटे गदिगन धा गदिगन धा गदिगन धा) का तीया लगाइए।

३. धागेतिट तागेतिट धात्रकधि किटधिट ताऽकत् गदिगिन धा,गदि गिनधा गदिगिन धा,ता कत्गदि गिनधा गदिगिन धा,गदि गिनधा, ताकत् गदिगिन धा,गदि गिनधा गदिगिन धा
×

आड़ी लय की परनें बनाना

इन परनों में जिस लय के बोल रख दिए जाएँगे, उसी लय की परनें बन जाएँगी। उदाहरण के लिए दो परनें आड़ी लय की देखिए—४. धाकिट धाकिट ताकिट तगऽन नकेऽट तकऽन (धिकिट तगन धुमकिटतक धुमकिटतक धा) का तीया लगाइए। ५. धाऽकिटतक धुमकिटतक धुमकिटतक धाऽकिटतक तग,नग,धग दिंताऽकत् नगनड़ाऽन धुमकिटतक धाऽकिटतक धुमकिटतक धाऽगदिगन धाती धाकिटतक धुमकिटतक धाऽगदिगन धाती धाकिटतक धुमकिटतक धाऽगदिगन धाती धा।
×

झप ताल के रेले बनाना

ऊपर दिए गए आधार से किन्हीं दो या तीन अथवा अधिक बोलों से रेले बनाए जा सकते हैं; जैसे :—

१. धातिर किटतक धातिर घिड़नग तिरकिट तातिर किटतक धातिर घिड़नग तिरकिट।

अब हम इन्हीं बोलों के आधार से पाँच-पाँच मात्राओं की रचनाएँ बनाकर लिखते हैं। आगे की पाँच आप स्वयं पूर्ण कर लीजिए; देखिए :—

२. तिरकिट धातिर किटतक धातिर घिड़नग

३. धातिर घिड़नग तिरकिट धातिर घिड़नग

४. घिड़नग तिरकिट धातिर किटता घिड़नग आदि।

यदि आप चाहें तो इनमें तीए भी बनाए जा सकते हैं; जैसे :— धातिर किटता घिन धातिर किटता घिन (धातिर किटता घिड़नग तिरकिट धा) का तीया लगाइए।

झप ताल के लिए लड़ी बनाना

जब धिन किट (किन तिट) किट धिन (किट तिन), धागे धिना (तागे तिना) अथवा धिन, किट, धिना आदि से ऊपर की भाँति रचना कर ली जाती है, उसे लड़ी बनाना कहते हैं। उदाहरण के लिए केवल पाँच मात्राएँ बनाकर लिख रहे हैं। शेष आप बना लीजिए; देखिए :—

धिनकिट धिनकिट किटधिन किटधिन किटधिन

झप ताल के लिए तीए बनाना,

मुखड़े बनाते समय तीए बनाने का क्रम बता आए हैं। अब यहाँ प्रत्येक मात्रा के लिए तीए दे रहे हैं :—

एक मात्रा में—तधा,तधा,त धा
×

दो मात्रा में—धाधाधा ऽधाधा धा
×

तीन मात्रा में—धातधा ऽधातधा ऽधात धा
×

चार मात्रा में—कृधान धाऽकृधा ऽनधा कृधान धा
×

पाँच मात्रा में—घिड़ान धा घिड़ान धा घिड़ान धा
×

छह मात्रा में—धाति द्धा ऽधा तिद्धा ऽ धाति द्धा
×

सात मात्रा में—घिनतरा ऽनक द्धाघिन तराऽन् कद्धा घिनतरा ऽनक द्धा
×

आठ मात्रा में—किटतक धाति द्धा किटतक धाति द्धा किटतक धाति द्धा
×

नौ मात्रा में—तिटकत गदिगन धा ऽतिट कतगदि गनधा ऽ तिटकत गदिगन धा
×

दस मात्रा में—तिटकट गदिगन धाति द्धा,तिट कतगदि गनधा तिद्धा तिटकत गदिगन धाति द्धा
×

एक से पाँच 'धा' तक की सादा तिहाइयाँ बनाना

इस प्रकार की सभी तिहाइयाँ सम से उठेंगी। कोई एक बोल लेकर 'धा' सहित मुखड़ा आएगा, जो तीन बार बजेगा। प्रत्येक बार बोलों में अंतर होता चलेगा, किंतु मुखड़ा सदैव एक ही रहेगा। यह रचना तबला अथवा पखावज के बोलों पर इच्छानुसार की जा सकती है। इसका गणित निम्न-प्रकार है :—

उठने की मात्रा	कितनी मात्रा का बोल बजेगा	'धा' सहित कितनी मात्रा का मुखड़ा होगा	'धा' की संख्या जो बजाई जाएगी
१	६	५	१
१	३	६	२
१	१०	७	३
१	७	८	४
१	४	९	५

यहाँ हम केवल प्रारम्भिक और अंतिम तिहाइयों के उदाहरण पखावज के बोलों के आधार से दे रहे हैं। शेष तिहाइयाँ आप स्वयं बना लीजिए।

धेत्धेत् किटतक तकिटत का तकधे त्ता (धुमकिट तकधुम किटतक गदिगिन धा) कोष्ठक में मुखड़ा है, जो धा' सहित तीन बार लेना है। ×

अब अंतिम तिहाई पाँच 'धा' की देखिए—धेत्धेत् किटतक तकिटत का (धुमकिट तकधुम किटतक गदिगिन १, २, ३, ४, ५) यह मुखड़ा है, जो तीन बार बजेगा। इसमें गिनतियाँ 'धा' की संख्याएँ हैं, जो बजेंगी तो धा, परंतु मन में १, २, ३, ४, ५ बोली जाएँगी। ध्यान रखिए, प्रत्येक धा पूरी एक मात्रा में बजेगा।

झपताल के लिए साधारण चक्रदार की रचना करना

जब किसी सत्रह मात्राओं के तिहाई-युक्त बोल को तीन बार बजा देंगे तो यह हमारी पाँच आवृत्ति की साधारण चक्रदार होगी। उदाहरण के लिए हम केवल सत्रह मात्राएँ लिख रहे हैं, इन्हें तीन बार बजाकर प्रत्येक को पूरा कर लीजिए :—

१. धितिरतिरकिट तागेतिट कत्ताऽधि नाऽधाऽ तूऽनाऽ धिनतूना धातूनाधा तूना,धातू नाऽतिट धिनतूना धातूनाधा तूनाधा,तू नाऽतिट धिनतूना धातूना,धा तूनाधातू ना

२. कत्तातिट धेधेतिट कत्तातिट धेधेतिट धाऽक्ड़ा ऽनधाऽ दींऽताऽ कऽत्ताऽ तिटकत गदिगिन धाऽ ऽकत धाऽ ऽकत धाऽकत धाऽकत् धा

३. धगतिट धगतिट तगतिट क्धातिट तगतिट धितिर-किटतक धाऽ तातिरकिटतक तक्ड़ान् तक्ड़ान् धा तक्ड़ान् तक्ड़ान् धा तक्ड़ान् तक्ड़ान् धा

४. धाधाधा धादिंता तकिट धिकिट धाक्ड़ धानधा धिंऽधिंऽ धा,धिरधिर किटतकताक्ड़ धा,धिंधिं धा,धिरधिर किटतकताक्ड़ धा,धिंधिं धा,धिरधिर किटतकताक्ड़ धा,धिंधिं धा

इसी प्रकार अनेक चक्रदार बनाई जा सकती हैं।

एक 'धा' की प्रत्येक मात्रा से फरमाइशी चक्रदार बनाना

फरमाइशी चक्रदार को विस्तार से पीछे के अध्यायों में समझा दिया गया है, अतः अब केवल यहाँ उसका गणित दे रहे हैं।

बारहवें अध्याय के आधार से आप स्वय इसका निर्माण कर लीजिए; देखिए :—

मात्रा, जिससे उठना है	कितनी मात्रा का बोल बजेगा।	कितनी मात्रा का 'धा' सहित मुखड़ा होगा।	कितनी मात्रा का दम होगा यदि है तो पूरा चक्र बजने के बाद ठहरना चाहिए।
१	१५	६	१
२	१४	६	२
३	१२	७	०
४	११	७	१
५	१०	७	२
६	८	८	०
७	७	८	१
८	६	८	२
९	४	९	०
१०	३	९	१

प्रत्येक मात्रा से उठनेवाली तीन 'धा' की कमाली चक्रदार बनाना

कमाली चक्रदारों को समझने के लिए बारहवाँ अध्याय पढ़िए। यहाँ केवल झपताल के लिए गणित दिया जा रहा है; बोल आप स्वयं बना लीजिए :—

उठने की मात्राएँ	बोल की मात्राएँ	मुखड़े की मात्राएँ	'धा' की संख्या	दम
१	१८	२	३	१
२	१७	२	३	२
३	१५	३	३	०
४	१४	३	३	१
५	१३	३	३	२
६	११	४	३	०
७	१०	४	३	१
८	९	४	३	२
९	७	५	३	०
१०	६	५	३	१

चार 'धा' की कमाली चक्रदारों की प्रत्येक मात्रा से उठना

ये चार बार बजने पर पूरी आएँगी। इनका गणित निम्न-प्रकार है :—

उठने की मात्राएँ	मुखड़े की मात्राएँ	बोल की मात्राएँ	'धा' की संख्या	दम की मात्राएँ
१	१६	४	४	३
२	१४	५	४	०
३	१३	५	४	१
४	१२	५	४	२
५	११	५	४	३
६	९	६	४	०
७	८	६	४	१
८	७	६	४	२
९	६	६	४	३
१०	४	७	४	०

पाँच 'धा' की कमाली चक्रदारों को प्रत्येक मात्रा से उठना

ये चक्रदार पाँच बार बजने पर पूरी आएँगी। इनका गणित निम्न-प्रकार है :—

उठने की मात्राएँ	बोल की मात्राएँ	मुखड़े की मात्राएँ	'धा' की संख्या	दम की मात्राएँ
१	७	३	५	४
२	५	४	५	०
३	२	६	५	१
४	३	४	५	२
५	१२	४	५	३
६	११	४	५	४
७	९	५	५	०
८	८	५	५	१
९	७	५	५	२
१०	६	५	५	३

सूल या सूलफाक्ता

चूंकि यह दस मात्राओं की ताल है, अतः इस अध्याय में दिए हुए सारे बोल ताल में बजाए जा सकते हैं। फिर भी एक-दो परनें लिख रहे हैं। आप इन्हें सूल या झप, जिसमें चाहें बजा सकते हैं।

१. तकिट धात्रक धिट किटधिट दिंग दिंगदिंग नग नगनग त्रक तूनाकत धिनक तकिट धिनक तकिट धा धिनक तकिट धा धिनक तकिट धा
×

२. कृधेऽधे धेत्धेत् धेत्धिर किटतक कृधान धेत्धेत् धिरकिट धगतिट कृधातिट कृधेऽन्न धगतिट कड़ांतिट नगतिट कृधान धगतिट ऽधिरकिटतक धाऽ ऽधिरकिटतक धाऽ ऽधिरकिटतक धा
×

इसी आधार पर चाहे जितने टुकड़े बना लीजिए। □

सोलहवाँ अध्याय

आड़ाचारताल, दीपचंदी, फरदोस्त तथा झूमरा का पूरा बाज

इस अध्याय में दी गईं समस्त तालें, चौदह मात्राओं की हैं। किसी एक ताल में बजनेवाले टुकड़े थोड़े अंतर से या ज्यों-के-त्यों दूसरी तालों में बजाए जा सकते हैं। अतः हम सबको एक स्थान पर ले रहे हैं। इन-सबमें कायदे, परनें, चक्रदार आदि बजाए जाते हैं। पहले आड़ाचारताल लेते हैं।

आड़ाचारताल का परिचय

यह प्राचीन तालों में से एक है। इसका प्राचीन नाम धृताल है। आजकल यह छोटे और बड़े, दोनों प्रकार के खयालों के साथ बजता है। इसमें दो-दो मात्राओं के सात विभाग होते हैं। कुल चार ताली तथा तीन खाली हैं। ठेके के बोल तेरहवें अध्याय में दिए गए हैं। इस ताल में अन्य तालों की भाँति पेशकार, कायदे, मुखड़े, परनें, चक्रदार आदि सब-कुछ बजाए जाते हैं।

आड़ाचारताल के लिए पेशकार बनाना

चौदह मात्राओं की तालों के लिए पेशकार रचते समय इस बात का ध्यान रखा जाता है कि पहली सात मात्राओं में बजनेवाले बोल 'धा' के हों। उनसे अगले सात बोलों में, प्रारम्भ के दो या तीन बोलों को 'ता' से बजा दिया जाता है; शेष बोलों को ज्यों-का-त्यों रखते हैं। यदि आप चाहें तो पहली सात मात्राओं के बोलों के भी तीन और चार या चार और तीन मात्राओं के दो भाग कर सकते हैं। ऐसा करने से प्रारंभ में कुछ सरलता रहती है। पेशकार बजाते समय धाग, धाती, धाधा, धिंधा, ऽधा तिरकिट, धीक्ड़, धीकृ, किड़नग, कत आदि बोलों का प्रयोग किया जाता है। अब इन्हीं बोलों के आधार से कुछ पेशकार बनाकर दिखाते हैं। पहले एक बोल तीन मात्राओं का 'धाती धाधा धिंधा' लेकर, इसके पहले चार-चार मात्राओं के टुकड़े रखकर रचनाएं करेंगे; देखिए :—

१. धाती धाधा धिंधा धाती, धाती धाधा धिंधा, फिर इसे 'ता' से बजाते समय 'ताती ताता तिंता धाती धाती धाधा धिंधा' बजाकर एक आवृत्ति पूरी कर लीं। अब हम उदाहरण के रूप में केवल पहली सात मात्राओं की रचनाएँ दे रहे हैं। इनसे अगली सात 'ता' के आधार से आप स्वयं ऊपर की भाँति बजा डालिए; देखिए :—

२. धाग धाती धिंधा धाती धाती धाधा धिंधा

३. धाग धाती तिरकिट धाक्ड़ धाधी धाधा धिंधा

४. धाती ऽधा धिंधा तिरकिट धाती धाधा धिंधा

५. तिरकिट धिंधा ऽधा तिरकिट धाती धाधा धिंधा, आदि

इन रचनाओं में अंतिम तीन मात्राओं के बोलों में हमने कोई परिवर्तन नहीं किया है। अब कुछ बोल चाहे जिस प्रकार उलट-पलटकर बना रहे हैं; देखिए :—

६. धिंधा ऽधा धिंधा धाती ऽधा धिंधा तिरकिट

७. धीक्ड़ धिंधा ऽधा धिंधा ऽधा धिंधा तिरकिट

८. धीक धिंधा तिरकिट धाती धाधा ऽधा तिरकिट

९. धिंता ऽकता धीक धिंता ऽकता धीक धिंता

१०. धीक्ड़ धिंधा ऽक्ड़ धिंधा तिरकिट धाती धाधा, आदि

इसी आधार पर चाहे जितने पेशकार बनाए जा सकते हैं।

आड़ाचारताल के मुखड़े बनाना

एक आवृत्ति से कम के, तीनताल के अथवा वे सभी मुखड़े जो चौदह मात्राओं से कम के हों, इसमें बजाए जा सकते हैं। ये मुखड़े तीए-सहित अथवा बिना तीए के, दोनों प्रकार के हो सकते हैं। इनके अतिरिक्त एक आवृत्ति में बजनेवाला कोई भी टुकड़ा मुखड़े का काम दे सकता है; जैसे—

धिदधिद् तगिन्न धाधिरकिटधा किटतक घिन्नड़ा ऽनकत् घेघेऽत्ता धीधीतिरकिट धा,कत् घेघेऽत्ता धीधीतिरकिट धा, कत् घेघेऽत्ता धीधीतिरकिट धा
×

आड़ाचारताल के कायदे बनाना

जब कुछ बोलों को किसी इच्छित क्रम से रखकर सात मात्राओं का बोल बना लिया जाता है और दूसरी बार उन्हीं सात मात्राओं में पहली दो या तीन को 'ता' से बजाकर शेष को ज्यों-का-त्यों बजा दें, तो हमारी एक आवृत्ति पूरी हो जाएगी। अब हम उदाहरण के लिए केवल सात मात्राओं की कुछ रचनाएँ दे रहे हैं। अगली सात आप स्वयं पूरी कर लीजिए; देखिए :—

१. धगतिट धिनतिन धातीधागे नधातिट धिनतीना धातीधागे नधातिट

२. धात्रक तिटगिन धागेनधा तिरकिटधिन धागेत्रक धागेतिट धिनगिन।

३. धिनगिन तकधिन गिनतक धिनगिन तकधिन गिनतक धिनगिन।

४. (धातिरकिटतक धिरधिरकिटतक) ×३+तीनाकिड़नग

५. धा धातिरकिटतक तीनाकिटतक धिरधिरकिटतक धाधिरकिटतक तीनाकिटतक तीनाकिटतक आदि।

इसी आधार से अनेक कायदे बनाए जा सकते हैं। जब दो आवृत्तियों के कायदे बनाने हों, तो पहली रचना को बजाय सात के चौदह मात्राओं की बना लेते हैं। दुबारा उन्हीं में पहली चार या छह मात्राओं के बोलों को 'ता' से बजाकर आवृत्ति पूरी कर लेते हैं; जैसे :—

धातिर किटधा गेन धागे तीना कृधा तिट घेना धाधिर किटधा गेन धागे तीना कीना। तातिर किटता गेन तागे तीना कृता तिट घेना धातिर किटधा गेन धागे तीना कीना।

इसके लिए गतें बनाना

ऊपर दिए गए आधार से ही गतें बनाई जाती हैं। जैसे :—

१. धातिर किटधि नक, धातिर किटधि नक, धातिर किटधि नक धिन गिन धागे तूना गिन। तातिट किटति नक, तातिर किटति नक।

आगे ऊपर की भाँति बजाकर पूरा कर लीलिए।

२. 'धगनधि नाऽ किटतकधिन गिनतकतक धागेत्रक धितिर-किटतक तातिरकिटतक; तगनति नाऽ किटतकतिन' से आगे चौथी मात्रा से सातवीं मात्रा तक ज्यों-की-त्यों बजाइए। इस प्रकार चाहे जितनी गतें बनाई जा सकती हैं।

इसके रेले बनाना

ठीक ऊपर की भाँति ही रेलों में बजनेवाले बोलों से बनी रचना रेला कहलाएगी; जैसे :—

'धिरधिर घिड़नग धिरधिर घिड़नग धातिर धिटधिर धिरधिर धिड़नक धितक तिरकिट धातिर घिड़नग तूना किड़नग; तिरकिट किड़नग तिरकिट किड़नग' आगे पाँचवीं से चौदहवीं मात्राओं तक ज्यों-का-त्यों बजाइए।

आड़ाचारताल की परनें बनाना

जो परनें रूपक, तीव्रा तथा पश्तो के अध्याय में चौदह मात्राओं की हैं, वे ज्यों-की-त्यों इस ताल में भी बजाई जाती हैं। फिर भी एक-दो परनें और दे रहे हैं। इन्हें बनाने के लिए किसी प्रकार के बोलों से चौदह मात्राएँ रच ली जाती हैं। इच्छा होने पर अंत में तीया भी रखा जा सकता है; जैसे :—

१. नगधेता धितरान धाऽ तिट कत गदि गिन तिटकत गदिगिन तिटकतगदिगिन धा तिटकतगदिगिन धा तिटकतगदिगिन धा

२. धेतिरकिटतक धाऽतक तिटधाधा क्रधाऽन धाकिट-तकधुम किटतकधेत् धड़ऽन्न किटतकधेत् धिरकिटतकधा ऽड़धाकिट कृधाऽधा तिटधाधा धिरधिर किटतकधागेनधा धागेनधा धागेनधा धा ऽ धिरधिरकिटतक धागेनधा धागेनधा धागेनधा धा ऽ धिरधिरकिटतक धागेनधा धागेनधा धागेनधा।

बिना तीए की परनें

१. धागेन धातिरकिट धाकिट धाऽन, धागेना धातिरकिट धाकिट धाऽन धाधातुन्ना किटतक तिरकिटतक् धेत् किटतकतिरकिट दितातिरकिट धी
×

२. धगतिट तगतिट क्ड़ांतिट नगतिट धेतिरकिटतक तागेतिट धेधेतिट कताक नगतिट धिड़ाऽन क्रिड़नग तिरकिट नगनग तिरकिट धीं
×

अब हम आपको चौदह मात्राओं का एक ऐसा बोल दे रहे हैं जिसमें आवश्यक अकारों को बढ़ा देने से, जो बोल चौदह मात्राओं में बज रहा है, वही १५, १६, १७ और १८ मात्राओं की तालों में बजाया जा सकता है। पहले चौदह मात्राओं में देखिए :—

नगन,न गन,धिन घिड़ाऽन धा–धिं ता–कत् ऽघे
१ २ ३ ४ ५ ६

ऽते ऽटे धा,ऽघे ऽते ऽटे धा,ऽघे ऽते ऽटे धा
७ ८ ९ १० ११ १२ १३ १४ ×

अब अन्य मात्राओं में बजाने के लिए आठ मात्राएँ ज्यों-की-त्यों बजेंगी। नवीं मात्रा से परिवर्तन करेंगे। अतः नवीं मात्रा से ही बोल लिखेंगे।

पन्द्रह मात्राओं के लिए—धाआ घेऽ तेऽ टेधा आघे ऽते
९ १० ११ १२ १३ १४

ऽटे धा
१५ ×

सोलह मात्राओं के लिए—धाआ आघे ऽते ऽटे धाआ
९ १० ११ १२ १३

आघे ऽते ऽटे धा
१४ १५ १६ ×

सत्तरह मात्राओं के लिए—धा–कत् धाघे ऽते ऽटे धा–कत्
९ १० ११ १२ १३

धाघे ऽते ऽटे धा–कत धा
१४ १५ १६ १७ ×

अठारह मात्राओं के लिए—धा–कत् धाआ घेऽ तेऽ टेधा
९ १० ११ १२ १३

कत्धा– आघे ऽते ऽटे धा–कत् धा
१४ १५ १६ १७ १८ ×

चौदह मात्राओं के लिए तीया बनाना।

सम-से-सम तक का तीया बनाने के लिए जब किसी चार मात्राओं के बोल के बाद एक मात्रा में 'धा' बजा दें और इस पाँच मात्राओं के टुकड़े को लगाकर तीन बार बजा दें, तो यही हमारा सम-से-सम तक का तीया बन जाएगा; जैसे :—

१. धिट्ट धागेन धागेना धातिरकिट धा इसे तीन बार बजाइए।

२. तिटकत गदिगिन धातित् धातित् धा इसे तीनबार बजाइए।

३. धातिरकिटतक तक्ड़ां ऽतक क्ड़ान् धा इसे तीन बार बजाइए।

इसी आधार पर आप चाहे जितने तीए बना सकते हैं।

तीया का दूसरा प्रकार

जिस प्रकार झपताल में एक से पाँच 'धा' तक के तीए बनाए थे, उसी आधार पर यह बनेगा। इसमें एक बोल बजाकर, 'धा' सहित मुखड़ा तीन बार बजेगा। यही हमारा एक तीया होगा। एक से अधिक 'धा' बजाते समय केवल बोल बदलेगा। मुखड़ा सदैव एक ही रहेगा। इसका गणित निम्न प्रकार है :—

उठने की मात्रा	कितनी मात्राओं का बोल बजेगा	कितनी मात्राओं का 'धा' सहित मुखड़ा होगा	'धा' की संख्या जो इनके साथ बजेगी
१	१४	५	१
१	११	६	२
१	८	७	३
१	५	८	४
१	२	९	५

हम केवल प्रारंभिक और अंतिम तिहाइयों के उदाहरण दे रहे हैं। शेष तिहाइयाँ आप स्वयं बना लीजिए :—

१. धाकिट तकधुम किटतक गदिगिन नगतिर किटतक तगतिर किटतक तिरकिट तकता तिटकत गदिगिन धिंतिर किटतक (गदिगिन धा,गदि गिनधाऽ गदिगिन धा) × ३

२. अब अंतिम तिहाई देखिए—इसमें पाँच 'धा' के स्थान पर गिनतियाँ लिख दी हैं। तकधुम किटतक (गदिगिन धाऽगदि गिनधाऽ गदिगिन १, २, ३, ४, ५)×३

साधारण चक्रदार बनाने के नियम

जब किसी आठ मात्राओं के टुकड़े के आगे नवीं मात्रा में 'धा' बजाकर दसवीं मात्रा का दम दे दिया जाए और इस टुकड़े को दो बार बजा दें, तो हमारी बीस मात्राएँ पूरी होंगी। इसे ही तीसरी बार बजाने पर उनतीसवीं मात्रा पर 'धा' आएगा, जो सम होगा। यही आपकी साधारण चक्रदार होगी। हम उदाहरण के लिए यहाँ केवल एक टुकड़ा लिख रहे हैं। आप इसे लगातार इसी प्रकार तीन बार बजाइए। कतक धिनक धेतक धिनक तिरकिटतक ताऽ-तिरकिट धाऽतिरकिट धाऽतिट धाऽऽऽ। आप चाहें तो यह नौ मात्रा का टुकड़ा तीए-सहित भी ले सकते हैं। इसके लिए तीनताल के आठ मात्राओं के मुखड़े बहुत उपयुक्त होंगे। जैसे एक टुकड़ा देखिए :—तिंता धेधेतीना किड़नगतिरकिट धातिर-किटतक धा धातिरकिटतक धा धातिरकिटतक धाऽ ऽऽ, आदि।

प्रत्येक मात्रा से उठनेवाली फरमाइशी चक्रदार बनाना

ये चक्रदार दमदार तथा बिना दम की, दोनों प्रकार की बनाई जा सकती हैं। यहाँ हम केवल बिना दम की चक्रदारों का गणित लिख रहे हैं। चक्रदारों के बारे में विशेष जानकारी प्राप्त करने के लिए बारहवाँ अध्याय पढ़िए।

मात्रा जिससे उठना होगा	कितनी मात्राओं का बोल बजेगा	कितनी मात्राओं का मुखड़ा होगा
१	६	९
२	१४	१४
३	८	५
४	२	१०
५	१०	१
६	४	६
७	१२	११

८	६	२
९	१४	७
१०	८	१२
११	२	३
१२	१०	८
१३	४	१३
१४	१२	४

अब केवल पहली मात्रा से उठनेवाली चक्रदार का उदाहरण देखिए। शेष आप स्वयं बना लीजिए।

धाकिट तकिटत का धुमकिट तकिटत का धिरधिर किटतक धिरधिर किटतक तकधिर किटतक धिरधिर किटतक धा, धिरधिर किटतक धिरधिर किटतक तकधिर किटतक धिरधिर किटतक धा, धिरधिर किटतक धिरधिर किटतक तकधिर किटतक धिरधिर किटतक धा। इस कुल को दो बार और बजाइए। इस प्रकार तीन बार पूरी बजने पर यह सात आवृत्तियों की एक 'धा' की फरमाइशी चक्रदार बनेगी।

चौदह मात्राओं के लिए तीन 'धा' की कमाली चक्रदार बनाना

इन चक्रदारों के विषय में हम बारहवें अध्याय में विस्तार से लिख आए हैं। यहाँ संकेत में केवल एक चक्रदार सम से उठनेवाली लिख रहे हैं। इसमें नौ मात्राओं का बोल तथा पाँच मात्राओं का मुखड़ा और तीन 'धा' होंगे। जैसे—कड़ान किटतक तगतिर किटतक किटधुम किटतक घड़ान धिरधिर किटतक, तिरकिट तघड़ाऽ ऽनधा तूना कत् धा धा धा, तिरकिट तघड़ा ऽनधा तूना कत् धा धा धा, तिरकिट तघड़ा ऽनधा तूना कत् धा धा धा। इस तेतीस मात्राओं के बोल को तीन बार बजाने से पूरी चक्रदार बनेगी। यदि आप इसे और अधिक लंबी बनाना चाहें, तो बोल को बजाए नौ मात्राओं के, एक आवृत्ति की मात्राएँ अर्थात् १४ मात्राएँ और जोड़कर तेईस मात्राओं का बना लीजिए। अब हम इनका गणित लिख रहे हैं। इन्हें आप स्वयं पूरा कर लीजिए।

इन्हें प्रत्येक मात्रा से उठना।

मात्रा का उठान	कितनी मात्राओं का बोल बजेगा	कितनी मात्राओं का मुखड़ा होगा	कितने 'धा' बजेंगे	प्रत्येक आवृत्ति के बाद कितनी मात्राओं का दम होगा
१	२३	५	३	०
२	२२	५	३	१
३	२१	५	३	२
४	१९	६	३	०
५	१८	६	३	१
६	१७	६	३	२
७	१५	७	३	०
८	१४	७	३	१
९	१३	७	३	२
१०	११	८	३	०
११	१०	८	३	१
१२	९	८	३	२
१३	७	९	३	०
१४	६	९	३	१

इनमें पहली चक्रदार का उदाहरण नौ मात्राओं का बोल लेकर दे चुके हैं।

चार 'धा' की कमाली चक्रदारों को प्रत्येक मात्रा से उठना।

जिस प्रकार तीन 'धा' की कमाली चक्रदार तीन चक्रों में आती है, उसी प्रकार चार 'धा' की कमाली चक्रदार को पूरा बजाने के लिए चार बार बजाकर पूरा करना होगा। इसको प्रत्येक मात्रा से उठने के लिए निम्नांकित गणित को देखिए :—

मात्रा का उठान	कितनी मात्राओं का बोल बजेगा	कितनी मात्राओं का मुखड़ा होगा	कितने 'धा' बजेंगे	दम की मात्राएँ
१	२०	८	४	३
२	१८	९	४	०
३	१७	९	४	१
४	१६	९	४	२

५	१५	९	४	३
६	१३	१०	४	०
७	१२	१०	४	१
८	११	१०	४	२
९	१०	१०	४	३
१०	८	११	४	०
११	७	११	४	१
१२	६	११	४	२
१३	५	११	४	३
१४	५	१२	४	०

पाँच 'धा' की कमाली चक्रदारों को प्रत्येक मात्रा से उठना

यह चक्रदार पाँच चक्रों में बजकर पूरी आएगी। इसको विस्तार से समझने के लिए बारहवाँ अध्याय देखिए। इसका गणित निम्न-प्रकार है :—

उठने की मात्राएँ	बोल की मात्राएँ	मुखड़े की मात्राएँ	'धा' की संख्या	दम की मात्राएँ
१	२३	५	५	०
२	२२	५	५	१
३	२१	५	५	२
४	२०	५	५	३
५	१९	५	५	४
६	१७	६	५	०
७	१६	६	५	१
८	१५	६	५	२
९	१४	६	५	३
१०	१३	६	५	४
११	११	७	५	०
१२	१०	७	५	१
१३	९	७	५	२
१४	८	७	५	३

दीपचंदी का परिचय

ब्रज में इस ठेके के साथ प्रायः होली गाई जाती है। जिस प्रकार चारताल को ध्रुवपद का ठेका कहने का रिवाज हो गया है, उसी प्रकार इसे कुछ लोग होली का ठेका भी कहते हैं। बहुत-से गायक इसमें ठुमरियाँ भी बड़ी उत्तमता से गाते हैं। इसमें कायदे, रेले, लड़ी, लग्गी और तिहाइयाँ आदि बजाई जाती हैं।

इसके कायदे बनाना

जब किसी तीन मात्राओं के बोल को बजाकर पुनः उसे ज्यों-का-त्यों बजा दें और कोई एक मात्रा का बोल मिलाकर, सात मात्राएँ पूरी कर दें या दो-तीन बोलों को उलट-पलटकर ही सात मात्राएँ रच लें अथवा सात भिन्न प्रकार के बोल लेकर सात मात्राएँ बजा दें, तो यह हमारा आधा कायदा बन जाएगा। इसमें जब तीन मात्राओं के बोलों को 'ता' से बजाकर, शेष चारों मात्राओं को ज्यों-का-त्यों बजा देंगे तो यही हमारा एक आवृत्ति का कायदा बन जाएगा। अब इसी आधार पर हम केवल सात मात्राएँ लिख रहे हैं। अगली सात को आप स्वयं 'ता' से बजाकर, ऊपर के आधार से पूरा कर लीजिए; देखिए :—

१. धाती घिन तीना धाती घिन तीना कत् ताती किन तीना धाती घिन तीना कत्।

इन्हीं को उलट-पलटकर अनेक नए कायदे बनाए जा सकते हैं; जैसे :—

२. धाती घिन धाती घिन घिन धाती घिन। या

३. धाती घिन घिन धाती घिन घिन तूना आदि। या

४. धातिरकिटधा तिटतिट धाकुधा तिटतिट धातिरकिटतक धाकुधा तिटतिट। अथवा

५. धातिरकिटतक धिरधिरकिटतक धा धातिरकिटतक धिरधिरकिटतक धातिरकिटतक तीनाकिटतक।

यदि इनमें आड़ी लय के बोल रख दिए जाएँ तो यही आड़ी लय के कायदे बन जाएँगे। उदाहरण के लिए केवल पहली सात मात्राएँ देखिए। आगे की सात मात्राएँ आप स्वयं बजा लीजिए।

१. धातिट, तिट,ति टति,ट धातिट धातिट तिट,ति ट,तिट
२. धातिरकिट धाऽग तिगेति धातिरकिट धाऽग तिगेति धेगेति
३. धातिरकिट धागेन नगेन धातिरकिट धातिरकिट धागेन नगेन।

४. धातिरकिट धिनक तकत धातिरकिट धिनक धिनक तकत आदि।

इसी आधार से अनेक कायदे बनाए जा सकते हैं।

लड़ी तथा लग्गियाँ बनाना

ऊपर बताए गए आधार से आप इन्हें भी बना सकते हैं। उदाहरण के लिए केवल पहली सात मात्राएँ बनाकर लिख रहे हैं। अगली सात मात्राएँ आप स्वयं पूरी कर लीजिए; देखिए :—

१. धातिर किटधि नक धातिर किटधि नक धिन
२. कड़ां धातिर किटधि नक धातिर किटधि नक
३. धातिर किटति नक तक धातिर किटधि नक

आप यहाँ यह देखिए कि कितने कम अंतर से ही नवीन रूप बनते जा रहे हैं। कुछ रूप और देखिए :—

४. दींग दीना गिन दींग दींग दीना गिन।

५. दींग दींग दीना कत् धागे नधा तिरकिट।

६. तिरकिट धा धिड़ नग दींग दीना गिन।

इसी आधार से आप चाहे जितनी बना लीजिए।

दीपचंदी के लिए प्रत्येक मात्रा से मुखड़े बनाना

वैसे तो चौदह मात्राओं में बजनेवाले सभी मुखड़े प्रत्येक चौदह मात्रा की ताल में बजाए जाते हैं, फिर भी हम प्रत्येक मात्रा से उठनेवाले मुखड़े दे रहे हैं। आप इन्हें अन्य तालों में भी बजा सकते हैं; देखिए :—

एक मात्रा में—धिरकिटतक धा
×

दो मात्राओं में—तिरकिट तकतिरकिट धा
×

तीन मात्राओं में—धेऽत्ताऽ तकधिरकिटतक तकतिरकिटतक धा
×

चार मात्राओं में—धिरधिरघिड़नग धातिरघिड़नग धातिर-घिड़नग तक्ड़ां धा
×

पाँच मात्राओं में—तकिट धात्रक धिकिट कताक दींगन धा
×

छह मात्राओं में—नानाना नाकिड़नग तिरकिटतक धिरकिटतक धातिन्न कत् धा
×

सात मात्राओं में—तिद्धा कत् गदि गिन तिटकत गदिगिन धाकत धा
×

आठ मात्राओं में—कत्तूना किड़नगतिरकिट किड़नगतिरकिट तकतातिरकिट धाऽतिरकिट तकतातिरकिट धाऽतिरकिट तकतातिरकिट धा
×

नौ मात्राओं में—गेगेन ननन धाक्ड़ां धाक्ड़ां धाक्ड़ां धा कड़ांक्ड़ां धा क्ड़ांक्ड़ां धा
×

दस मात्राओं में—धागेतिट घिड़ान घिड़नग, धिरधिर-घिड़नग धातिरघिड़नग धाऽधिरधिर घिड़नगधातिर घिड़नग-धाऽ धिरधिरघिड़नग धातिरघिड़नग धा
×

ग्यारह मात्राओं में—धिंतिरकिटतक तागेतिट तकिटधा धातकिट धातकिट धा धातकिट धातकिट धा धातकिट धातकिट धा
×

बारह मात्राओं में—धाकिटता त्रकधिट धिधिनक धिनगिन धा त्रकधेत् धागेनागे तूनात्रक धा त्रकधेत् धागेनागे तूनात्रक धा
×

तेरह मात्राओं में—ताऽकिड़नग ताऽकिड़नग तिरकिटनग तिरकिटनग क्ड़ान धाकत धाकत धा धाकत धाकत धा धाकत धाकत धा
×

चौदह मात्राओं में—धिटधिट क्ड़धीतिट धितिरकिटतक तातिरकिटतक तिरकिटतकता ऽन्नकत धातीना,धा तीना,धाती धा, ऽधातीनाधा तीनाधाती धा धातीनाधा तीनाधाती धा
×

दीपचंदी के लिए तीए बनाना

जिस आधार से आड़ाचारताल में तीए बतलाए हैं, ठीक उसी प्रकार इनके तीए बनेंगे। हाँ, यदि आप इस बात का ध्यान रखें कि इस ताल में जहाँ तक हो, तबले में बजनेवाले ही बोल प्रयुक्त हों, तो अधिक उत्तम रहेगा। यहाँ कुछ उदाहरण दिए जा रहे हैं:—

एक से चौदह मात्राओं में बननेवाले तीए

एक मात्रा में—ऽक्ड़धाऽक्ड़धाक्ड़ धा
×

दो मात्राओं में—धींऽऽक्रधाऽधींऽ ऽक्रधाऽधींऽऽक्र धा
×

तीन मात्राओं में—धातिरकिट धातिरकिट धातिरकिट धा
×

चार मात्राओं में—धातिरकिटतक धाऽ,धातिर किटतकधाऽ धातिरकिटतक धा
×

पाँच मात्राओं में—ऽतिरकिटतक धाऽ ऽतिरकिटतक धाऽ ऽतिरकिटतक धा
×

छह मात्राओं में—तितिरकिटतक धाऽ ऽतितिर किटतकधा ऽऽ तितिरकिटतक धा
×

सात मात्राओं में—ताऽकतिरकिट नकनकतिरकिट धाऽताऽक तिरकिटनकनक तिरकिटधाऽ ताऽकतिरकिट नकनकतिरकिट धा
×

आठ मात्राओं में—ऽत्तकतिरकिट ताऽकिटतक धाऽ ऽत्तकतिरकिट ताऽकिटतक धाऽ ऽत्तकतिरकिट ताऽकिटतक धा
×

नौ मात्राओं में—तितिरकिटतक ऽत्तिरकिटतक धाऽ ऽतितिर किटतकऽत्तिर किटतकधाऽ ऽऽ तितिरकिटतक ऽत्तिरकिटतक धा
×

दस मात्राओं में—धातिरकिटतक तिरतिरकिटतक धाऽकत् धाऽधातिर किटतकतिरतिर किटतकधाऽ कत्धाऽ धातिरकिटतक तिरतिरकिटतक धाऽकत् धा
×

ग्यारह मात्राओं में—(धातिरकिटतक तातिरकिटतक धिंतिरकिटतक धाऽ) × ३

बारह मात्राओं में—ऽत्तिरकिटता किटतकतिरकिट धातिटधातिट धाऽ ऽऽत्तिर किटताकिटतक तिरकिटधातिट धातिटधाऽ ऽऽ ऽत्तिरकिटता किटतकतिरकिट धातिटधातिट धा
×

तेरह मात्राओं में—(धिंतिरकिटतक तिरकिटतक क्ड़धाकिट धाऽ ऽऽ) × ३

चौदह मात्राओं में—(धातिरकिटतक धिरकिटधाऽ क्ड़ांधा क्ड़धाकत् धाऽ) × ३

परन व चक्रदार

पीछे दी गईं चौदह मात्राओं की सभी परनें तथा चक्रदारें इसमें ज्यों-की-त्यों बजाई जा सकती हैं।

फरोदस्त

यह ताल भी चौदह मात्राओं की है। इसे प्रायः बड़े खयालों के साथ बजाया जाता है। इसमें कायदे, रेले, परनें, चक्रदारें आदि सब आड़ाचारताल की भाँति बजेंगे। फिर भी दो-चार परनें और दे रहे हैं। इसी प्रकार आप चाहे जितनी परनें बना लीजिए।

१. धागेतिट धिड़ाऽन नगतिर किटतक तिरकिट तकता आन धा ता कथूं गा धागे दिंग ता धेत्ता गदिगिन नगतिर किटतक तिरकिट तकता तिटकत गदिगिन धा तिटकत गदिगिन धा तिटकत गदिगिन धा
×

२. धागेतिट गदिगन तागेतिट गदिगन कृधाकिट गदिगन नागेतिट गदिगन (तकधुम किटतक गदिगिन धा,गदि गनधा गदिगन धा) × ३

३. कृधाऽन कतधाकिट तकधुमकिटतक कृधाकिट धा,गदि गनधागे तेटकृधा ऽनथुंगा तकतकथुंगा तकतकथुंगा तकतकथुंगा धाऽतकतक थुंगाधाऽ तकतकथुंगा धा
×

४. कृधान कृधाकिट कृधान कृधानन धाकिटतकधुम किटतकधाती धाऽ तकधुमकिटतक गदिगिनधा ताधा ताधा ताधा गदिगिनधा कतकृधा आनतिरकिट तकतान धाकिट-तकधुम किटतकधाती धाऽधाती धाऽधाती धाकिटतकधुम किटतकधाती धाऽधाती धाऽधाती धाकिटतकधुम किटतक-धाती धाऽधाती धाऽधाती धा
×

□

सत्रहवाँ अध्याय

गज़झंपा, चित्र, सवारी, पंचम सवारी, चतुर और यतिशेखर का पूरा बाज

गजझंपा, सवारी तथा यतिशेखर आदि का संक्षिप्त परिचय

ये सभी तालें पंद्रह मात्राओं की हैं। इन सबको तबले पर बड़े खयालों के साथ बजाया जाता है। यद्यपि इन सबमें मात्राएँ समान हैं, परंतु विभाग पृथक्-पृथक् हैं। चूँकि हम इन्हें तबले पर बजाना चाहते हैं, इसलिए इनमें पेशकार, कायदे, मुखड़े, परनें तथा चक्र-दार आदि सब-कुछ बजाएंगे। जो बोल हम यहाँ देंगे, वे इन सभी तालों में अथवा इनके अतिरिक्त और भी जो पंद्रह मात्राओं की तालें हैं, उनमें खूब बजाए जा सकते हैं।

पंद्रह मात्राओं के लिए पेशकार बनाना

पेशकार में बजनेवाले किन्हीं पन्द्रह मात्राओं के बोलों की रचना को बजाकर, दूसरी आवृत्ति में उसके चार, पाँच, छह या सात (जैसी इच्छा हो) मात्राओं तक के बोलों को 'ता' से बजाकर आवृत्ति पूरी कर लेते हैं; जैसे :—

१. धाक्‌ धाती धाधा धिंधा ऽधा धिंधा धाधा धिंधा ऽधा धिंधा धाती धाक्‌ धिंधा ऽधा धिंधा। ताक्‌ ताती ताता तिंता ऽता तिंता ताता। बजाकर आठवीं से पंद्रहवीं तक को ज्यों-का-त्यों बजा दीजिए।

२. तिरकिट धाधा तीधा तीधा तिरकिट धाधा धिंधा तिरकिट धाती धाधा ऽधा धिंधा धाती धाधा धिंधा। तिरकिट ताता तीता तीता तिरकिट ताता तिंता। आठवीं से पंद्रहवीं तक को ज्यों-का-त्यों बजाइए।

३. घिड़ान धाती धाधा धिंधा तिटघिड़ा ऽनधा ऽधा धाती धाक्‌ धाधिं धाधा धिंधा ऽधा तिटघिड़ा ऽनधा। किड़ान ताती ताता तिंता तिटकिड़ा ऽनता ऽता। आठवीं से १५वीं तक ज्यों-का-त्यों बजाइए।

इनके मुखड़े बनाना

यदि किसी तीए से पहले कुछ बोल जोड़कर उसे पंद्रह मात्राओं का बना लें, तो वे ही इन तालों में बजनेवाले मुखड़े कहलाएँगे। उदाहरण के लिए हम कुछ मुखड़े यहाँ दे रहे हैं। इसी आधार से आप भी चाहे जितने मुखड़े बना लीजिए।

१. धेत्धेत् त्रकधेत् धागेतिट कतिटधा ऽनधाऽ तिटकत गदिगिन धेत्धेत् त्रकधेत् तगेऽन्न धा,त्रक धेत्तगे ऽन्नधाऽ त्रकधेत् तगेऽन्न धा
×

२. ताकिड़नग ताकिड़नग तिरकिटनग तिरकिटनग तक्ड़ां तक्ड़ां धिरकिटतक धातीना कत् धाऽ धातीना कत् धाऽ धातीना कत् धा
×

३. धातिर धिड़नग तूनाकिड़नग धातिर घिड़नग धातिर धिड़नग तूना किड़नग तिरकिट तकतक तिरकिट धाऽ नधा ऽन धाऽ, तिरकिट तकतक तिरकिट धाऽ नधा ऽन धाऽ तिरकिट तकतक तिरकिट धाऽ नधा ऽन धा
×

४. धागेतिट घिड़ाऽन धिड़नग धिरधिरकत् (धिरधिरकत् तिरकिटतक धिरकिटतकधाती धाऽ) × ३

इनकी गतें बनाना

इनकी गतें बनाने के लिए कोई पन्द्रह मात्राओं के बोल तैयार कर लीजिए। दुबारा उन्हीं में कुछ को 'ता' से बजा दीजिए; जैसे :—

१. धी ना क्धा ऽन धगि नधा किटतक धिन गिन तक धी ना क्धा ऽन तक ती ना क्ता ऽन तागे नता किटतक धिन गिन तक धी ना क्धा ऽन तक।

२. धाऽ तिट घिन तूना क्धा तिट घिन तूना तिट घिन तूना क्धा तिट घिन तूना ताऽ तिट किन तूना

क्ता तिट किन तूना तिट घिन तूना क्धा तिट घिन तूना।

३. धिना ऽधा त्रक तक धिना ऽधा त्रक धिन गिन धागे तिट धागे त्रक धीन गिन तिना ऽता त्रक तक तिना ऽधा त्रक धिन गिन धागे तिट धागे त्रक धिन गिन।

४. धातिर किटधा तूना किटधा तूना धिरकिट तकधा तूना धिरकिट तकधा तूना घिड़नग तिरकिट तकधा तूना। तातिर किटता तूना किटता तूना बजाकर आगे की दस मात्राएँ ज्यों-की-त्यों बजाइए।

आड़ी गत

५. धागेन धात्रक धिकिट धिनक तिन्न धागेन धात्रक धिकिट धागेन धात्रक धिकिट धात्रक धिकिट धिनक तिन्न। ताकेन तात्रक तिकिट किनक शेष ज्यों-की-त्यों बजाइए।

इनके रेले बनाना

ठीक इसी आधार पर किसी पन्द्रह मात्राओं के बोलों से रेले बनाए जा सकते हैं। जैसे :—

१. धातिर किटधा तिरकिट धाधा, धातिर किटधा तिरकिट धातिर, किटधा तिरकिट धाधा तिरकिट धाधा धातिर किटतक।

इसमें प्रारंभ के पाँच मात्राओं के बोलों को 'ता' से और शेष को ज्यों-का-त्यों पूरा कर लीजिए; इसी आधार पर एक-दो रेले और देखिए। इनमें केवल पंद्रह मात्राएँ और लिखेंगे; शेष को आप स्वयं पूरा कर लीजिए।

२. धातिर किटधा तिरकिट धातिट धिड़नग तिरकिट तकता किटतक धातिर किटधा तिरकिट धातिर धिड़नग धिरधिर धिड़नग।

३. धातिर किटतक धिरधिर धातिर किटतक धिरधिर किटतक तातिर किटतक तिरतिर धातिर किटतक धिरधिर धातिर किटतक।

इनके लिए कायदे बनाना

जब किसी पन्द्रह मात्राओं के टुकड़े को एक बार 'धा' से और दूसरी बार 'ता' से बजा देंगे, तो यही हमारा दो आवृत्तियों का कायदा बन जाएगा। यदि केवल एक आवृत्ति के ही कायदे बनाने हों तो 'धा' से बजनेवाली पहली पन्द्रह मात्राओं को बजाकर ही दूसरा कायदा शुरू कर दिया जाता है। अब हम केवल पन्द्रह मात्राओं के कायदों के कुछ उदाहरण दे रहे हैं; देखिए :—

१. धाती धाधा तिरकिट धाधा तिरकिट धाती धाधा ऽधा तिरकिट धाती धाधा तिरकिट धाधा ऽधा तिरकिट।

२. धिना ऽधा तिरकिट धागे नधा तिरकिट धाधा तिरकिट धाती नाधा तिरकिट धाती धिड़ाऽन धाधा तिरकिट।

३. धीना धीना ऽधा तिरकिट तूना तिद्धा ऽगधा तिरकिट ऽगधा तिरकिट धाती धाती तिद्धा धिना ऽगधा।

४. तिद्धा तिद्धा ऽगधा तिद्धा ऽगधा तिरकिट तकतिर किटतक तकता तिरकिट तिद्धा धाती तिना ऽगधा।

५. धीना धीना ऽधा तिरकिट तिरकिट धीना ऽधा तिरकिट तूना तिद्धा तिरकिट तिद्धा धिना धिना ऽगधा।

पंद्रह मात्राओं के लिए सम-से-सम तक तिहाइयाँ बनाना

जब किसी पाँच मात्राओं के टुकड़े को तीन बार बजा देंगे, तो वही पन्द्रह मात्राओं का तीया हो जाएगा। इसके तुरन्त बाद आनेवाला 'धा' सम होगी। ऐसी सूरत में यदि इन पाँच मात्राओं के टुकड़े में प्रारम्भ की मात्रा के आधे भाग में 'धा' आ जाए तो (यद्यपि तीया पूरा बजने के बाद सम के लिए दुबारा 'धा' बजाना पड़ेगा, चूँकि सुनने में प्रत्येक मात्रा में 'धा' आ रहा है) भ्रम यही उत्पन्न होगा कि यह सम-से-सम तक का तीया हो गया। हम इसी आधार पर पाँच-पाँच मात्राओं के कुछ टुकड़े लिख रहे हैं। आप इन्हें लगातार तीन बार बजाइए; देखिए आप भी भ्रम में पड़कर यही अनुभव करेंगे कि यह पन्द्रह मात्राओं का तीया है।

इसमें यदि आप प्रारंभ के 'धा' को जोर से कहें, तो भ्रम की पुष्टि और भी हो जाएगी।

१. धाकिट त्रकधेत् तागेतिट त्रकधेत् तगेऽन्न।

२. धातिर किटतक तिरकिट तकता क्ड़ान।

३. धातिर किटतक तगतिर किटतक क्ड़ान।

४. धाधिर किटतक तातिर किटतक तघ्ड़ान्।

५. धाऽतिट धातिरकिटतक तकतिरकिटतक धातित् धातित्, आदि अनेक बनाए जा सकते हैं।

पंद्रह मात्राओं के लिए परनें बनाना

परनें बनाने के लिए किसी भी तिहाई से पहले कुछ बोल घटा-बढ़ाकर पंद्रह मात्राएँ पूरी करके सम बजा दीजिए। यही आपकी सादा परन कहलाएगी। यदि चाहें तो इसे बिना तीए के भी बजा सकते हैं। अब कुछ उदाहरण देखिए—१. धाकिट तिरकिट
×
तकता किटतक तिरकिट तकता तिरकिट किटतक तिरकिट धा किटतक तिरकिट धा किटतक तिरकिट धा
×

२. तिरकिट तकता तिरकिट किटतक धाधा तिरकिट
×
तकता तिरकिट किटतक गदिगिन धा,तिट कतगदि गिनधा, तिटकत गदिगिन धा
×

३. धाधा ऽधा तिरकिट घ्ड़ान तग्घिड़ा ऽनधा तिरकिट
×
घ्ड़ान किटतक तिरकिट तकतक घिड़ाऽन धा,घिड़ा ऽनधा घिड़ाऽन धा
×

४. धाकिट तिरकिट तकता किटतक तिरकिट तकता तिरकिट किटतक तिरकिट धा किटतक तिरकिट धा किटतक तिरकिट धा, आदि।
×

इस प्रकार चाहे जितनी परनें बना लीजिए।

पंद्रह मात्राओं के लिए चक्रदार बनाना

जब किसी ऐसे सोलह मात्राओं के टुकड़े को जो तीए सहित हो, जिसमें बारह मात्राओं का बोल और चार मात्राओं का धा सहित मुखड़ा हो, तीन बार बजाकर दो मात्राओं का दम दे देंगे तो यही हमारी चक्रदार बनेगी; जैसे :—

[कातिरकिटधे तेटेकातिर किटधेतेटे कत्कत् कातिरकिटधे तेटेतक घेतिरकिटतक तातिरकिटतक ताऽ धाऽ धातिरकिटधे तेटेकत् (घेतिरकिटतक तातिरकिटतक तेटेकत् धा) ३]×३

□

अठारहवाँ अध्याय

रुद्र, मणि, कुंभ, ध्रुव, शंकर, त्रिपुट और चंद्रमणि आदि का पूरा बाज

रुद्र, मणि, कुंभ आदि का परिचय

ये सभी तालें, जिनके नाम इस अध्याय में दिए गए हैं, ग्यारह मात्राओं की हैं। इसलिए किसी एक में बजनेवाले समस्त बोल प्रत्येक में सुन्दरता से बजाए जाते हैं। तबले में बजनेवाले सभी प्रकार, जैसे—पेशकार, क़ायदे, गतें, रेले, तिहाइयाँ, परनें और चक्रदार आदि इनमें बजाई जाती हैं। ये सभी तालें अभी तक कम गाई बजाई जाती हैं; किंतु लेखक का ऐसा विश्वास है कि दस-पंद्रह वर्षों के अंदर ये खूब प्रचलित हो जाएँगी। अतः उत्तम तबला-वादक बनने के लिए इनका भी अभ्यास करना आवश्यक है।

इनके पेशकार बनाना

जब किसी ग्यारह मात्रा के टुकड़े को एक बार 'धा' से बजाकर, दुबारा उसे ही 'ता' से बजा देंगे, तो यही हमारे दो आवृत्तियों के पेशकार होंगे। जैसे—१. धीक्ड़ धिता ऽधा धिता ऽधा धाधा धिता धातित् धातित् धाधा धिता। तीक्ड़ तिता ऽता तिता ऽता ताता तिता धातित् धातित् धाधा धिता। इसी क्रम से अनेक रचनाएँ की जा सकती हैं। अब हम यहाँ केवल ग्यारह मात्राएँ लिख रहे हैं, उन्हें 'ता' से बजाकर आप स्वयं पूरा कर लीजिए; देखिए :—

२. धाग धाती तिरकिट धाक्ड़ धाती धाधा धिधा ऽधा तिरकिट धिधा ऽधा।

३. तिरकिट धिधा ऽधा तिरकिट धाती धाधा धिधा ऽधा तिरकिट धाधा धिधा।

४. धीक धिना ऽकता धीक धिता ऽधा धिता धातित् धातित् धाधा धिधा।

५. धीक धिधा ऽधा तिरकिट धाती धाधा ऽध। तिरकिट धाती धाधा धिधा, आदि। इसी प्रकार से अनेक पेशकार बनाए जा सकते हैं।

इनके लिए कायदे बनाना

जब किसी ग्यारह मात्राओं के टुकड़े को एक बार 'धा' से तथा दूसरी बार 'ता' से बजा देंगे, तो यही हमारा इन तालों के लिए कायदा बन जाएगा। जैसे :—

१. धात्र कधि नक धात्र कधि नक धीना गिन धात्र कधि नक तात्र कति नक तात्र कति नक धीना गिन धात्र कधि नक।

इन्हीं बोलों को उलट-पलटकर या इनमें कुछ परिवर्तन करके नए-नए कायदे बनाए जा सकते हैं। इसी आधार पर बनाए कुछ कायदे देखिए। इनमें केवल ग्यारह मात्राएँ लिख रहे हैं, इन्हें दुबारा 'ता' से बजाकर आप स्वयं पूरा कर लीजिए।

२. धात्र कधि नक धिना गिन धात्र कधि नक धात्र कधि नक।

३. धिन धागे नधा त्रक धिन धागे त्रक धागे त्रक धीना गिन।

४. धिना गिन धागे त्रक धिना गिन त्रक धागे त्रक धीना गिन।

५. धाऽ धिना तिट धिना धाधा धीना तिट धीना धागे तुन्ना कता आदि।

यदि इनमें आड़ी लय के बोल रख देंगे, तो यही कायदे आड़ी लय के बन जाएँगे; जैसे—६. धिना धागेन धागेति टकिट धाऽक्र धातिट धात्रक धिटक धाऽन धीनाती नागिन।

७. धाऽक्र धातिट धात्रक धिटक धाऽन ताऽन धागेन धागेति टकिट धीनाति नागिन आदि। इन दोनों को 'ता' से आप बजा दीजिए। इसी आधार से चाहे जितने कायदे बना लीजिए।

इनके लिए मुहरे या मुखड़े बनाना

जब किसी भी तीए से पहले कुछ बोल घटा-बढ़ाकर उसे

ग्यारह मात्राओं में पूरा कर देंगे तो यही हमारे मुखड़े होंगे; जैसे :—

१. धाऽधाऽ कृधाऽन धागेनधा तिरकिटधिन गिनतक कृधातिरकिट तकधिरकिटतक धाऽत्धा गेनधाऽ धागेनधा ऽधागेन धा
×

२. तकिटधा दींगनधा धेंतिरकिट दींगनधा धेंतिरकिटतक तातिरकिटतक तातिरकिटतक तक्ड़ाऽन धाऽतक कड़ाऽनधाऽ तक्ड़ान धा
×

३. धिनधिन तिटतिट कृधाऽन कृधातिट धात्रकधि किटतक घेघेनाना घेघेतिरकिट धाऽ,घेघे तिरकिटधाऽ घेघेतिरकिट धा
×

४. तिरकिटधेत् धिटधिट कृधाऽन्ता किड़नगतिरकिट तकधिरकिटतक धातीधाऽ,किड़ नगतिरकिटतक धिरकिटतकधाऽ तीधाऽ,किड़नग तिरकिटतकधिर किटतकधाती धा, आदि अनेक बनाए जा सकते हैं।
×

इनके लिए परनें बनाना

जब किसी प्रकार के बोलों से ग्यारह मात्राओं की रचना कर लेंगे तो उसे एक आवृत्ति की और बाईस या तेतीस मात्राओं की रचना को क्रम से दो या तीन आवृत्तियों की परन कहेंगे; जैसे :—

१. धाकिट तकधुम किड़नग धड़ऽन्न नगनग धिनक,धि
×
किट,धिन क,धिकिट कृधाकिट कात्रकधि किटधेऽ तड़ऽन्न नगनग धिनक,धि नगधिन तिरकिट तकताऽ कधाऽता धाऽ कधाऽता धाऽ कधाऽता धा
×

२. धागेतिट तागेतिट गदिगिन नागेतिट किटतक नधाऽन धाकिट तकनधा ऽनधाऽ किटतक नधाऽन धा
×

३. धगनधि किटधा तिटतक धुमकिट तागेतिट दिगनन नगतिट कतिटता ऽकतिट धाऽतिट धाऽतिट धा
×

४. धकिटधा किटधाधा किटक्धा किटधाधा किटतक धेधेतिट दिंकिटधा दिंताक्धा कत्तिट धेधेतिट कत्ताऽन तकधुम किटतक गदिगिन धाऽक्धा तिटधागे तिटकत गदिगिन धाऽकत गदिगिन धाऽकत गदिगिन धा
×

इसी आधार से अनेक परनें बनाई जा सकती हैं।

इनके लिए रेले बनाना

रेलों में प्रयुक्त होनेवाले किन्हीं भी ऐसे ग्यारह मात्राओं के बोलों की रचना, जिसमें कुछ बोल 'धा' से बजाकर, उन्हें ही बाद में 'ता' से बजा दिया जाए तो यही हमारे 'रेले' कहलाएँगे; जैसे :—

१. धातिर किटतक तिरकिट तकता तिरकिट धातिर किटतक तिरकिट तकता तिटकत गदिगिन तातिर किटतक तिरकिट तकता तिरकिट धातिर किटतक तिरकिट तकता तिटकत गदिगिन।

अब हम केवल ग्यारह मात्राएँ लिखेंगे। अगली ग्यारह आप स्वयं 'ता' से बजाकर पूरी कर लीजिए।

२. धातिर धिड़नग तकत् धाऽ धातिर धिड़नग तकत् धा तिटतिट धिड़नग तिरकिट।

३. धाकिट तिरकिट तकता तिटतक तिरकिट नगतिर किड़नग तिरकिट तूना किड़नग तातिर

४. धिरधिर धिड़नग तीना धिड़नग धिरधिड़ नगतक तिरतिर किड़नग धिरधिर धिड़नग तीना। इसी आधार से चाहे जितने रेले बना लीजिए।

इनके लिए तिहाइयाँ बनाना

इन तालों के लिए तिहाइयाँ बनाने का सबसे सरल नियम यह है कि जब किसी तीन मात्राओं के बोल के आगे चौथी मात्रा में 'धा' बजा दें और इस कुल को तीन बार बजा दें, तो हमारी तिहाइयाँ हो जाएँगी; जैसे :—

१. गदिगिन धेत्ता गदिगिन धा, गदिगिन धेत्ता गदिगिन धा गदिगिन धेत्ता गदिगिन धा।

अब हम केवल तीन बोल और एक 'धा' लिख रहे हैं। इन्हें ऊपर की भाँति बजाकर आप स्वयं पूर्ण कर लीजिए।

२. धातित्   धाक्ड़ान्   धाऽकत   धा

३. तिरकिट   नगतिर   किटतक   धा

४. तग्घड़ान   धाऽतूऽ   नाऽकत   धा

५. धागेन   धाऽगेन   तूनाकत   धा, आदि। इसी आधार से चाहे जितने तीए बनाए जा सकते हैं।

इनके लिए चक्रदार बनाना

जब किसी तीएयुक्त सात मात्राओं के आगे आठवीं मात्रा में 'धा' बजाकर, पुनः आठवीं में ही उस बोल को बजा देंगे, तो यह हमारा साढ़े सात मात्राओं का बोल बनेगा। जब इस टुकड़े को तीन बार बजा देंगे, तो यही हमारी दो आवृत्तियों की चक्रदार बन जाएगी। नीचे हम एक साढ़े सात मात्राओं के बोल को तीन बार बजाकर चक्रदार लिख रहे हैं।

१. कत्तिट   धेधेतिट,   धागेतिट   क्धातिट   धाऽक्धा
तिटधाऽ   क्धातिट   धाऽ,कत्त   तिटधेधे   तिटधागे   तिटक्धा
तिटधाऽ   क्धातिट   धाऽक्धा   तिटधाऽ   कत्तिट   धेधेतिट
धागेतिट   क्धातिट   धाऽक्धाऽ   तिटधाऽ   क्धातिट   धा
×

इसी आधार पर और चक्रदार बनाने के लिए हम किसी तीन मात्राओं के टुकड़े के आगे चार मात्राओं का तीया जोड़कर सात मात्राएँ पूरी करेंगे। आठवीं मात्रा के पहले आधे भाग में 'धा' और दूसरे आधे भाग से फिर उसे ऊपर की भाँति बजा देंगे। इसलिए यहाँ केवल आठ मात्राएँ लिख रहे हैं। इन्हें आप स्वयं पूरा कर लीजिए।

२. धागेधिट   तागेतिट   धेधेतिट,   गदिगिन   धाऽगदि गिनधाऽ   गदिगिन   धा।

३. कततिट तिटतिट तगतिर, किटतक धाऽकिट तकधाऽ किटतक धा।

४ धातिरकिटधा तूनाकिड़नग तातिरकिटतक धिरधिर-किटतक धाऽधिरधिर किटतकधाऽ धिरधिरकिटतक धा। इसी आधार से चाहे जितनी चक्रदारें बनाई जा सकती हैं।

ग्यारह मात्राओं के लिए फरमाइशी चक्रदार बनाना

इसमें नौ मात्रा का बोल और तीन बार बजने के लिए धा सहित तीन मात्रा का मुखड़ा बजाकर एक मात्रा का दम देना है। यह एक चक्र हुआ। इस कुल को तीन बार बजाना है।

□

उन्नीसवाँ अध्याय

मत्त, गणेश, लक्ष्मी, बसंत, चंद्र और पुराण आदि का पूरा बाज

मत्त, गणेश, लक्ष्मी, बसंत आदि का परिचय

इस अध्याय में आई हुई सारी तालें अठारह मात्राओं की हैं। केवल बसंत ताल नौ और अठारह, दोनों मात्राओं की पाई जाती है। चूँकि अठारह मात्राओं में बजनेवाले सभी बोल नौ मात्राओं के ठेकों में भी सरलता से बजाए जा सकते हैं, अतः हम इन सब तालों को एक ही स्थान पर ले रहे हैं। ये सभी तालें पखावज की होने के कारण, इनमें बजनेवाले बोलों में पखावज के बोलों की अधिकता रहेगी। चूँकि इन्हें तबला-अध्याय में ले रहे हैं। अतः अठारहवें अध्याय में दिए गए तबले के प्रकार इन तालों में भी बजाए जा सकते हैं। सबसे पहले कुछ मुखड़े देखिए :—

इनके लिए मुखड़े बनाना

जब किसी तीए से पहले कुछ मात्राएँ जोड़कर, उनकी संख्या अठारह करदें, तो यही हमारे मुखड़े बन जाएँगे; जैसे :—

१. तगिऽन्न घेघे तगिऽन्न घेघे तिरकिट धिंधि तिरकिट धिरकिट कताक तिरकिट धाऽ तिरकिट कताक तिरकिट धाऽ तिरकिट कताक तिरकिट धा।
×

२. किटतक थुंथुं तकथुं थुंकिट तकधुम किटतक तकथुं थुंकिट तकधुम किटतक तकधुम तिरकिट धाऽ तकधुम तिरकिट धाऽ तकधुम तिरकिट धा।
×

३. धागेतिट धागेतिट तागेतिट तागेतिट कृधाकिट धागेतिट गदिगिन नगतिट तकिटत काऽकिट तकनगे ऽनधाऽ धाऽकिट तकनगे ऽनधाऽ धाऽकिट तकनगे ऽनधाऽ धा।
×

४. कत्तिट धेधेतिट धिनतिरकिटतक तागेतिट धाधा दिंदिं नानानाना तिटतिट किटतक नगेऽन धाधा धाऽ,किट तकनगे ऽनधाऽ धाधा, किटतक नगेऽन धाधा धा।
×

इसी आधार से चाहे जितने मोहरे बनाए जा सकते हैं।

इनके लिए परनें बनाना

जब कोई तीया-सहित अथवा तीया-रहित बोल इस प्रकार बजा दिया जाए कि अंतिम 'धा' उन्नीसवीं मात्रा पर आए, तो हम उसे इन तालों में बजा सकते हैं; जैसे :—

१. धागेतिट तागेतिट धिंतिरकिटतक तागेतिट धिटधिट तागेतिट धेत्तगे ऽन्नधेत् तगेऽन्न ताऽतिरकिट धेत्धेत् तगेऽन्न धातिरकिट धेत्धेत् तगेऽन्न धातिरकिट धेत्धेत् तगेऽन्न धा।
×

२. कत्तिट कताऽन धेधेदिंऽ ताऽऽऽ कृधेऽधा ऽनधाऽ धेधेताऽ धेधेतिरकिट धेधेतिरकिट धाऽकत्त धाऽ धेधेतिरकिट धेधेतिरकिट धाऽकत्त धाऽ धेधेतिरकिट धेधेतिरकिट धाऽकत्त धा।
×

३. धाधाऽ धाऽकिट तकधुम किटतक धिऽत्ताऽ धिऽत्ताऽ तकधाऽ दिंऽताऽ किटतका धदिगिन धाऽधाऽ दिंऽताऽ किटतका धदिगिन धाऽधाऽ दिंऽताऽ किटतका गदिगिन धा।
×

४. धे:धे: धेधिर किटतक धेऽत्तला ऽनधा तीऽत्ताऽ तकधाऽ दिंऽताऽ किटतक धदिगन धाऽधाऽ धाकिट तकधदि गनधाऽ धाऽधाऽ किटतक धदिगन धाऽधाऽ धा।
×

५. धाऽकिट तकिटत काऽकिट धुमकिट तकिटत काऽकिट तकतक धुमकिट तकिटत काऽकिट तकिटत काऽकिट किटतक तकधुम किटधुम किटतका धदीगन धाऽ

धाऽधाऽ धाऽधाऽ धा तकधुम किटधुम किटतक धदीगन धाऽ धाऽधाऽ धाऽधाऽ धाऽ तकधुम किटधुम किटतक धदीगन धाऽ धाऽधाऽ धाऽधाऽ धा।
×

आड़ी लय की परनें बनाना

यदि हम इनमें आड़ी लय के बोल रख देंगे, तो यही हमारी आड़ी लय की परनें कहलाएँगी। जैसे :—

१. तकिट धिकिट तकिट धाऽत धात्रक धिकिट तकाऽ धाऽत तात्रक तकिट तकाऽ धाऽत धाऽऽ तकाऽ धाऽत धाऽऽ तकाऽ धाऽत धाऽ।
×

२. धाऽन धिकिट धात्रक धिकिट कृधेऽ धिकिट घेघेना नाकिट नकिट तकिट धात्रक धिकिट कृधेऽ दींगन धाऽऽ दींगन धाऽऽ दींगन धा, आदि चाहे जितनी परनें बनाई जा सकती हैं। ×

इनके लिए तिहाइयाँ बनाना

जब अठारह मात्राओं में तीया बजाना हो, अर्थात् उन्नीसवीं पर सम रखनी हो, तो ऐसे तीयों में, तीए का भ्रम उत्पन्न किया जाता है। अन्यथा ये तीए सम-से-सम तक के नहीं बैठते। भ्रम उत्पन्न करने के लिए रचना ठीक प्रकार की जाती है, जैसी पंद्रह मात्राओं की तालों में की थी। उसी आधार पर हम यहाँ छह-छह मात्राओं के कुछ बोल बनाकर लिख रहे हैं। आप इन्हें लगातार तीन बार बजाकर अंत में 'धा' बजाइए। आपको तीए का भ्रम उत्पन्न हो जाएगा; देखिए :—

१. धाऽकिट त्रकधेत् धागेतिट तागेतिट त्रकधेत् तगेऽन्न
२. धाऽकिट तकधुम किटतक धुमकिट तकिटत काऽकिट
३. धाऽतिर किटतक तगतिर किटतक नगतिर किटतक
४. धाऽकिट किड़नग नगतिर गदिगिन धाऽकिट किड़ाऽन आदि। इसी आधार से चाहे जितने तीए बना लीजिए।

इनके लिए रेले बनाना

जब रेले में बजनेवाले किन्हीं नौ मात्राओं के बोलों को एक बार 'धा' से और दूसरी बार 'ता' से बजा देंगे, तो यही हमारे रेले कहलाएँगे; जैसे :—

१. धातिर किटतक तातिर किटतक धातिर किटधा तिरकिट धातिर किटतक तातिर किटतक तातिर किटतक तातिर किटता तिरकिट धातिर किटतक।

२. धाकिट तिरकिट तकता तिरकिट धाधा तिरकिट तकता तिरकिट तकधुम ताकिट तिरकिट तकता तिरकिट ताता तिरकिट तकता तिरकिट तकधुम।

अब रेले की केवल नौ मात्राएँ लिख रहे हैं। अगली नौ मात्राएँ, जो 'ता' से बजेंगी, आप स्वयं पूरी कर लीजिए। देखिए :—

धातिरकिटतक धागेतिरकिट तकतातिरकिट किटतक-तिरकिट नगतिरकिटतक तीधातिरकिट धातिरकिटधा तिरकिट-धाधा ऽधातिरकिट, आदि अनेक रेले बनाए जा सकते हैं।

इनके लिए चक्रदार बनाना

कोई चौदह मात्राओं का बोल लेकर उसके आगे 'धा' सहित पाँच मात्राओं का मुखड़ा लेकर और दो मात्राओं का दम देकर बजाने से चक्रदार बनेगी। इसमें 'धा' सहित मुखड़ा तीन बार बजेगा, तब दम दिया जाएगा। इसके एक चक्र का रूप निम्न-प्रकार का होगा :—

——— + ——— + धा + ——— + धा
बोल १४ मात्राओं का ४ मात्राओं का मुखड़ा ४ मात्राओं का मुखड़ा

+ ——— + धा + २ मात्राओं का दम
चार मात्राओं का मुखड़ा

□

बीसवाँ अध्याय

शिखर, विष्णु, कोकिला, चूड़ामणि, देवध्वनि, मयूर और सागर आदि का पूरा बाज

शिखर, विष्णु, चूड़ामणि आदि का परिचय

ये सभी तालें सत्तरह मात्राओं की हैं। सब ध्रुवपद-अंग की तालें होने के कारण पखावज पर बजाई जाती हैं, अतः इनमें प्रयुक्त होनेवाले बोलों में पखावज के बोलों का प्राधान्य रहेगा। इन तालों में भी तबले पर बजनेवाले प्रकार; जैसे—मुखड़े, परनें, रेले, तीए और चक्रदार आदि बजाए जाते हैं।

इनके लिए मुखड़े बनाना

जिस प्रकार पिछले अध्यायों में हम मुखड़े बनाना बतला आए हैं, ठीक उसी प्रकार इन तालों में भी समझिए। कुछ उदाहरण नीचे दे रहे हैं :—

१. तागेतिट तिटधागे तिटधागे दिंदिं नानाकिट धागेतिट धागेदिऽ न्नाऽगिन कत्धित् धित्धित् किड़ाऽन दिंता धाऽनधा कत्ताधान धाऽकत्ता धानधाऽ कत्ताधान धा।
×

२. धाऽदिन धाऽकिट तकिटत काऽकिट धिधिकिट धुमकिट तकधेऽ एऽत्ताऽ घिनतरा ऽनधाऽ घेघेतिट कड़धाऽन धाऽघेघे तिटकड़धा ऽनधाऽ घेघेतिट कड़धाऽन धा।
×

३. धेत्धेत् तिरकिट धेत्तिट तिटधिट कत्धिड़ा ऽनकत् थुंऽगाऽ कत्धिट धिटकड़ान कड़ानधाऽ धाऽकत् धिटधिट कड़ानकड़ान धाऽधाऽ कत्धिट धिटकड़ान् कड़ान्धाऽ धा आदि। इसी आधार पर अनेक मुखड़े बनाए जा सकते हैं।

इनके लिए परनें बनाना

जब किसी प्रकार के बोलों से सत्तरह मात्राओं की रचना करली जाए तो उसे इनकी परन कहेंगे। वैसे, ऊपर दिए हुए

मुखड़े भी एक-एक आवृत्ति की परनों का काम दे सकते हैं। फिर भी कुछ बोल बनाकर और लिख रहे हैं :—

१. धिटधिट क्ड़धातिट कतधिड़ा ऽनधग तिटतागे तिटधाधा क्ड़धातिट कतगदि गिनधाऽ तिटक्ड़धा ऽनतिट कत्कत् धेधेतिट तिटक्ड़धाऽ ऽनधाऽ तिटकत गदिगिन धगतिट तगतिट धेत्ता क्ड़ान् धाधा धा, धगतिट तगतिट धेत्ता क्ड़ान् धाधा धा, धगतिट तगतिट धेत्ता क्ड़ान् धाधा धा।
×

२. कत्तातिट घेघेतिट कताऽक थुंऽकिट किटतक दिंऽदिंऽ किड़नग तिटकत घेघेतिट तकथुंऽ तकघेघे दिंऽदिंऽ धिनाघिड़ा ऽनधाऽ तूऽनाऽ किटतक क्ड़धातिट धिरकिट नानाकिट धुमकिट धिरधिर किटतक धाऽधिर किटतक धा, धिरधिर किटतक धाऽधिर किटतक धा, धिरधिर किटतक धाऽधिर किटतक धा।
×

इनके लिए रेले बनाना

जब रेले में बजनेवाले बोलों के आधार से किन्हीं सत्तरह मात्राओं के बोलों को पहले 'धा' से और बाद में उन्हें ही 'ता' से बजा देंगे, तो यही इन तालों के लिए रेले बन जाएँगे। यहाँ हम केवल पहली सत्तरह मात्राएँ लिख रहे हैं। 'ता' से बजनेवाली सत्तरह मात्राएँ आप स्वयं पूरी कर लीजिए :—

१. धातिर किटतक धिरधिर किटतक धिड़नग तकधिड़ तूऽनाऽ किटतक तकधिर किटतक धिरधिर धिरधिर धिड़नग धाऽतिर किटतक तीऽनाऽ किड़नग।

२. धाऽक्ड़धा तिटघिन धाऽक्ड़धा तिटघिन धातिटधा तिटघिन धातीघिन तिटघिन धातिटधा तिटक्ड़धा धातीगिन धागेनधा तिटघिन धातीघिन धातीघिन धागेनधा तिटघिन आदि। इसी आधार से चाहे जितने रेले बनाए जा सकते हैं।

इनके लिए तीए बनाना

जब 'धा' सहित किसी भी छह मात्राओं के बोल को तीन बार बजा देंगे तो अंतिम 'धा' अठारहवीं मात्रा पर आएगा। बस, यही इन तालों के लिए आपकी तिहाइयाँ होंगी। अब हम केवल छह मात्राओं के बोल लिख रहे हैं। प्रत्येक को तीन-तीन बार बजाइए। इसी आधार से आप चाहे जितनी तिहाइयाँ बना सकते हैं; देखिए :—

१. कत्कत् तिटतिट धुमतिट तागेतिट घेघेतिट धा

२. धाधाधा दिंदिंदिं नानाना तिंतिंतिं तकतकतक धा

३. धिरधिर किटतक तातिर किटतक तग्घ्ड़ान् धा, आदि।

इनके लिए चक्रदार बनाना

फरमाइशी चक्रदार बनाने के लिए जब किसी तेरह मात्राओं के टुकड़े में धा सहित पाँच मात्रा का मुखड़ा जोड़कर तीन बार बजा देंगे, तो वही हमारी फरमाइशी चक्रदार होगी। अब हम इस आधार पर केवल तेईस मात्राओं के कुछ बोल लिख रहे हैं। आप प्रत्येक को तीन बार बजाइए और चक्रदार को पूरा कर लीजिए :—

१. [घेघेतिट घेघेतिट तकितट काऽकिट तक्किट धुमकिट तकिटत काऽकिट धाऽकिट तकिटत काऽकिट तकिटत काऽकिट (कत्ताघेघे तिटकत्ता घेघेतिट तगेऽन्न धा) × ३] × ३

२. [कत्तातिट तिटतिट कत्तातिट तिटतिट कत्तातिट धगेऽन कत्तातिट तगेऽन धित्धित् धेऽत्ताऽ धिधिकिट धुमकिट किटकिट (गदिगन धाऽधाऽ किटधुम किटधाऽ धाऽ) × ३] × ३

इसी आधार से चाहे जितनी मात्राओं का तीया जोड़कर, तेईस मात्राएँ पूरी करके चाहे जितनी चक्रदार बनाई जा सकती हैं।

□

इक्कीसवाँ अध्याय

नीलांबुज, अणिमा, शंख, जगदंबा, वर्धन, मनसिज और श्रवणनील का पूरा बाज

इस अध्याय में आई हुई तालों का परिचय

इस अध्याय की सारी तालें अप्रचलित हैं। कारण यह है कि इनमें नीलांबुज, अणिमा और शंख तेरह-तेरह मात्राओं की हैं। जगदंबा और वर्धन, उन्नीस-उन्नीस मात्राओं की हैं। मनसिज और श्रवणनील इक्कीस-इक्कीस मात्राओं की हैं। ये सभी तालें पखावज की हैं। इन तालों में मात्राओं की संख्या विषम होने के कारण बहुत कम बजाई जाती हैं। जो समझदार वादक हैं, वे बाईसवें अध्याय को ध्यान से पढ़कर यह स्वयं समझ लेंगे कि प्रत्येक ताल में सफलतापूर्वक टुकड़े, मुखड़े, तिहाइयाँ आदि लेने का रहस्य क्या है। फिर भी इन तालों के लिए बोल लिख रहे हैं। ये बोल तबले के बोलों के आधार पर बनाए जा रहे हैं।

इनके लिए मुखड़े बनाना

१. इन तेरह मात्राओं को प्रत्येक ताल में बजाया जा सकता है—
'कत्तिर किटतक तिरकिट तकतिर किटतक धाऽकिट तित्ता धाऽ धाऽकिट तित्ता धाऽ धाऽकिट तित्ता धा'।
×

२. धगतिट धगतिट क्रुधातिट क्रुधातिट नगतिट नगतिट क्रुधातिट धिटधिट धाऽक्रुधा तिटधिट धिटधाऽ क्रुधातिट धिटधिट धा।
×

अब दो मुखड़े उन्नीस मात्राओं की तालों के लिए देखिए :—

१. धेत्धेत् धिरकिट घिघितिट क्रुधातिट तिरकिट तकधिर किटतक तिरकिट घेतिरकिटतक धाऽक्ड़ान् धाऽकत धाऽ घेतिरकिटतक धाऽक्ड़ान् धाऽकत धाऽ घेतिरकिटतक धाऽक्ड़ान् धाऽकत धा।
×

२. धाऽघिड़ा ऽनतिर किटतक धाऽतिट धिनधाऽ ऽधिन धागेऽन धागेतीऽ नाऽकिड़ नगतिर किटतक धाऽ ऽकिड़ नगतिर क़िटतक धाऽ ऽकिड़ नगतिर किटतक धा।
×

अब दो मुखड़े इक्कीस मात्राओं की तालों के लिए देखिए :—

१. धाऽतिर किटतक धाऽक्ड़ान् ताऽतिर किटतक तिरकिट तकताऽ धेत्धेत् तिरकिट तक्ड़ान तक्ड़ान धा धेत्धेत् तिरकिट तक्ड़ान तक्ड़ान धाऽ धेत्धेत् तिरकिट तक्ड़ान तक्ड़ान धा।
×

२. कतऽक तिटतिट कत्तिरकिटतक तिरकिटघ्ड़ान तिरकिटतक,तिर किटतकघ्ड़ान तिरकिटघ्ड़ान तिरकिटघ्ड़ान तग्घ्ड़ान्तक् तग्घ्ड़ान्तक् धातिरकिटतक तग्घ्ड़ान्तक् तग्घ्ड़ान्तक् धाऽ धातिरकिटतक् तग्घ्ड़ान्तक् तग्घ्ड़ान्तक् धाऽ धातिर-किटतक तग्घ्ड़ान्तक् तग्घ्ड़ान्तक् धा।
×

इस प्रकार के टुकड़ों को बनाने में कोई एक तीया लेकर, जितनी मात्राओं का मुखड़ा बनाना होता है, उन मात्राओं में से तीए के बोल घटाकर, कुछ और बोल जोड़ दिए जाते हैं। इस प्रकार किसी भी ताल में चाहे जितने मुखड़े बनाए जा सकते हैं।

तेरह मात्राओं के लिए बिना दम के तीए बनाना

तेरह मात्राओं की तालों में सम-से-सम तक की तिहाई बनाने के लिए, जब 'धा' सहित किसी भी साढ़े चार मात्राओं के बोल को तीन बार बजा देंगे तो यही हमारी तिहाई होगी। इसके लिए ठीक उसी प्रकार करना पड़ेगा, जैसा कि झप या तीव्रा आदि में किया था। अतः हम यहाँ चार बोल और एक 'धा' लिख रहे हैं। आप इनमें 'धा' को आधी मात्रा में बजाइए; जैसे :—

१. तिटकत गदिगिन धाऽकत धाऽकत धा की तिहाई बनाते समय इसे इस प्रकार बजाएँगे—तिटकत गदिगिन धाऽकत धाऽकत धा,तिट कतगदि गिनधाऽ कतधाऽ कतधाऽ तिटकत गदिगिन धाऽकत धाऽकत धा।
×

अब आगे के बोलों को आप स्वयं पूरा कर लीजिए, देखिए :—

२. धागेतिट क्रधातिट तागेतिट क्रधातिट धा;

३. तकिटत काऽकिट धिनगिन तकधिन धा;

४. धाऽतिरकिटतक तग्घड़ान् तग्घड़ान् तग्घड़ान् धा, आदि

उन्नीस मात्राओं के लिए बिना दम के तीए बनाना

उन्नीस मात्राओं की तालों के लिए ऐसे तीए बनाते समय ठीक ऊपर की भाँति बजाय साढ़े चार मात्राओं के, साढ़े छह मात्राओं के टुकड़े को तीन बार बजाना पड़ेगा। इसलिए हम यहाँ केवल छह मात्राएँ और एक 'धा' लिख रहे हैं। इनमें अंतिम 'धा' को आधी मात्रा में बजाकर आप स्वयं पूरा कर लीजिए :—

१. तकधुम किटतक धागेनधा गदिगिन दिग्गदि गनधागे धा;

२. धकिटधा ऽनकिट धिरकिट तकधुम किटतक गदिगिन धा;

३. किड़नग तिट,किड़ नगतिट किड़नग धगतिट गदिगिन धा;

४. धाऽगदिगन धाऽक्रधाऽन धाऽक्रधाऽन धाऽगदिगन धाऽक्रधाऽन धाऽक्रधाऽन धा।

इक्कीस मात्राओं के लिए बिना दम के तीए बनाना

इन मात्राओं में तीए ठीक उसी प्रकार बनाएँगे, जैसे कि पंद्रह या बारह मात्राओं की तालों के लिए बनाए थे। अतः यहाँ हम केवल सात-सात मात्राओं के कुछ बोल लिख रहे हैं। आप इन्हे तीन बार बजाइए और अन्त में सम के लिए 'धा' फालतू लगाइए, यही आपके तीए होंगे; जैसे :—

१. धाऽगेन धागेतिरकिट तूनाकत्ता धिनधागे तिरकिट-धिन धागेतिरकिट तूनाकत्ता।

२. धाक् द्धाऽ तिरकिट तकताऽ तिरकिट क्ड़ान् क्ड़ान्।

३. धाऽकिट तकधुम किटतक गदिगिन धाधा धाधाधा धाधाधाधा, आदि।

इस प्रकार चाहे जितने तीए बनाए जा सकते हैं।

तेरह मात्राओं के लिए दमदार तिहाई बनाना

जब किसी तीन मात्राओं के टुकड़े के आगे चौथी मात्रा में धा लगाकर और पाँचवीं में अकार करके यानी 'धा' को लंबा करके तीन बार बजाएँगे, तो यही हमारी दमदार तिहाई होगी; जैसे :—

१. घेतिरकिटतक तातिरकिटतक धाक्ड़ान् धा ऽ घेतिर-किटतक तातिरकिटतक धाक्ड़ान् धा ऽ घेतिरकिटतक तातिरकिटतक धाक्ड़ान् धा।
×

अब आगे 'धा' सहित चार-चार मात्राओं के बोल दे रहे हैं। इन्हें आप स्वयं पूरा कर लीजिए।

२. तिटकता गदिगिन धाक्ड़ान् धा।

३. धाधा क्ड़ान् धाधा धा।

४. कृधातिट धागेतिट कृधातिट धा आदि चाहे जितने बोल बनाए जा सकते हैं।

उन्नीस मात्राओं के लिए दमदार तिहाइयाँ बनाना

जब किसी भी पाँच मात्राओं के ऐसे बोल को, जिसके आगे छठी मात्रा में 'धा' हो और सातवीं में अकार, तीन बार बजाएँगे तो यह सम-से-सम तक का तीया बनेगा; जैसे :—

१. (क्ड़ान् धाधा तगतिट किटतक धाधा धा ऽ)×३। या—

२. धाऽन धिकिट कऽत्त धिकिट धाऽतिरकिट धा ऽ।

३. तिटकत गदिगिन धाऽकत धाऽकत धाऽकत धा ऽ, आदि अनेक तीए बनाए जा सकते हैं।

इक्कीस मात्राओं के लिए दमदार तिहाइयाँ बनाना

जब उन्नीस मात्राओं में बजनेवाली तिहाइयों में ही 'धा' के अकार को एक मात्रा के स्थान पर दो मात्राओं का करके बजाएँगे, तो इक्कीस मात्राओं की तिहाइयाँ बनेंगी, इसलिए इन्हें पृथक् नहीं दे रहे हैं।

इनके लिए परनें बनाना

परनें बनाने का क्रम विस्तार से पीछे समझा दिया गया है, अतः उसे दुबारा यहाँ नहीं दे रहे। केवल दो उदाहरण दे रहे हैं। इनमें प्रथम दो परनें तेरह मात्राओं की, फिर दो परनें उन्नीस मात्राओं की और अंतिम दो परनें इक्कीस मात्राओं की तालों के लिए हैं; देखिए—१, धाऽन धिकिट धातिरकिट धिकिट कऽत्त तिटतिट कतग दीगन धिकिट कऽत्त तिटतिट कतग दीगन धा।
×

२. धिरधिर किटतक तातिर किटतक घ्ड़ान् धातीऽना धाधाधा धा धातीऽना धाधाधा धा धातीऽना धाधाधा धा।
×

३. धाधा किटतक धाधा क्ड़ान् तकधुम किटतक धाधा क्ड़ान् तड़न्न धाधा किटतक क्ड़ान् धेत्तड़ ऽन्नधा क्ड़ान् क्ड़ान् धाधा कत् धाधा धा।
×

४. तकिट धकिट तकिट धंकिट नगन धागिन धागिन धा धाऽन धाकिट धाऽन धिकिट धाऽन धिकिट क्ड़ान् धा क्ड़ान् धा क्ड़ान् धा।
×

५. कृधेऽधे धेधेतिट धेतिरकिटतक तागेतिट कृधाऽधा तिटकत तिरकिटतकताऽ तिटकत गदिगिन कृधातिट धगतिट कृधाऽन धाऽतिट धाऽकत् धगतिट कृधाऽन धाऽतिट धाऽकत् धगतिट कृधाऽन धाऽतिट धा।
×

६. धाऽतिट तिरकिट तकताऽ तिरकिट कृधातिट तिरकिट तकताऽ धिरकिट किटतक घ्ड़ाऽन् तिरकिट किटतक गदिगिन धाऽ ऽधुम किटतक गदिगिन धाऽ ऽधुम किटतक गदिगिन धा।
×

तेरह मात्राओं के लिए फरमाइशी चक्रदार बनाना

जब किसी नौ मात्राओं के बोल के आगे 'धा' सहित चार मात्राओं का मुखड़ा बजा देंगे और इसी मुखड़े को तीन बार बजा देंगे तो यही हमारी चक्रदार का एक चक्र होगा। इसी प्रकार के दो चक्र और बजने के बाद एक पूरी चक्रदार बनेगी। हम यहाँ इनके बोल नहीं दे रहे हैं। जो बजाना चाहें इसी आधार पर स्वयं बनाकर बजा लें।

उन्नीस मात्राओं के लिए चक्रदार बनाना

चूँकि उन्नीस मात्राओं की चक्रदारें, साढ़े नौ मात्राओं की तालों में भी खूब बजाई जाती हैं और साढ़े नौ मात्राओं की तालें गुणियों में खूब प्रचलित हो चली हैं, अतः उन्नीस मात्राओं की तालों के लिए इन चक्रदारों को विस्तार से दे रहे हैं।

सादा तिहाइयाँ बनाना

निम्न गणित के आधार से इन तालों की सादा तिहाइयाँ रच लीजिए; देखिए :—

उठने की मात्रा	बोल की मात्राएँ	मुखड़े की मात्राएँ 'धा' की संख्या-सहित
१	५	५—१ धा-सहित
१	२	६—२ धा-सहित
१	१८	७—३ धा-सहित
१	१५	८—४ धा-सहित
१	१२	९—५ धा-सहित

फरमाइशी चक्रदार का सूत्र

जब किसी चौदह मात्राओं के बोल के आगे छह मात्राओं का एक 'धा' सहित मुखड़ा जोड़कर उस मुखड़े को तीन बार बजा देंगे, तो यही हमारी चक्रदार का एक चक्र होगा। इस कुल को तीन बार बजा देने से पूरी चक्रदार बजेगी।

तीन 'धा' की कमाली चक्रदार बनाना

जब किसी ग्यारह मात्राओं के बोल के आगे आठ मात्राओं का मुखड़ा और तीन 'धा' को जोड़कर 'धा' सहित इस मुखड़े को तीन

बार बजाएँगे, त यही हमारी चक्रदार का एक चक्र होगा। इस कुल चक्र को तीन बार बजाने पर पूरी चक्रदार बनेगी।

चार व पाँच 'धा' की कमाली चक्रदारें बनाना

चार 'धा' की कमाली चक्रदार के लिए पंद्रह मात्राओं का बोल, चार मात्राओं का मुखड़ा, चार 'धा' तथा एक मात्रा का दम जोड़कर एक चक्र हुआ। इसमें मुखड़े और 'धा' को मिलाकर चार बार बजाना पड़ेगा, तभी एक मात्रा का दम देना होगा। इस प्रकार इस कुल चक्र को चार बार बजाना पड़ेगा।

जब पाँच 'धा' की कमाली चक्रदार बजानी होगी, तो अठारह मात्राओं का बोल, एक मात्रा का मुखड़ा और पाँच 'धा' मिलाएँगे। मुखड़ों और समस्त 'धा' को पाँच बार बजाकर दो मात्राओं का दम देंगे। यही हमारी चक्रदार का एक चक्र होगा। इस प्रकार के जब पाँच चक्र बजाएँगे, तब यह चक्रदार पूरी होगी। इसके बारे में विशेष विवरण जानने के लिए पीछे चक्रदारों के अध्याय को पढ़िए।

इक्कीस मात्राओं के लिए फरमाइशी चक्रदार बनाना

जब सोलह मात्राओं का बोल लेकर उसमें 'धा' सहित छह मात्राओं का मुखड़ा जोड़कर मुखड़े को तीन बार बजा देंगे, और दूसरे चक्र को प्रारंभ करने से पूर्व दो मात्राओं का दम दे देंगे, तो यही हमारी इक्कीस मात्राओं की तालों के लिए चक्रदार का एक चक्र होगा। इस कुल को तीन बार बजाने पर ही चक्रदार पूरी बनेगी। जो बजाना चाहें, इसी आधार पर तबले के बोलों की रचना करके बजा सकते हैं।

तिहाइयों और चक्रदारों के विषय में अधिक जानने के लिए लेखक की 'संगीत में तिहाइयाँ' पुस्तक पढ़ें। □

बाईसवाँ अध्याय

कुछ अन्य रोचक तथ्य

ताल-प्रबंध

मान लीजिए कि एक गीत में स्थायी की पंक्तियाँ चार हैं। यदि गायक ने उनको इस ढंग से गाया कि चारों पंक्तियाँ चार विभिन्न तालों में रखी गईं, तो तबलेवाले को भी ज्यों ही गीत की लाइन बदलेगी, ठेका बदलना पड़ेगा। इस प्रकार जब एक ही गीत में अनेक तालें बदल जाएँ तो ऐसी रचना को ताल-प्रबंध कहते हैं। ये बदलनेवाली तालें गायक की इच्छा पर निर्भर होती हैं।

लय-प्रबंध

जब किसी एक टुकड़े में अनेक छंदों की लय रख दी जाती है, तो उसे लय-प्रबंध कहते हैं। छंदों के आधार से लय किस प्रकार बदली जाती है, यह मृदंगाध्याय में पढ़िए।

एकसाथ दोनों हाथों से दो भिन्न तालों की खाली-भरी दिखाना

जिन दो तालों को इस प्रकार दिखाना होता है, पहले उनकी मात्राओं का लघुत्तम ले लेते हैं। इस प्रकार जो भी संख्या आती है, उसकी गिनतियों को किसी कागज पर लिखकर उनके ऊपर किसी एक ताल की और नीचे किसी दूसरी ताल की खाली-भरी के चिह्न लगा देते हैं। अब जिस हाथ से जो ताल लगानी होती है, उसी के अनुसार हाथों से खाली-भरी दिखाने का अभ्यास किया जाता है। प्रत्येक मात्रा पर इस बात का ध्यान रखा जाता है कि किस हाथ से ताली या खाली का संकेत करना है। ऐसा करने पर आपको स्वयं यह प्रतीत होगा कि आप मन में गिनतियाँ बोलकर हाथों को इधर-उधर नचा रहे हैं। ताली देने के लिए जंघाओं पर आघात करके और खाली के लिए हाथ को हवा में ऊपर उठाकर प्रकट किया जा सकता है।

उदाहरण के लिए हम सीधे हाथ से एकताल और बाएँ हाथ से झप ताल की तालियाँ एकदम लगाना चाहते हैं। देखने पर

मालूम होगा कि इनका लघुत्तम साठ है। तो इसे निम्न-प्रकार लिखकर, इनके ऊपर एकताल की और नीचे झप ताल की खाली-भरी का चिह्न लगा दीजिए :—

×		०		२		०	
१	२	३	४	५	६	७	८
×		२			०		३
३		४		×		०	
९	१०	११	१२	१३	१४	१५	१६
		×		२			०
२		०		३		४	
१७	१८	१९	२०	२१	२२	२३	२४
	३			×		२	
×		०		२		०	
२५	२६	२७	२८	२९	३०	३१	३२
	०		३			×	
३		४		×		०	
३३	३४	३५	३६	३७	३८	३९	४०
२			०		३		
२		०		३		४	
४१	४२	४३	४४	४५	४६	४७	४८
×		२			०		३
×		०		२		०	
४९	५०	५१	५२	५३	५४	५५	५६
		×		२			०
३		४					
५७	५८	५९	६०				
	३						

अब इसका अभ्यास करने के लिए एक की गिनती मन में बोलकर, दोनों हाथों को जंघाओं पर मारकर सम-स्थान को प्रकट करिए। दो की गिनती को मन में बोलकर जब तीन की गिनती आए तो सीधे हाथ से खाली दिखाइए और बाएँ हाथ से पुनः ताली लगाइए। चौथी मात्रा पर दोनों हाथ शांत रहेंगे। पाँचवीं पर

केवल सीधे हाथ से ताली लगाई जाएगी। ज्यों ही छठी मात्रा आएगी, बायाँ हाथ खाली को प्रकट करेगा। सातवीं मात्रा पर पुनः सीधा हाथ खाली दिखाएगा। आठवीं पर बाएँ हाथ से और नवीं पर सीधे हाथ से पुनः ताली लगेंगी। दसवीं पर दोनों हाथ शांत रहेंगे। ग्यारहवीं पर दोनों हाथों से ताली लगाकर बारहवीं मात्रा शांत रहेगी। फिर तेरहवीं पर दोनों हाथों से ताली लगानी होगी। इसी प्रकार साठ तक की प्रत्येक मात्रा पर ताल के चिह्नों के अनुसार अभ्यास करना पड़ेगा।

इस अभ्यास को करने के लिए चार-चार मात्राओं का अभ्यास करना चाहिए। एक बार एक से साठ तक की गिनतियाँ पूरी कर जाने के बाद पुनः एक से प्रारंभ कर दीजिए। इस प्रकार देखनेवालों को यही प्रतीत होगा कि आप जब तक चाहें एक हाथ से एकताल और दूसरे हाथ से झप ताल बराबर लगा सकते हैं।

इसी आधार पर किन्हीं दो तालों का अभ्यास किया जा सकता है।

परीक्षा के लिए तबले की तैयारी करना

परीक्षा में बैठने से पूर्व किसी ताल के टुकड़ों को खूब याद करके उन्हें हाथ से बजा लेना चाहिए। फिर उन्हें अभ्यास के समय दूसरी तालों में बजाने का अभ्यास इस प्रकार करना चाहिए कि उनकी समाप्तिवाला अंतिम 'धा' दूसरी नई ताल में भी सम पर आए। उदाहरण के लिए आप तीनताल की सोलह मात्राओं की परन को झप ताल में बजाना चाहते हैं। आप देखेंगे कि इस परन को झप ताल में ठीक बजाने के लिए आपको चार मात्राएँ बजाकर पाँचवीं मात्रा से इस तीनताल की परन को उठाना पड़ेगा, परंतु चार मात्राएँ छोड़कर उठने पर परीक्षक तथा अन्य श्रोता यह समझ जाएँगे कि आपने सोलह मात्राओं के टुकड़े को जबरदस्ती झप ताल में ठूँस दिया, जो अनुचित है। यदि इसके लिए निम्न-प्रकार से अभ्यास कर लिया जाय तो यह बात पकड़ में नहीं आएगी।

मन में गिनतियाँ बोलते हुए हाथों से तबले के बोल बजाना

इस अभ्यास को करने के लिए पहले कुछ बोलों पर हाथ माँज

लीजिए, फिर उन बोलों को बजाते समय मन में बोल न बोलकर एक, दो, तीन आदि की गिनतियाँ बोलिए। प्रारंभ में आपको कुछ अड़चन अवश्य प्रतीत होगी। किंतु पाँच-सात दिन में ही ऐसा अभ्यास हो जाएगा कि आपके हाथ तो तबले के बोल बजाते रहेंगे और मुँह से आप प्रत्येक मात्रा गिनती में बोलते रहेंगे।

जब ऐसा अभ्यास हो जाए, तो तीनताल के टुकड़े को झप में बजाने के लिए पहली चार मात्राओं तक गिनतियाँ बोलकर चाहे जो बजा डालिए। ज्यों ही पाँचवीं मात्रा आए, तुरंत तीनताल-वाले टुकड़े को जोड़ दीजिए। इस प्रकार किसी एक टुकड़े को ही अन्य तालों में बजाया जा सकता है। ऐसा बजाते समय एक बात का ध्यान विशेष रूप से रखना पड़ता है और वह यह है कि जो भी चार मात्राओं का टुकड़ा आप झप ताल में जोड़ेंगे, उसकी चाल (रविश) ठीक उसी प्रकार की होनी चाहिए, जैसी कि आपकी तीनतालवाले टुकड़े की है। यदि इस चार मात्राओं के टुकड़े की चाल में और जो तीनताल का टुकड़ा आप पाँचवीं मात्रा से जोड़ेंगे, उसकी चाल में भिन्नता है, तो यह चार मात्राओं का टुकड़ा चिपका हुआ या जड़ा हुआ-सा प्रतीत होगा। जिसके कारण इस टुकड़े की सुन्दरता समाप्त हो जाएगी और इसे 'कटपीस' के कपड़े की भाँति 'कटपीस का टुकड़ा' कहा जा सकता है। यदि यह भली प्रकार सध जाए तो यह ऐसा गुप्त रहस्य है कि इसको समझ लेने पर प्रत्येक ताल में समझदार वादक अनेक प्रकार के टुकड़े, मुखड़े, परनें और तिहाइयाँ आदि बजा सकेंगे।

इसके अतिरिक्त दूसरी बात जो परीक्षार्थियों को ध्यान में रखने की है, वह है तालों की दुगुन और तिगुन। आपको अपने पाठ्य-क्रम में आई हुई तालों को दुगुन और तिगुन में बोलने का ऐसा अभ्यास होना चाहिए कि हाथ से किसी भी ताल की ताली लगे और बोल किसी भी ताल की दुगुन या तिगुन कह रहे हों। दुगुन के उदाहरण के लिए हाथ से तीनताल की ताल देते रहिए और लगातार बिना रुके हुए तीनताल, झप ताल और दादरा की दुगुन मुँह से कहते रहिए।

इसी प्रकार तिगुन के अभ्यास के लिए हाथ से तो धमार की ताली लगाइए और क्रम से एक-एक बार आड़ा चारताल, दीपचंदी तथा धमार की तिगुन कह जाइए। इस प्रकार एक ही आवृत्ति में धमार की ताल लगाते हुए, मुँह से आपने इन तीनों तालों की तिगुन कर दी। मेरा कहने का आशय यह है कि आपको ताल लगाने का ऐसा अभ्यास करना चाहिए कि मुँह से चाहे किसी ठेके के बोल, चाहे किसी लय में बोले जा रहे हों, परंतु हाथों से किसी भी ताल की खाली-भरी बराबर ठीक-ठीक दिखाई देती रहें।

किसी एक ताल में अन्य तालों का बजाना

कुछ तबला-वादक तीनताल बजाते हुए उसी लहरे में कोई अन्य ताल बजाना शुरू कर देते हैं। मान लो कि उन्हें तीन ताल से झप ताल बजानी है, तो जितनी देर में आपके लहरे की सोलह मात्राएँ पूरी होंगी, उतनी देर में उनकी झप ताल की एक आवृत्ति समाप्त होगी। इसे निम्न-प्रकार किया जाता है :—

तीनताल में झप ताल बजाना

ऐसा करने के लिए पचगुन, छहगुन आदि का पक्का अभ्यास करना पड़ता है। ऐसा अभ्यास हो जाने के बाद जब तीनताल का लहरा तनिक बढ़ी हुई लय में बज रहा हो, आप अपने पैर से प्रत्येक आठ-आठ मात्राओं के बाद 'एक'-'एक' की गिनती बोलते चलिए। संक्षेप में यों समझिए कि जितनी देर में लहरा देनेवाले की आठ मात्राएँ आएँ, उतने काल को आप अपनी एक मात्रा मानिए। जब यह लय दिमाग में जम जाए तो अपनी 'एक' मात्रा में 'धी ना धी धी ना' बजा दीजिए। ज्यों ही लहरेवाले की खाली आए या यों कहें कि आपकी दूसरी मात्रा आए, त्यों ही उसमें 'ती ना धी धी ना' बजा दीजिए। इस प्रकार आप देखेंगे कि जितनी देर में लहरा बजानेवाले की आठ मात्राएँ बजीं, आपने अपनी पाँच मात्राएँ बजा दीं या पूरी तीनताल की एक आवृति में झप ताल की पूरी एक आवृत्ति बजा दी।

अब अभ्यास हो जाने पर यदि आपके मस्तिष्क में इस प्रकार बजाई गई झप ताल की मात्राओं की लय जम गई है, तो आप

अपने झप तालवाले टुकड़े भी इसमें बजा सकेंगे। परन्तु यह बात तनिक अभ्यास चाहती है।

तीनताल में ही अन्य तालों को बजाना

जिस प्रकार आपने लहरेवाले की आठ मात्राओं को एक मानकर उसमें पाँच बजाकर झप ताल बजाई थी, उसी प्रकार अब यदि उसी एक में छह बजा देंगे, तो यही हमारी एकताल और सात बजाने पर झूमरा, दीपचंदी आदि होंगी। इस प्रकार अभ्यास हो जाने पर किसी भी ताल में कोई दूसरी ताल बजाई जा सकती है।

क्या समान मात्राओं की भिन्न-भिन्न तालों के लिए अलग-अलग परनों की आवश्यकता है?

सत्य बात तो यही है कि किन्हीं नियत मात्राओं की अनेक भिन्न तालें बनाने के लिए हमें विभागों का सहारा लेना पड़ता है। आड़ाचारताल, झूमरा और धमार आदि यद्यपि चौदह मात्राओं की तालें हैं, परंतु इनके विभागों में अंतर होने के कारण ये सब भिन्न-भिन्न तालें हैं। जिस प्रकार धमार के गीत के साथ झूमरा और झूमरा के गीत के साथ आड़ाचारताल बजाना अनुपयुक्त है, ठीक उसी प्रकार किसी एकताल की परनों की उतनी ही मात्राओं को किसी दूसरी ताल में बजाना भी ठीक नहीं। परंतु चूँकि परनों में लय को हिलाने के प्रयत्न के कारण ताल के विभागों की ओर भी ध्यान नहीं दिया जाता, अतः अस्सी प्रतिशत लोग झप ताल की परनें सूलताल में और सूलताल की झप ताल में ही नहीं, वरन् मात्राओं को घटा-बढ़ाकर झप ताल की परनें तीनताल में और तीनताल की परनें झप ताल में भी बजा देते हैं।

पाश्चात्य संगीत के बजाय भारतीय संगीत में ताल का महत्त्व क्यों अधिक है?

भारतीय संगीत में गायन के साथ रसों का भी संबंध रहता है। जब एक गायक वीर रस का ध्रुवपद गाता है, तो उसके साथ यदि ताल के बोल खुले हुए बजेंगे, तो ताल भी उस रस-विशेष का

प्रभाव उत्पन्न करने में सहायता करेगी। यदि गायक शांत अथवा शृंगार-रस का प्रभाव उत्पन्न करना चाहता है, तो तबला-वादक को भी कोमल और बंद (दिल्ली-घराने के) बोलों का सहारा लेना होगा। हमारे विचार से इसी कारण बंद और खुले बोलों की आवश्यकता हुई। पाश्चात्य संगीत में ताल का केवल ध्वनि की गति को ही प्रदर्शित करने के लिए उपयोग किया जाता है; अतः हमारे संगीत में ताल का जितना महत्त्व है, उतना पाश्चात्य संगीत में नहीं।

□

तेईसवाँ अध्याय

मृदंग और उसका परिचय

मृदंग

यह एक प्राचीन ताल-वाद्यों में से है। प्रारम्भ में इसका खोखला भाग मिट्टी का बनाया जाता था, जिसे 'धड़' कहते थे। इसी 'धड़' के दोनों मुखों पर पुड़ियाँ मढ़ दी जाती थीं। इन पुड़ियों में तनाव रखने के लिए चमड़े की डोरी, जिसे तस्मा कहते हैं, लगाई जाती थी। इस प्रकार मिट्टी के मृदंग में गट्टे नहीं लगाए जाते थे; फलस्वरूप, यह एक ही स्वर में मिला रहता था।

बाद में 'धड़' लकड़ी का बनाया जाने लगा। इसके दोनों ओर लोहे के दो पहिए लगाए गए। इन पहियों के ऊपर पुड़ी कसी जाने लगी। स्वर को ऊँचा-नीचा करने के लिए लोहे के पहियों में छेद करके तस्मे लगाए गए। इतना करने पर भी इच्छित नाद प्राप्त न हो सका।

अत: इस प्रकार मृदंग में से लोहे के दोनों पहिए हटा दिए गए। साथ-साथ आठ लकड़ी की गट्टकें तस्मों के नीचे लगाई गईं। इस प्रकार उसे इच्छित स्वर में मिलाना संभव हो गया।

मृदंग के प्रकार

मृदंग के प्राय: तीन प्रकार प्रचलित हैं। इन्हें क्रम से यवाकृति, हरीतकी और गोपुच्छाकृति कहते हैं। जौ (यव-अन्न) के दाने के आकारवाले को 'यवाकृति', बड़ी हरड़ (हरीतकी) के आकारवाले को हरीतकी और जो एक ओर से मोटा तथा दूसरी ओर से पतला (गाय की पूँछ की भाँति का) हो, उसे गोपुच्छाकृति-मृदंग कहते हैं।। कुछ विद्वान् मृदंग को पखावज भी कहते हैं।

मृदंग और तबला का अन्तर

१. एक मृदंग में बायाँ और दाहिना अलग-अलग न होकर एक ही आकार में होता है, जबकि तबला में दोनों अलग-अलग होते हैं। एक होने के कारण ही मृदंग में गंभीरता और मिठास अधिक होती

है। एक ओर बजने से दूसरी ओर स्वयं ही गूंज उत्पन्न होती है। २. मृदंग पंजे से बजाया जाता है, जबकि तबला उँगलियों से बजता है, परंतु कोई-कोई बोल मृदंग में भी उँगलियों से और तबले में भी पंजे से बजाए जाते हैं। ३. इन तीनों बातों के अतिरिक्त कुछ अंतर हथौटी, अर्थात् बोलों को निकालने में भी है।

मृदंग को मिलाना

सीधी ओर पुड़ी को तो ठीक तबला की भाँति मिलाते हैं, परन्तु बायीं पुड़ी पर स्याही न रखकर गेहूँ का आटा लगाते हैं। बजाते समय इसे बायीं पुड़ी पर चिपका देते हैं। इसका स्वर दाहिनो पुड़ी के नीचे 'सा' में रखते हैं। यदि स्वर ऊँचा हो जाए, तो आटा और लगा देते हैं। यदि नीचा हो, तो आटा कम कर देते हैं।

मृदंग पर बजनेवाले बोल

मृदंग पर बजनेवाले मुख्य वर्ण सात हैं, जो क्रम से 'ता, दी, ना, ते, टे, घ और क हैं। शेष बोल इन्हीं से मिलकर बनते हैं।

सीधे हाथ से बजनेवाले खुले बोल

ता, दी और ना—ये तोन बोल दाहिने हाथ से खुले बजते हैं।

सीधे हाथ के बंद बोल

'ती' और 'टी'—ये दोनों बोल बंद बजते हैं।

बाएँ हाथ से बजनेवाले खुले और बंद बोल

बाएँ हाथ से 'घ' खुला और 'क' (जिसमें आँस दब जाए) बन्द बोल बजता है।

अचल और चल वर्ण

इन सब बोलों में सीधे हाथ का 'ट' तथा बाएँ हाथ का 'धा' अचल बोल हैं। शेष बोल चलायमान हैं, अर्थात् इनका रूपांतर तथा स्थानांतरण होता रहता है। मृदंग बजाने में स्याही के नीचे (लव अथवा मैदान) का भाग अधिक प्रयोग किया जाता है।

'ता' बजाना

पंजा सीधा करके, अर्थात् चारों उँगलियों को मिलाकर, कनिष्ठिका उँगली की ओर के हथेली के भाग से, स्याही के आधे से कुछ ऊपर की ओर थाप मारकर धीरे-धीरे हटाएँ। इसे थाप भी कहते हैं।

'दिं' बजाना

सीधे हाथ को चारों उँगलियों से स्याही के मध्य में प्रहार करके तुरन्त उठा लेने पर 'दिं' बजेगा। इसे तर्जनी को अलग करके शेष तीन उँगलियों से भी बजाया जाता है। परंतु ऐसा तब किया जाता है, जब इसके साथ अगला बोल 'ट' होता है।

'ना' बजाना

तर्जनी अथवा किसी अन्य उँगली से चाँटी पर प्रहार करने से 'ना' बजेगा। इसे बजाने के लिए उँगली के अग्रभाग में बल लगाना पड़ता है।

'कि' या 'ती' बजाना

अनामिका और मध्यमा को एकसाथ दाहिनी स्याही पर मारकर दबा रखने से यह बन्द बोल बजता है।

'टी' बजाना

'ती' के स्थान के समीप अनामिका और मध्यमा को उठाकर जब तर्जनी से आघात करें तो 'टी' बजेगा। यहाँ इस बात का ध्यान रखना चाहिए कि 'ती' बजाते समय पंजे के ऊपर की ओर का भाग और 'टी' बजाते समय पंजे के नीचे का भाग पुड़ी को न छुए।

'घ' बजाना

बायाँ पंजा सीधा करके अपनी ओर आटे के थोड़ा ऊपर पंजे का आधा भाग मारकर तुरंत उठाने से यह बोल बजेगा।

'कत्' बजाना

जब सब उँगलियों से आटे के बीच में बंद पंजा मारा जाए, तो यह बन्द बोल बजेगा।

'किट' और 'तिर' बजाना

जब ऊपर के 'ति' और 'टी' को मिलाकर दाएँ पर बजा देंगे, तो 'तिट' या 'तिर' बजेगा।

'धा' बजाना

जब सीधे हाथ से 'ता' और बाएँ से 'धा' मिलाकर एकसाथ बजाएँगे, तो 'धा' बजेगा। धे, धित्, धेत् आदि इसी प्रकार बजेंगे।

'धिर' या 'धिट' बजाना

जब 'किट' में 'कि' को दाएँ और बाएँ, दोनों से मिलाकर एकसाथ बजाते हैं और साथ में 'ट' मिला देते हैं, तो यही 'धिर' या 'धिट' होता है।

'किड़' 'कत' और 'तक' बजाना

जब बाएँ बोल 'कत' की तरह 'क' और दाएँ पर बजनेवाले बन्द बोल 'की' की तरह 'ट' बजाया जाता है, तो यह 'किड़', 'कत' या 'तक' कहलाते हैं।

'तक' बजाना

बाएँ पर बजनेवाले 'कत्' की भाँति 'त' और 'क' बजाने के लिए दाएँ पर थाप लगाने से यह बोल बनता है। इसी प्रकार बजनेवाले बोल 'का', 'डा', 'गा', 'ता' और 'त' हैं।

गदि बजाना

बाएँ पर खुले बोल 'धा' की भाँति ही 'ग' बजता है। फिर दायाँ पंजा मारकर तुरंत उठा लेने से 'दि' बजेगा।

'गन' बजाना

ऊपर की भाँति 'ग' और सब उँगलियाँ मिलाकर दाएँ के मध्यस्थान में बजाने से 'न' बजेगा। 'त', 'क', 'ट', 'ड़ा' और 'दि' 'नि' की तरह ही बजाए जाते हैं।

'तिट' और 'धिट'

जब बाएँ पर बन्द बोल 'ट' की भाँति 'ति' और दाएँ के बन्द बोल 'की' की भाँति 'ट' बजा दें, तो यही 'तिट' बजेगा। यदि इसी में 'ति' बजाते समय दोनों हाथों से 'ति' और 'धि' मिलाकर बजाएँगे, तो यही 'धिट' होगा।

'ननान' या 'तरान'

जब कनिष्ठिका, अनामिका और मध्यमा को मिलाकर चाँटी पर प्रहार करेंगे, तो 'न' बजेगा। तुरन्त तर्जनी से चाँटी पर 'ना'

बजाकर, फिर पहले 'न' की भाँति ही बजा देने से 'ननान' या 'तरान' होगा। जब दो 'न' एक स्थान पर साथ-साथ बजाने हों तो केवल तर्जनी से बजाए जाते हैं।

'त्रिक' बजाना

जब दाएँ पर बजनेवाले 'किट' को जल्दी बजा देंगे, तो यही 'तू' होगा। इसमें दाएँ पर बजनेवाले 'कि' को मिलाकर 'त्रिक बजाएँगे।

'क्ड़ान' या 'घ्ड़ान'

'कतान्' बजाने से 'क्ड़ान्' और 'घ' और 'तान्' अर्थात् 'घतान्' बजाने से 'घ्ड़ान' बनता है। अन्य बोलों को बजाने का क्रम जानने के लिए तीसरे अध्याय का अंतिम भाग पढ़िए।

गायन की संगति करना

प्रायः ध्रुवपद आदि की संगति मृदंग से की जाती है। ध्रुवपद के अंग स्थायी, अंतरा, संचारी और आभोग होते हैं। जब तक गायक स्थायी गाए तब तक बराबर की 'धिननक' अथवा बराबर की लय का पेशकार बजाया जाता है। पेशकार में बोलों को उलट-पलटकर कई प्रकार से बजाते हैं।

जब अंतरा गाया जाता है तो दुगुन की 'धिननक' तथा दुगुनी लय के टुकड़े बजाए जाते हैं। संचारी गाते समय तिगुन की लय का काम और आभोग के समय चौगुन की लय का काम किया जाता है। इन सबके बाद में कुआड़ी, बिआड़ी आदि लयें दिखाई जाती हैं।

वादन की संगति करना

वीणा या सितार-वादक जिस प्रकार की अर्थात् जिस वजन से जिस लय की मिजराब का प्रहार करते हैं, ठीक उसी प्रकार की लय के बोल मृदंग-वादक संगति करने में बजाते हैं।

नृत्य की संगति करना

नृत्यकार मुँह से जो बोल पढ़कर नृत्य करे, या तो वही बोल या उसी वजन और लय के बोल बजाकर नृत्य की संगति की

जाती है। इसके लिए छठे अध्याय को पढ़ लेना उचित है।

एकाकी वादन

एकाकी वादन में साधारणतया पहले बराबर की लय, फिर दुगुन, तिगुन, चौगुन, पँचगुन आदि बजाई जाती है। जो लोग लय को सँभाल सकते हैं, वे बराबर की लय करके, फिर उसकी चौथाई लय बजाकर क्रम से आधी, पौनी, बराबर, सवाई, ड्योढ़ी, पौने-दोगुनी, दुगुनी, सवा दो गुनी, ढाईगुनी आदि के क्रम से, प्रत्येक बार लय का चतुर्थांश बढ़ाते हुए, बत्तीस प्रकार की लय तक दिखाते हैं।

मृदंग वादन में कौन-सा अंग हिलना चाहिए

वादन करते समय वादकों के पाँच अंग हिलते हैं जो कंधे-कोहनी, अँगूठा, कलाई और बाएँ पैर में होनेवाला कंपन है। इन्हें 'पंच-संच' कहते हैं। श्रेष्ठ वादकों के अँगूठे और मणिबन्ध (कलाई) ही हिलते हैं। मध्यम वादकों की कोहनी हिलती है। कन्धा, अधम वादकों का हिलता है। बाएँ पाँव में कंपन हो तो वह श्रेष्ठ है।

मृदंग-वादकों के गुण

जो गुण तबला-वादकों के लिए ब.।ए गए हैं, वे ही मृदंग-वादकों के गुण समझने चाहिए। उनके अभाव को दोष समझना चाहिए।

प्रारंभिक हस्त-साधन-विधि

जो बोल और क्रम हम नीचे दे रहे हैं, उनपर धैर्यपूर्वक अभ्यास करने से हाथ सध जाता है, अतः प्रारम्भ में प्रत्येक विद्यार्थी को इनका अभ्यास करना आवश्यक है; देखिए :—

१. तत्	दित्	थुं	ना
२. तत्तत्	दित्दित्	थुंथुं	नाना
३. तत्तत्तत्	दित्दित्दित्	थुंथुंथुं	नानाना
४. तत्तत्तत्तत्	दित्दित्दित्दित्	थुंथुंथुंथु	नानानाना

५. तक्किट	दिक्किट	थुंकिट	नंकिट
६. ताकिट	किटतक	दिक्किट	किटतक
थुंकिट	किटतक	नंकिट	किटतक
७. तक्किट	किट,तकि	टतकाऽ	किटतका
दिक्किट	किट,तकि	टतकाऽ	किटतका
थुंकिट	किट,तकि	टतकाऽ	किटतका
नंकिट	किट,तकि	टतकाऽ	किटतका
८. तकधुम	किटतक	तक्का	थुंगा
दित्धुम	किटतक	तक्का	थुंगा
थुंधुम	किटतक	तक्का	थुंगा
नंधुम	किटतक	तक्का	थुंगा

□

चौबीसवाँ अध्याय

गणों तथा छंदों के आधार पर बोलों के प्रस्तार करने का क्रम

बोलों के प्रस्तार का एक क्रम

यदि हम पीछे दिए हुए बोलों को उलट-पलटकर रखते रहेंगे तो विस्तार का यही एक क्रम हो जाएगा। उदाहरण के लिए कुछ बोल तत् से मिलाएँगे, फिर उन्हें ही क्रम से दित्, थुं और न से मिलाते रहेंगे; जैसे :—

तत्किट तत्किट तकिटत काऽकिट, तकिटत काऽकिट तक,तकि टतकाऽ दित्किट शेष ज्यों-के-त्यों बजाइए।
थुंकिट शेष ज्यों-के-त्यों बजाइए।
नन्किट शेष ज्यों-के-त्यों बजाइए :

अब इसी में से कुछ बोल लेकर उनसे पहले क्रम से तत्, दित् थुं, नन् रखते रहेंगे; जैसे—तत्किट तकिटत काऽ; दित्किट तकिटत काऽ; थुंकिट तकिटत काऽ और नन्किट तकिटत काऽ, आदि। जब अंत करना चाहेंगे, तो तिटकत गदिगिन आदि जोड़कर 'धा' ले लेंगे।

इन बोलों के अतिरिक्त कोई अन्य बोल लेकर भी इसी आधार से प्रस्तार किया जा सकता है। उदाहरण के लिए हम 'तकिटतका' के स्थान पर 'तकाथुंगा' लेंगे। इसमें 'ता' के स्थान पर क्रम से दिं, थुं और नन् रखेंगे; जैसे :—

तत्थुंगा	तक्काथुंगा	ताऽकिट	किटतक	तक्काथुंगा
दित्थुंगा	दिक्काथुंगा	दिंऽकिट	किटतक	दिक्काथुंगा
थुंथुंगा	थुंगाथुंगा	थुंकिट	किटतक	थंगाथुंगा
नन्किट	नंगाथुंगा	नाऽकिट	किटतक	नंगाथुंगा

इनमे तत्, दित्, थु तथा नन् के आगे आनेवाले बोल इच्छानुसार बदले जा सकते हैं। अब हम इसी आधार पर कुछ मेल तत् के साथ बनाकर लिख रहे हैं। इन्हें क्रम से दिन्, थु और ना के साथ आप पूरा कर लीजिए; जैसे—ताऽकिट किटतक (इसमें 'ता' के स्थान पर 'त' कर देने से भी लय बदल जाएगी), तकिट किटतक तकिटत काऽ, तकिट,त किटतक तकताऽ ताऽ (यहाँ 'ता' को अन्त में ले लिया है।) इसी आधार पर अनेक बोल बनाए जा सकते हैं।

प्रस्तार का दूसरा क्रम

कभी-कभी एक बोल को ही लेकर उससे पहले कुछ और बोल रखकर, हर बार उसे ही रखते रहते हैं। उदाहरण के लिए हम 'तकिटत काऽकिट' बोल को और बोलों से मिलाएँगे। आप देखेंगे कि प्रत्येक एक-दो बोल के बाद पुनः यही आ जाता है। इसी आधार पर अड़तालीस मात्राओं का एक टुकड़ा बना रहे हैं, आप इसे तीनताल या चारताल, दोनों में बजा सकते हैं; देखिए :—

धाऽकिट तकिटत काऽकिट धुमकिट तकिटत काऽकिट
×
तकिटत काऽकिट धुमकिट धुमकिट तकिटत काऽकिट
तकधुम किटतक धुमकिट तकिटत काऽकिट तकधुम किटतक
धुमकिट तकिटत काऽकिट तकिटत काऽकिट धुमकिट
तक,धुम किटतक धुमकिट तक,धुम किटतक धुमकिट
घ्ड़ाऽन तकिटत काऽकिट तकिटत काऽकिट क्ड़ाऽन तकिटत
काऽकिट घ्ड़ाऽन तकिटत काऽकिट तकिटत काऽकिट
धुमकिट घ्ड़ाऽन तिटकत गदिगन धा।
×

इसी आधार पर चौदह मात्राओं की तालों के लिए 'तकिटत काऽकिट' के आधार से विस्तार का एक उदाहरण और देखिए :—

धाऽदिन धाऽकिट तकिटत काऽकिट धिधिकिट धुमकिट
तकिटत काऽकिट तक्किट धुमकिट तकिटत काऽकिट तकतक

धुमकिट तकिटत काऽकिट धदिगन नाऽकिट तकिटत काऽकिट किटतक धदिगन धाऽआऽ किटतक धदिगन धाऽआऽ किटतक धदिगन धा।

×

इसी आधार से किसी एक बोल को लेकर, उसे अनेक बोलों से मिलाकर, चाहे जिस ताल के लिए रचना की जा सकती है। उदाहरण के लिए एक झप ताल का टुकड़ा बना रहे हैं। इसमें 'किट' और 'तिट' को अन्य बोलों में रखेंगे; देखिए :—

धाऽकिट घेघेकिट घेघेकिट ताऽकिट तकाकिट घेघेतिट घेघेतिट ताऽकिट तकाकिट कत्ताघेघे तिट,कत्ता घेघेतिट कत्ताघेघे तिट,घेघे तिटकता गदिगिन कताऽत्ता धाऽकत्ता ऽत्ताधाऽ कताऽत्ता धा।

×

अब एक बत्तीस मात्राओं के बोल में 'तरान' और 'धेत्ता' का विस्तार करके दिखाते हैं; देखिए :—

धाऽकिट तक,तरा ऽन,धुम किटतक तराऽन धेऽत्ताऽ तराऽन किटकिट धेत्ता गदिगिन तकधेऽ धेऽत्ताऽ तराऽन दिन्तक तराऽन धा, धुमकिट तकधुम किटतक धुमकिट तराऽन धाऽ,धुम किटतक धुमकिट तकधुम किटतरा ऽनधाऽ धुमकिट तकधुम किटतक धुमकिट तराऽन धा।

×

इस आधार पर आप चाहे किसी बोल को, चाहे किन्हीं दूसरे बोलों से मिलाकर अनेक नए बोल बना सकते हैं। इसी आधार पर 'धिननक' का विस्तार भी बहुतायत से किया जाता है। स्थानाभाव के कारण हम उसे यहां नहीं दे रहे, परन्तु आगे आनेवाले उदाहरणों को तनिक ध्यान से देखने पर आप उसे स्वयं समझ लेंगे।

पिंगल-शास्त्र के आधार से विस्तार करने का क्रम

कुछ विद्वान् परन आदि बनाने के लिए कविता-शास्त्र में प्रयुक्त होनेवाले गणों की सहायता लेते हैं। ये गण आठ प्रकार

के माने गए हैं । इनकी रचना 'गुरु' और 'लघु' से होती है । चिह्न 'ऽ' और '।' हैं । जो दीर्घाक्षर होते हैं; जैसे—ता, धा आदि उन्हें 'ऽ' से प्रकट करते हैं । जो ह्रस्वाक्षर होते हैं; जैसे—'क' 'त', 'न' आदि, उन्हें '।' से प्रकट करते हैं । प्रत्येक गण तीन-तीन अक्षरों से मिलकर बनता है । ये आठों गण निम्न-प्रकार हैं :—

मगण=ऽ	ऽ	ऽ	या	धा	ता	धा
यगण=।	ऽ	ऽ	या	त	धा	ता
रगण=ऽ	।	ऽ	या	धा	त	धा
सगण=।	।	ऽ	या	क	त	धा
तगण=ऽ	ऽ	।	या	ता	ध	ना
जगण=।	ऽ	।	या	क	धा	न
भगण=ऽ	।	।	या	धा	क	त
नगण=।	।	।	या	क	त	क

संगीत-शास्त्र में इनका प्रयोग करते समय हम गुरु को धा, कड़ां, तू, ना जैसे तथा लघु को क, त, ग, दि, जैसा मानेंगे। अब उदाहरण के लिए मान लो कि हम तीनताल का एक टुकड़ा तैयार करना चाहते हैं, तो पहले हमें इसी आधार से सोलह मात्राओं का एक पिंड तैयार करना पड़ेगा। यह कई प्रकार से तैयार हो सकता है; जैसे :—

ऽ ऽ ऽ+ऽ । ऽ+ऽ ऽ । या ऽ । ऽ+। । ।+ऽ । ऽ
२ २ २ २ । २ २ २ । २ । २ । । । २ । २
+ । । । या । । ऽ+। । ।+। । ।+ऽ ऽ ऽ इसी प्रकार कई
। । । । । २ । । । । । । २ २ २

हो सकते हैं । अब हम उदाहरण के लिए १६-१६ मात्राओं के चार भिन्न पिंड तैयार करके उनके ऊपर तबले के बोलों की रचना करके दिखाते हैं । इस रचना को आड़ी लय की समझिए; देखिए :—

धागेन तकिट धागेति रकिट धातिट तागेति रकिट धातिट
ऽ ऽ । । । । ऽ ऽ । । । । । ऽ । । ऽ ऽ । । । । ऽ । ।

कत्क त्कत् धागेतू नातिट धागेन तगेन धाकिट तकिट
। । । । । । ऽ ऽ ऽ ऽ । । ऽ ऽ । । ऽ । ऽ । । । । ।

धा।
×

इसी आधार पर और भी टुकड़े बनाए जा सकते हैं।

इसी प्रकार धमार के टुकड़े को बनाने के लिए तगण=ऽ ऽ ।+
२ २ १
यगण=। ऽ ऽ और+सगण=। । ऽ की तथा तिवरा के लिए
१ २ २ १ १ २
सगण=। । ऽ और नगण=। । । की तथा झप ताल के लिए
१ १ २ १ १ १
यगण=। ऽ ऽ + रगण=ऽ । ऽ की और सूल ताल के लिए
१ २ २ २ १ २
तगण=ऽ ऽ ।+और यगण=। ऽ ऽ की सहायता से चाहे
२ २ १ १ २ २
जैसे इन गणों के इच्छित मेल बनाए जा सकते हैं। इसी आधार पर किसी अप्रचलित अथवा प्रचलित ठेके के बोल, परनें, रेले, कायदे आदि बजाए जा सकते हैं। परन्तु यह क्रम कुछ कठिन है।

छंदों के आधार से विस्तार करने का क्रम

काव्य में गीतों की रचना इन्हीं गणों के आधार पर की जाती है। यों तो छंदों की संख्या चार सौ से कुछ अधिक ही होगी, किंतु यहाँ उदाहरण-रूप से कुछ प्रमुख छंदों के आधार पर परनों की रचना करके दिखाते हैं। मोटे रूप से इस आधार से रचना करने के लिए जिस छंद के अनुरूप रचना करनी हो, उसके उदाहरण को कई बार पढ़िए। ऐसा करने पर एक विशेष प्रकार की चाल मस्तिष्क में बैठ जाती है, वही उस छंद की गति होगी। फिर

उसी चाल के अनुसार चाहे जितनी मात्राओं से, इच्छित ताल का टुकड़ा बना लीजिए। यदि टुकड़ा कुछ छोटा रह जाए, तो छंद का सहारा छोड़कर स्वतन्त्र रचना करके टुकड़े को पूरा कर लीजिए। इस प्रकार गीत की चाल के अनुसार तबला-वादन करना, छंद-वादन कहलाता है। अब इसके कुछ उदाहरण देखिए :—

१. उदाहरण के रूप में 'धरणी' नामक छंद की रचना इस प्रकार है :—

तेरी सगी, नहीं धरणी है। प्यारे सगी, भली करणी है।

इसे अनेक बार पढ़िए, फिर नीचे के टुकड़े इसी चाल से पढ़कर देखिए। अन्तिम चार मात्राओं में इसी चाल को बदल दिया गया है; देखिए :—

धातिर किटधा, तूना किड़नग, धातिर किटतक, कत्ता तूना, किड़नग तिरकिट तकताऽ तिरकिट, तागेतिट धाऽतागे तिटधाऽ तागेतिट धा।
×

इसी आधार पर दूसरा उदाहरण 'चंपक माला' छंद का देखिए। इसका रूप है :—

भूमि सगी ना, काम वृथा ही। कृष्ण सगो है या जग माँही॥
ताहि रिझैए, ज्यों ब्रज-बाला। डारि गले में चंपक माला॥

इसे अनेक बार पढ़कर, निम्न बोलों को भी इसी चाल में पढ़िए। देखिए कितना साम्य है :—

×
कता ऽता ऽन कत, तिट किड़ा ऽन तित्। किड़
×
नक धा तिट केना ऽत्ता ऽन किट। धिऽ न्नधि ऽन्न
×
ताऽ, नरा ऽन धाऽ तक। कत् ताऽ क्रृति घेन, कत्
×
घड़ा ऽन कत॥ तागे नक तेत् तेत्, कत कधि ऽन्न
नाति। ताऽ नधा ऽन गिदि, गिऽ न्नक्र धाऽ तिऽ। धा
×

यदि इसी आधार पर एक ताल के लिए बनाएँगे तो उसकी रचना इस प्रकार होगी। इसमें केवल आठ मात्राओं तक छंद की चाल है। अंतिम चार मात्राओं में चाल बदल गई है; देखिए :—

कतिटता ऽनकिट कातिरकिटधि किटधिट धागेऽना ऽनकिट नगेऽत्ता ऽनधाऽ दिन्दिन् तिटतिट धाऽकत् धाऽकत् धा।
×

३. अब एक उदाहरण 'भुजंगप्रयात' छंद का लेते हैं। इसकी चाल इस प्रकार है; देखिए :—

नमामीशमीशाननिर्वाणरूपं। विभुं व्यापकं ब्रह्मवेदस्वरूपं॥

इसे कई बार पढ़कर, इसी चाल में निम्न बोलों को पढ़िए। यह टुकड़ा तीनताल के लिए है; देखिए :—

कृधान कतत धाऽन ताऽक्र ताऽन कतत धाऽन धाऽक्र धाऽन कतत धाऽक्र धाऽन कतत धाऽक्र धाऽन कतत धा।
×

४. नीचे लिखी पंक्तियाँ घनाक्षरी छंद की हैं। इन्हें कई बार पढ़कर जो लय मस्तिष्क में जम जाए, उसी के आधार पर नीचे लिखे आठ बोलों को पढ़िए। अगले आठ बोलों में तीया बनाने के कारण परिवर्तन कर दिया गया है; देखिए :—

सुन्दर सुजान पर, मंद मुसकान पर,
बाँसुरी की तान पर, ठौरन ठगी रहे।
मूरति विशाल पर, कंचन-सी माल पर,
हंसन-सी चाल पर, खोरन खगी रहे॥

कातिर किटधा ऽन तिट, तिट कृधा तिट धिट, कृधा तिट धा, कृधा तिट धा, कृधा तिट धा।
×

५. अब एक उदाहरण 'रूप-घनाक्षरी' छंद का देखिए :—

बेर बेर बेर लै, सराहैं बेर बेर बहु,
रसिकबिहारी देत, बंधु कहँ फेर फेर।

अब इसी आधार पर तबले के बोल देखिए :—

कातिर किटधा तिट किड़धा तिट कत कातिर
क्टितक तागे कत कत कातिर किटतक तागे तिट धा।
×

६. नीचे का उदाहरण 'देव-घनाक्षरी' छंद का है; देखिए :—

झिल्ली झनकारें पिक-चातक पुकारें,

बन मोरनि गुहारें, उठें जुगुनू चमकि चमकि।

इसी आधार पर ताल की रचना देखिए :—

गेदिन्ता किटकिट तागेनागे तिटकता धातिरकिटध
०
ऽनतिट किटगदि नागेदिन धा।
×

७. एक उदाहरण 'शिखरिणी' छंद का देखिए। नीचे लिखी पंक्तियों को कई बार पढ़कर, फिर उसी लय में तबले के बोलों को पढ़कर देखिए कि उनमें कैसी समानता है।

यमीना-सी भूला, गुण गणनि गा-गा शिखरणी

अब तबला देखिए :—

कतिटधा किटनागे ताऽ तकिटधि किटकिट् तिटकता
ऽक त्तिट तातिट किटता कतिटधि किटतक धा,कति
टधिकिट तकधा कतिटधि किटतक धा।
×

इसे झप ताल के लिए निम्न-प्रकार से बनाएँगे :—

कतिटधा किटनागे तात् किटधिट धाऽक तिटतिट
×
केनेनागे तित्क धिटधिट धेनेनागे धित कतिटता ऽधात्
×
धात्धा ऽकतिट ताधा त्धात धाकति टताधा ऽत्धात् धा।
×

८. यह पद 'गीतिका' छंद का है; देखिए :—

पायके नर-जन्म प्यारे, कृष्ण के गुण गाइए।
पादपंकज हीय में धर, जन्म को फल पाइए॥

अब इसी आधार पर तबले के बोल देखिए :—

केतिट कत्ततिट कतिट धाक द्धान धाता तगेन किटधिट कतिट धाक द्धाक तिट धाक द्धाक तिट धाक द्धा।
×

९. अब एक उदाहरण 'झूलना' छंद का देखिए :—

यदु बंस प्रभु, तारण-तरण, करुणायतन भगवान।
जिय जानि यह, पछिताय फिर, क्यों रहत हो अनजान॥

केति कति टधा ऽकि टक तिट तागे नागे तधा ऽत धाऽ तधा ऽत धाऽ तधा ऽत धा।
×

१०. नीचे लिखा उदाहरण 'वृत्त' अथवा 'गंडका' छंद का है; देखिए :—

रोज-रोज राज गैल तें लिए, गुपाल ग्वाल तीन सात।
वायु-सेवनार्थ प्रात बाग जात, आव लै सु फूल-पात॥

अब इस छंद के आधार पर एकताल का एक टुकड़ा देखिए। यह दसवीं मात्रा से शुरू किया गया है।

धान धातिट कतिट नातिट गेगेना नातिट कतिट
×
ता कतिट तानता धाकति टतान ताधाक तिटता ऽनता धा।
×

इस आधार पर अनेक छंदों के उदाहरण दिए जा सकते हैं। यहाँ स्थानाभाव के कारण केवल दस उदाहरण ही दिए जा रहे हैं।

लय-प्रबंध के आधार से विस्तार करना

तबला-अध्याय में विस्तार करने के अनेक ढंग लिख आए हैं। यति के भेदों द्वारा लय का विस्तार करना पीछे बता दिया गया है। अब एक कठिन क्रम 'लय-प्रबंध' के आधार पर बता रहे हैं। लय-प्रबंध की परिभाषा इक्कीसवें अध्याय में दे दी गई है। यहाँ एक उदाहरण धमार में 'लय-प्रबंध' का देखिए। जो बोल जिस लय में लिखे जा रहे हैं, उसी लय का नाम उन्हीं मात्राओं के नीचे लिख दिया गया है; देखिए :—

गेदी कत गद्दी गिन तिरकिट तकता किटतक तिरकिट
___बराबर___ ______दून_______

धड़न्ता ऽनधाऽ धाऽकिटतकधिरकिटतकदिग ताऽगेगेदिऽन्नकिट-
__कहरवा__ _________चौगुन_________

धेत्ताऽनधाऽ धाऽनधातिट कतिटनातिट दिगनन गतिरकिटतक-
______ _____आड़ी______ ___ड्योढ़ी___

तकिट धातेटेता नातेटेधा ऽकिटतकधा किटधागेकतिटधादिता
__ _____भड़ौआ_________ ____________

किड़धागेनादिताकदि किट ऽकि ऽट ऽकि
तिगुन________ _________पौनी_________

तिटक तकिति टतग धा।
______सवाई______ ×

विश्वास है कि उक्त उदाहरणों से विद्यार्थीगण प्रत्येक ताल में बोलों का प्रस्तार कर सकेंगे। □

पच्चीसवाँ अध्याय

मृदंग के ठेके तथा चारताल का पूरा बाज

जो ठेके तबले में बजते हैं, उनके बोल तबले पर बजनेवाले बोलों के अनुसार बदल दिए गए हैं। जब वे ठेके पखावज पर बजाए जाते हैं, तो उसमें पखावज पर बजनेवाले बोलों का क्रम रखा जाता है। यहाँ हम कुछ प्रधान ठेकों के बोल दे रहे हैं :—

थाप का बाज, तीनताल (विलंबित लय)

धा	धा	दिं	ता ।	धा	गे	दिं	ता ।	किड़	तक	दिं	ता ।
×				२				०			

तेटे	कत्ता	गदि	गिन ।
३			

इसे दूसरी प्रकार यों भी बजाया जा सकता है :—(मध्य लय)

धा	कि	ट	धा ।	गी	धी	ट	धा ।	क	ती	ट	ता ।
×				२				०			

ग	धी	ति	ट ।
३			

यही नहीं, वरन् पृथक्-पृथक् विद्वानों के बोलों में भी अन्तर हो जाता है।

चारताल

धा	धा ।	दीं	ता ।	किट	धा ।	दीं	ता
×		०		२		०	

किट	तक ।	गदि	गिन ।
३		४	

धमार

त	धि	ट	धि	ट ।	धा	ऽ ।	त	कि	ट
×					२		०		

कि	ट	ता	ऽ ।
३			

झप ताल

धा ऽ । धा गे कि । ट किट । धा कि ट ।
× २ ० ३

सूल ताल या सूलफाक्ता

धा धा । दिं ता । किट धा । किट तक । गदि गिन ।
× ० २ ३ ०

तिवरा

धा दिं ता । किट तक । गदि गिन ।
× २ ३

एकताल

धा गे । ने ता । गे ने । क त्ता । तिट कता ।
× ० २ ० ३

गदि गिन ।
४

इस ठेके का उपयोग द्रुत लय की चार ताल के लिए भी किया जा सकता है।

सवारी

धाऽधिड़ा ऽनधाऽ धिड़ाऽन । धा धिट धिर किट कत् ।
× २

तिट धिड़नग तिरकिट । तकता गदिगिन धाऽकत
३ ४

गदिगिन । धा ।
×

मत्त

धा ऽ । धि न । न क । धि न । न क ।
× ० २ ३ ०

ति ट । क त । ग दि । गि न । आदि ।
४ ५ ६ ०

अब हम चारताल को विस्तार से ले रहे हैं।

चारताल के लिए पेशकार बनाना

पेशकार की परिभाषा पीछे दे दी गई है। उसी आधार पर हम यहाँ पेशकार की रचना करेंगे। हम प्रत्येक बार ठेके के मूल बोलों में कुछ मात्राओं के बोल बदल-बदलकर बजाएंगे। यही हमारे पेशकार होंगे; जैसे—'धा धा दिं ता तिट धा दिं ता तिट कत गदि गिन' हमारा चारताल का ठेका है। अब इसके बोलों में कुछ परिवर्तन करते हैं; देखिए—धा तिट तिट धा ता धिट धिट धा किट तक गदि गिन। अब केवल अंत की दो मात्राओं में परिवर्तन करेंगे; जैसे—'धा तिट तिट धा ता धिट धिट धा' किट तक तरां ऽग धा। अब की बार केवल अंत की चार मात्राओं में बोल बदलेंगे।
×
इनमें एक बार 'धदि गिन' और दूसरी बार 'तरां ऽग' से एक ही बोल को बजाएंगे। इस प्रकार हम केवल चार-चार बोल लिख रहे हैं। आप आठ मात्राओं तक के बोलों को ज्यों-का-त्यों बजाकर, अंतिम चार मात्राओं में इन्हें क्रम से बजाते रहिए; देखिए—

धेऽ त्ताऽ गदि गिन धा; धेऽ त्ताऽ तरां ऽग धा;
× ×

तक तक धदि गिन धा; तक तक तरां ऽग धा;
× ×

धुम किट धदि गिन धा; धुम किट तरां ऽग धा;
× ×

धेधे ऽत्ता धदि गिन धा; धेधे ऽत्ता तरां ऽग धा; आदि।
× ×

अब केवल प्रारंभ के छह बोल ज्यों-के-त्यों बजाइए। अगली छह मात्राओं में नीचे दी हुई छह मात्राओं के बोलों को बजाकर पूरा करिए; देखिए—धाऽकिट तकधुम किटतक धेऽत्ताऽ किटतक गदिगिन धा; धाऽकिट किट,तकि टतकाऽ किटधुम
×

किटतक गदिगिन धा; धाऽकिट तक,धा किटतक किटधाऽ
×

किटतक धदिगिन धा; धाऽकिड़ा ऽनधुम किटतक धेऽत्ताऽ
×
किटतक धदिगिन धा; ताऽधुम किटतक धेऽत्ताऽ किटतक
×
धदिगिन धाऽधाऽ धा; धाऽधुम किट,तकि टतकाऽ किटतक
×
धदिगिन धाऽधाऽ धा; धाऽधेऽ त्तऽतक धेऽत्ताऽ धेऽत्ताऽ
×
धेऽत्ताऽ धदिगिन धा; धेऽत्ता धीऽन ताकिट किटधिर
×
किटतक धिरकिट धा; तकधेऽ ऽत्ताऽ धेऽत्ताऽ तकतक
×
धेऽत्ताऽ गदिगिन धा; धाकिट धिधिकिट तकधाऽ धुमकिट
×
किटतक धदिगिन धा; किटकता किटतक किड़ाऽन
×
धाऽकिड़ा ऽनधाऽ किड़ाऽन धा; आदि। इसी आधार से आप चाहे जितने बोल रच सकते हैं। यही आपके पेशकार कहलाएँगे।

'धिननक' के द्वारा प्रस्तार

प्रस्तार करने के अनेक ढंग हम पीछे दे चुके हैं। केवल एक उदाहरण 'धिननक' के द्वारा प्रस्तार करने का यहाँ दे रहे हैं। इसमें 'ताऽ धिननक धेऽ धिननक' के आधार से प्रस्तार किया जाता है। यहाँ चौगुन की लय का एक आवृत्ति का टुकड़ा बना रहे हैं। इसी आधार से आप चाहे जिस ताल में, चाहे जितनी मात्राओं का बोल बना लीजिए; देखिए :—

ताऽधिन नक,धेऽ धिननक, ताऽधिन नकधेऽ धिननक, धेऽधेऽ धिननक, धेऽधेऽ धिननक, धिननधि ननतक धा।
×

नीचे इकसठ मात्राओं का 'धिननक' का एक बोल दे रहे हैं। यह लम्बा अवश्य है, परन्तु इसमें अनेक बोलों को दो-दो बार बजाया गया है, अतः याद करने में कठिनाई नहीं होगी। जिन

बोलों को दो-दो बार बजाना है, उन्हें कोष्ठ में लिखकर गुणा दो कर दिया है। देखिए :—

(धा–धिन नकधिट धिननक धिननक)×२=८ मात्राएँ+ (धिननक धिननक)×२=४; +(धिटधिट धिननक धिननक धिननक)×२=८; + (धिटधिट धिननक)×२ = ४; + (धिटधिन नक,धिट धिननक)×२=६; +धिननक धिननक धिटधिन नकधिट (धिननक धिननक धिटधिन नकधिट धिननक धिटधिन नकधिट धिननक धा)×३=२७। कुल मात्राओं का योग ८+४+८+४+६+४+२७=६१।

यदि आप चाहें तो 'धिननक' के बोल को तिगुन की लय में रखकर तिगुन की लय का प्रस्तार भी इसी प्रकार कर सकते हैं; जैसे :—

ताऽधि ननक, धेऽधि ननक। धेऽधे ऽधेऽ धेऽधि ननक।
×
धेऽधे ऽधेऽ धेऽधि ननक । धिनक कधिन नकधि ननक।
धेऽधे ऽधेऽ धेऽधि ननक । धिनन धिनन तकत कतक।
ताऽऽ ऽऽऽ धिनन धिनन । तकत कतक ताऽऽ ऽऽऽ।
धिनन धिनन तकत कतक धा।
×

इच्छा होने पर इसे दूनी लय में बजाकर छहगुन की 'धिननक' का प्रस्तार भी किया जा सकता है।

एक 'धा' से सात 'धा' तक की तिहाइयाँ बनाना

इस प्रकार की तिहाइयाँ बनाने का क्रम तबला-अध्याय में विस्तार से दे आए हैं, अतः यहाँ उनका क्रम न देकर केवल बोल बनाकर लिख रहे हैं। इन सारी तिहाइयों में मुखड़ा 'तिटकत गदिगिन धा' का है। एक 'धा' के तीए में मुखड़ा एक 'धा' के साथ तीन बार आएगा। दो 'धा' के तीए में इसी मुखड़े के साथ दो 'धा', तीन 'धा' के तीए में तीन 'धा' आदि होंगे; देखिए :—

१. धाऽदिन धाऽकिट तक्टित काऽकिट धित्ता; तिटकता गदिगिन धाऽतिट कतागदि गिनधाऽ तिटकता गदिगिन धा।
×

२. धाऽदिन धाऽकिट तकिटत काऽतिट कतागदि गिनधाऽ धाऽतिट कतागदि गिनधाऽ धाऽतिट कतागदि गिनधाऽ धा।
×

३. धाऽदिन धाऽकिट तकिटत काऽकिट धिधिकिट धुमकिट तकिटत काऽकिट ताक्किट धुमकिट तकिटत काऽकिट तकतक धुमकिट तिटकत गदिगिन धाऽधाऽ धाऽतिट कतागदि गिनधाऽ धाऽधाऽ तिटकता गदिगिन धाऽधाऽ धा।
×

अब आगे के तीयों में 'धा' के स्थान पर १, २, ३, ४ की गिनतियाँ बोलिए, अन्यथा गलत हो जाने की पूरी संभावना है। हम भी 'धा' न लिखकर, उनके स्थान पर गिनतियाँ ही लिखेंगे।

४. धाऽदिन धाऽकिट तकिटत काऽकिट धिधिकिट धुमकिट तकिटत काऽकिट तक्किट धुमकिट तकिटत काऽकिट। तकतिट कतागदि गिन १, २, ३, ४, तिट कतागदि गिन १, २, ३, ४, तिट कतागदि गिन १, २, ३, ४
×

५. धादिन धाऽकिट तकिटत काऽकिट धिधिकिट धुमकिट तकिटत काऽकिट धेऽत्ताऽ धेऽत्ताऽ धेऽत्ताऽ तिटकत। गदिगिन १,२ ३,४ ५तिट कतागदि गिन १, २, ३, ४, ५ तिटकता गदिगिन १,२, ३,४, ५।
×

६. धाऽदिन धाऽक्टि तकिटत काऽकिट धिधिकिट धुमकिट तकिटत काऽकिट धेऽत्ताऽ धे,ऽतिट कतगदि गिन १। २, ३, ४,५, ६,तिट कतगदि गिन १ २, ३, ४,५, ६,तिट कतगदि गिन१ २,३, ४,५, ६।
×

७. धाऽदिन धाऽतिट तकिटत काऽकिट धिधिक्टि धुमकिट तकिटत काऽकिट तिटकता गदिगिन १,२, ३,४। ५, ६, ७तिट कतागदि गिन१ २,३ ४,५ ६,७ तिटकता गदिगिन १,२ ३,४ ५,६, ७।
×

चार ताल के लिए परनें बनाना

परनें बनाने का क्रम पीछे विस्तार से दे आए हैं। अतः उसी आधार पर यहाँ कुछ परनें दे रहे हैं; देखिए :—

१. धागेतिट तागेतिट कृधातिट धागेतिट नगनधि गनधागे, दिगतागे तिटकत घेघेतिरकिट तकताकत्तू कक्कधि किटधागे तिटकृधा ऽनकत् धा, तक्कधि किटधागे तिटकृधा ऽनकत् धा, तक्कधि किटधागे तिटकृधा नकत् धा।
×

२. धागेतिट धागेतिट तागेतिट तागेतिट कृधातिट धागेतिट गदिगिन नागेतिट तकधुम किटतक गदिगिन धाऽगदि गिनधाऽ गदिगिन धा, गदिगिन धाऽगदि गिनधाऽ गदिगिन धा, गदिगिन धाऽगदि गिनधाऽ गदिगिन धा।
×

ऊपर की परन की पहलो आठ मात्राएँ ज्यों-की-त्यों बजाकर नवीं मात्रा से इस प्रकार बजाइए :—

३. धःधः धिटतिट कतांत किटतक धागेतिट कृधातिट
९ १० ११ १२
नागेतिट धागेतिट कृधातिट नागेतिट ताकृ धान्धान् धा,कृ धान्धान् धा,कृ धान्धान् धा।
×

४. धागेतिट तागेतिट धागेदिन नागेतिट कृधातिट गदिगिन धिंतिरकिटतक तागेतिट कतिट,त गन,तग तिटकत गदिगिन धाऽधाऽ धाऽकति ट,तगन तग,तिट कतगदि गिनधाऽ धाऽधाऽ कतिटत गन,तग तिटकत गदिगिन धाऽधाऽ धा।
×

५. धात्र कधा तिट कृधा तिट कृधा तिट कता कति टधा तिट घीता तिट घीता ता दीनाकृ धान तान धाकृ धान तान धाकृ धान तान धा।
×

परनें आड़ी-बिआड़ी लय की

अब एक-दो परनें अन्य लय की देखिए :—

६. धाऽकिटतक धुमकिटतक धिरकिटतक तक्कड़ान धाऽगदिगिन धाऽगदिगिन नगधेऽगन तिरकिटतक धाऽकिटतक धुमकिटतक धाऽकिटतक धुमकिटतक धा।
×

७. धाऽग धिटधिट धगन धागेतिट क्रद्धध् धिटतिट कऽत्त गदिगिन कऽत्त घेघेतिट घेघेन नागेतिट थुंकिट थुंऽगाऽ कतग दींगताऽ धाऽक्रिटधुम किटतकगदिगिन धाक्र धाऽगदिगिन धाक्र धाऽगदिगिन धाक्र धाऽगदिगिन धा।
×

८. धीकिट धिननक धीकिट तातिरकिट तकिट केननक तकिट ताकृत् धात् धाकृत् धात् धाकृत् धा।
×

९. धाकिटतक धेऽत्ताऽ किटतकधेऽ त्ताऽ कधा किटतक-दींगड़ धाकिट किटधा किटतकदींगड़ धाकिट किटधा किटतकदींगड़ धा।
×

१०. धाकिटतक धुमकिटतक ताकिटतक तक्कधिकिट तकिटथुंकिट तऽग्दिगन धा तकिटथुंकिट तऽग्दिगन धा तकिटथुंकिट तऽग्दिगन धा।
×

सम-से-सम तक के तीए बनाना

वैसे तो तबला-विभाग में एकताल का वर्णन करते समय तिहाइयाँ बनाने के अनेक क्रम बता दिए हैं; फिर भी एक-दो तीए बनाकर लिख रहे हैं; देखिए :—१. कत्तिरकिट तकताकिटतक गदिगिनधा,गदि गिनधा,गदिगिन धाऽतिरकिट तकताकिटतक गदिगिनधा,गदि गिनधा,गदिगिन धाऽतिरकिट तकताकिटतक गदिगिनधा,गदि गिनधा,गदिगिन धा।
×

२. धाकिटतकधुम किटतकथुंगा धाऽथुंगा धाऽथुंगा। धाआधुम किटतकथुंगा धाऽथुंगा धाऽथुंगा धाआधुम किटतकथुंगा धाऽथुंगा धाऽथुंगा धा।
×

चारताल के लिए रेले बनाना

रेले बनाने के अनेक क्रम हम पिछले अध्यायों में बता चुके हैं, अतः यहाँ केवल उदाहरण-रूप से दो रेले दे रहे हैं। इन्हीं के आधार पर आप चाहे जितने रेले बना लीजिए; देखिए :—

१. धिरकिटधिरकिट धिरकिटकिटतक तगधिरकिटतग धिरकिटधिरकिट किटतगधिरकिट किटतगधिरकिट किटतग-धिरकिट तिटतगधिरकिट धिरकिटगदिगिन धाऽधिरकिट गदिगिनधाऽ धिरकिटगदिगिन धा।
×

२. धुमकिटधुमकिट तकिटतकाऽकिट धुमकिटधुमकिट तकिटतकाऽकिट धुमकिटतकाधुम किटतकागदिगिन धाऽदेत्देत् धुमकिटतकाधुम किटतकागदिगिन धाऽदेत्देत् धुमकिटतकाधुम किटतकागदिगिन धा।
×

आप चाहें तो इनकी लय आधी करके दो आवृत्तियों में बजा लीजिए।

प्रत्येक मात्रा से उठनेवाली फरमाइशी चक्रदार बनाना

चक्रदार बनाने के क्रम बारहवें अध्याय में विस्तार से बता दिए गए हैं। उसी आधार पर आप इनकी रचना कर लीजिए। इनका गणित निम्न-प्रकार है :—

मात्रा का उठान	बोल की मात्राएँ	मुखड़े की मात्राएँ	दम की मात्राएँ
१	१८	७	२
२	१६	८	०
३	१५	८	१
४	१४	८	२
५	१२	६	०

६	११	९	१
७	१०	९	२
८	८	१०	०
९	७	१०	१
१०	६	१०	२
११	४	११	०
१२	३	११	१

प्रत्येक मात्रा से उठनेवाली तीन 'धा' की कमाली चक्रदार बनाना

इसका गणित निम्न-प्रकार है :—

मात्रा का उठान	बोल की मात्राएं	मुखड़े की मात्राएं	'धा' की संख्या	दम
१	२१	३	३	२
२	१९	४	३	०
३	१८	४	३	१
४	१७	४	३	२
५	१५	५	३	०
६	१४	५	३	१
७	१३	५	३	२
८	११	६	३	०
९	१०	६	३	१
१०	९	६	३	२
११	७	७	३	०
१२	६	७	३	१

प्रत्येक मात्रा से उठनेवाली चार 'धा' की कमाली चक्रदार बनाना

इनका गणित निम्न-प्रकार है। बोल आप स्वयं रच लीजिए। ये सब चार-चार आवृत्तियों में आएँगी। विशेष विवरण जानने के लिए बारहवाँ अध्याय ध्यान से पढ़िए।

उठने की मात्रा	बोल की मात्राएं	मुखड़े की मात्राएं + 'धा' की संख्या	दम की मात्राएं
१	१८	६ + ४	३
२	१६	७ + ४	०

३	१५	७ + ४	१
४	१४	७ + ४	२
५	१३	८ + ४	३
६	११	८ + ४	०
७	१०	८ + ४	१
८	९	८ + ४	२
९	८	८ + ४	३
१०	६	९ + ४	०
११	५	९ + ४	१
१२	४	९ + ४	२

इसी आधार पर पाँच 'धा' की चक्रदारों का गणित देखिए। ये सारी चक्रदारें पाँच आवृत्तियों में आएँगी। प्रत्येक बोल के बाद मुखड़ा+५ 'धा' को भी पाँच बार बजाना पड़ेगा। विशेष विवरण बारहवें अध्याय में देखिए। इनका गणित निम्न-प्रकार है :—

उठान की मात्रा	बोल की मात्राएँ	मुखड़े की मात्राएँ+ 'धा' की संख्या	दम की मात्राएँ
१	२१	३ + ५	२
२	२०	३ + ५	३
३	१९	३ + ५	४
४	१७	४ + ५	०
५	१६	४ + ५	१
६	१५	४ + ५	२
७	१४	४ + ५	३
८	१३	४ + ५	४
९	११	५ + ५	०
१०	१०	५ + ५	१
११	९	५ + ५	२
१२	८	५ + ५	३

□

छब्बीसवाँ अध्याय

धमार तथा ब्रह्म ताल

धमार तथा ब्रह्म ताल का परिचय

ये दोनों तालें पखावज पर ध्रुवपद-गायन के साथ बजाई जाती हैं। धमार चौदह तथा ब्रह्म अट्ठाईस मात्राओं की मानी जाती है। किसी एक में बजनेवाले टुकड़े, मुखड़े, परन आदि दोनों में बजाए जाते हैं। इसलिए ब्रह्म के लिए अलग बोल नहीं दे रहे। धमार ब्रज में होली के गीतों के साथ सुनाई देती है। ब्रह्म ताल का प्रचलन बहुत कम है।

धमार का जन्म

धमार ताल की उत्पत्ति के विषय में कहा जाता है कि मानसिंह तोमर के राज्यकाल में (सन् १४८६ ई० से १५१६ ई० तक) ग्वालियर में विजय जंगम नामक एक प्रमुख गायक थे। ये 'ग्वालियर संगीत-विद्यापीठ' के प्रमुख आचार्य थे। जब सन् १४९२ ई० के लगभग मानसिंह तोमर का विवाह मृगनयनी से हुआ तो उस काल के प्रसिद्ध गायक बैंजू जी को भी निमंत्रित किया गया। बैजू जी के अद्भुत संगीत से मानसिंह तथा मृगनयनी, दोनों प्रभावित हुए। मृगनयनी ने बैजू जी से संगीत-शिक्षा ग्रहण करने की इच्छा प्रकट की और मानसिंह ने उन्हें मृगनयनी का संगीत-शिक्षक नियुक्त कर दिया। साथ ही 'संगीत-विद्यापीठ' का प्रमुख आचार्य-पद भी बैजू जी को दे दिया। इसपर विजय जंगम की इच्छा बैजू जी से प्रतियोगिता करने की हुई। इससे उत्तेजित होकर बैजू जी ने ध्रुवपद-शैली में ही एक ऐसी ताल को जन्म दिया, जिसमें 'धा' के स्थान पर 'क' पर सम आता था। हो सकता है कि जब विजय जंगम जी ने इस नवीन ताल का नाम जानना चाहा हो तो बैजू जी ने यह कह दिया हो कि इसमें 'धा' को मार दिया है, इसलिए इसे 'धा-मार' ताल समझिए; जो आज 'धमार' रह गया है।

इनमें पेशकार बनाना

जिस प्रकार आप पिछले अध्याय में चारताल का पेशकार बनाना सीख आए हैं, उसी प्रकार उन्हीं बोलों के आधार से इन

तालों में भी बनाइए। यहाँ हम केवल पाँच-छह या सात-सात मात्राओं के टुकड़े लिख रहे हैं। यदि आप उन्हें आधी लय में बजाएँगे तो बराबर लय के, अन्यथा धमार में खाली से प्रारंभ करके बजाए जा सकते हैं; देखिए :—

धाऽकिट तकधेऽ ऽत्ताकिट तकतक धेऽत्ताऽ धेऽत्ताऽ तरांऽग
धा; धाऽकिट किटधेऽ ऽत्ताधदि गनतक धेऽत्ताऽ धेऽत्ताऽ तरांऽग
×
धा; धुमकिट तकधुम किटधदि गनतक धेऽत्ताऽ किटतक
×
धदिगन धा; धे:धे:धे:ऽ धे:ऽधे:धे:ऽ किटतक धेऽतरां ऽगधाऽ
×
किटतक धदिगन धा; तकधाधा किटतक तककिट धाऽकिट
×
तकतक किटधाऽ धाऽधाऽ धा; धाऽ तराऽन किटधेऽ
×
तकधाऽ दिनधाऽ किटतक धदिगन धा।
×

इसी आधार से चाहे जितने टुकड़े बना लीजिए।

'धिननक' के द्वारा प्रस्तार

इसके प्रस्तार का ढंग पीछे दे आए हैं, अतः केवल एक उदाहरण इस प्रकार का दे रहे हैं; देखिए :—

ताऽधिन नकधेऽ धिननक ताधिन नकधेऽ धिननक
धेऽधेऽ धिननक धेऽधेऽ धिननक धेऽधेऽ धिननक धिनन,धि
ननतक धा।
×

'तिहाइयाँ' बनाना

चौदह मात्राओं की तालों के लिए तिहाइयाँ बनाने का क्रम सोलहवें अध्याय में विस्तार से बतला आए हैं, फिर भी एक-दो उदाहरण यहाँ दे रहे हैं।

धाऽकिट तकिटत काऽ धुमकिट तकिटत काऽ तिटकता गदिगिन धाऽ तिटकता गदिगिन धाऽ तिटकता गदिगिन धा।
×

दो 'धा' की तिहाई

धाऽकिट तकिटत काऽ धुमकिट तकिटत काऽतिट कतागदि गिनधाऽ धाऽ,तिट कतागदि गिनधाऽ धाऽतिट कतागदि गिनधाऽ धा।
×

तीन 'धा' की तिहाई

धाऽकिट तकिटत काऽ धुमकिट तिटकत गदिगिन धाऽधाऽ धाऽतिट कतागदि गिनधाऽ धाऽधाऽ तिटकता गदिगिन धाऽधाऽ धा।
×

तीन 'धा' की दूसरे प्रकार की तिहाई

धाऽकिट तकिटत काऽ धुमकिट तकिटत काऽतिट कतगदि गिनधाऽ तिटकता गदिगिन धाऽधाऽ तिटकता गदिगिन धाऽधाऽ धा।
×

छह, नौ, बारह और पंद्रह 'धा' के लिए

१. छह 'धा' का तीया

धाऽकिट तकधुम किटतक धेत्ता किटतक धाऽकिट तकधदी, गनधाऽ धाऽकिट तकधदी गनधाऽ धाऽकिट तकधदी गनधाऽ धा।
×

२. नौ 'धा' का तीया

धाऽदिन धाऽक्किट तक्किटत काऽक्किट क्किटतक धदिगिन धाऽधाऽ धाऽक्किट तकधदि गिनधाऽ धाऽधाऽ क्किटतक धदिगिन धाऽधाऽ धा।
×

३. बारह 'धा' का तीया

द्धेता द्धेता द्धेकिट तकधदि गन,१,२,३ ४,किट तकधिन गन,१,२,३, ४,किट तकधदि गन,१, २,३,४।
×

४. पंद्रह 'धा' का तीया

धेत्ता किटतक धदिगन १,२, ३,४, ५,किट तकधदि गन१ २,३, ४,५, किटतक धदिगन १,२, ३,४, ५।
×

सम-से-सम तक की तिहाइयाँ बनाना

जब 'धा' सहित किसी पाँच मात्राओं के बोल को तीन बार बजा देंगे तो वही हमारे इस प्रकार के तीए होंगे। इनके अनेक उदाहरण सोलहवें अध्याय में हैं। फिर भी यहाँ हम उदाहरण-रूप से कुछ पाँच-पाँच मात्राओं के टुकड़े लिख रहे हैं। उन्हें लगातार तीन बार बजाकर, तिहाई को आप स्वयं पूरा कर लीजिए; देखिए :—

१. तिटकत गदिगिन धाऽकत गदिगिन धा।

२. कतक,धि किट,धागे तिटक्धा ऽनकत धा।

३. गदिगिन धाऽगदि गिनधाऽ गदिगिन धा।

४. धात्रक धिकिट धितिट तागिन धा।

५. धिरधिरकिटतक तकिटधाऽ ऽधा धाऽधाऽकत् धा।

इनकी परनें बनाना

जब कुछ बोलों के आधार से चौदह, अट्ठाईस या अधिक मात्राओं की रचना कर लेंगे तो वही हमारी परनें होंगी। ये धमार और ब्रह्म, दोनों में बज सकती हैं। ये तीए और बिना तीए की, जैसी इच्छा हो बजाई जा सकती हैं। जैसे—१. गदिंता किड़नक तिटकत धिनतक गदिकत गदिगिन दिगताके तिटकत गदिकत गदिगिन धाऽकत् गदिगिन धाऽकत् गदिगिन धा ताकत् गदिगिन धाऽकत् गदिगिन धाऽकत्
×

गदिगिन धा, ताकत् गदिगिन धाऽकत् गदिगिन धाऽकत्
गदिगिन धा।
×

२. धाऽकिट तकधुम किटतक गदिगिन धिंऽतिर किटतक तगतिर किटतक धिंऽतिर किटतक तगतिर किटतक तिरकिट तकताऽ (तिटकता गदिगिन धा क्ड़ान धा) × ३

३. ऊपर की छह मात्राओं को ज्यों-का-त्यों बजाकर, ७-वीं और ८-वीं मात्रा में 'तिरकिट तकताऽ' जोड़कर नवीं मात्रा से नीचे लिखे टुकड़े का तीया बजा दें। यही दो आवृत्ति की परन होगी। नवीं मात्रा से जुड़नेवाला टुकड़ा (तिटकता गदिगिन धागेतिट गदिगिन धागेतिट गदिगिन धा) × ३ है।

४. परन दो की पहली छह मात्राएँ ज्यों-की-त्यों बजाकर, सातवीं मात्रा से नीचे दिए हुए टुकड़े को जोड़ दिया :—

ताक्त् धाती धाक्त् धाती धाक्त् धाती धा आ आक्त् धाती धाक्त् धाती धाक्त् धाती धा आ आक्त् धाती धाक्त् धाती धाक्त् धाती धा।
×

५. धाकिट तकधुम किटतक गदिगिन तिरकिट तकताऽ
×
गदिगिन धाऽधाऽ धाऽ धाऽधाऽ धाऽ धाऽधाऽ धा, तिटकत
गदिगिन धाऽधाऽ धाऽ धाऽधाऽ धाऽ धाऽधाऽ धा तिटकत
×
गदिगिन धाऽधाऽ धाऽ धाऽधाऽ धाऽ धाऽधाऽ धा।
×

६. इसे एक आवृत्ति में निम्न-प्रकार बजाया जा सकता है :—

धाकिट तकधुम किटतक गदिगिन तिरकिट तकताऽ (गदिगिन धाऽधाऽ धा) × ३

७. धाऽकिट तकधुम किटतक धाऽ गदिगिन धाऽ तिटकत गदिगिन धाऽ तिरकिट तकताऽ धाऽ तिटकत गदिगिन धाऽ ताऽ तिरकिट तकताऽ धाऽ तिटकत गदिगिन धाऽ ताऽ तिरकिट तकताऽ धाऽ तिटकत गदिगिन धा।
×

८. धगतिट धगदिन् नगतिट धिनतिरकिटतक दिगदिग तिटतिट कातिरकिटधा ऽनकत् घेनतगे ऽन्नधाऽ दींऽ ईक ऽतथुन्नता धा (तिरकिटतकता कत्ताधाऽ ऽकत्ता धाऽकत्ता धा)×३

९. अब एक-दो टुकड़े आड़ी लय के देखिए—कऽत्त धिकिट तकिट थुंकिट धगन नगन धऽग्गे दिगन (धात्रक धगन घेटक्र धाऽन घेटक्र धाऽन धा)×३

१०. गदिगि न,गदि गिन,ग दोगिन, धाऽकिटतक धुमकिटतक धिरकिटतक तऽक्किधिकिट (तिटकतगदि गिनधाऽधाऽ तिटकतगदि गिनधाऽधाऽ तिटकतगदि गिनधाऽधाऽ धा)×३

चक्रदार बनाना

चक्रदार बनाने का क्रम बारहवें अध्याय में तथा चौदह मात्राओं के लिए प्रत्येक मात्रा से उठनेवाली सब प्रकार की चक्रदारों का क्रम सोलहवें अध्याय में बता आए हैं, अतः अब उदाहरण-रूप में दो-तीन चक्रदारों को देखिए :—

१. धाऽकिट किटधुम किटतक धदिगिन धिधिकिट धेऽत्ताऽ किटतक धदिगिन धा आ)×३

२. धिध्धिध् धेऽत्ताऽ किटतक धिधिकिट धुमकिट तकधुम किटतक धदिगिन धा आ)×३

३. किटतक गदिगिन धाऽक्ड़ा ऽनधाऽ ऽक ऽत्ता धाऽ ऽता धाऽ आ)×३

धमार के लिए रेले बनाना

जब रेले में प्रयुक्त होनेवाले बोलों के आधार से किसी प्रकार चौदह मात्राओं की रचना कर ली जाएगी, तो वही धमार का रेला होगा; जैसे :—

१. कतेटेता घेने,कते टेता,घेने कतेटेता गेने,कता तिटतक गदिगिन किटतका गदिगिन धाऽकिट तकागदि गिनधाऽ किटतका गदिगिन धा ।

×

२. धाऽकिट तकिटत काऽकिट धाऽ,किट धा,किट तकिट,त काऽकिट धुमकिट तकिटत काऽकिट धुमकिट धुमकिट तकिटत काऽकिट धाऽकिट धुमकिट किटकिट गदिगिन धा, धाऽकिट धुमकिट किटकिट गदिगिन धा, धाऽकिट धुमकिट किटकिट गदिगिन धा।

×

३. धेधेकिट धेधेतिट तकिटत काऽकिट कत्ताधेधे तिटकता धेधेतिट धेधेतिट तागेतिट धेधेतिट तिटकतागदिगिन धाऽतिटकता गदिगिनधाऽ तिटकता-गदिगिन धा।

×

इसी आधार से अनेक रेले बनाए जा सकते हैं। इन्हें बनाते समय तनिक खुले और बन्द बोलों का ध्यान रखना पड़ता है।

□

सत्ताईसवाँ अध्याय

तबले की तालें और पखावज का बाज

इस अध्याय की आवश्यकता

जिस प्रकार तबला-वादक पखावज पर बजनेवाली ब्रह्म, सूल, तिवरा, धमार, चारताल आदि को तबले पर बजाते हैं, उसी प्रकार पखावज के वादक तीनताल, झप ताल और एकताल आदि को पखावज पर बजाते हैं। अतः तबले पर बजनेवाली तालों के टुकड़े, परन आदि पखावज पर किस तरह बजाए जाते हैं, इसका भी कुछ संकेत कर देना आवश्यक है। इसी लिए इस अध्याय में संक्षेप में अनेक तालें दी जा रही हैं।

तीनताल के आठ-आठ मात्राओं के टुकड़े

१. धुमकिट तकिटत काऽकिट तकधुम। किटतकि टतकाऽ किटतक धदिगन धा।
×

२. ताऽकिट किट,तकि टतकाऽ किटकिट तकिटत काऽकाऽ किटतक धदिगन धा।
×

३. तकधीकी तक,तक धीकीतक, धीकीतक, तकधीकी तकधिलां ऽगतक धदीगन धा।
×

४. किटतकि टतकाऽ किटतक धदीगन तत्धे धाऽधुम किटतक धदीगन धा।
×

५. धाऽधेःऽ धेःऽधेःऽ धेःधेः किटतक धेःतरां ऽगधाऽ किटतक धदीगन धा।
×

६. धाऽकि टदिन् धुमकि टतक धेऽत्ता ऽकिट तकध दीगन धा।
×

७. धाऽकि टि,किट तकिट तकाऽ किटधु मकिट तकध दीगन धा।
×

८. धाऽकि ड़ाऽन धुमकि टतक धेऽत्ता ऽकिट तकध दीगन धा।
×

इसी प्रकार चाहे जिस लय में, चाहे जितने टुकड़े बनाए जा सकते हैं।

एक 'धा' का तीया बनाना

धाऽदिन धाऽक्टि तकिटत काऽकिट। धिधिकिट धुमकिट
×
तकिटत काऽकिट। किटतक धदीगन धा किटतक। धदीगन धा किटतक धदीगन। धा
×

दो 'धा' का तीया

धाऽदिन धाऽकिट तकिटत काऽकिट। धिधिकिट धुमकिट
×
तकिटत काऽकिट। तकधदि गनधाऽ धाऽकिट तकधदि। गनधाऽ धाऽकिट तकधदि गनधाऽ। धा
×

तीन 'धा' का तीया

धाऽदिन् धाऽकिट तकिटत काऽकिट। धिधिकिट धुमकिट किटतक धदीगन। धाऽधाऽ धाऽकिट तकधदी गनधाऽ। धाऽधाऽ किटतक धदीगन धाऽधाऽ। धा
×

चार 'धा' का तीया

धाऽदिन् धाऽकिट तकिटत काऽकिट। ताऽक्टि तकधदि गन,१, २,३। ४,किट तकधदि गन,१, २,३। ४,किट तकधदि गन,१, २,३। ४
×

(यहाँ 'धा' के स्थान पर गिनतियाँ लिख दी हैं। 'धा' बजाते समय मन में गिनतियाँ ही बोलिए, अन्यथा गलत हो जाने की संभावना है।)

पाँच 'धा' का तीया

धेऽत्ताऽ धेऽत्ताऽ धेऽत्ताऽ किटतक। धदिगन १,२, ३,४, ५,किट। तकधदि गन,१, २,३, ४,५। किटतक धदिगन १,२, ३,४। ५
×

छह 'धा' का तीया

धेऽत्ताऽ धेऽकिट तकधदि गन,१। २,३, ४,५, ६,किट तकधदि। गन,१, २,३, ४,५, ६,किट। तकधदि गन,१ २,३, ४,५। ६
×

सात 'धा' का तीया

किटतक धदिगन १,२, ३,४। ५,६, ७,किट तकधदि गन,१। २,३, ४,५, ६,७, किटतक। धदिगन १,२, ३,४, ५,६। ७
×

तीनताल की परनें

परनें बनाने का क्रम पीछे विस्तार से बता आए हैं, फिर भी एक-दो परनें बनाकर दिखा रहे हैं; देखिए :—

१. धाऽदिंना धाकिटतक धिरकिटतक धुमकिटतक। तऽक्किटकिट धुमकिटतक तकधुमकिट तकधदीगन। धे:धे:त्ता धुमकिटतक धाकिटकिट धाऽगदिगन। धाऽ धाऽगदिगन धाऽ धाऽगदिगन। धा
×

२. धे:तक धदीगन धदीगन धेऽत्तग। नाऽधेऽ त्तगनाऽ किटकिट तऽक्कत। गन,तअ क्कतगन, किटधिधि किटतक। तकाऽन तकधाऽ किटतक धदीगन। धा
×

परन तिवरा तथा रूपक की

१. ऽधाऽदिंना धाऽकिटतक धिधिकिटतक धुमकिटतक तरांऽगधेऽ धेऽधुमकिट तकधदीगन धा।
×

२. तकतक तकधेऽ त्ताऽधेऽ त्ताऽधेऽ धेऽत्ताऽ धेऽत्ताऽ गदिगिन धा।

×

३. धाऽकिट तकधुम किटधदि गनधाऽ किटतक धुमकिट तरांऽग धा।

×

४. धाऽकिट तक्किट तकिटत काऽतक् किटतकि टतकाऽ धाऽदिन् धाऽकिट तकिटत काऽकिट तकधेऽ त्ताऽधुम किटतक धदिगन धा।

×

५. धिटधिट धिटधिधि, किटकिट किटतक, धेऽत्ताऽ धेऽत्ताऽ गदिगिन धा।

×

सूल ताल तथा झप ताल के लिए एक 'धा' की तिहाई

धाऽकिट तकधुम किटतक किटतक धदिगन धाऽकिट तकधदि गनधाऽ किटतक धदिगन धा।

×

दो 'धा' की तिहाई

धाऽदित् ताऽकिट तकधदि गनधाऽ धाऽकिट तकधदि गनधाऽ धाऽकिट तकधदि गनधाऽ धा।

×

तीन 'धा' की तिहाई

किटतक धदिगन धाऽधाऽ धाऽकिट तकधदि गनधाऽ धाऽधाऽ किटतक धदिगन धाऽधाऽ धा।

×

सूल ताल की परनें

१. किटधाऽ किटतक किटधुम किटतक किटधिलां ऽगकिट तकिटत काऽकिट धुमकिट धदिगन धा।

×

२. धकिटत किटतका, तकिट,त किट,तका तगनाऽ धीधीकिट किटतरां ऽगधुम किटतक धदिगिन धा।

×

३. धाऽआऽकिट ताऽकिटतक धुमकिटतक तकतकतक किड़नाऽकिट काऽताऽकिट तक्कधिकिट धाऽगदिगिन धाऽगदिगन धाऽगदिगन धा।

×

४. धाऽकिटतकि टतकाऽकिट तकिटतकाऽ किटधुमकिट तकिटतकाऽ धुमकिटतकि टतकाऽकिट किटतकधेऽ त्ताऽकिटतक धागदिगन धा।

×

५. धाऽकिटतकधुम किटतकधुमकिट तकिटतकाऽकिट तकधुमकिटतक धेऽत्ताऽकिटतक धाऽकिटतकधुम किटतकधदीगिन धाऽकिटतक धदीगिनधाऽ किटतकधदीगिन धा।

×

अब एक परन 'धिननक' से मिली हुई देखिए :—

६. ताऽधिन नकधेऽ धिननक धिननधि ननतक किटतक किटधुम किटधाऽ किटतक धदीगिन धा।

×

अब एक परन में तिगुन तथा छहगुन मिली हुई हैं; देखिए :—

७. धाऽऽ ताऽकि टतक धिकिट तकध दीगन ताऽऽ ताऽकिटतक धिकिट तकधदीगन धा।

×

झूमरा तथा आड़ाचारताल के लिए परनें

१. धाऽ धेऽत्ताऽ किटतक धिधिकिट तरान् तकधाऽ किटतक धाऽदिन् धाऽकिट धिधिकिट तकधाऽ किटधुम किटतक धदीगिन धा।

×

२. धाऽगेन धाऽगदिगन दीगेकत तिटिकत धीगतिट किटतक दीगेतक तिटिकत धीगतिट किटतक दीगेतक किटतक धीगतिट गदिगन धा।

×

३. धाऽदिन् धाऽकिट तकिटत काऽकिट धिधिकिट धुमकिट तकिटत काऽकिट तकिटत काऽकिट तकधेऽ त्ताऽधुम किटतक धदीगन धा।

×

४. धाऽदिन धाऽकिट तकिटत काऽकिट धिधिकिट धुमकिट तकिटत काऽकिट तककिट धुमकिट तकिटत काऽकिट तकतक धुमकिट तकिटत काऽकिट धदीगन नंऽकिट तकिटत काऽकिट धदीगन नंऽकिट तकिटत काऽकिट तकधेऽ त्ताऽधुम किटतक धदीगन धा।
×

५. धऽग्ग दीगन नकिटि तकिटि धीधीकि टितक धुमकि टितक तकाऽ धिगाऽ धुमकि टितक धिदिन् ताऽड़ धा।
×

६. धाऽऽ नाऽऽ धाऽकिटतक धिकिट तकिट धिकिट तकिट धिकिट तक,त क,तक तकिट धिकिट तकध दीगन धा।
×

७. धाऽदिन धाऽकिट तकिटत काऽकिट तकिटत काऽकिट किटतक धदीगन धाऽ किटतक धदीगन धाऽ किटतक धदीगन धा।
×

यहाँ कुछ उदाहरण देकर यह स्पष्ट कर दिया है कि पखावज के बोलों के आधार से चाहे जिस ताल की, चाहे जितनी परनें बनाई जा सकती हैं।

□

अट्ठाईसवाँ अध्याय

स्तुतियाँ और लहरे

स्तुतियाँ बजाने का क्रम

जैसा कि पीछे किसी अध्याय में बताया गया है, तबले के बोल किसी भी लय को प्रकट करने के उद्देश्य से बनाए गए हैं, अतः तबला-वादन की पराकाष्ठा तभी समझी जानी चाहिए, जबकि किसी लय में, कोई भी बोल तुरंत बज जाए। इसी आधार पर अनेक स्तुतियाँ बजाई जाती हैं। जिन वादकों को छंदों के आधार से तबला-वादन की शिक्षा मिली होती है, वे इन स्तुतियों को खूब बजा सकते हैं। कारण कि स्तुतियाँ भी किसी-न-किसी छंद में ही बनाई जाती हैं। परंतु फिर भी जिन लोगों का हाथ तैयार हो जाता है, वे इच्छा होने पर जिस वजन का और जिस चाल में, जो बोल बजाना चाहें, तुरंत बजा देते हैं। इसलिए इन स्तुतियों पर कोई भी इच्छित बोल बजाए जा सकते हैं। हमारा अनुभव है कि जिस तबला-वादक का हाथ तैयार है, वह किसी भी स्तुति को तुरंत बजा सकता है। जिसका हाथ तैयार नहीं है, उसके लिए बोल लिख देने भी व्यर्थ हैं। अतः यहाँ केवल कुछ स्तुतियाँ दी जा रही हैं, इन पर बोल स्वयं बना सकते हैं।

राधा-श्याम की स्तुति

तबले के बोल :	तांगड़	धा	दिंगड़	धा	दिंदिं	किड़धा	
स्तुति के बोल :	राम	धा	श्याम	धा	राधा	कृष्णा	
दिंगड़	धा	किटतक	तड़धा	दिंगड़	धा	ता	आ
गोविंद	धा	मुरलीऽ	धरधा	मोहन	धा	ता	आ
तांगड़	धाऽदिं	गड़धा	दिंदिं	कृधा	दिंगड़	धाता	गड़धा
राम	धाश्या	ऽमधा	राधा	कृष्णा	गोविंद	धामा	धवधा
किटतक	तड़धा	दिंगड़	धाता	गड़धा	दिंगड़		
मुरलीऽ	धरधा	मोहन	धा,रा	ऽमधा	श्याम		

यह स्तुति चौदह मात्राओं में है, अतः धमार के लिए उपयुक्त है।

तीन ताल की स्तुतियाँ

अब कुछ बोल तीनताल की स्तुतियों के दे रहे हैं। इनपर बोल आप स्वयं बना लीजिए; देखिए :—

अनेक देवताओं की स्तुति

श्याम धा,घन श्याम धा राधा हरी मोहन गोविंद
×
शंकर धा कृष्ण धाद्वार केश धा तड़तड़ गिड़गिड़
०
धिकधिक धा धिगधिलां ऽगधा ब्रह्मा विष्णु महेश धा
×
पंचम रविहनु मान धा छोटे बड़े भैरोंधा नाथ धा,मु
० ×
कुंद धा मथुरा नर हरि सीतल धाग धागे ताग धाग
०
धागे ताग धाग धागे ताग धा।
×

काली जी की स्तुति

(हाऽ थख ड्ग लिए त्रिशू ऽल धाऽ र,का लीऽ कल
×
कत् ते वा ली तिग्धे ऽत्ता तीधा दिगदिग थेई ऽ) × ३

यह कुल बीस मात्राओं का बोल तीन बार बजेगा। तीन बार बजाकर अंत में 'थेई ऽऽ थेई थेई' बजाकर सम आ जाएगी।

कृष्ण जी की स्तुति

यह खाली से प्रारंभ हो रही है; देखिए :—

नट वर नाऽ चत संऽ गीऽ त,गी ऽत विवि धभाँ
० ×
ऽति गति नई ऽन ईऽ ऽऽ ताऽ पर पग नूऽ नूऽ पुर
०
बाऽ जैऽ थ्रोंऽ द्रिग त्रांऽ त्रांऽ थे ई थ्रोंऽ द्रिग
×
त्रांऽ त्राऽ थे ई थ्रों द्रिग त्रांऽ त्रांऽ थेई।
० ×

शंकर जी की स्तुति

जटा जूऽ ऽट मध गंऽ गङ्ग लक् कत सीऽ सचं
२ ० ३

ऽद्र लीऽ ल्लाऽ टझ लक् कत मुँऽ डमा ऽल गले शेऽ
× २ ०

षध रणि धर पाऽ रव तीऽ पति शिव हर हर
३ ×

पाऽ रव तीऽ पति शिव हर हर पाऽ रव तीऽ
२ ० ३

पति शिव हर हर।
×

गणेश जी की स्तुति

(यह चारताल में है)

× ०

स्तुति : श्रवण सुंदर नाऽम गणपति

बोल : गदिन गेदिर निदेगे नाऽतिट

२ ० ३ ४

ज्ञाऽन नाऽथग जाऽन नम्धृक धाऽन धकिट तदंत धाकत्

गेऽन्न नाऽगेऽ गेऽनि नान्

× ० २ ०

लंबो दरएक दंत धाकत् लंबो दरएक दंत धाकत्

तेनेदि तिटतक दिंत धा,कत्

३ ४ ×

लंबो दरएक दत धाकत् धा

किसी भी स्तुति को मात्राओं के आधार से बाँटकर बजाया जा सकता है। उदाहरण के लिए हम एक गणपति-स्तुति और दे रहे हैं। इसे तीनताल में निम्न-प्रकार बाँधा जा सकता है। आप चाहें तो इसके प्रारंभ और अंत में तबले के बोलों के आधार पर चाहे जितनी आवृत्ति के टुकड़े और जोड़ सकते हैं; देखिए :—

गणेश जी की दूसरी स्तुति

गणा ऽना ऽम गण, पति गणे ऽश लम्, बोऽ दर
×
सोऽ हेऽ, भुजा ऽचा ऽर एक दऽ न्तच ऽन्द्र माऽ, लला
×
ऽट राऽ जैऽ, ब्रऽ ह्मा विष् णुम, हेऽ शता ऽल देऽ
धुर पद गाऽ वेंऽ, अति विचि ऽत्र गण, नाऽ थआ
×
ऽज मिर, दंऽ गब जाऽ वेंऽ।

प्रिमलू या परमलु

जब नृत्यकार भावों को प्रदर्शित करने के लिए शृंगारप्रधान कविता का सहारा लेकर नाचते हैं तो उसे 'प्रिमलू' या 'परमलु' कहते हैं। आप अपनी कल्पना से इस प्रकार के अनेक प्रिमलू बना सकते हैं। उदाहरण के लिए एक-दो प्रिमलू लिख रहे हैं। प्रत्येक वर्ण को एक-एक मात्रा समझिए; देखिए :—

१. हिचकत झिझक,झु कलकछु हलहल चन्द्र,च
×
मक,चप लाऽचम कतमुख मंऽदहँ सत,मो— हनबेऽ नी—मा—।
×
धो—बे— नी—मा— धो—बे— नी—मा— धो
×

२. हा—थ से—ह थेली— बा—जे। पाँव से,प दम् छंद।
×
मुख से,मुं चंग बाजे। घुँघ रुधं कैऽ याऽ ॥ प्रगि धुन प्रगि धुन। नूपु र,नू पुर, धुन। लच क,म चक, करे। कद मकी छैंऽ याऽ॥ तुल सीदा —स सं—। गी— तर
×
चत गत। बाज त,मृ दंग तब। नाच त,क न्हैऽ याऽ॥ कनहै— या—कन है—या— क—न—। है—ई— या—कन है—या— कनहै—। या—क— न—है— ई—या—, कनहै—। या—कन है—या— क—न— है—ई—॥ या
×

विद्वान् पाठक इसी आधार पर अनेक स्तुतियाँ बना सकते हैं।

संगति के लिए सत्तर लहरे

प्रत्येक तबला-वादक को स्वयं लहरा का बजाने का अभ्यास होना भी आवश्यक है, अतः यहाँ कुछ लहरे दिए जा रहे हैं :—

तीनताल के लहरे

चंद्रकोंस

ग॒ म ध॒ नि ।	सां – – सां ।	नि ध॒ नि सां ।	नि ध॒ म ग॒सा ।
३	×	२	०

खमाज

सां – नि॒ धा ।	– म प ध ।	म ग – सा ।	ग म प नि ।
×	२	०	३

खंबावती

रे म प ध ।	सां – – सां ।	नि॒ ध म प ।	ग म – सा ।
३	×	२	०

नाटकुरंजिका

म – ध नि॒ ।	सां – रें नि॒ ।	सां ध – म ।	म म रे सा ।
३	×	२	०

कीरवाणी

ग॒ सासा ध़॒ नि़ ।	सा सा सा सारे ।	प पप ध॒ प ।	म ग॒ रे, ग॒म ।
३	×	२	०

बिहागड़ा :

सा – म ग ।	प – नि ध ।	सां – नि॒ प ।	– – म ग ।
०	३	×	२

अल्हैयाबिलावल

ग प निध नि ।	सां – सां रें ।	सां नि ध प ।	ध नि॒ ध प ।
३	×	२	०

झप ताल के लिए

दुर्गा

ध – । म – प । म म । रे – स ।
×   २   ०   ३

बागेश्री

सं – । नि॒ ध म । ग॒ म । ध – नि॒ ।
×   २   ०   ३

बहार

ध – । नि॒ – प । म प । ग॒ – म ।
×   २   ०   ३

बृन्दावनी सारंग

सं – । नि॒ प म । रे म । रे नि़ स ।
×   २   ०   ३

शंकरा

सं – । रें नि सं । नि प । ग प नि ।
×   २   ०   ३

हिंडोल

सं – । नि ध म॑ । ग म॑ । ध – नि ।
×   २   ०   ३

सामंत सारंग

सं – । नि॒ ध प । म प । म रे स ।
×   २   ०   ३

देवसाख

सं – । नि॒ – प । ग॒ म । रे – स ।
×   २   ०   ३

सूल ताल के लिए

मालकोष

सां – । नि॒ सां । ध॒ नि॒ । ध॒ म । ग॒ सा ।
×   ०   २   ३   ०

दुर्गा

प –। ध प। म म। रे सा। ध़ सा।
× ० २ ३ ०

कामोद

रे –। प –। मं प। ग म। रे सा।
× ० २ ३ ०

मुलतानी

नि़ सा। ग मं। प –। मं ग। रे सा।
३ ० × ० २

सारंग

सां –। नि प। रे म। रे नि़। – सा।
× ० २ ३ ०

एकताल के लिए

तिलंग

ग म। प नि। सां –। – नि। प म। ग सा।
३ ४ × ० २ ०

अड़ाना

सं –। ध नि। सं –। नि प। ग म। रे सा।
× ० २ ० ३ ४

मालकोष

सां –। नि सां। ध नि। ध म। ग सा। नि़ सा।
× ० २ ० ३ ४

बागेश्री

सां –। नि ध। म ध। नि ध। म ग। रे सा।
× ० २ ० ३ ४

रागेश्री

सां –। नि ध। ग म। रे सा। ग म। ध नि।
× ० २ ० ३ ४

यही लहरे चारताल के साथ भी बजाए जा सकते हैं।

आड़ा चारताल के लिए

रागेश्री

सां –। नि ध। – ग। म रे। सा ग। म धनि। सां नि।

× २ ० ३ ० ४ ०

चन्द्रकोंस

सां –। नि ध। म –। ग म। ग सा। ग म। ध नि।

× २ ० ३ ० ४ ०

देस

सां –। नि ध। प ध। म ग। रेग सा। रे म। प नि।

× २ ० ३ ० ४ ०

सारंग

रे म। प नि। सां –। नि प। रे म। प म। रे सा।

४ ० × २ ० ३ ०

बसंत

सां –। नि ध। प –। मं ग। मं ग। रे सा।

× ० २ ० ३ ४

दीपचंदी के लिए

सारंग

सं – –। नि – प –। रे म –। रे म प नि।

× २ ० ३

काफी

प – –। प – प –। ग रे –। म – म –।

× २ ० ३

दरबारी

रे सा –। रे नि सा –। रे ग –। ग म रे सा।

× २ ० ३

धमार के लिए

सारंग

रे म प नि । सां – नि प म । प म । रे – सा ।

३ × २ ०

बागेश्री

सां – नि ध – । म – । ग म ध । म ग रे सा ।

× २ ० ३

मालकोष

सां – – नि ध । म – । ग सा – । ग म ध नि ।

× २ ० ३

अड़ाना

सां – ध नि सां । रें – । ध नि प । म प ग मप ।

× २ ० ३

झूमरा के लिए

गुणकली

सां – ध । प प म प । ध म प । म रे – सा ।

× २ ० ३

दुर्गा

ध – प । म प ध प । म प – । म रे सा सा ।

× २ ० ३

शंकरा

नि – प । ग – प प । ग – सा । ग प नि सां ।

× २ ० ३

हिंडोल

सा – – । ध मं ग – । मं ग सा । ग मं ध सांध ।

× २ ० ३

तीव्रा तथा रूपक के लिए

यमनकल्याण

नि़ रे। ग म॑। प – प। म॑ ग। रे ग। रे सा सा।

२ ३ × २ ३ ×

कामोद

रे – प। म॑ प। ध प। ग म प। ग म। रे सा।

× २ ३ × २ ३

भैरव

ध॒ – प। म प। ग म। रे॒ – सा। नि़ सा। ग म।

× २ ३ × २ ३

देशकार

ध – सां। ध सां। ध प। ग – प। ग रे। सा सा।

× २ ३ × २ ३

दादरा के लिए

केदार

म – म। प – प। म॑ प ध। म रे सा।

× ० × ०

भैरवी

प – प। ध॒ ध॒ प। म प म। ग॒ रे॒ सा।

× ० × ०

तिलककामोद

नि़ – प़। नि़ सा सा। रे प म। ग रेग सा।

× ० × ०

नौ मात्रा के लिए

हिंडोल

सं –। नि ध। नि ध। म॑ ग सा।

ग्यारह मात्राओं की ताल के लिए

देस

सां – नि। ध प। म ग रेग। सा रेम पनि।

मालकोष

सां – ध। नि ध। म ग –। सा गम धनि।

गौड़सारंग

ग – रे। म ग। प मं धप। रे – सा।

तेरह मात्राओं की ताल के लिए

ललित

म –। मं म ग रे ग। मं ग। रे सा। नि़रे गम।
× २ ० ३ ४

छायानट

रे –। ग म प ग म। रे सा। नि ध। प प।
× २ ० ३ ४

सोहनी

सा –। नि ध – मं ग। रे सा। ग मं। ध नि।
× २ ० ३ ४

पंद्रह मात्राओं की ताल के लिए

श्रीटंक

प – प। मं ग रे ग। प – ध प। सां – नि ध।
× २ ० ३

मुलतानी

प – प। नि ध प प। मं ग रे सा। नि़ सा ग मं।
× २ ० ३

नारायणी

ध – प। म प ध प। म रे – सा। रे म प नि।
× २ ० ३

सत्तरह मात्राओं की ताल के लिए

श्री

मं प । नि नि सां । रें – सां नि । ध प । प – मं ग । रे रे ।
५ ६ × २ ३ ४

भिन्नषड्ज

सां – नि ध । – म । ग – सा – । ध़ नि़ । सा ग । म ध नि ।
× २ ३ ४ ५ ६

बागेश्री

सां – नि ध । ग ध । नि ध म ग । रे – । सा नि़ । ध़ नि़ सा ।
× २ ३ ४ ५ ६

अठारह मात्राओं की ताल के लिए

ताल बसंत

बसंत

सां – । नि ध । प – । मं ग मं ग । रे सा म – । म ग मं ध ।
× २ ३ ४ ५ ६

ताल चंद्र

चंद्रल्याण

प – – मं । रे मं । प नि । सां – । नि रें नि ध । प – मं ध ।
× २ ३ ४ ५ ६

ताल मत्त

चंपाकली

प – – मं । पनि सांनि । ध प मं प । मं ग । – रे । ग मं प मं ।
× २ ३ ४ ५ ६

मालकोष

सां – नि सां । ध नि । ध म । ग सा । नि़ सा ग म । ध नि सां नि ।
× २ ३ ४ ५ ६

उन्नीस मात्राओं की ताल के लिए

(जिस ताल को चुनें, उसी के अनुसार विभाग बनालें)

मालकोष

सां – नि ध नि ध म ग म ग सा नि़ सा ग म ध नि सां नि।
×

बागेश्री

सां – नि ध म ग म ग रे सा नि़ ध़ सा म – ग म ध नि।

इक्कीस मात्राओं की ताल के लिए

सोहनी

सां – रें सां सां नि ध मं ग मं ग रे सा नि़ सा ग मं ध नि सां रें।

भूपाली

सां – सां ध प ग – ग रे सा ध़ ध़ सा रे ग – ग रे ग प ध।

भीमपलासी

सां – नि ध – प म प ग – म ग रे – सा नि़ सा ग म प नि।

□

उनतीसवाँ अध्याय

कर्नाटक ताल-पद्धति

कर्नाटक ताल-पद्धति का संक्षिप्त परिचय

संगीत की प्राचीन पुस्तकों में ताल को 'मार्गी' और 'देशी', दो वर्गों में विभाजित किया गया है। इन तालों में शास्त्रीय तालों की संख्या १०८ मानी गई है। कुछ काल बाद पुरंदरदास ने कुछ अलंकारों की रचना करके ३५ तालों के क्रम को अधिक प्रचलित कर दिया। इनके अतिरिक्त इस पद्धति में 'चापु ताल' जिसके 'देशादि' और 'मध्यादि', दो भेद हो जाते हैं तथा 'नवसंधितालें', जो प्राचीन काल से मंदिरों में प्रचलित हैं, और हैं। इन सबका संक्षिप्त विवरण नीचे दिया जा रहा है।

ताल के अंग

इस ताल-पद्धति को समझने से पूर्व यह जान लेना आवश्यक है कि इन तालों की रचना करनेवाले विभागों को 'अंग' कहते हैं। उदाहरण के लिए, यदि कोई ताल छह मात्राओं की है और उसके दो तथा चार मात्राओं के दो विभाग हैं, जैसे—१, २ । ३, ४, ५, ६ तो यहाँ कहा जाएगा कि इस ताल के दो अंग हैं—पहला दो मात्राओं का और दूसरा चार मात्राओं का। इस प्रकार इस पद्धति में मूल रूप से छह अंग माने गए हैं। इन छहों अंगों के नाम, चिह्न और अक्षर-काल (जिन्हें आप 'मात्राएँ' भी समझ सकते हैं।) पृथक्-पृथक् हैं। इसका स्पष्टीकरण निम्नांकित है :—

अंग का नाम		चिह्न		अक्षर-काल की संख्या
अणुद्रुत	...	‿	...	१
द्रुत	...	०	...	२
लघु	...	।	...	४
गुरु	...	8	...	८
प्लुत	...	। 8	...	१२
काकपद	...	+	...	१६

कर्नाटक-ताल-पद्धति में बोल

कर्नाटक-ताल-पद्धति में अंगों से जो तालें बनती हैं, उनमें एक, दो, तीन, चार, पाँच, छह, सात व आठ अक्षर-काल में बजनेवाले अलग-अलग बोल होते हैं। वादक जिस ताल में जो बोल बजाना चाहे, बजा सकता है। उदाहरण के लिए एक अक्षर-काल में बजने-वाले 'त', 'कु', 'कि', 'द्रु' और 'ध' हैं। इन्हें अणुद्रुत के स्थान पर प्रयोग किया जा सकता है। द्रुत अंग के लिए दो वर्ण; जैसे—'तक', 'तीध', 'जक', 'था', 'थै', 'थरि', 'कुकु', 'नक', 'धिधि', 'किट', 'थों', 'णक', 'जकि', 'धिमि', 'तां', 'दां', 'ते', 'कुद', 'तग', 'जग' और 'दिग' इत्यादि का प्रयोग किया जाता है। जब द्रुत विराम अर्थात् '◡़' या तीन अक्षर-काल के अंगों के लिए बोल बजाने हों, तो 'धलों', 'थरिक', 'धलां' या 'तधिधि' इत्यादि का प्रयोग करते हैं।

इसी प्रकार लघु-अंग को बजाने के लिए 'जगजग', 'किणकुकु', 'टिटिकिणि', 'कुकुदिग', 'थरिथा', 'तगथों', 'तकथों', 'तकुथिरि', 'दांधिमि', 'तगधिमि', 'थैथा', 'थौंगा', 'ताथों', 'तत्था', 'थातत्', 'धिमिथों', 'थरिदा', 'धिधिकिट', 'ततत्त', 'ताकत', 'गिडिगिडि', 'धीतां', 'दिगिदां', 'तांकिट', 'धिमिधिमि', 'धिरकिट', 'थिरिथिरि', 'कुकुदां' और 'कुकुथै' इत्यादि का प्रयोग किया जाता है। लघु-विराम अर्थात् पाँच अक्षर-काल के अंग के लिए 'थथरिधिधि' या 'तकतकथों'-जैसे बोलों को प्रयोग में लाया जाता है।

'लघुद्रुत' अर्थात् छह अक्षर-काल के अंगों के लिए 'धिमिधि-मितत्', 'किटकिटथां', 'धिधिकिटतक', 'धींधींकिट', 'धिधिता-धिमि', 'गिडिगिडदां', 'ताथोंगा' और 'दांकिकिदां'-जैसे बोलों का प्रयोग किया जाता है।

'गुरु' या आठ अक्षर-काल के अंगों के लिए 'ताताथोंकिट', 'धिकिटधिकिटधिग', 'धिधिनकथोंकिट', 'धिकिटधिकिटतक', 'धिकिटधिकिटदिग', 'ततथरितांथु', 'ततथरिधिरकिट', 'नगधि-मिथोंगा', 'कुकुथरिथरिधिमि', 'कुदकिटकुंदरकु', 'धिकिटत-तकिटत', 'थरिदांथरिदां', 'डुगडुगदांदां', 'नककिणकिरिट', 'नककिणनकथों', 'किटथरितदिता', 'धुमधुमधुमकिट',

'तगधिमिधिमिधिमि' और 'धुगुड्दांधुगुड्दां' इत्यादि का प्रयोग किया जाता है।

गुरुद्रुत अर्थात् दस अक्षर-काल के लिए 'धिधिमिधिधिमिधिमितों' या 'धुगुडदांधुगुडदां' या 'धिधिनकथोंकिटतां' इत्यादि का प्रयोग करते हैं।

प्लुत या बारह अक्षर-काल के लिए 'तगधिमिनगनगझेझे', 'तांधिमितांधिमिताथों', 'थरिक्कुथरिक्कुथरिक्कु', 'दिधितांदिधितांधिमिधिमि', 'धिगिऽधिगिऽदांधिधिगिन', 'तह्कुटतह्कुटततनग', 'थिमिथिरकुजकिणकिणथों', 'किर्रटकिरटगिडिथों', 'धुमकिटधुमिधुमिदिधिथों', 'तकनकुधिधिगिनत्रों∴', 'कुकुदांथाथरिथोंगा', 'दांगिडिदांगिडिदां', 'धिन्नाधिन्नादिधिनां', 'तककुकुतककुकुतकथों', 'तांतांधिमिधिमितकतों', 'धीकिटधीकिटकिटकिट', 'धिकतांधिकतांधिधिकिट', 'धुमकिटधुमकिटझिमझिम' और 'थैतांथैतततताथों' इत्यादि बोलों को काम में लाते हैं। अब यदि किसी एक ताल का रूप '। ऽ ऽ ऽ' है तो उसके बोल, तक थों । दां दां
                                                                                                    ।
दिगिदिगि । थरिकुकु थरिकुकु । नकुकुकु झें – – – ।
    ऽ   ऽ   ऽ
जैसे कुछ भी हो सकते हैं।

यदि इसका रूप '। ऽ ऽ ।' है तो अब रचना निम्न-प्रकार से की जाएगी :—

किटकिट । किटकिट धांकिट । धिमि धिमितांतां । तकथों
    ।   ऽ   ऽ   ।

इसी प्रकार यदि इसका रूप '। । । ०' है तो अब रचना तकितकि । दांतकि । धिमिधिमि । थों हो सकती है। यदि ताल
    ।   ।   ।   ०
का रूप '० ० । ऽ' है तो अब रचना इस प्रकार से होगी :—

थां । थरि । तकुथरि । तक्किट झें झें—जैसी कुछ होगी।
 ०   ०   ।   ऽ
यदि ताल का रूप 'ऽ ऽ ऽ ०̣' जैसा है तो अब रचना इस प्रकार से होगी :—

दिमिदिमिदीकिट । तकधिमिधिमितक । थांकिटथांकिट ।
ऽ ऽ ऽ
दिगदिगदिग । इसी प्रकार यदि ताल का रूप '। ऽ ।' है तो
ꠀ
रचना भी ता हं । धिधिकिट ता हं । गनथों-जैसी होगी ।
। ऽ ।

चतुरस्र जाति की त्रिपुट को आदि ताल भी कहते हैं। इस प्रकार आठ मात्राओं की आदि ताल के बोल निम्न-प्रकार-जैसे भी हो सकते हैं :—

तत् – – धित् – – कि–ट– त–क– । किटतक धों ।
१ २ ३ ४ ५ ६
तत्धित्किटतक – तकतकथों ।
७ ८

इसी प्रकार चतुरस्र जाति के रूपक ताल के बोल तक् – – –
१
कु–कु– । त–क– कु–कु– तों – – – तों–थों– होंगे
२ ३ ४ ५ ६
और त्र्यस्र जाति की अठ ताल के बोल 'ता–नुत नं–तरी
१ २
ता– –त । झं–तरी ता– –त णं–तरी । ता – – – तकुंदरी ।
३ ४ ५ ६ ७ ८
कुकुंदरी किटतक हो जाएँगे ।
९ १०

अब इन्हीं बोलों के आधार से बनाकर एक रचना दे रहे हैं। इसे चतुरस्र जाति की त्रिपुट या आदि ताल में प्रयुक्त किया जा सकता है। यह रचना बत्तीरा मात्राओं की है :—

तत्थरि थिरिकिट ता–किट ता–किट । ततकिट थों–गा– । ता–हं– थों–गा ।। थों–किट थों–थों– । ता–किट तताकिट । तत्किट ता–किट । तत्था– ता–हं– ।। तत्तत् तत्था– । धुमिधुमि धुमिकिट । तगधिमि धिमिधिमि । धिधिकिट तकथों– ।। धुमिकिट धुगुड्दां धिधिगिन गिनथों– । किटकिट तक्किट । धिधिकिट थों–थों– ।

आशा है, इसी आधार पर आप किसी भी ताल के बोलों की रचना कर सकेंगे।

मार्गी और देशी ताल

जैसा कि पहले कहा जा चुका है, प्राचीन ग्रंथों में तालों के 'मार्गी' और 'देशी', ये दो भेद प्राप्त होते हैं। इन तालों की कुल संख्या १७८ मानी गई है। ये तालें ३५ तालों से अधिक प्राचीन हैं। इन १०८ तालों में ऊपर बताए गए तालों के छहों अंगों का प्रयोग किया जाता है, जबकि ३५ तालों की रचना करते समय केवल तीन अंगों—लघु, द्रुत और अणुद्रुत का प्रयोग किया गया है। इन १०८ तालों में से पहली पाँच तालों को 'मार्गी' कहा गया है और शेष को 'देशी'। मार्गी तालों में केवल लघु, गुरु और प्लुत का ही प्रयोग किया गया है। ये मार्गी तालें निम्मांकित हैं:—

चंचत्पुट (चच्चत्पुट, चंचूपुट)	8	8		।	। 8
चाचपुट (चापपुट)	8	।		।	8
षट्पितापुत्रक (षट्पितापुत्रिका)	। 8	।	8	8	। 8
सम्पक्वेष्टाक	। 8	8	8	8	। 8
उद्घट्ट ताल	8	8	8		

शेष १०३ देशी तालों की रचना के मुख्य सिद्धांत निम्नांकित हैं:—

१. अणुद्रुत का प्रयोग न तो ताल के प्रारंभ में किया जाता है और न गुरु, प्लुत तथा काकपद के साथ। इसका प्रयोग केवल लघु और द्रुत के साथ ही होता है।

२. काकपद का प्रयोग भी न तो प्रारंभ में होता है और न मध्य में। इसे गुरु और प्लुत के पूर्व भी नहीं रखा जाता। इसका प्रयोग केवल द्रुत और लघु के उपरांत किया जाता है।

३. शेष चार अंगों (द्रुत, लघु, गुरु और प्लुत) को ताल के आदि, मध्य और अंत में चाहे जहाँ रखा जा सकता है।

कुछ विद्वानों ने इन तालों की संख्या १०८ से अधिक मानी है। उदाहरणार्थ, शार्ङ्गदेव ने अपने ग्रंथ 'संगीत-रत्नाकर' में ५ मार्गी और १२० देशी तालों का वर्णन किया है।

पैंतीस तालों की रचना का क्रम

आजकल कर्नाटक-संगीत में मुख्य तालें सात हैं। इन्हें क्रम से 'ध्रुव', 'मठ' (मठ्य), 'रूपक', 'झंप' (झंपा), 'त्रिपुट', 'अट' और 'एक' कहते हैं। इस पद्धति में इन्हें 'सप्त सूलादि तालें' भी कहते हैं। इन सप्त सूलादि तालों को अंगों के आधार पर निम्नांकित प्रकार से लिखा जाता है :—

ध्रुव '।०।।', मठ '।०।', रूपक '०।', झंप '।◡०', त्रिपुट '।००', अट '।।००' और एक '।'। इन तालों की रचनाओं में आप निम्नांकित विशेषताएँ देखेंगे :—

१. इन तालों में अणुद्रुत, द्रुत और लघु केवल तीन अंगों का प्रयोग किया गया है।

२. प्रत्येक ताल में लघु का प्रयोग अवश्य किया गया है।

४. ध्रुव, मठ और अट तालों में लघु की संख्या एक से अधिक है।

४. ध्रुव तथा अट ताल में चार-चार अंग हैं। मठ, झंप और त्रिपुट में तीन-तीन, रूपक में दो और एकताल में केवल एक अंग है।

इन सप्त सूलादि तालों की त्र्यस्त्र, चतुरस्त्र, खंड, मिश्र और संकीर्ण—ये पाँच जातियाँ मानी गई हैं। इनमें त्र्यस्त्र का अर्थ तीन, चतुरस्त्र का चार, खंड का पाँच, मिश्र का सात और संकीर्ण का अर्थ नौ अक्षर-काल से है। इन जातियों का प्रभाव केवल लघु पर होता है। उदाहरण के लिए, जब हम ध्रुव ताल को त्र्यस्त्र जाति का कर देंगे, तो इसका अक्षर-काल ३,२, ३, ३ अर्थात् ११ मात्राओं का होगा। चतुरस्त्र जाति की ध्रुव ताल का रूप ४, २, ४, ४ अर्थात् १४ मात्राओं का हो जाएगा। इसी प्रकार खंड जाति की ध्रुव ताल का रूप, ५, २, ५, ५ अर्थात् १७ मात्राओं का, मिश्र जाति की ध्रुव ताल का रूप ७, २, ७, ७ अर्थात् २३ मात्राओं का और संकीर्ण जाति की ध्रुव ताल का रूप ९, २, ९, ९ अर्थात् २९ मात्राओं के काल का हो जाएगा। यहाँ जिस प्रकार हमने एक

ध्रुव ताल को ही पाँच जाति-भेदों के आधार से पाँच प्रकार का बना लिया, इसी प्रकार प्रत्येक ताल के ५-५ भेद हो सकते हैं। दूसरे शब्दों में, इन सप्त सूलादि तालों से ३५ सूलादि तालें बनाई जा सकती हैं।

१७५ तालों की रचना का सिद्धांत

अब यदि आप चाहें तो इन जातियों का प्रभाव केवल लघु पर न करके ताल की संपूर्ण मात्राओं पर भी कर सकते हैं। उदाहरण के लिए रूपक ताल का '०।' है। अब त्र्यस्र जाति का होने पर यह '०।३' या ५ मात्राओं का, चतुरस्र जाति का होने पर '०।४' या ६ मात्राओं का, खंड जाति का होने पर '०।५' या ७ मात्राओं का, मिश्र जाति का होने पर '०।७' या ९ मात्राओं का और संकीर्ण जाति का होने पर '०।९' या ११ मात्राओं के काल का होगा। यहाँ तक जाति-भेद का प्रभाव केवल 'लघु' पर है। अब यदि हम किसी एक जाति के रूपक ताल को संपूर्ण मात्राओं को लेकर इन्हीं जातियों से उनकी गति में भेद उत्पन्न कर दें, तो यही एक जाति का रूपक पाँच प्रकार का बन जाएगा। उदाहरण के लिए, यदि त्र्यस्र के रूपक को (जो पाँच मात्राओं का है) त्र्यस्र-गति में बदल दें, तो यह ५×३=१५ मात्रा-काल का अर्थात् २×३+३×३ मात्रा-काल का हो जाएगा। इसी प्रकार, यही रूपक चतुरस्र-गति का होने पर ५×४=२० मात्राओं का अर्थात् २×४+३×४ मात्रा-काल का, खंड-गति का होने पर ५×५=२५ मात्राओं का, मिश्र-गति का होने पर ५×७=३५ मात्राओं का और संकीर्ण-गति का होने पर ५×९=४५ मात्राओं के काल का हो जाएगा। इसके यह अर्थ हुए कि 'पंच-जाति-गति-भेद' में जातियों का प्रभाव ताल के प्रत्येक अंग पर हो जाता है।

यहाँ जिस प्रकार आपने त्र्यस्र जाति के रूपक को गदि-भेद के आधार पर पाँच प्रकार का बना लिया, उसी प्रकार इनके अन्य जाति-भेदों को भी ५-५ प्रकार के गति-भेदों के आधार पर बनाया जा सकता है। दूसरे शब्दों में, ३५ सूलादि तालों में से किसी भी एक ताल को 'पंच-जाति-गति-भेद' के आधार पर पाँच प्रकार का बनाया जा सकता है, अथवा कुल तालों की संख्या इस

'पंच-जाति-गति-भेद' के आधार पर ३५×५=१७५ हो सकती है। इसी बात को दूसरे शब्दों में इस प्रकार भी कहा जा सकता है कि इन सप्त तालों में से प्रत्येक ताल के 'पंच-जाति-गति-भेद' के आधार पर ३५ मेल बन सकते हैं।

यहाँ यह बात और समझ लेनी चाहिए कि जब किसी रचना के शीर्षक के स्थान पर केवल—

ध्रुव ताल लिखा हो, तो उसका अर्थ चतुरस्र जाति की ध्रुव ताल से होता है।

मठ ताल लिखा हो, तो उसका अर्थ चतुरस्र जाति की मठ ताल से होता है।

रूपक ताल लिखा हो, तो उसका अर्थ चतुरस्र जाति की रूपक ताल से होता है।

झप ताल लिखा हो, तो उसका अर्थ मिश्र जाति की झप ताल से होता है।

त्रिपुट ताल लिखा हो, तो उसका अर्थ त्र्यस्र जाति की त्रिपुट ताल से होता है।

अठ ताल लिखा हो, तो उसका अर्थ खंड जाति की अठ ताल से होता है।

एकताल लिखा हो, तो उसका अर्थ चतुरस्र जाति की एकताल से होता है।

चापु ताल

इस ताल का प्रयोग भारत में प्राचीन काल से चला आ रहा है। इस ताल में लोक-गीत अधिक पाए जाते हैं। यह देशी तालों के अंतर्गत आती है। इसमें दो आघात होते हैं, परंतु सुविधा की दृष्टि से इसमें एक ताली और एक खाली रखते हैं। इसके चार भेद हो जाते हैं।

१. मिश्र-चापु

(३+४=७)—यह सात मात्राओं की होती है। इसमें पहला खंड तीन मात्राओं और दूसरा चार मात्राओं का होता है। कभी-कभी इस ताल में ३+४ के स्थान पर ४+३ के खंड भी पाए जाते हैं। उस स्थिति में इसे 'विलोम चापु' ताल कहते हैं।

२. खंड-चापु

(२+३=५)—इसमें पाँच मात्राएँ होती हैं। पहला खंड दो मात्राओं का और दूसरा तीन मात्राओं का होता है।

३. त्र्यस्र-चापु

(१+२=३)—इसमें पहला खंड एक मात्रा का और दूसरा दो मात्राओं का होता है।

४. संकीर्ण-चापु

(४+५=९)—यह नौ मात्राओं की होती है, इसमें पहला खंड चार मात्राओं का और दूसरा पाँच मात्राओं का होता है। यह कुछ कम प्रयुक्त होती है।

जब किसी रचना पर केवल 'चापु-ताल' लिखा होता है, तो वहाँ 'मिश्र-चापु' से अभिप्राय होता है। शेष भेदों के लिए उनके नाम लिखने आवश्यक हैं।

देशादि और मध्यादि तालें

इन दोनों तालों की एक-एक आवृत्ति चार-चार अक्षर-काल की होती है, जिनमें तीन अक्षर-काल पर ताली और एक अक्षर-काल पर खाली होती है। दूसरे शब्दों में, यदि हम १, २, ३, ४ गिनते हुए तीन की गिनती पर खाली रखें, तो यही हमारी 'मध्यादि-ताल' कहलाएगी। परंतु यदि हम अपने गीत में खाली का स्थान प्रारंभ में कर दें, तो इसे 'देशादि ताल' कहेंगे।

नवसंधि-तालें

जिस प्रकार उत्तर-भारत में वल्लभ-संप्रदाय के मंदिरों में भगवान् की झाँकी कराए जाने के अवसर पर विभिन्न समय आठ आरतियाँ हुआ करती हैं; जैसे—मंगला, ग्वाल-भोग, शृंगार, राज-भोग, शयन इत्यादि, उसी प्रकार दक्षिण-भारत के मंदिरों में नौ संधि-काल माने जाते हैं। उन नौ संधि-कालों के कीर्तन आदि के समय जिन नौ भिन्न तालों का प्रयोग किया जाता है, उन तालों को 'नवसंधि-तालें' कहते हैं। इन संधियों के नाम, उस समय प्रयुक्त होनेवाली तालों के नाम तथा अंग अग्रलिखित हैं :—

संधि का नाम	ताल का नाम	अंग
१. ब्रह्मसंधि	ब्रह्म	। 8 । 8̍
२. इंद्र	इंद्र	। । 8 । ० ०
३. अग्नि	मत्तापन	। ० । ० ।
४. यम	भृंगी	। 8 । ।
५. निऋति	नैऋति	। । ॥ ० ०
६. वरुण	नव	। ० ० ० ।
७. वायु	बली	० ० ० ।
८. कुबेर	कोट्टारी	। 8 8 8̍
९. ईशान	टक्किरी	8 । 8

कुछ अन्य जानने-योग्य बातें निम्नांकित हैं

१. मार्गी और देशी तालों में रागों की भाँति ही शुद्ध, छायालग तथा संकीर्ण भेद हो जाते हैं। संकीर्ण ताल का सबसे उत्तम उदाहरण 'सिहनंदन ताल' है। इसमें चंचत्पुट, रति ताल, दर्पण, कोकिलप्रिय, अभंग और मुद्रिका—इन छह तालों का मिश्रण है। सिहनंदन ताल का एक दूसरा रूप और भी प्रचलित है, जिसमें एकताल और रूपक ताल का योग है (। योग ०।)। यह ताल १०८ तालों में सबसे लंबी है।

२. १०८ तालों की रचना में लघु सदैव चतुरस्र जाति का ही रहता है।

३. जब जाति-भेद से ३५ सूलादि तालों की रचना की जाती है, तब जो नवीन तालें बनती हैं, उन तालों के नाम भी पृथक् हो जाते हैं। उदाहरण के लिए, त्र्यस्र जाति की ध्रुव को 'मणि', चतुरस्र जाति की ध्रुव को 'श्रीकर', खंड जाति की ध्रुव को 'प्रमाण', मिश्र जाति की ध्रुव को 'पूर्ण' और संकीर्ण जाति की ध्रुव को 'भुवन' ताल कहते हैं। इसी प्रकार अन्य तालों के भी भिन्न-भिन्न नाम हैं।

४. ३५ तालों में सबसे लम्बी ताल संकीर्ण जाति की ध्रुव ताल है, जो एक आवृत्ति में २६ अक्षर-काल की है और सबसे छोटी ताल त्र्यस्त्र जाति की एकताल है, जो एक आवृत्ति में केवल तीन अक्षर-काल की है।

जाति-भेद के कारण अनेक तालों में अक्षर-कालों की संख्या समान हो जाती है; जैसे—चतुरस्त्र जाति की मठ, मिश्र जाति की झप और त्र्यस्त्र जाति की अट। ये तीनों तालें दस-दस मात्राओं या अक्षर-काल की हैं। किंतु इनके अंग भिन्न होने के कारण ये तीन भिन्न तालें मानी जाती हैं। समान मात्राओं की अनेक तालें बनने का यह भी कारण है।

□

तीसवाँ अध्याय

उस्तादों की कुछ गुप्त बातें

१. अभ्यास के समय दाएँ हाथ की तर्जनी और बाएँ हाथ की मध्यमा अँगुली तथा हथेली पर जोर रखें। इससे वादन में मिठास उत्पन्न होगी और द्रुत लय में सफाई रहेगी।

२. प्रत्येक बोल में वज़न समान रूप से रहना चाहिए, इसका अभ्यास भली प्रकार करें। दोनों हाथों के अँगूठे तर्जनी अंगुलियों से सदैव सटे रहें। इस प्रकार के हाथ के रखाव का अभ्यास आपको अवश्य होना चाहिए, क्योंकि इससे दम-खम आता है।

३. घर पर अभ्यास करते समय तबले पर पाउडर का प्रयोग न करें, उसे केवल महफिल में ही प्रयुक्त करें। पाउडर की तहें चढ़ते-चढ़ते पुड़ी की ध्वनि कुछ मंद पड़ जाती है, अतः माह में एक बार उसे किसी टीन की डिब्बी के ढक्कन से खुरचकर साफ कर देना चाहिए। खुरचने से खाल पर कोई प्रभाव न पड़े, इसका ध्यान रखें।

४. 'तिरकिट' की गति बढ़ाने के लिए 'धागे तुन्ना किड़नक तक तिरकिटतक तिरकिटतक तक तिरकिटतक' इस बोल का घर पर बार-बार लगातार अभ्यास करें।

५. 'धिरधिर' बढ़ाने के लिए 'धा घिड़नग धिर धिर धिर घिड़नग धिरधिर घिड़नग तूना किड़नग, ता किड़नग तिर तिर तिर किड़नग तिरतिर किड़नग तूना किड़नग' इस बोल का खूब अभ्यास करें। इसके बाद 'धिरधिर घिड़नग धिरधिर घिड़नग धिरधिर घिड़नग तूना किड़नग, तिरतिर किड़नग तिरतिर किड़नग तिरतिर किड़नग तूना किड़नग' बोल का अभ्यास करें।

६. तंत्रकार के साथ अति द्रुत लय में 'धा धिं धिं धा' बजाते समय केवल 'नगतिर' बोल ही बजाते रहें और प्रत्येक सम पर जोर से आघात दिखाते रहें, ताकि सुननेवालों को पूरी तीनताल प्रतीत हो। लय अधिक बढ़ने पर केवल 'त्रक' बजाकर १६ मात्राएँ पूरी करते रहें और सम पर 'त्रक' को जोर से लगाते

रहें। किंतु 'नगतिर' और 'त्रक' का घर पर पूर्वाभ्यास होना भी आवश्यक है। 'त्रक' में 'क' पर जब दाएँ हाथ का पंजा लगाएँ तो उसमें मध्यमा और तर्जनी, दोनों अँगुलियों को क्रम से पटकें, न कि एकसाथ; अर्थात् 'क' के स्थान पर 'क्र' की ध्वनि प्रकट होनी चाहिए।

७. यदि आपकी हथेलियों से पसीना अधिक निकलता हो, तो उनपर मेहँदी लगाएँ और वादन करते समय किसी अच्छे टेलकम पाउडर को अच्छी तरह हथेलियों पर मल लें।

८. बरसात के दिनों में तबले को उतारकर रखें, ताकि पुड़ी फटने का डर न रहे।

९. कभी-कभी श्रोताओं से प्रशंसा लेने के लिए सम पर हाथ को उठाकर, अन्य कलाकार या जनता की ओर कर देना चाहिए। (देखिए चित्र नं० १)

१०. शृंगार रस के गीतों के साथ कहरवा-वादन में तबले को आड़ा रखकर बजाना चाहिए। पीतल का डग्गा हो तो सीधे हाथ से उसकी पेंदी में टंकोर देकर वादन करना चाहिए और मिट्टी का डग्गा हो तो सीधे हाथ में एक सिक्का लेकर उससे आघात करना चाहिए, जैसे कि महिलाएँ ढोलक पर अँगूठी आदि से आघात करती हैं। (देखिए चित्र नं० २)

११. किसी नाटकीय महफिल में कहरवा जोर से बजाया जाता है, अतः चाँटी में कड़क लाने के लिए किसी दियासलाई (माचिस) का खोल सीधे हाथ की तर्जनी अँगुली पर चढ़ा लें और तब वादन करें, इससे श्रोताओं पर बड़ा मस्त प्रभाव पड़ता है। (देखिए चित्र नं० ३)

१२. कहरवा के विविध ढंग प्रदर्शित करते समय एक ढंग में दाएँ तबले की किनार में सीधे हाथ की तर्जनी अँगुली के नाखून से उठा-उठाकर झटके से छोड़ दिया जाता है, जिससे बड़े मधुर आघात उत्पन्न होते हैं, जो श्रोताओं और गीतकार को मोह लेते हैं। (देखिए चित्र नं० ४)

१३. कभी-कभी नाटकों में हास्य-रस एवं लोक-गीत आदि के साथ खंजरी की आवाज पैदा करने की आवश्यकता पड़ जाती है,

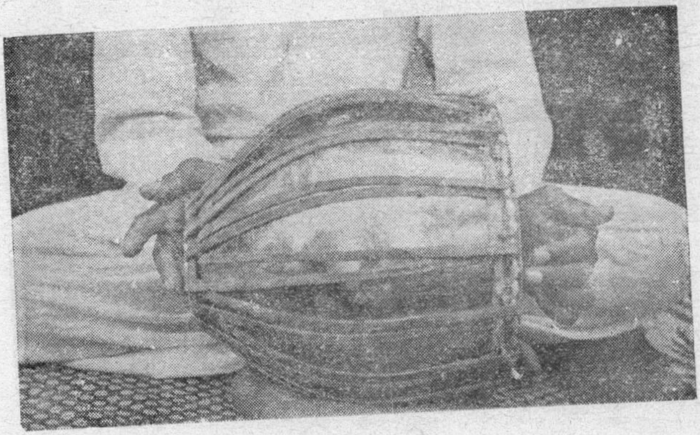

चित्र नं० २

निकिल के बाएँ पर इस प्रकार का कहरवा बजाने से भक्ति-रस या शृंगार-रस उत्पन्न होता है।

चित्र नं० ३

सीधे हाथ की पहली उँगली में दियासलाई की डिब्बी लगाकर कहरवा बजाने से नाटक के दर्शकों पर काफी प्रभाव पड़ता है।

चित्र नं० ४
कहरवा बजाने के एक प्रकार में दाएँ हाथ की उँगली के नाखून से तबले की किनारेवाली खाल को उठा-उठाकर चटकाना चाहिए।

चित्र नं० ५
खंजरी की आवाज पैदा करने के लिए स्याही पर हथौड़ा का सिरा हलका रखकर एक उँगली से खाल पर आघात करना चाहिए (हास्य-रस पैदा करने के लिए भी इसका प्रयोग करना चाहिए।)

अतः ऐसे अवसर पर सीधे तबले पर 'तिं' निकालकर हथौड़ी का हलका-सा स्पर्श स्याही को कराएँ और बार-बार विभिन्न लयों में ऐसा करते रहें। इससे बड़ी विचित्र और मनोरंजक ध्वनि उत्पन्न होती है। (देखिए चित्र नं० ५)

१४. घर पर एकांत में कम-से-कम नित्य-प्रति दो घंटे अभ्यास आपको अवश्य करना चाहिए, अधिक-से-अधिक कितना भी हो सकता है। अभ्यास के समय सीधे हाथ में वज़नदार दो कड़े डाल लेने चाहिए, जिनमें काफी वजन हो। यदि अधिक वजन का कड़ा हो तो एक ही पर्याप्त है। कड़े पहनकर अभ्यास करने से हाथ में दम आ जाता है तथा नसें मुलायम पड़ जाती हैं। फिर महफिल में बिना कड़ों के वादन करने पर हाथ में फूल-जैसा हलकापन प्रतीत होता है और काफी देर तक वादन करने की क्षमता प्रतीत होती है। कड़ों का अभ्यास केवल बड़ी आयु के व्यक्तियों के लिए है। बच्चों को इसकी बिलकुल आवश्यकता नहीं। बल्कि बच्चों को ये हानि कर सकते हैं, क्योंकि उनकी मुलायम नसें और कड़ी हो जाती हैं। (देखिए चित्र नं० ६)

१५. अगर आपके सोलो-वादन से श्रोता ऊबने लगें तो तुरंत टुकड़ों, मुखड़ों और तिहाइयों पर आ जाइए और संभव हो तो एक-दो परनें भी चमत्कारिक ढंग से प्रदर्शित करिए, फिर शीघ्र ही द्रुत तीनताल का ठेका दिखाइए। अनेक कलाकार हवाई जहाज, रेलगाड़ी तथा घुड़दौड़ आदि की ध्वनि का प्रदर्शन भी करते हैं, ताकि साधारण श्रोता उसमें रस लें।

१६. तबला प्रारंभ करते समय आपके दोनों हाथों का संचालन बगलों के जोड़ों पर से इस प्रकार होना चाहिए, जैसे कि किसी रस्सी को पकड़कर खींचा जाता है; अर्थात् पूरी-पूरी बाँहें आगे-पीछे चलनी चाहिए। इससे श्रोताओं पर बड़ा अच्छा प्रभाव पड़ता है। यदि आप निश्चेष्ट मूर्तिवत् बैठे रहे, तो कितनी भी तैयारी से बजाने पर श्रोताओं को उचित रूप से प्रभावित नहीं कर सकेंगे।

१७. नए ढ्वालों पर मक्खन लगाकर रखना चाहिए, ताकि वे मजबूत हो जाएँ।

१८. दो तंतकारों के साथ कभी बैठने का मौका मिले तो ध्यान रखिए कि आपकी शक्ति किसी एक ही तंतकार के साथ खर्च न हो जाए, अपितु दोनों के लिए आधी-आधी शक्ति रखनी है, इसका खयाल रखें। द्रुत गत में दो तंतकार मिलकर तबला-वादक के प्राण सुखा देते हैं, अतः ऐसे अवसर पर 'ताक ताक ताक ताक' बजाते रहें और सम पर जोर से प्रहार करते रहें। मुद्रा प्रसन्न रहे।

१९. तंतकारों के साथ कार्यक्रम शुरू होने के बाद प्रारम्भ की उठान बहुत आकर्षक, दमदार और लंबी तिहाई-सहित होनी चाहिए।

२०. द्रुत तीनताल में सफाई लाने के लिए सीधे हाथ की तर्जनी से केवल 'ना' और बाएँ हाथ की तर्जनी तथा मध्यमा से क्रमशः 'ग' का प्रयोग इस प्रकार किया जाएगा—ना ग ग ग ग ग ग ग ग ग ग ग ग ग ग ग। इस अभ्यास को घर पर खूब करिए, कुछ ही दिनों में आप देखेंगे कि द्रुत त्रिताल आप कितनी तैयारी और सफाई से बजा सकते हैं।

२१. यदि वादन के मध्य में कभी सम का ध्यान न रहे, तो उस स्थल पर घबराएँ नहीं, बल्कि मुस्कराकर इधर-उधर के तिहाई-रहित लंबे-लंबे बोल या परन लगाते रहें और गायक या वादक की ओर इस प्रकार देखते रहें, जैसे कि आपने स्वयं उसे भुलावे में डाल दिया है। कुछ देर में वह कलाकार घबराकर अपने-आप सम पर आ जाएगा और तब आप उस सम को ध्यान में कर लें और दूसरी आवृत्ति से एक तिहाई चल दें, बस सब काम ठीक हो जाएगा, बल्कि आपको ही प्रशंसा मिल जाएगी। इस व्यापार में यह ध्यान अवश्य रखें कि कलाकार के सम दिखाते ही आप लपककर उसे न पकड़ लें, क्योंकि कभी-कभी अन्य कलाकार वस्तुस्थिति भाँपकर धोखा देने के लिए झूठी सम दिखा देते हैं, अतः एक आवृत्ति तक उस सम की परीक्षा करें और यदि सम ठीक होने का पूरा विश्वास हो, तो वहीं से तिहाई शुरू कर दें। क्योंकि कभी-कभी ऐसा भी होता है कि कलाकार एक ही बार सम दिखाता है, फिर बाद में वह इधर-उधर चलत-फिरत करता है, अतः

आपकी प्रतीक्षा से कभी-कभी गड़बड़ी होने की आशंका भी हो सकती है। इसलिए ऐसे स्थल पर अपनी आत्मा की आवाज के निर्देश पर ही काम करें, क्योंकि वह सच्ची बात बतला देती है और घबराहट होने पर आत्मा की आवाज दब जाती है, अतः सत्य का ठीक-ठीक पता नहीं लगता।

२२. सोलो तबला बजाते समय जिस स्थल पर जनता से तालियाँ लेनी हों, वहाँ दुगुन, चौगुन या अठगुन में निम्नलिखित बोलों को लगातार बजाना शुरू कर दें, अर्थात् जबतक जनता तालियाँ न बजाए, तबतक इनको बजाते रहें।

१. धिर धिर धिर धिर धिर धिर धिर धिर धिर धिर धिर धिर धिर धिर धिर धिर…।

२. कत त त त त त त त त त त त त त…।

३. तिरकिटतक तिरकिटतक तिरकिटतक तिरकिटतक तिरकिटतक तिरकिटतक तिरकिटतक तिरकिटतक…।

४, कत कत कत कत कत कत कत कत कत कत कत कत कत कत कत कत…।

इन चारों में समयानुसार, बुद्धि और कल्पना के माध्यम से भिन्न-भिन्न लयकारियाँ भी दिखाई जा सकती हैं। लेकिन यह ध्यान अवश्य रहे कि जो लड़ी बँध जाए, उसमें विशेष परिवर्तन न हो, अन्यथा तालियाँ नहीं बजेंगी। तालियाँ बजने पर फिर उस लड़ी में एक टुकड़ा मिलाकर सुन्दर-सी तिहाई लगाकर सम पर आ जाना चाहिए। पहले इस सबका घर पर अभ्यास कर लेना चाहिए।

पुड़ी बनाना

२३. मृत बकरे की खाल में से तीन गोल हिस्से काट लीजिए। जिस तरफ बाल हों, राँपी से साफ कर दीजिए। इसके बाद खाल के हिस्सों को पानी में डाल दीजिए। अच्छी तरह नम हो जाने पर निकाल लीजिए। एक के ऊपर दूसरी, इस स्थिति में उन खालों को चार सूराख करके तबले पर डोरी बाँधकर जमा दीजिए। फिर

डोरी को खींच लें, इससे खाल कुछ खिच जाएगी, किंतु पुड़ी को भिगोते अवश्य रहिए। यह क्रिया दो-तीन बार तबतक करनी चाहिए, जबतक कि पुड़ी खूब कड़ी न हो जाए। अब गजरा बाँध लीजिए और उसे सुखाने रख दीजिए। जब सूख जाए, तब गजरा बँधी हुई पुड़ी को उतार लीजिए और सबसे नीचे की खाल को गोलाई में कटोरा-काटनी से काट लीजिए; अब पुड़ी को तबले पर पुनः जमा दीजिए और उसमें द्वाल डाल दीजिए (दाएँ और बाएँ, दोनों के लिए लगभग २० मी० द्वाल काफी है)। अब पुड़ी को पानी से भिगाइए और द्वालों में खिच्ची लगा दीजिए। इसके बाद ऊपरवाली खाल गोलाई में काट लीजिए, फिर सुखाने रख दीजिए। सूखने के बाद स्याही चढ़ाइए।

तबले की स्याही बनाने के लिए लोहे का जला हुआ बुरादा (चूर्ण) ५० ग्राम, सरेस ३ ग्राम, मैदा की बनी हुई लेही १० ग्राम तथा काली स्याही दानेदार ३ ग्राम लीजिए।

□

प्रसिद्ध तबला-वादकों का परिचय

अनोखेलाल मिश्र

श्री रामसहाय जी के घराने से संबद्ध बनारस-बाज के प्रसिद्ध तबला-वादक अनोखेलाल मिश्र का जन्म सन् १६१४ ई० में

वाराणसी में हुआ। आपके पिता का नाम श्री बुद्धप्रसाद जी था। प्रारब्धवश अनोखेलाल बचपन में ही माता-पिता के स्नेह से वंचित हो गए, अर्थात् इनके माँ-बाप का देहान्त हो गया। इस प्रकार इनकी दादी ने इनका पालन-पोषण किया।

अर्थहीन परिवार में जन्म लेने के कारण श्री अनोखेलाल का बाल्य-काल आपदाग्रस्त ही रहा। ५-६ वर्ष की आयु से ही भैरोंप्रसाद जी मिश्र के द्वारा आपको तबले की शिक्षा मिलने लगी; यह क्रम १५ वर्ष तक चला। योग्य गुरु द्वारा शिक्षण तथा कठिन परिश्रम और अटूट लगन होने के कारण श्री अनोखेलाल ने तबला-वादन-कला में विशेष ज्ञान प्राप्त कर लिया। अल्पकाल में ही संपूर्ण देश में उनकी ख्याति फैल गई। बड़े-बड़े संगीत-सम्मेलनों तथा आकाशवाणी के विभिन्न केन्द्रों में अपने तबला-वादन का इन्होंने विशेष प्रभाव छोड़ा। दिल्ली-रेडियो से प्रसारित होनेवाले 'नेशनल प्रोग्राम' में भी अनोखेलाल ने २-३ बार भाग लिया। साथ-संगति के अतिरिक्त श्रोताओं द्वारा इनका एकाकी वादन (Solo) भी बहुत पसंद किया जाता था। 'ना धिं धिं ना' के तो आप सचमुच जादूगर ही थे। अतिद्रुत लय में जितना स्पष्ट और दमदार 'ना धिं धिं ना' अनोखेलाल बजाते थे, उतना संभवतः किसी अन्य तबला-वादक से नहीं सुना गया।

जीवन के अंतिम दो वर्षों तक अनोखेलाल गैंगरिन रोग से पीड़ित रहे। आखिरकार १० मार्च, १९५८ की प्रातः यह अनोखा कलाकार सदैव के लिए संसार से उठ गया। आपके शिष्यों में महापुरुष मिश्र का नाम प्रमुख है।

□

अमीरहुसैन खाँ

अमीरहुसैन खाँ ने ऐसे परिवार में जन्म लिया, जिसमें संगीत के संस्कार आनुवंशिक रूप से विद्यमान थे। इनके पिता उस्ताद अहमदबख्श तबला तथा सारंगी-वादन में प्रसिद्ध कलाकार थे। अमीरहुसैन खाँ का जन्म सन् १८९५ ई० में हैदराबाद दक्षिण में हुआ था। ५ वर्ष की अल्पायु से ही इन्हें अपने पिता के द्वारा शिक्षा मिलनी प्रारंभ हो गई थी। कुछ वर्षों के बाद इनके मामा उस्ताद मुनीर खाँ ने इन्हें तबला-वादन की शिक्षा देना प्रारम्भ किया। तबला-वादन की शिक्षा का यह क्रम उस्ताद मुनीर खां की मृत्यु-पर्यन्त चला। तबले के विभिन्न घरानों की कलात्मक चीजों का उनके पास विपुल भंडार था। अपने सुपुत्र फकीर हुसैन (पापा खान) को उन्होंने बड़े परिश्रम के साथ वादन-कला में पारंगत बनाया।

अमीरहुसैन खाँ ने अपना अधिकांश जीवन बंबई में व्यतीत किया, जहाँ आप आकाशवाणी से अपने कार्यक्रम देते रहे और अच्छे शिष्यों को तैयार करते रहे। उस्ताद अमीरहुसैन खाँ को सन् १९६१ में कोल्हापुर में अखिल भारतीय गान्धर्व महाविद्यालय मंडल द्वारा सम्मानित किया गया। खाँ साहब ने एक अच्छे तबला गुरू के रूप में बहुत ख्याति पाई।

अमीरहुसैन खाँ का निधन बंबई में ५ जनवरी १९६९ को हुआ।

□

अल्लारखा खाँ

अंतर्राष्ट्रीय ख्यातिप्राप्त तबला-वादक अल्लारखा खाँ के नाम से प्रायः सभी तबला-प्रेमी परिचित हैं। आपका जन्म सन् १९५१ ई० में पंजाब के रतनगढ़ (गुरदासपुर) में हुआ। इनके पिता का नाम हाशिमअली था, जो खेती-बाड़ी का काम करते थे।

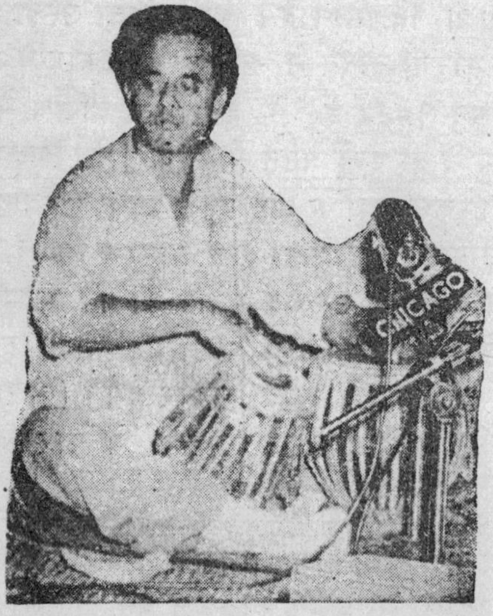

वैसे तो बाल्य-काल से ही अल्लारखा को संगीत से लगाव था; किंतु पंद्रह-सोलह वर्ष की आयु में आपने पठानकोट की एक नाटक-कंपनी में नौकरी कर ली। वहाँ आप उस्ताद कादिरबख्श के शिष्य खाँ साहब लालमुहम्मद के सम्पर्क में आए और उन्हीं से तबले की शिक्षा लेना प्रारम्भ कर दिया। कुछ दिनों के पश्चात् इन्हें अपने चचा के साथ लाहौर जाने का सुयोग प्राप्त हुआ, वहाँ आपने उस्ताद कादिरबख्श से तबले की उच्चस्तरीय शिक्षा प्राप्त की।

लाहौर और दिल्ली के आकाशवाणी-केन्द्रों से कुछ दिनों तक तबला-वादन प्रसारित करने के बाद १९३७ ई० में अल्लारखा बम्बई चले गए। वहाँ भी आपने आकाशवाणी-केन्द्र में नौकरी कर ली। चार-पाँच वर्ष के पश्चात् आप फिल्म-क्षेत्र के संपर्क में आ गए और कुछ फिल्मों में संगीत-निर्देशन का कार्य भी किया।

अल्लारखा खाँ का तबला-वादन पंजाब-घराने की विशेषताओं से ओत-प्रोत है। बेमिसाल तैयारी और सफाई आपकी वादन-शैली के विशेष गुण हैं। तंत्रकार तथा गायकों की संगति करने में आपको विशेष महत्त्व प्राप्त है। आपके सुपुत्र ज़ाकिरहुसैन खाँ ने भी तबला-वादन के क्षेत्र में बहुत यश प्राप्त किया है। ☐

आबिदहुसैन खाँ

नचकरन-बाज के खलीफा आबिदहुसैन खाँ का जन्म सन् १८६७ ई० में उत्तर-प्रदेश की राजधानी लखनऊ में हुआ। आपके पिता का नाम मुहम्मद खाँ था। ये भी एक प्रतिभा-सम्पन्न, घरानेदार तबला-वादक थे। अतः अपने पुत्र आबिदहुसैन खाँ को ६-७ वर्ष की आयु से ही इन्होंने तबले की शिक्षा देना आरंभ कर दिया। पिता की मृत्यु के उपरांत आबिद-हुसैन खाँ ने अपने बड़े भाई मुन्ने खाँ से लगभग १२ वर्षों तक तबले की शिक्षा प्राप्त की। उस समय उस्ताद आबिदहुसैन खाँ की गणना श्रेष्ठतम तबला-वादकों में होने लगी थी। लखनऊ के 'मैरिस-म्यूजिक-कॉलेज' में कुछ समय तक आपने तबला-शिक्षक के रूप में काम किया। इनका सोलो तबला-वादन अत्यन्त मिठास-पूर्ण और सुस्पष्ट था।

उ० आबिदहुसैन खाँ ने अपने दौर में तबला-वादन-कला का प्रचार बहुत बड़े रूप में किया और अनेक शिष्यों को तालीम दी। उनके कुछ प्रमुख शिष्यों के नाम इस प्रकार हैं—पं० बीरू मिश्र, उ० जहाँगीर खाँ एवं वाजिदहुसैन खाँ।

आबिदहुसैन खाँ का देहांत सन् १९३६ ई० में, लखनऊ में ही हो गया। □

अहमदजान थिरकवा

तबले के विख्यात कलाकार उस्ताद अहमदजान थिरकवा के नाम से भारतवर्ष के सभी संगीत-प्रेमी परिचित हैं। आपका जन्म मुरादाबाद में सन् १८९१ में हुआ। मेरठ के उस्ताद मुनीर खाँ साहब से आपने तबले की शिक्षा पाई थी। वैसे, थिरकवा खाँ साहब के चचा उस्ताद शेर खाँ भी एक सुविख्यात तबलिए थे, किंतु तबले की नियमित और उच्च-स्तरीय शिक्षा के लिए इन्हें मुनीर

खाँ के पास ही जाना पड़ा। काफी समय तक आप रामपुर दरबार के आश्रय में भी रहे और बाद में लखनऊ आ गए।

बाल्य-काल में तबले का अभ्यास करते समय इनकी अँगुलियाँ तबले पर एक विशेष प्रकार से थिरका करती थीं, इसीलिए इनका नाम 'थिरकू' पड़ गया था। बाद में शनैः-शनैः ये थिरकवा के नाम से विख्यात हो गए। सन् १९५३-५४ में आपको राष्ट्रपति पुरस्कार से व १९७० में भारत सरकार ने पद्मभूषण से सम्मानित किया। आपके शिष्यों में लालजी गोखले और रोजवेल लायल प्रमुख हैं। थिरकवा साहब के वादन में मिठास, गांभीर्य, मुलायमियत और जोरदारी का अद्भुत समन्वय था। लखनऊ, मेरठ, फर्रुखाबाद, अजराड़ा आदि सभी तरह की वादन-शैलियों में थिरकवा साहब दक्ष थे; किंतु इनकी स्वयं की पसंद तबले का दिल्ली और फर्रुखाबाद-बाज था। वास्तव में उस्ताद अहमदजान थिरकवा को अनेक घरानों का तबला याद था, इसलिए उनके वादन में कुछ ऐसी कलात्मक विशेषताएँ उत्पन्न हो गई थीं कि श्रोता वाह-वाह कर उठते थे। स्वतंत्र वादन में तो उनका जवाब ही नहीं था, लेकिन संगति करने में भी वे उतने ही माहिर थे। स्वतंत्र तबला-वादन में आपकी प्रतिभा विशेष रूप से निखरती थी। तबला के इस जादूगर का देहावसान १३ जनवरी, १९७६ को लखनऊ में हो गया।

थिरकवा के तीन पुत्र हुए—नबीजान, मुहम्मदजान और अलीजान।

□

कंठे महाराज

तबला-सम्राट् पं० रामसहाय मिश्र के घराने से सम्बद्ध पं० कंठे महाराज भारतवर्ष के श्रेष्ठतम तबला-वादकों में गिने जाते थे।

कंठे महाराज का जन्म सन् १८८० ई० के आस-पास बनारस में हुआ था। बाल्य-काल से ही आपकी शिक्षा पं० बल्देवसहाय मिश्र के द्वारा सम्पन्न हुई। तीन वर्ष शिक्षा देने के वाद बल्देवसहाय जी नेपाल चले गए। शिष्य से गुरु का वियोग सहन न हो सका, फलतः कंठे महराज को भी नेपाल पहुँचना पड़ा और वहाँ जाकर पुनः चार वर्षों तक गुरु के सान्निध्य में कंठे महाराज ने तबले की उच्चस्तरीय शिक्षा प्राप्त की।

भारतवर्ष का प्रत्येक संगीत-प्रेमी पं० कंठे महाराज की तबला-वादन-कला से प्रभावित था। आपने देश में होनेवाले विशाल संगीत-सम्मेलनों, आकाशवाणी के विभिन्न केन्द्रों एवं समय-समय पर होनेवाले अन्य सांस्कृतिक सम्मेलनों में तबला-वादन द्वारा जितनी ख्याति अर्जित की थी, उतनी ख्याति भारत के किसी विरले ही तबला-वादक ने प्राप्त की होगी।

बुजुर्ग और घरानेदार महारथी संगीतकारों के साथ वादन करने के लिए आपको ही आमंत्रित किया जाता था। दोनों तबलों को गिरफ़्त में लेकर जब वे वीरासन की मुद्रा में बैठते थे तो देखते ही बनता था। बाएँ तबला पर आपका अद्भुत आधिपत्य था। कठिन ताल, विविध छंद, बनारस अंग की गत, परन और स्तुतियों का प्रदर्शन करने में आपका कोई जोड़ नहीं था। यदि कहा जाय कि कंठे महाराज बनारस परम्परा के साक्षात् प्रतीक थे तो कोई अत्युक्ति नहीं होगी।

१ अगस्त, सन् १९६९ को वाराणसी में ही आपका स्वर्गवास हो गया।

पं० कंठे महाराज के प्रमुख शिष्यों में उनके पुत्र पं० किशन महाराज का नाम भारतवर्ष के श्रेष्ठ तबला-वादकों में गिना जाता है।

☐

करामतुल्ला खाँ

फर्रुखाबादी बाज के सिद्ध कलाकर उस्ताद मसीत खाँ के नाम से प्रत्येक तबला-वादक परिचित होगा। करामतुल्ला खाँ आप ही के सुपुत्र थे। १९१८ ई० के लगभग रामपुर में आपका जन्म हुआ था। इनकी तबले की शिक्षा इनके पिता मसीत खाँ के द्वारा पाँच-छह वर्ष की आयु से ही आरंभ हो गई थी।

भारतवर्ष के श्रेष्ठ तबला-वादकों में करामतुल्ला खाँ की गणना की जाती थी। लगभग सभी विशाल संगीत समारोहों में आपको आमंत्रित किया जाता था। श्रोता और संगीतज्ञ, दोनों ही आपकी वादन-कला पर मुग्ध हो जाया करते थे। ३ दिसंबर, १९७७ को कलकत्ता में आपका निधन हो गया। □

कादिर बख्श

सन् १९०३ में लाहौर में जन्मे उस्ताद कादिर बख्श पंजाब के ऐसे पखावजी घराने से संबंधित थे, जो अत्यन्त प्राचीन और ख्याति-प्राप्त रहा है। इनके पिता मियाँ फ़क़ीरबख्श भी अपने समय के उद्‌भट पखावजी थे। आठ-नौ वर्ष की आयु में ही कादिर बख़्श तबला और पखावज को एक कुशल वादक की भाँति बजाने लग गए थे। तरुणावस्था तक इनके तबला-वादन की ख्याति संपूर्ण भारत में हो गई। संगीत-आयोजनों में श्रोतागण इनकी कला से चकित रह जाते थे।

उस्ताद कादिर बख्श बाद में पाकिस्तान में ही रहकर शिष्य तैयार करते रहे। आज के अनेक तबला-वादक आपसे संबद्ध हैं जिनमें प्रसिद्ध तबला-वादक अल्लारखा खाँ आपके प्रमुख शिष्यों में गिने जाते हैं।

□

किशन महाराज

आपका जन्म काशी में ३ सितंबर, १९२३ ई० की कृष्णाष्टमी को हुआ था, जिसकी वजह से नामकरण भी 'किशन' हुआ। आपने अपने ही परिवार द्वारा संगीत-शिक्षा प्राप्त की। बचपन में जब आपने तबले की तालीम लेनी शुरू की, तो आपकी रुचि तैयारी की ओर विशेष रूप से न रहकर लयकारी की ओर झुकने लगी, यहाँ तक कि ३ वर्ष तक आपने त्रिताल, झप ताल, एकताल आदि मुख्य और प्राथमिक तालों को भी नहीं बजाया। इनकी बजाय आप अधिकतर ९-११-१३-१५-१७-१९ व २१ मात्राओं की वक्र तालों को बजाने में विशेष दिलचस्पी लेते रहे और इन्हीं को बजाने का अभ्यास भी करते रहे। इसका फल यह हुआ कि सीधी-सीधी अर्थात् बराबर मात्रावाली तालें आपको सरल प्रतीत होने लगीं। किसी भी ताल में भिन्न-भिन्न प्रकार के टुकड़े व तिहाई लगा देना आपको सरल और सुबोध मालूम होने लगा।

आपके ताल-गुरु आपके पिता वाद्य-शिरोमणि पं० कंठे महाराज जी थे। आपका घराना तबला-सम्राट् पं० रामसहाय जी मिश्र का कहा जाता है। आपका बाज 'बनारस-बाज' है।

पं० किशन महाराज ने अपने तबला-वादन द्वारा देश-विदेशों में जो प्रतिष्ठा और ख्याति प्राप्त की है, वह प्रशंसनीय है। तबला का स्वतंत्र वादन हो या संगति, परनों के विचित्र उठान, वक्राकार गति तथा बाएँ तबले की दाब-खाँस व गुमक से पता लग जाता है कि यह किशन महाराज का तबला है, बनारसी रंग है।

□

नन्नूसहाय (सूर)

बनारस के प्रख्यात तबला-वादक श्री भैरोंसहाय के पौत्र (नाती) तथा श्री बल्देवसहाय जी के पुत्र नन्नूसहाय (सूर) का जन्म सन् १८९२ ई० के लगभग काशी में हुआ था। आनुवंशिक संस्कारों से ओत-प्रोत नन्नूसहाय जी को बाल्य-काल से उनके पिता द्वारा तबले की शिक्षा मिलनी प्रारम्भ हो गई थी। अल्प आयु में ही इनका हाथ अद्‌भुत रूप से तैयार हो गया था। इनकी-जैसी अद्‌भुत तैयारी तत्कालीन तबला-वादकों में बहुत कम दृष्टिगोचर होती थी।

नन्नूसहाय सूरदास थे। इनका दूसरा नाम दुर्गासहाय भी था, किंतु इनकी ख्याति नन्नूसहाय 'सूर' के नाम से ही हुई। खेद का विषय है कि ३४ वर्ष की तरुणावस्था में ही इस अलभ्य कलाकार का देहावसान हो गया। □

बाचा मिश्र

महाराज हरिसुंदर उर्फ पं० बाचा मिश्र काशी नगरी के महान् कलाकारों में से थे। आपके पितामह श्री प्रताप महाराज की बाबत बताया जाता है कि जब उन्हें तबला-वादन से तृप्ति नहीं हुई, तब उन्होंने विन्ध्याचल पर्वत पर बहुत दिनों तक विंध्यबासिनी देवी के सम्मुख तपस्या की और देवी जी ने आपको तबला में विश्व-विजयी होने का वरदान दिया। वहाँ से आकर उन्होंने तबला के प्रसिद्ध उस्ताद मोदू खाँ के सम्मुख लखनऊ के कैसर-बाग में बड़े-बड़े ताल-मर्मज्ञों तथा कलाकारों के बीच अपना तबला-वादन सुनाया। वहाँ कलाकारों द्वारा आप बहुत प्रशंसित हुए, फिर आपने भारतवर्ष का भ्रमण करके तबला-वादन का प्रचार किया।

आपकी ख्याति सुनकर नेपाल के महाराजा राणा जंगबहादुर ने दरबारी संगीतज्ञों में आपको स्थान दिया। उन दिनों वहाँ प्रसिद्ध गायक चाँद खाँ भी महाराज के साथ रहते थे।

प्रताप महाराज के यशस्वी पुत्र तबला-विद्वान् पं० जगन्नाथ महाराज हुए। जगन्नाथ जी के बड़े लड़के श्री शिवसुन्दर तथा उनके सुपुत्र श्री बलमोहन महाराज भी तबले के खलीफा कहे जाते थे। इन शिवसुन्दर महाराज के छोटे भाई ये बाचा मिश्र थे।

पं० बाचा मिश्र ने भी देवी की उपासना करते हुए अपनी कला की प्रगति को जारी रखा। हिंदुस्तान के प्रसिद्ध तबला-वादकों में आपकी गिनती होने लगी। तबला-वादक नत्थू खाँ साहब दिल्लीवाले, अजीम खाँ बरेलीवाले आपके समकालीन प्रसिद्ध तबला-वादक मित्र थे और वे पं० बाचा मिश्र की प्रशंसा ही किया करते थे। लगभग ५० वर्ष की आयु में, सन् १९२६ ई० में आपका देहावसान हो गया। आपके सुपुत्र सामताप्रसाद मिश्र (गुदई महाराज) ने अपनी कला द्वारा इस घराने का नाम विशेष रूप से रौशन किया है।

□

बीरू मिश्र

आप बनारस के पंडित भगवानप्रसाद जी के सुपुत्र थे। आपका ज़न्म बनारस के पियरी नामक मोहल्ले में सन् १८९६ ई० में हुआ। प्रारंभिक तालीम का श्रीगणेश आपके पिता द्वारा हुआ। पिता की मृत्यु के पश्चात् पं० विश्वनाथ जी से आपको शिक्षा प्राप्त हुई और फिर कुछ समय बाद लखनऊ के आबिदहुसैन खाँ से तालीम मिली। बरेली के उस्ताद छुन्नू खाँ साहब से भी कुछ समय तक आपने तबला-वादन सीखा।

पंडित बीरू मिश्र को विभिन्न संगीत-सम्मेलनों तथा संगीत-प्रेमियों से अनेक पदक भी प्राप्त हुए। नेपाल के महाराज ने विशेष निमंत्रण देकर इन्हें अपना सभासद नियुक्त किया था। संगीत-क्षेत्र में आप एक चमत्कारी तबला-वादक हो गए हैं। सन् १९३६ ई० में नेपाल में ही बीरू मिश्र का देहावसान हुआ।

□

भैरवप्रसाद (भैरोंजी महाराज)

रामापुर, काशी के प्रसिद्ध तबला-वादक तथा अनोखेलाल के गुरु भैरवप्रसाद (भैरोंजी महाराज) के पिता बिहार प्रांत में आरा के स्थायी निवासी थे और संगीत-व्यवसाय के निमित्त प्राय: पटना भी रहा करते थे। पटना में ही सन् १८४४ ई० में भैरोंजी का जन्म हुआ था। आपके पिता शिव प्रसाद जी मिश्र की शादी काशी के प्रसिद्ध सारंगी वादक स्वर्गीय बिहारीजी मिश्र की बहिन सुश्री कदम्बादेवी से हुई थी। काल के कुचक्र से भैरों जी को पौने दो वर्ष की अवस्था में ही छोड़कर पिता जी स्वर्ग सिधार गए थे। तत्पश्चात् विधवा माँ के साथ भैरों जी को अपने एक पुत्रहीन मामा स्व० बिहारी जी के यहाँ काशी में आश्रय मिला। मामा जी ने आपका अपने बच्चे के समान ही लालन-पालन किया।

काशी के प्रसिद्ध सगीतज्ञ स्व० मिठाईलाल जी के पिता स्व० पयाग जी उस समय काशी-नरेश राज-दरबार के संगीतज्ञ व

नाजिर थे, अतः भैरों जी के मामा ने इनकी रुचि गायन की ओर देखकर पयाग जी के शिष्यत्व में इन्हें भेज दिया। इधर तबले की शिक्षा के लिए भैरों जी स्व० भगत महाराज, जो अपने समय के धुरंधर तबला-वादक थे, के पास जाने लगे। गुरु की असीम सेवा तथा कठिन परिश्रम से भैरों जी तबले के अद्वितीय विद्वान् सिद्ध हुए। आपका बाज शुद्ध बनारसी व मर्दाना था। गत व फर्द के आप विशेषज्ञ थे।

भैरों जी को लगभग तीन-चार हजार कायदे, गत, फर्द, पेशकार, रेले व टुकड़े आदि ज्ञात थे और इनपर पूर्ण अधिकार व रियाज था। स्व० बल्देवसहाय जी, स्व० जगन्नाथ जी (गुदई महाराज के दादा), स्व० महावीर जी, स्व० बैजू जी, स्व० गोकुल जी, स्व० विश्वनाथ जी आदि आपके समकालीन धुरंधर तबला-वादक थे। स्व० भैरोंसहाय जी भी आपके शिक्षण-काल में जीवित थे।

भैरों जी ने अपने समय में लगभग तीन-चार सौ शिष्य तैयार किए थे, जिनमें प्रधान पाँच शिष्यों ने अधिक ख्याति पाई; उनके नाम हैं—मौलवीराम मिश्र, स्वर्गीय महावीर भाट, महादेव जी मिश्र, अनोखेलाल तथा नागेश्वर प्रसाद। मौलवीराम जी आपके ममेरे भाई व सर्वप्रथम शिष्य थे।

तबले के अतिरिक्त भैरों जी ध्रुवपद-धमार, होली, खयाल आदि भी खूब गाते थे और सैकड़ों चीजें उनको याद थीं। गीता का पाठ आपको अत्यन्त प्रिय था, अतः मृत्यु के समय भी गीता आपके हाथ में थी। दुर्व्यसनों से दूर, सात्विक जीवन व्यतीत करनेवाले भैरों जी इतने तगड़े रियाजी थे कि दो इंच मोटी लकड़ी के तख्ते पर रियाज करते-करते लकड़ी घिसकर आधा इंच रह गई थी।

भैरों जी के तीन पुत्र व दो पुत्रियाँ हुईं, किंतु वे सब इनके जीवन-काल में ही गुजर गए। आप ९६ वर्षों तक जीवन से संघर्ष करते हुए २१ सितम्बर, १९४० ई० को प्रातः स्वर्गवासी हो गए। □

भैरव सहाय

बनारस-बाज के प्रवर्तक श्री रामसहाय जी ने जब साधु-वेष धारण कर लिया, तब उन्होंने अपने भाई गौरीसहाय जी के पुत्र भैरवसहाय को अपना शिष्य बनाते हुए कहा कि यह मेरा अंतिम शिष्य है।

बचपन से ही क्रोधी तथा तेजस्वी प्रकृति के होने से इनका नाम भैरवसहाय रखा गया। लगभग ५ वर्ष की अवस्था से ही रामसहाय जी से तबला-वादन की शिक्षा लेनी प्रारंभ कर दी। छह वर्षों में ही मानो रामसहाय जी ने तबले की कुंजी इनको दे दी थी। आपका रियाज प्रतिदिन बढ़ने लगा। काशी के नीची बाग मुहल्ले में स्थित 'आस-भैरव' की मूर्ति का प्रतिदिन पूजन तथा दर्शन करना और तबले का खूब अभ्यास करना, इनके जीवन का लक्ष्य ही बन गया था।

१८ वर्ष की अवस्था में ही भैरवसहाय ने अपनी वादन-शैली में वह बात पैदा कर दी, जिसे उनके पूर्वाधिकारी भी नहीं कर सके थे। निरंतर अभ्यास का विशेष चमत्कार २१ वर्ष की आयु में आपको ऐसा प्राप्त हुआ कि अपने तबला-वादन से आप श्रोताओं के साथ-साथ बड़े-बड़े गुणी वृद्ध तबला-वादकों को भी आश्चर्य में डाल देते थे।

नेपाल के राणा जंगबहादुरसिंह ने जब अपने यहाँ एक विशाल संगीत-समारोह का आयोजन किया था तो आप भी आमंत्रित हुए थे।

वहाँ भारतप्रसिद्ध सरोदिए नियामतुल्ला खाँ के साथ जब एक दिन संगति करने का अवसर आपको प्राप्त हुआ, तो गत शुरू होते ही दोनों धुरंधर कला-मर्मज्ञ एक-से-एक नवीन छंद, लय तथा तोड़ों का काम दिखाने लगे। इनकी लड़ंत देखकर बड़े-बड़े गुणीजन चकित हो गए थे। नियामतुल्ला खाँ ने तो यहाँ तक कह दिया—"यह भैरवसहाय तबलिया नहीं, फरिश्ते हैं। इनकी अँगुलियों को खुदा ने आँखें दे दी हैं, इसी लिए तो साथी गवैए के सब गत-तोड़े इन्हें तत्काल साथ दिखाई देते रहते हैं।" महाराज ने प्रसन्न होकर आपको एक राइफल और एक तलवार भी भेंट की थी। वास्तव में भैरवसहाय जी बनारस-बाज के 'प्रतिनिधि कलाकार' हो गए। इनकी विलक्षण सूझ-बूझ की सभी कलाकार प्रशंसा किया करते थे।

□

मसीत खाँ

फ़रुंखाबाद घराने के प्रवर्तक हाजी विलायत खाँ के वंशज मसीत खाँ का जन्म सन् १८८० ई० के लगभग हुआ। आपके पिता नन्हे खाँ नवाब वाजिदअली शाह के दरबारी तबलिए थे। आपकी तबले की प्रारंभिक तालीम आपके पिता से ही शुरू हुई। आप फरुंखाबाद-बाज के विशेषज्ञ माने जाते हैं, जोकि पूरब-बाज का ही एक अंग है। यद्यपि उस्ताद मसीत खाँ को रामपुर-दरबार का राज्याश्रय प्राप्त था, फिर भी आप अधिकतर कलकत्ते में ही निवास करते थे।

आपके शिष्यों में—अज़ीम खाँ और आपके सुपुत्र प्रो० करामत हुसैन का नाम उल्लेखनीय है।

□

मुनीर खाँ

भारत के मशहूर तबलानवाज उस्ताद अहमदजान थिरकवा के उस्ताद मुनीर खाँ का जन्म सन् १८६३ में मेरठ जिले के ललियाना गाँव में हुआ था। इनके पिता उस्ताद काले खाँ साहब अधिकांश बंबई नगर में रहा करते थे। मुनीर खाँ साहब ने ८ वर्ष तक लखनऊ के उस्ताद बलीबख्श से तबले की शिक्षा पाई थी। इनके अतिरिक्त आपने अन्य अनेक उच्च कोटि के तबला-वादकों के सान्निध्य में

रहकर तबला-वादन की अनेक नई-नई विशेषताएँ अपने वादन में सम्मिलित कर लीं।

देश के गिने-चुने तबला-वादकों में आपका प्रमुख स्थान था। आपका अधिकांश जीवन हैदराबाद तथा बंबई में व्यतीत हुआ; तत्पश्चात् आपको रायगढ़ के महाराज का आश्रय प्राप्त हुआ। ११ सितम्बर, १९३७ ई० को आपका शरीरांत हो गया। आपके शिष्यों में—उस्ताद अहमदजान थिरकवा, निखिल घोष, शम्सुद्दीन खाँ, गुलाम हुसैन खाँ तथा उनके भान्जे अमीर हुसैन खाँ और ख्याति प्राप्त तबला-वादक पुत्र हिदायत खाँ के नाम उल्लेखनीय हैं।

□

मौलवीराम मिसिर

मौलवीराम मिसिर बनारस के एक प्रख्यात तबला-वादक हुए हैं। आपका जन्म सन् १८७० ई० के लगभग हुआ था। मौलवीराम का संवर्द्धन ऐसे परिवार द्वारा हुआ, जिसमें हर समय सारंगी और तबला के स्वर गुंजायमान रहते थे। इनके पिता श्री बिहारीलाल मिश्र उच्च कोटि के तबला-वादक होने के साथ-साथ सारंगी में भी दक्ष थे। पिता जी के नेतृत्व में ही मौलवीराम जी को तबले की शिक्षा प्राप्त हुई।

युवावस्था में मौलवीराम की गणना श्रेष्ठ तबलियों में होने लगी। एक बार ग्वालियर के महाराज श्री माधोसिंह सिंधिया इनके तबला-वादन पर मुग्ध हो गए और उन्होंने मौलवीराम को पुरस्कृत किया। कलकत्ता के भवानीपुर-संगीत-सम्मेलन, मारवाड़ी-एसोसिएशन आदि संस्थाओं द्वारा आपको स्वर्णपदक प्राप्त हुए। इस समय आपकी ख्याति दिनोंदिन बढ़ रही थी। कुछ दिनों तक

राजा जगतकिशोर आचार्य के सान्निध्य में भी आप रहे। अंत में आप मुक्तागाछी (मेमनसिंह के महाराज के यहाँ) में दरबारी कलाकार नियुक्त हुए।

मौलवीराम की वृद्धावस्था इनके छोटे भाई प्रसिद्ध सारंगी-वादक मुंशीराम जी के पास काशी में व्यतीत हुई। आपके प्रमुख शिष्यों में—अमृतलाल मिसिर, विपिनचंद्र रॉय, रामकृष्ण कर्मकार तथा हरेन्द्रकिशोर रॉय चौधरी के नाम उल्लेखनीय हैं। लगभग ७० वर्ष की आयु भोगकर आप काशी में ही स्वर्गवासी हो गए।

□

मौलाबख्श

खाँ साहब मौलाबख्श का जन्म सन् १८७८ ई० में हुआ, ऐसा गुणीजनों का मत है। इनके पिता खाँ साहब रहीमबख्श खाँ तथा बाबा करम खाँ सिद्ध सारंगी-वादक थे, अतः मौलाबख्श का संगीत-संस्कारों से सम्पन्न होना स्वाभाविक था। आठ वर्ष की अवस्था से ही इन्हें तबले का कलाकार होने की जिज्ञासा उत्पन्न हो गई। मुरादाबादवाले मुहम्मद हुसैन खाँ द्वारा आपको तबले की तालीम मिलने लगी।

अनवरत अभ्यास और कठोर संयम रखकर आप अल्प काल में ही प्रभावशाली तबला-वादक हो गए। नवाब रामपुर ने इनकी कला पर मुग्ध होकर इन्हें अपने दरबार में रख लिया। कुछ दिनों तक आप अच्छन बाई, गौहर जान और मलिका जान के यहाँ भी तबला-वादक रहे। चूँकि उस्ताद मौलाबख्श का जन्म तथा पालन-पोषण ऐसे परिवार में हुआ, जिसमें संगीत-कला परंपरा से विद्यमान थी, अतः इनके पास तबले के बोलों का एक विशाल भण्डार हो गया था। इसी कारण देश के तत्कालीन बड़े-बड़े संगीतज्ञ आपका सम्मान करते थे। आपके प्रमुख शिष्यों में—कलकत्ता के कालीबाबू एवं गोपाल जी के नाम उल्लेखनीय हैं।

□

रामसहाय

बनारस-बाज के प्रवर्तक स्वर्गीय रामसहाय के पूर्वज मूल रूप से जिला जौनपुर के अंतर्गत गोपालपुर ग्राम के निवासी थे। बाद में इनके पिता बनारस आकर बस गए।

रामसहाय जी का जन्म बनारस में सन् १८३० ई० के लगभग हुआ। जब ये केवल दो वर्ष के शिशु थे, तब अपने चाचा का रखा हुआ तबला घंटों पीटते रहते और इसी छोटी-सी आयु में तबले का सर्वप्रथम पाठ 'धा धा तिट्टी धा धा तिन्ना' ठीक तरह से बोलने लगे थे। त्रिताल का ठेका भी इन्हें याद हो गया था। घरवाले इतनी छोटी अवस्था में तबले के प्रति इनकी ऐसी रुचि देखकर आश्चर्यचकित रह गए। जब ये ५ वर्ष के हुए, तब अपने चाचा के शिष्य बनाए गए और तबले की शिक्षा बाकायदे प्रारंभ हो गई।

९ वर्ष की अवस्था में रामसहाय इतना अच्छा तबला बजाने लगे, मानो कोई तबले का उस्ताद बजा रहा हो। ये तबले के

अभ्यास में लीन रहते थे। अपने परिश्रम और लगन के फलस्वरूप रामसहाय शीघ्र ही काशी के श्रेष्ठ तबला-वादक समझे जाने लगे। लखनऊ में एक बार तबला के खलीफा उस्ताद मोदू खाँ ने जब इनका तबला-वादन सुना तो वे इनकी ओर बहुत आकर्षित हुए और रामसहाय के पिता से विशेष आग्रह करके इन्हें माँग लिया। फिर शुभ मुहूर्त देखकर उस्ताद मोदू खाँ ने रामसहाय को अपना शिष्य बना लिया। लखनऊ में शोर हो गया कि एक हिंदू लड़के को उस्ताद मोदू खाँ तबले की तालीम दे रहे हैं; इस प्रकार वर्षों बीत गए। जब उस्ताद मोदू खाँ किसी कार्यवश अपनी ससुराल चले गए, तब रामसहाय अपने उस्ताद की बैठक में अकेले बैठे-बैठे रोने लगे। उस्ताद की बीवी ने उनसे रोने का कारण पूछा, तो कहने लगे—"अब मुझे तबला कौन सिखाएगा ?" यह सुनकर वे हँसने लगीं। रामसहाय को धैर्य देते हुए उन्होंने कहा—"तुम चिंता न करो, मेरे वालिद ने मुझे पाँचसौ गतें बताई थीं सो मैं तुम्हें बतला दूँगी।" तब चार महीने में ५०० पंजाबी गतें बीवी जी ने रामसहाय को सिखाईं। इस बीच उस्ताद मोदू खाँ भी पंजाब से आ गए और उनका शिक्षा-क्रम पुनः चालू हो गया। इस प्रकार लगभग १२ वर्ष तक रामसहाय जी ने मोदू खाँ से शिक्षा प्राप्त की और बीस-बीस घंटे तक दैनिक रियाज करते रहे।

लखनऊ में नवाब शुजातुद्दौला की मृत्यु के पश्चात् वहाँ की नवाबी जब वाजिदअली शाह को प्राप्त हुई, तो इस खुशी में संगीत का एक बड़ा जलसा किया गया और उसमें अनेक गायक, नर्तक तथा वादक इकट्ठे हुए। इस जल्से में रामसहाय ने अपना कला-कौशल दिखाकर श्रोताओं को आनंदविभोर कर दिया। यह जल्सा सात दिन तक चला और सातों दिन रामसहाय जी का तबला-वादन इसमें हुआ।

दूसरे दिन दरबार में कलाकारों की भीड़ लग गई। सभी को यह उत्सुकता थी कि देखें नवाब साहब क्या इनाम देते हैं ? कहा जाता है कि इन्हें मोतियों की दो मालाएँ, ४ हाथी तथा बहुत-सा रुपया पुरस्कार में मिला। दूसरे दिन रामसहाय जी उ० मोदू खाँ साहब के साथ काशी के लिए रवाना हो गए और हिफाजत के लिए नवाब साहब ने अपने तिलंग (घुड़सवार) साथ कर दिए।

रामसहाय जी ने अपने अनुज जानकीसहाय का नृत्य छुड़वाकर उन्हें तबले का शिष्य बनाया तथा अन्य भी कई शिष्य बनाए एवं तबले पर एक ग्रंथ भी तैयार किया। उस ग्रंथ का नाम उन्होंने 'बनारस-बाज' रखा, जो आज उपलब्ध नहीं है। रामसहाय जी ने अपने चचा से कहा कि अब हमारे घराने का नया बाज 'बनारस-बाज' के नाम से प्रसिद्ध होगा। इस बाज को बजानेवाला ध्रुवपद, खयाल, ठुमरी, टप्पा, नृत्य, सितार आदि सबके साथ उत्तमता से संगति करने के अतिरिक्त स्वतंत्र वादन करके भी यश का भागी बनेगा। तभी से 'बनारस-बाज' की नीवँ पड़ी।

अपने चचा और पिताजी की मृत्यु के उपरांत रामसहाय जी साधु-वेष में रहकर शिष्यों को विद्या-दान करते रहे। अपने भाई गौरीसहाय जी के पुत्र भैरवसहाय को उन्होंने ६ वर्ष तक स्वयं शिक्षा दी। लगभग ४६ वर्ष की आयु में रामसहाय जी का स्वर्गवास हो गया। आपके शिष्यों में—जानकीसहाय, प्रताप और भगतशरण, रघुनंदन, यदुनंदन और बैजू के नाम विशेष उल्लेखनीय हैं।

श्री रामसहाय जी को गुणी लोगों से जो अलभ्य चीजें प्राप्त हुई थीं, उनमें सिद्ध परन, गज परन, चक्रदार परन, पावस परन, कृष्ण परन, रासलीला परन, दुर्गा परन, हनुमान परन, काली परन, शंकर परन, गणेश परन आदि के नाम उल्लेखनोय हैं। समा परन द्वारा नारियल अपने-आप सम पर आते ही टूटकर टुकड़े-टुकड़े हो जाता था। गज परन द्वारा पागल हाथी को वश में किया जा सकता था और सुलभ का टुकड़ा तो ऐसा था, जो संसार की किसी लय से नहीं मिलता था। बीच में कुछ समय के लिए ऐसी स्थिति भी आ गई थी, जब एक तबला-वादक की अनुचित आवाजकशी के कारण आपने तबला बजाना छोड़ दिया था, किंतु लोगों के बहुत समझाने-बुझाने पर आपने केवल कुछ शिष्यों को शिक्षा देना स्वीकार किया था, जिनका उल्लेख ऊपर किया जा चुका है।

□

सामताप्रसाद (गुदई महाराज)

बनारस के तबला-सम्राट् 'प्रतप्पू महाराज' के घराने के तबला-वादकों में गुदई महाराज वर्तमान समय के प्रसिद्ध तबला-वादकों में हैं। आपका जन्म १८ जुलाई सन् १९२० ई० को काशी में हुआ था। आपकी प्रारंभिक शिक्षा घर पर ही आपके पिता पं० बाचाप्रसाद मिश्र के द्वारा प्रारंभ हुई। पं० बाचाप्रसाद मिश्र स्वयं तबले के कलाकार थे, अतः ७ वर्ष की आयु तक इनके द्वारा गुदई महाराज को व्यवस्थित ढंग से शिक्षा मिलती रही। पिताजी की मृत्यु के पश्चात् आपकी तालीम पं० बिक्कू जी मिश्र के द्वारा आगे बढ़ती रही। अत्यन्त रियाज और अथक परिश्रम द्वारा आपने इसमें अच्छी सफलता प्राप्त कर ली। सन् १९८० ई० में आपको भारत सरकार ने 'पद्मश्री' से विभूषित किया था।

आपके दो पुत्र हुए, कुमार और कैलाश। देश-विदेश में तो गुदई महाराज ने अपने वादन द्वारा तबला को सम्मान दिलाया ही, साथ ही फिलम-क्षेत्र में भी आपने अच्छी ख्याति अर्जित की है। आपके उल्लेखनीय शिष्यों में—पं० सत्यनारायण वशिष्ठ (शैक्षणिक क्षेत्र) तथा पुत्र कुमारलाल (क्रियात्मक क्षेत्र) का नाम प्रमुख है। □

हबीबुद्दीन खाँ

काले खाँ, फस्सू खाँ और शम्मू खाँ वंशक्रम में तबला-वादक हबीबुद्दीन खाँ अपना एक विशेष स्थान रखते थे। आपका जन्म सन् १८९९ ई० में मेरठ में हुआ था। आपके पिता उस्ताद शम्मू खाँ साहब भी प्रसिद्ध तबलिए थे। उन्हीं से आपने लगभग १२ वर्ष की अल्पायु से तबले की तालीम लेनी प्रारंभ की। बाद में आपने दिल्ली घराने के खलीफा उस्ताद नत्थू खाँ से भी सीखा।

अजराड़ा-घराने की तालीम अपने पिता और दिल्ली-घराने की शिक्षा उस्ताद नत्थू खाँ से प्राप्त करके आप इन दोनों घरानों के तबला-वादन में अत्यन्त निपुण हो गए थे। इनके अतिरिक्त अन्य घरानों का बाज भी आप बजाते थे। भारत के विभिन्न संगीत-सम्मेलनों में आप आदर के साथ आमंत्रित किए जाते थे। लखनऊ संगीत-सम्मेलन में आपको संगीत-सम्राट् की उपाधि प्राप्त हुई थी और सन् १९७०-७१ में 'संगीत-नाटक-अकादमी' का पुरस्कार भी मिला था।

जीवन के अन्तिम दिनों में हबीबुद्दीन खाँ लकवे के रोग से पीड़ित रहे। २० जुलाई, १९७२ को मेरठ में ही आपका निधन हो गया :

□

ताल-सम्बन्धी कुछ प्रश्न

निम्नलिखित को समझाइए :—

१. गत, लड़ी, परन, लग्गी, तिपल्ली, चौपल्ली, रेला, काकपद, काल, वार्तिक मार्ग, पद्मिनी क्रिया, गुरु विराम अंग, अतीत ग्रह, संकीर्ण जाति, एक कला, मृदंगा यति, चतुरंग प्रस्तार, यति, अति चित्रतम मार्ग, प्रवेश क्रिया, अनागत ग्रह, षडांग प्रस्तार, क्षण-काल, तिहाई, पेशकार, मुखड़ा, कायदा, मोहरा, बाँट, बिआड़ी लय।

निम्नलिखित में से किन्हीं दो की तुलना कीजिए :—

२. गत-कायदा; रेला-कायदा; परन-टुकड़ा; फ़रमाइशी परन, ज़वाबी परन, कमाली परन, चक्रदार परन, त्रिताल-तिलवाड़ा, चौताल-एकताल, झूमरा-धमार, संकीर्ण जाति का रूपक और मिश्र जाति का त्रिपुट, पंच जाति भेद, पंच जाति-गत भेद, दीपचंदी-चार ताल, मात्रा-लय, तबला-पखावज, ताल-लय।

३. सवारी या एकताल में एक कायदा, एक टुकड़ा और एक गत लिपिबद्ध कीजिए।

४. अपने पाठ्यक्रम की दो समान मात्रावाली तालों को तीन कठिन लयकारियों में लिखिए।

५. गणेश अथवा विष्णु-ताल का ठेका आड़ी और बिआड़ी लयकारियों में, दो साधारण परन-सहित लिखिए।

६. आड़ाचारताल को उसके पेशकार तथा कायदा-पलटों-सहित, एक गत, एक रेला और एक परन-सहित लिखिए।

७. तीनताल या एकताल में कोई नृत्य का बोल दो आवृत्ति का लिखें।

८. रुद्र तथा ब्रह्म ताल का पूर्ण परिचय दीजिए तथा इनकी तिगुन लिखिए।

९. किसी ताल में ऐसी तीन तिहाइयाँ लिखिए, जिनका प्रारंभ सम अथवा खाली की मात्राओं से न होकर किसी अन्य मात्रा से होता हो।

१०. कायदा तथा उसके पल्टों की रचना किन नियमों के आधार पर की जाती है ? समझाइए।

११. ताल के दस प्राणों की क्या आवश्यकता है ? क्या आप एक बार में सभी प्राणों का उपयोग करते हैं ?

१२. क्या ताल-रचना के कुछ सिद्धांत हैं ? यदि हाँ, तो उन्हें समझाते हुए मध्य लय का ग्यारह मात्रा का एक ठेका बनाइए।

१३. तबले के 'खुले' और 'बन्द' बोलों से आप क्या समझते हैं? उनकी उपयोगिता समझाइए।

१४. क्या रेले में कठिन लय तथा दमदार बोल व्यवहार में आते हैं ? किसी एक विशेष ताल में उत्तर दीजिए।

१५. गत किसे कहते हैं ? यह किस घराने की विशेषता है ? परन, पेशकार, कायदा आदि से वह क्यों भिन्न मानी गई है ? उदाहरण देकर समझाइए।

१६. गायन, वादन तथा नृत्य इन तीनों की संगति कैसे करें ? इसपर संक्षिप्त प्रकाश डालिए।

१७. किन प्राचीन ग्रंथों में मर्दल और पखावज का वर्णन है ? लिखिए।

१८. ऐसी दो तालों को लिखिए जो समान मात्राओं की हैं, किंतु उनकी चाल में भिन्नता हो। ऐसा क्यों है ? पूर्णतया समझाइए।

१९. आप 'ताल काल क्रिया मानम्' और 'श्रुतिर्माता लय पिता' से क्या समझते हैं ? समझाइए।

२०. संगीत में समान मात्राओं की विभिन्न तालों की उपयोगिता क्या है ? कारण सहित उत्तर दीजिए।

२१. कुछ लोगों का कहना है कि तबले का प्रचार १३०० ई० से हुआ, जबकि कुछ लोग इसका प्रारंभ मोहम्मद शाह रंगीले के राज्य-काल से मानते हैं। आप किस मत से सहमत हैं और क्यों ? कारण दीजिए।

२२. दायाँ तथा बायाँ तबला, दोनों को स्वर में मिलाने के नियम पर पूर्ण प्रकाश डालिए।

२३. अपने वाद्य के गुण-दोषों को बताते हुए, संगीत के क्षेत्र में उसकी महत्ता का तर्क-सहित वर्णन कीजिए।

२४. उत्तरी भारत में कितने ताल-वाद्य हैं और उनका क्या उपयोग है ? हमारा प्रत्येक ताल-वाद्य एक विशेष प्रकार के संगीत के लिए ही क्यों उपयोगी है ? उदाहरण देते हुए कारण बताइए।

२५. लोक-संगीत में प्रयुक्त होनेवाले कम-से-कम पाँच तालों का वर्णन कीजिए।

२६. कर्नाटक-संगीत में 'सप्त सूलादि' तालों के विषय में आप क्या जानते हैं ? इन तालों को 'खंड' तथा 'संकीर्ण' जातियों में लिखिए।

२७. उत्तर और दक्षिण ताल-पद्धतियों पर एक विस्तृत नोट लिखिए।

२८. निम्न को समझाइए—अर्द्ध-सम्पदी तालें, नवसंधि तालें, चंचत्पुट और चाँचपुट तालें, चापू तालें, देशादि तालें, मार्गी ताल, आदि ताल।

२९. 'सप्त सूलादि' तालों से १७५ तालों की रचना किस प्रकार की जाती है ? उदाहरण देकर समझाइए।

३०. दिल्ली और बनारस-बाज की मौलिक विशेषताओं का परिचय दीजिए और प्रत्येक बाज की कम-से-कम दो-दो ऐसी रचनाएँ लिखिए, जिनके आधार पर दोनों बाजों का अंतर स्पष्ट हो जाए।

३१. अपने वाद्य की विभिन्न वादन-शैलियों (घरानों) की विशेषताओं का वर्णन कीजिए।

३२. अपने प्रिय तबला-वादक के वादन की विशेषताओं का वर्णन कीजिए।

३३. किसी घराने का जन्म किस प्रकार होता है ? एक घराने की वादन-शैली दूसरे घराने की वादन-शैली से क्यों भिन्न होती है ? उदाहरण-सहित लिखिए।

३४. अपने वाद्य के सोलो (स्वतंत्र) वादन प्रस्तुत करने के ढंग को विस्तारपूर्वक लिखिए।

३५. सितार-वादन के साथ संगति कैसे करेंगे ? बोलों के उदाहरण देते हुए समझाइए।

निम्न पर संक्षिप्त टिप्पणियाँ लिखिए :—

३६. डमरू, ढोलक, खोल, मादल, नगाड़ा, पखावज, ताशा, आंकिक, उर्ध्वक, आलिंग्य।

३७. तेरहवीं शताब्दी तक प्रचार में आए हुए ताल-वाद्यों में से किन्ही दस के नाम देकर, प्रत्येक की बनावट का संक्षिप्त परिचय दीजिए।

३८. पखावज प्रचार में क्यों पिछड़ रही है ? कारण बताइए।

३९. 'सप्तसूलादि' तालों से ७५ तालों की रचना किस प्रकार हो जाती है ? उदाहरण देकर समझाइए।

४०. कर्नाटक ताल-पद्धति की मुख्य विशेषताओं को समझाते हुए इस पद्धति की मुख्य तालों को चिह्नों सहित लिखिए।

४१. कर्नाटक तालों को लिखने की विधि को स्पष्ट कीजिए। अपने पाठ्यक्रम की किन्हीं दो तालों को कर्नाटक-पद्धति में लिखिए।

निम्न को समझाइए :—

४२. ताल में चार निःशब्द क्रियाओं का उपयोग, ताल के षडांग, 'कला' में ताल का उपयोग, भाण्ड वाद्य, झल्लरी, रुंजा, पुष्कर, भूमिदुन्दुभि।

निम्न बोलों को अपने वाद्य पर बजाने का ढंग बताइए :—

४३. तगतिट, गदिगिन, धुमकिट, दिगदिग थेई, धित् तगिन्न, गिधिन्नधा, कऽत्तधिकिट, त्राम थेई, तक्का थुंगा, तत् थेई, त्रक दिन्, पूरब बाज में 'ति', तरान, क्रुधातिट, कड़ान धा, धिरकिट, थुं – थुं, तक्ड़ान्।

४४. लयकारी से आप क्या समझते हैं ? तीनताल के बोलों को १२ मात्राओं तथा एकताल के बोलों को १६ मात्राओं में बिठाकर लिखिए।

४५. अपने वाद्य का विस्तृत विवरण, उसके मिलाने की रीति-सहित दीजिए और अपने वाद्य को बजाए जानेवाले हाथों की कार्य-प्रणाली को भी लिखिए। □

अकारादिक्रम सूची (ताल प्रकाश)

शुद्धि पत्र

पेज नं० ३२८ व पेज नं० ३२९ के बीच में चित्र नं० १ तथा चित्र नं० ६ भूल से नहीं लग पाए हैं।

पेज नं० ३९ पर टुकड़ा और मुखड़ा के बीच में तोड़ा की व्याख्या रह गई है। जो इस प्रकार है—

तोड़ा—बोलों का एक ऐसा संग्रह है, जिसमें भिन्न-भिन्न लय और तिहाई आदि होती हैं। तोड़े के अन्तर्गत द्रुतलय में कुछ नाटकीय तत्त्व का समावेश भी किया जाता है।

पेज नं० १८१ पर 'अजय' और 'नारायणी' तालों में धा ऽ तिद्धा
×
में सम स्थान 'धा' के नीचे दिखाया गया है जो 'धाऽतिद्धा' में ति के
×
बाद 'द्धा' पर होना चाहिए।

पेज नं० १८५ पर ऊपर से तीसरी लाइन में 'तद्धातिरकिट' है जो तकता तिरकिट होना चाहिए।

पेज नं० १८५ पर ऊपर से ८वीं लाइन में पहला धातिट हटा दें।

पेज नं० १८५ पर दमदार तिहाइयों में नं० (१) में तिरकिट क्ड़ान धाऽऽ है। जो 'तिरकिट क्ड़ान धाऽऽ तिरकिट क्ड़ान धाऽऽ तिरकिट क्ड़ान धा' होना चाहिए। यहाँ एक बार 'तिरकिट क्ड़ान धा' और होना चाहिए।

पेज नं० १८५ पर ही ऊपर से आठवीं लाइन में पाँचवीं और आठवीं मात्राएँ 'धाऽऽक्क' हैं जो दोनों जगह 'धाऽ ऽक्क' होनी चाहिए। अर्थात् धाऽ और ऽक्क को अलग-अलग करें।

पेज नं० १८६ पर नीचे से पाँचवों लाइन में—'धाधा तिरकिट' अलग-अलग है। जो सटे हुए अर्थात् 'धाधातिरकिट' होना चाहिए।

पेज नं० २३० पर नं० ३ में 'तूनाकिड़नग' मिला हुआ है जो अलग-अलग 'तूना किड़नग' होना चाहिए।

पेज नं० २३२ पर नं० ४ में १ मात्रा कम है। अतः अन्तिम ३ में जो 'धाती तीना ऽगधा' है उसमें 'धाती धाती तीना ऽगधा' कर दें। अर्थात् एक धाती और बढ़ा दें।

पेज नं० २३४ की अन्तिम लाइन में धा)३]×३ है। यहाँ बड़े ब्रैकिट से पहले दो मात्राओं का दम और बढ़ा दें। अर्थात् इसे 'धा)×दो मात्राओं का दम]×३' कर दें।

पेज नं० २४३ पर इनके लिए तिहाइयाँ बनाने वाले शीर्षक में ऊपर से चौथी लाइन में 'रचना ठीक उसी प्रकार की जाती है' पढ़ें।

पेज २५३ पर ऊपर से दूसरी लाइन में 'जब किसी नौ मात्राओं' की जगह 'जब किसी दस मात्राओं' पढ़ें।

पेज नं० २५३ पर नीचे से आठवीं लाइन में 'फरमाइशी चक्रदार का सूत्र' है इसकी जगह पर 'उन्नीस मात्राओं के लिए फ़रमाइशी चक्रदार का सूत्र' होना चाहिए।

पेज नं० २५३ पर '३ धा की कमाली चक्रदार' के शीर्षक में इससे पहले 'उन्नीस मात्रा के लिए' और होना चाहिए।

पेज नं० २५४ पर सबसे पहली लाइन इस प्रकार होगी 'बार बजाकर एक मात्रा का दम दें तो' यही हमारी…………

पेज नं० २६३ पर ऊपर से ७वीं लाइन में 'सीधी ओर पुड़ी' है। इसे इस प्रकार पढ़ें 'सीधी ओर की पुड़ी'। अर्थात् बीच में की बढ़ा दें।

पेज २८४ पर परन नं० ४ में तीसरी लाइन में निम्न प्रकार चन्द्र चिह्न वालों को सटा कर पढ़ें—गिन१, २,३ ४,तिट कतागदि गिन१ २,३ ४तिट कतागदि गिन,१ २,३ ४

×

पेज २८४ पर नं० ५, ६, ७ को इस प्रकार देखें—

नं० ५—धाऽदिन धाऽकिट तकिटत काऽकिट धिधिकिट धुमकिट तकिटत काऽकिट धेऽत्ताऽ धेऽत्ताऽ धेऽत्ताऽ तिटकत गदिगिन १,२ ३,४ ५ तिट कतागदि गिन१ २,३ ४,५ तिटकता गदिगिन १,२ ३,४ ५

×

नं० ६—ऊपर से तीसरी लाइन को '२,३ ४,५ ६,तिट कतागदि गिन१, २,३ ४,५ ६तिट कतागदि………

नं० ७—में नीचे से दूसरी लाइन में—५,६

पेज २९३ पर दूसरी व तीसरी लाइन में—

गन,१ २,३ ४,किट चौथी लाइन में तकधिन गन,१ २,३ ४,किट
तकधदि गन,१ २,३ ४
×

पेज २९४ पर नीचे से सातवीं लाइन में 'निम्म' है इसे 'निम्न' पढ़ें।

पेज २९५ पर चक्रदार बनाना में १, २, ३ के बाद ब्रैकिट लगा दें। अर्थात् १(२(३(करके पढ़ें।

पेज ३१० पर चन्द्रकोष में पहली नि शुद्ध करके पढ़ें यह कोमल हो गई है।

पेज ३१० पर काफी में ग की जगह ग॒ तथा रे॒ की जगह रे पढ़ें।

पेज ३१३ पर सोहनी के पहले स के स्थान पर सं पढ़ें।

पेज ३१४ पर बागेश्री में पाँचवीं मात्रा में ग॒ पढ़ें।

पेज ३१५ पर मालकोष में बारहवाँ स्वर ग॒ पढ़ें।

पेज ३१५ पर बागेश्री में १७वाँ स्वर 'ग' के स्थान पर 'म' पढ़ें।

पेज ३१७ पर नीचे से ११वीं लाइन में 'तकतकथों' के स्थान पर 'तकतथों' पढ़ें।

पेज ३२० पर ऊपर से छठी लाइन में १७८ की जगह १०८ पढ़ें।

गायन, वादन और नृत्य सम्बन्धी संगीत कार्यालय के प्रकाशन

कंठ संगीत (Vocal music)

बाल संगीत शिक्षा, भाग 1 (कक्षा 6 के लिए)

[लेखक : डॉ० बी० एन० भट्ट]

प्रारम्भिक विद्यार्थियों के लिए सरल भाषा में ताल, लय, कोरस तथा भाव-गीत इत्यादि की शिक्षा, अभ्यास प्रश्नों-सहित। मू० 20/-

बाल संगीत शिक्षा, भाग 2 (कक्षा 7 के लिए)

स्वर-साधन, राग, तान, ठाठ, मेल, लोकगीत, सुगम संगीत, कोरस गीत, आरकेस्ट्रा की सरल शिक्षा, अभ्यास प्रश्नों-सहित। मू० 25/-

बाल संगीत शिक्षा, भाग 3 (कक्षा 8 के लिए)

स्वरलिपि-पद्धति, सरगम, लक्षणगीत, तान-आलाप, सरल राग और ताल तथा संगीत का शास्त्रीय (Theory) ज्ञान। मू० 30/-

संगीत किशोर (कक्षा 9-10 के लिए) [लेखक : जगदीशसहाय कुलश्रेष्ठ]

प्रचलित ताल तथा प्रारम्भिक 15 रागों के सरगम एवं स्वर-लिपि-सहित शास्त्रीय विवरण। मू० 30/-

हि० सं० प० क्रमिक पुस्तक मालिका, भाग–1

[लेखक : विष्णु नारायण भातखंडे]

शुद्ध तथा विकृत स्वर-साधन, 10 ठाठ और उनके आश्रय राग, सरगमें एवं बंदिशें, स्वरलिपि चिह्न-परिचय, प्रारम्भिक तालों की जानकारी, शिक्षकों के लिए सूचना तथा संगीत-संबंधी पारिभाषिक शब्दों का विवरण। मू० 25/– (English Edition Rs. 50/–)

इस पुस्तक का मिनी संस्करण भी हिन्दी भाषा में छपकर तैयार हो गया है। मू० 5/-

हि० सं० प० क्रमिक पुस्तक मालिका, भाग–2

आलाप तथा शास्त्रीय परिचय, मुख्य तालें, बारह रागों में 319 बंदिशों की स्वरलिपियाँ। मू० 150/–

हि० सं० प० क्रमिक पुस्तक मालिका, भाग–3

ताल एवं रागों शास्त्रीय परिचय, 15 प्रमुख रागों के विवरण, आलाप-सहित 562 बंदिशों की स्वरलिपियाँ एवं परिशिष्ट। मू० 225/–

हि० सं० प० क्रमिक पुस्तक मालिका, भाग–4

20 प्रमुख रागों और विशिष्ट तालों के विवरण-सहित 135 बंदिशों की आलापयुक्त स्वरलिपियाँ एवं परिशिष्ट। मू० 250/–

हि० सं० प० क्रमिक पुस्तक मालिका, भाग–5

68 रागों और 18 तालों का शास्त्रीय विवरण तथा 251 बंदिशों की स्वरलिपियाँ एवं परिशिष्ट। मू० 150/–

हि० सं० प० क्रमिक पुस्तक मालिका, भाग–6

18 कठिन तालों का स्पष्टीकरण, 68 रागों का शास्त्रीय विवरण तथा 237 बंदिशों की स्वरलिपियाँ एवं शास्त्र-परिचय। मू० 200/–

स्वरमालिका [लेखक : विष्णु नारायण भातखंडे]

प्राचीन उस्तादों की 62 रागों में 123 स्वरबद्ध सरगमें। राग-स्वरूप और उनके चलन की महत्त्वपूर्ण जानकारी। मू० 50/–

क्रमिक तान आलाप, भाग–3 [लेखक : डॉ० बी० एन० भट्ट]

स्व० भातखंडे-लिखित क्रमिक पुस्तक मालिका भाग-3 में दिए गए 15 रागों के आलाप-तान और राग-विवेचन। मू० 125/–

क्रमिक तान आलाप, भाग–4 [लेखक : डॉ० बी० एन० भट्ट]

क्रमिक पुस्तक मालिका भाग–4 में दिए गए 20 रागों के आलाप-तान, ध्रुवपद-धमार की आड़-कुआड़ और राग-विवेचन। मू० 125/–

अप्रकाशित राग, भाग–1 [लेखक : जयदेव पत्की]

22 अप्रचलित रागों का शास्त्रीय परिचय, स्वर-विस्तार, लक्षण-गीत तथा खयाल इत्यादि 73 बंदिशें स्वरलिपियों-सहित। मू० 35/–

मधुर चीजें [लेखक : जी० एस० पाटणकर]

37 मधुर रागों में विविध तालों के साथ स्वरलिपियों-सहित तीन-तीन नई बंदिशें। मू० 40/–

फिल्मी शास्त्रीय गीत अंक [प्र० संपादक : लक्ष्मीनारायण गर्ग]

फिल्मों के प्रसिद्ध 52 शास्त्रीय गीतों की स्वरलिपियाँ, उनमें प्रयुक्त रागों के संक्षिप्त विवरण तथा लेख। मू० 125/–

फिल्मी ग़ज़ल अंक, भाग–1 [प्र० संपादक : डॉ० लक्ष्मीनारायण गर्ग]

प्रसिद्ध फिल्मों की 35 ग़ज़लें स्वरलिपि सहित। मू० 85/–

स्वर प्रवाह [लेखक : महेन्द्रकुमार मोहता]

इस विशाल ग्रंथ में 63 रागों में भक्त कवियों की 240 रचनाएं अष्टपदी, चौपाई, भजन, पद, कबित्त के रूप में स्वरांकन-सहित दी गई हैं। मू० 375/–

सूर संगीत

महान् भक्त गायक सूरदास जी के 90 पद मनोहर बंदिशों में स्वरलिपि तथा भावार्थ-सहित। **[प्रेस में]**

वंदना संगीत [स्वरलिपिकार : डॉ० जगदीशसहाय कुलश्रेष्ठ]

देवी-देवताओं की 50 प्रार्थनाएँ, स्तुतियाँ एवं आरती नई धुनों में स्वरलिपि-सहित। मू० 40/–

ठुमरी-गायकी [लेखक : तुलसीराम देवांगन]

विभिन्न रागों में निबद्ध 45 ठुमरी-गीत तथा दादरा, कजरी, चैती इत्यादि की स्वरलिपियाँ। मू० 50/–

मारवा ठाठ अंक [प्र० संपादक : लक्ष्मीनारायण गर्ग]

मारवा ठाठ के 19 रागों का शास्त्रीय परिचय, ध्रुवपद, खयाल तराने, वाद्यवृन्द, सितारगतें तथा रूपक ताल का पूरा बाज एवं मारवा ठाठ के सम्बन्धित महत्त्वपूर्ण लेख। मू० 85/–

पूर्वी ठाठ अंक [प्र० संपादक : लक्ष्मीनारायण गर्ग]

पूर्वी ठाठ के 23 रागों का शास्त्रीय परिचय, बंदिशें, सितारगतें तथा एकताल का बाज व पूर्वी ठाठ से सम्बन्धित लेख। मू० 85/–

अप्रचलित राग-ताल अंक [प्र० संपादक : लक्ष्मीनारायण गर्ग]

प्राचीन और आधुनिक गुप्त रागों से सम्बन्धित महत्त्वपूर्ण लेख, प्राचीन तालों का प्रचलित तालों से स्वरूप-साम्य, अप्रचलित रागों की बंदिशें, सितार गतें और अप्रचलित तालों के ठेके व लहरे। मू० 85/–

आलाप-तान अंक [प्र० संपादक : लक्ष्मीनारायण गर्ग]

आलाप तथा तान से सम्बन्धित अनेक महत्त्वपूर्ण लेख, लयबद्ध तानों के निर्माण की विधि, कर्नाटक-संगीत में रागआलापना और तानम् तथा 100 से अधिक रागों में आलाप और तानें। मू० 65/–

प्रार्थना संगीत [लेखक : डॉ० महेशनारायण सक्सेना]

विभिन्न धर्मों की स्वरबद्ध महत्त्वपूर्ण मूल प्रार्थनाएँ, भजन और उनके भावार्थ। मू० 65/–

संगीत विनय पत्रिका [स्वरकार : डॉ० रुद्रमणि देवांगन]

गोस्वामी तुलसीदास रचित विनय पत्रिका के 71 महत्त्वपूर्ण गेयपदों को मधुर राग-बंदिशों में स्वरलिपि सहित दिया गया है। साहित्य और सांगीतिक दृष्टि से भजन गायकों एवं सुगम संगीत प्रेमियों के लिए यह पुस्तक महत्त्वपूर्ण है। मू० 85/–

भक्ति संगीत अंक [प्र० संपादक : लक्ष्मीनारायण गर्ग]

भारत के महान् संत और भक्त कवियों के 101 महत्त्वपूर्ण पदों की स्वर-रचनाएँ और फिल्मी भजनों की स्वरलिपियाँ तथा भक्ति संगीत से सम्बन्धित लेख। मू० 85/–

मीरा संगीत अंक [प्र० संपादक : लक्ष्मीनारायण गर्ग]

भारतीय संगीत की आध्यात्मिक पृष्ठभूमि तथा मीराबाई के साहित्य पर सांगीतिक विवेचनयुक्त लेख एवं मीराबाई के लोकप्रिय 138 पद 66 रागों में मनोहर स्वरलिपि-बंदिशों सहित। मू० 85/–

ग़ज़ल अंक [प्र० संपादक : लक्ष्मीनारायण गर्ग]

मशहूर शायरों की चुनी हुई दिलकश 83 ग़ज़लें (स्वरलिपि-सहित) तथा ग़ज़ल-गायन के साथ प्रयुक्त होनेवाली तालों के ठेके, प्रकार, उठान, लग्गियाँ, मुखड़े, तिहाइयाँ। साथ ही ग़ज़ल की बहरें तथा ग़ज़ल गायन-संबंधी कई महत्त्वपूर्ण लेख। मू० 85/–

राष्ट्रीय संगीत [लेखक : लक्ष्मीनारायण गर्ग]

इसमें भारत के अनेक राष्ट्रीय गीत, जयगान स्वरलिपियों सहित दिये गये हैं। गीतों को हिन्दी गीतों के साथ अंग्रेजी की **रोमन लिपि** में भी लिख दिया गया है। राष्ट्रीय ध्वज और वन्दे-मातरम् गीत का इतिहास; राष्ट्रीय सांस्कृतिक और आध्यात्मिक प्रतीक, असमी संस्कृति, तेलगु, मलयालम्, कन्नड़, तमिल, सिन्धी, मराठी, गुजराती, बंगाली, काश्मीरी और पंजाबी भाषा के राष्ट्रीय गीतों की स्वरलिपियाँ; सार्क देशों के राष्ट्रीय गीत स्टाफ नोटेशन में; शास्त्रीय संगीत के प्रमुख वाद्ययन्त्र और संगीतकारों का परिचय तथा शास्त्रीय संगीत की संक्षिप्त जानकारी दी गई है। मूल्य 150/-

फ़िल्मी ग़ज़ल अंक, भाग-2 [प्र० संपादक : डॉ० लक्ष्मीनारायण गर्ग]

प्रसिद्ध फिल्मों की 35 ग़ज़लें स्वरलिपि सहित। (प्रेस में)

फ़िल्मी प्रेमगीत अंक [प्र० संपादक : लक्ष्मीनारायण गर्ग]

फिल्मों के 40 लोकप्रिय प्रेम-गीत संगीतलिपि-सहित। मू० 85/-

फ़िल्मी उल्लास गीत अंक [प्र० संपादक : लक्ष्मीनारायण गर्ग]

फिल्मों के 35 उल्लासपूर्ण गीत संगीतलिपि-सहित। मू० 85/-

फ़िल्मी युगल-गान अंक [प्र० संपादक : लक्ष्मीनारायण गर्ग]

प्रसिद्ध फिल्मों के 35 लोकप्रिय युगल-गीत (पुरुष तथा नारी स्वर में गाए हुए) उनकी हू-ब-हू धुनों में संगीतलिपि-सहित। मू० 85/-

फ़िल्मी भजन अंक [प्र० संपादक : लक्ष्मीनारायण गर्ग]

फिल्मों के श्रेष्ठतम पैंतीस भजन संगीतलिपि सहित। मू० 85/-

फ़िल्मी सांस्कृतिक गीत अंक [प्र० संपादक : लक्ष्मीनारायण गर्ग]

फिल्मों में गाए हुए पैंतीस सांस्कृतिक गीत (त्योहारों तथा विशेष अवसरों पर गाए जाने वाले) संगीतलिपि-सहित। मू० 85/-

फ़िल्मी विविध गीत अंक, भाग—1—3

[प्र० संपादक : लक्ष्मीनारायण गर्ग]

फिल्मों के चुने हुए 35 हिट गीत संगीतलिपि-सहित। मू० 85/-

फ़िल्मी विरह-गीत अंक [प्र० संपादक : लक्ष्मीनारायण गर्ग]

फिल्मों के 35 चुनिंदा हृदय-विदारक विरह-गीत स्वरलिपि-सहित। मू० 85/-

शास्त्र व इतिहास

(Theory & History)

हाईस्कूल संगीत-शास्त्र [लेखक : भगवतशरण शर्मा]

हाईस्कूल के कोर्स का सम्पूर्ण संगीत शास्त्रीय अध्ययन । मू॰ 45/–

संगीत-शास्त्र [लेखक : जगदीशसहाय कुलश्रेष्ठ]

हाईस्कूल, इण्टरमीडिएट, विदुषी, विद्याविनोदिनी और प्रवेशिका परीक्षाओं के पाठ्यक्रमानुसार संगीत की थ्योरी । मू॰ 50/–

संगीत-विशारद [लेखक : वसंत]

प्रथम वर्ष से अष्टम वर्ष एवं एम. ए. तक के कोर्स के अनुसार भारतीय संगीत का ऐतिहासिक विवेचन, 144 रागों का विवरण, संगीत के समस्त पारिभाषिक शब्दों की व्याख्या, 36 तालों के ठेके वाद्यों को मिलाने और बजाने का ढंग, पाश्चात्य स्वरांकन-प्रणाली, हारमॉनी और मेलॉडी, छह राष्ट्रों का संगीत, संगीतकारों के जीवन-चरित्र, प्राचीन प्रबंध गायन अथवा शैलियाँ, राग और रस, रवीन्द्र-संगीत, नज़रुल संगीत, वृन्दगान और वाद्यवृन्द, वॉयस कल्चर, राग-रचना सिद्धान्त, भारतीय नृत्यकला, चित्रपट संगीत, पार्श्वगायन, मच प्रदर्शन और संगीत समारोह, संगीत और सौंदर्य, स्वर विज्ञान, ताल और रस, तबला-पखावज का इतिहास और आघात वर्णन, संगीत का मनोविज्ञान, लोक-संगीत के वाद्ययंत्र, ध्वन्यांकन तथा ध्वनि-शास्त्र (Acoustics) संगीत वाद्य और ध्वनितरंग, वाद्ययन्त्रों की कंपन संख्या, डोल, ध्वनि लेखन तथा पुनरुत्पादन, भवन ध्वनिकी स्वरशास्त्र आदि महत्त्वपूर्ण निबंध तथा रेडियो, टीवी, सिनेमा, वीडियो, फोटोग्राफी, इलैक्ट्रीकल्स और ध्वनि के क्षेत्र में प्रचलित पारिभाषिक शब्द । मू॰ 150/–

राग-कोष [लेखक : वसंत]

अकारादि क्रम से उत्तर तथा दक्षिण-भारत के प्रचलित और अप्रचलित 1438 रागों का महत्त्वपूर्ण विवरण तथा प्रसिद्ध रागों को कंठस्थ करने के लिए 200 दोहे । मू॰ 50/–

भातखंडे संगीत-शास्त्र, भाग–3

स्वर्गीय भातखंडेजी द्वारा रचित संगीत-शास्त्र का अत्यन्त महत्त्वपूर्ण ग्रन्थ। साथ ही प्राचीन ग्रन्थ और ग्रन्थकारों का विशद विवरण, परीक्षार्थियों के लिए उपयोगी। मू० 200/–

संगीत-पद्धतियों का तुलनात्मक अध्ययन

भातखंडेजी द्वारा लिखित 'ए कंपेरेटिव—स्टडी ऑव सम ऑव दी लीडिंग म्यूज़िक सिस्टम् ऑव दी फिफ्टींथ, सिक्सटींथ एण्ड एट्टींथ सेंचुअरीज़' का हिन्दी अनुवाद। 15 से 18 वीं शताब्दी तक की प्रमुख संगीत-परंपराओं का तुलनात्मक विवेचन और प्राचीन महत्त्वपूर्ण 17 संगीत-ग्रन्थों का सार। मू० 60/–

संगीत निबन्धावली

[संपादक : लक्ष्मीनारायण गर्ग • भूमिका : श्रीकृष्णनारायण रातांजन्कर]

हाईस्कूल से लेकर बी० ए० तक की संगीत-परीक्षाओं के लिए उपयोगी संगीत-सम्बन्धी निबन्धों का संग्रह। मू० 50/–

निबन्ध संगीत [संकलक : लक्ष्मीनारायण गर्ग]

बी० ए०, एम० ए० और पी-एच० डी० के लिए उपयोगी। गायन, वादन और नर्तन सम्बन्धी संगीत-कला के सभी पक्षों पर संगीतमनीषियों के 78 खोजपूर्ण और विस्तृत लेख। मू० 200/-

संगीत-चिंतामणि [लेखक : आचार्य बृहस्पति]

संगीत-नाटक अकादमी द्वारा संगीत के सर्वश्रेष्ठ ग्रन्थ के रूप में स्वीकृत। भरत नाट्यशास्त्र' और 'संगीत-रत्नाकर' जैसे महत्त्वपूर्ण ग्रन्थों का सरल स्पष्टीकरण एवं संगीत के विविध पहलुओं पर आचार्य बृहस्पति के सुलझे हुए विचार तथा 31 शोध निबन्ध। एम० ए० तथा पी-एच० डी० स्तर तक के लिए अत्यन्त उपयोगी। मू० 200/–

संगीत : सूफ़ी इनायत ख़ाँ

[अनुवादक : ललिता नागराज □ संपादक : डॉ० लक्ष्मीनारायण गर्ग]

सूफ़ी पंथ के प्रसिद्ध गायक मौलाबख्श के नाती और रहमत खाँ पठान के बेटे सूफ़ी इनायत खाँ द्वारा लिखित यह ग्रंथ संगीत-साहित्य में लाजवाब कृति है। अध्यात्म और ध्वनिविज्ञान में रुचि रखनेवाले संगीत-शोधार्थियों के लिए इस ग्रंथ का विशेष महत्त्व है।

इसमें—**संगीत, दिव्यमंडलीय संगीत, पुरातन संगीत, हिंदू संगीत का विज्ञान और कला, वीणा, स्थूल धरातल पर ध्वनि का प्राकट्य, स्थूल शरीर पर ध्वनि का प्रभाव, आवाज़, ध्वनि और रंग का रहस्य, ध्वनि और रंग का आध्यात्मिक महत्त्व, संगीत का आत्मिक प्रभाव, संगीत की आरोग्यदायिनी शक्ति, संगीत की सहायता से आध्यात्मिक विकास**—शीर्षकों के अन्तर्गत खोजपूर्ण और सारगर्भित निबन्ध दिए गए हैं। मू० 125/-

स्वरमेल-कलानिधि

[लेखक : रामामात्य • हिंदी-टीकाकार : विश्वंभरनाथ भट्ट]

रामामात्य-कृत सन् 1550 ईसवी के महत्त्वपूर्ण ग्रंथ का हिन्दी अनुवाद। शोधार्थियों के लिए विशेष उपयोगी मू० 30/-

संगीत मकरन्द [संपादक : लक्ष्मीनारायण गर्ग]

नारद-प्रणीत संगीत-शास्त्र पर प्राचीन व महत्त्वपूर्ण ग्रंथ, संस्कृत भाषा में। अनुसंधान की दृष्टि से उपयोगी। मू० 40/-

भारतीय संगीत का इतिहास [लेखक : भगवतशरण शर्मा]

प्राचीन काल से लेकर आधुनिक काल तक के भारतीय संगीत का इतिहास तथा शास्त्रकारों की जीवनियाँ। मू० 40/-

संगीत-संस्मरण अंक [प्र० संपादक : लक्ष्मीनारायण गर्ग]

वर्तमान एवं दिवंगत महान् संगीतकारों के रोचक और ज्ञान-वर्धक संगीत-संबंधी संस्मरण एवं अनेक महत्त्वपूर्ण लेख मू० 85/-

संगीत-शिक्षा अंक [प्र० संपादक : लक्ष्मीनारायण गर्ग]

प्राचीन काल से आधुनिक काल तक की संगीत-शिक्षा के बारे में अनुभवी तथा योग्य गुरुओं के विचार और शिक्षात्मक लेख। गायन के अलावा तबला-पखावज, वीणा, सितार, सरोद, सारंगी, वॉयलिन, सन्तूर, बाँसुरी, माउथ ऑर्गन की शिक्षा तथा पाश्चात्य संगीत की जानकारी। मू० 85/–

संगीत रजत जयंती अंक [प्र० संपादक : लक्ष्मीनारायण गर्ग]

बृहद्देशी, गांधर्ववेदोधृतसार, आईने-अकबरी, मआदनुलमूसीक़ी, औमापतम् इत्यादि प्राचीन संगीत-ग्रन्थों का सार, 2000 संगीत ग्रन्थों की सूची तथा अनेक शोधपूर्ण लेख। मू० 85/-

विश्व-संगीत अंक [प्र० संपादक : लक्ष्मीनारायण गर्ग]

विश्व-संगीत का इतिहास, प्रमुख देशों के संगीत का विकास और उसकी जानकारी, संसार के महान् संगीतज्ञों की जन्म-मृत्यु-तिथियाँ, भारतीय तथा पाश्चात्य संगीत का पारस्परिक सम्बन्ध और भारत का योगदान, विश्व के लोक-संगीत में भारतीय राग इत्यादि का विवेचन, स्वरलिपियाँ और महत्त्वपूर्ण लेख। मू० 85/-

महिला-संगीत अंक [प्र० संपादक : लक्ष्मीनारायण गर्ग]

संगीत में महिलाओं के योगदान से सम्बद्ध अधिकृत विद्वानों के 26 लेख, प्रसिद्ध महिला संगीतकारों के सचित्र जीवनवृत्त एवं विभिन्न प्रांतों में गाए जानेवाले लगभग 30 महिला-लोक-गीत स्वरलिपि तथा विवरण-सहित। मू० 85/-

संगीत-परीक्षा अंक [प्र० संपादक : लक्ष्मीनारायण गर्ग]

वर्तमान सांगीतिक वातावरण तथा संगीत की परीक्षाओं से सम्बन्धित विद्वानों के महत्त्वपूर्ण लेख। परीक्षार्थियों और शिक्षकों के लिए अत्यन्त उपयोगी। मू० 85/–

संगीत-संस्था अंक [प्र० संपादक : लक्ष्मीनारायण गर्ग]

संगीत-संस्थाओं से सम्बद्ध महत्त्वपूर्ण लेख तथा भारत के प्रायः सभी प्रान्तों की संगीत-संस्थाओं का विश्वस्त विवरण और नामी संगीतज्ञों के पते । एक संग्रहणीय डाइरेक्टरी । मू० 85/-

संगीत शोध अंक [प्र० सम्पादक : डॉ० लक्ष्मीनारायण गर्ग]

शोधार्थियों के लिए विशेष उपयोगी ग्रन्थ । मू० 85/-

मुहम्मद रफ़ी अंक [प्र० संपादक : लक्ष्मीनारायण गर्ग]

प्रसिद्ध पार्श्वगायक मुहम्मद रफ़ी से संबद्ध २२ लेख तथा १६ लोकप्रिय फिल्मी गीत स्वरलिपि सहित । मू० 85/-

संगीत-कथा अंक [प्र० संपादक : लक्ष्मीनारायण गर्ग]

45 ऐतिहासिक तथा पौराणिक रोचक संगीत-कथाएँ । मू० 85/-

संगीत शोध लेख अंक [प्र० सम्पादक : डॉ० लक्ष्मीनारायण गर्ग]

गायन, वादन तथा नृत्य से सम्बन्धित अनेक सारगर्भित लेख, संगीत-शोधार्थियों तथा विद्यार्थियों के लिए अत्यधिक महत्त्वपूर्ण ग्रन्थ । मू० 85/-

आवाज़ सुरीली कैसे करें [लेखक : डॉ० लक्ष्मीनारायण गर्ग]

स्वर-साधना के विषय में कुछ आवश्यक जानकारी, कण्ठ-स्वर विज्ञान, स्वर के अभ्यास, स्वर को मधुर बनाने के लिए यौगिक, आयुर्वेदिक, ऐलोपैथिक, होम्योपैथिक बायोकैमिक, प्राकृतिक, यूनानी, मनोवैज्ञानिक, एवं तांत्रिक प्रयोग और प्रामाणिक औषधियाँ। स्वर-यंत्र, श्वास-नियंत्रण नाद-साधना, स्वराभ्यास, वाचन कला, कंठ-गुण, ध्वनि-विज्ञान, ध्वनि के प्रकार, मुखपेशियों की कार्यप्रणाली और व्यायाम पर वैज्ञानिक शोधपूर्ण विवेचन; इस पुस्तक का उपयोग कैसे करें तथा स्वर साधकों के अनेक प्रश्न और उनका समाधान । नया संस्करण, मू० 85/-

लोक संगीत अंक [प्र० संपादक : डॉ० लक्ष्मीनारायण गर्ग]

भारतीय प्रदेशों के लोक गीत स्वरलिपि सहित । मू० 125/–

पाश्चात्य संगीत-शिक्षा [लेखक : भगवतशरण शर्मा]

पाश्चात्य स्वरलिपि-पद्धति का स्पष्टीकरण और पाश्चात्य संगीत की विधिवत् शिक्षा । मेलॉडी और हारमॉनी का विवेचन, कर्नाटक तथा उत्तर-भारतीय रागों की पाश्चात्य स्वरलिपि, पाश्चात्य वाद्ययन्त्रों का सचित्र वर्णन, पाश्चात्य संगीतकारों के सचित्र जीवन चरित्र, पाश्चात्य संगीत के पारिभाषिक शब्दों की व्याख्या और उनके हिन्दी नाम तथा परीक्षोपयोगी प्रश्न । मू० 65/–

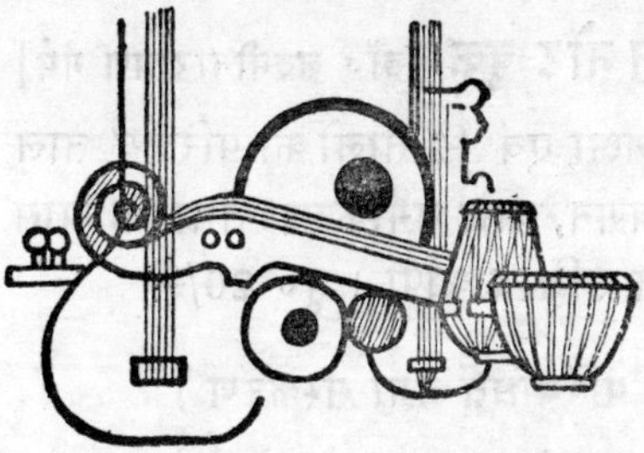

वाद्य-संगीत
(Instrumental Music)

वाद्य-वादन अंक [प्र० संपादक : लक्ष्मीनारायण गर्ग]

सितार, वॉयलिन, सारंगो, इसराज, मेंडोलिन, तानपूरा, बाँसुरी, क्लारनेट, शंख, घन्टा, माउथ-ऑर्गन, पियानो, मटकी तरंग, हारमोनियम, बुलबुलतरंग, जलतरंग, मुहचंग, तबला, मृदंग तथा संतूर इत्यादि वाद्यों को बजाने की सचित्र शिक्षा; संगीत-वाद्यों की उत्पत्ति, विकास और पाश्चात्य वाद्य-वर्गीकरण। मू० 85/-

ताल अंक [प्र० संपादक : लक्ष्मीनारायण गर्ग]

तबले से संबंधित सचित्र जानकारी और अभ्यास-विधि, विभिन्न तालों में अभ्यास के लिए बोल, तबले के विभिन्न बाज, तबला-तरंग बजाने की विधि, तबला-सम्बन्धी पारिभाषिक शब्दों की व्याख्या, उस्तादों के बोल, 100 से अधिक प्राचीन गुप्त तालों के ठेके, 'संगीत-रत्नाकार' की 121 तालों का विवरण तथा तबले के विभिन्न घराने और बाज पर महत्त्वपूर्ण सामग्री। मू० 85/-

तबला अंक [प्र० संपादक : लक्ष्मीनारायण गर्ग]

तबले की उत्पत्ति का प्रथम उद्घाटन, तबले का इतिहास और घराने, ताल के दस प्राण, तबला परिभाषा कोश, भारतीय अवनद्ध वाद्यों के नाम, मार्गी तालें, तबले के अंग, पाटाक्षरों की रचना, पिंगल शास्त्र (छन्द शास्त्र) और ताल, प्रचलित तालों के ठेके, 260 अप्रचलित तालें, लय प्रयोग के रहस्य, दक्षिण व उत्तर की ताल पद्धतियों का तुलनात्मक विवेचन, रविन्द्र संगीत में ताल या छन्द, पाश्चात्य ताललिपि पद्धति; आसाम, उड़ीसा तथा बंगाल के संगीत में ताल और लय-वाद्य; ताल-प्रस्तार और नष्ट-उद्दिष्ट प्रणाली तथा प्रसिद्ध तबला वादकों की जीवनियाँ। मू० 85/-

तबला और गायन प्रैक्टीकल नोट-बुक [डॉ० लक्ष्मीनारायण गर्ग]

प्रारम्भिक सचित्र तबला-शिक्षा एवं 12 तालों का परिचय, ताल के रस, ताल के दस प्राणों का वर्णन, वाद्य वर्गीकरण तथा अभ्यास के लिए 125 खाली पृष्ठों सहित सजिल्द कॉपी। मू० 20/-

ताल प्रकाश (संशोधित एवं परिवर्धित नया संस्करण)

[लेखक : भगवतशरण शर्मा • प्रस्तावना : पं० किशन महाराज]

कानपुर विश्वविद्यालय के एम० ए० पाठ्यक्रम में स्वीकृत। तबले का इतिहास, घराने, अंग, वादन-पद्धति, पारिभाषिक शब्द, हाथ की तैयारी, विभिन्न बाज, चक्रदार और तिहाई बनाने का तरीक़ा, 200 से अधिक तालें, साथ-संगति और जुगलबन्दी का ढंग, प्रचलित और अप्रचलित तालों के पूरे बाज एवं परीक्षा की तैयारी, सत्तर लहरे, कर्नाटकीय एवं उत्तरीय ताल-पद्धतियों की तुलना, मृदंग से संबंधित हस्त-साधन, प्रत्येक मात्रा से उठनेवाली चक्रदार तिहाइयाँ बनाना, उस्तादों की गुप्त बातें, नृत्य की संगति तथा सोलो-वादन, 21 प्रमुख तबला-वादकों की सचित्र जीवनियाँ और परीक्षाओं के प्रश्न-पत्र सहित उपयोगी सामग्री। मू० 80/-

ताल मार्तण्ड [लेखक : सत्यनारायण वशिष्ठ]

गांधर्व महाविद्यालय मंडल के 'अलंकार', प्रयाग संगीत-समिति के 'प्रवीण', गोरखपुर विश्वविद्यालय एवं सागर विश्वविद्यालय के 'बी० ए०' पाठ्यक्रम में स्वीकृत। तबले के अंग, पारिभाषिक शब्द, हस्त-साधन, संगति के नियम, घराने और घरानेदार 125 अप्रचलित तालों के ठेके और अनेक मुख्य तालों की वादन-विधि। मू० 65/-

क़ायदा और पेशकार [लेखक : सत्यनारायण वशिष्ठ]

गांधर्व महाविद्यालय मंडल के 'अलंकार', प्रयाग संगीत-समिति के 'प्रवीण', गोरखपुर और सागर विश्वविद्यालय के 'बी०ए०' पाठ्यक्रम में स्वीकृत। धृताल (आड़ा चारताल), मठ ताल (सूलफाख्ता) रूपक ताल, झंपाताल (झपताल), त्रिपुट ताल (तैताल) आदिताल (तीनताल) और एकताल में अनेकों क़ायदे तथा पेशकार। मू० 25/-

तबले पर दिल्ली-पूरब [लेखक : सत्यनारायण वशिष्ठ]

गांधर्व महाविद्यालय मंडल एवं प्रयाग संगीत समिति के 'अलंकार', 'प्रवीण' तथा गोरखपुर एवं आगरा यूनिवर्सिटी व दयालबाग डीम्ड विश्वविद्यालय के बी० ए० तक के पाठ्यक्रम में स्वीकृत। दिल्ली तथा पूरब बाज की सम्पूर्ण जानकारी। मू० 85/–

अप्रचलित क़ायदे और गतें [लेखक : सत्यनारायण वशिष्ठ]

मृदंग का इतिहास, मृदंग के ठेकों को तबले के बोलों में परिवर्तित करके बजाना, अप्रचलित तालों का प्रयोग, ठेके के चलन के अनुसार बोलों का निर्माण, अनेक अप्रचलित तालें और उनके कायदे, पेशकार तथा गतें। मू० 40/–

संगीत ताल-परिचय, भाग-1 [लेखक : डॉ० लक्ष्मीनारायण गर्ग]

(प्रथम वर्ष तथा हाईस्कूल के पाठ्यक्रमानुसार)

तबले का जन्म और उसका संक्षिप्त इतिहास, काललिपि पद्धति, तबला के अंग, वर्ण और उनके निकालने की विधि, तबले के पारिभाषिक शब्द, ताल के दस प्राण, संगीत संबंधी परिभाषाएँ तथा महत्त्वपूर्ण तालें और कोर्स के निबन्ध। अन्त में विभिन्न संस्थाओं के पाठ्यक्रम। मू० 25/–

संगीत ताल-परिचय, भाग-2 [लेखक : डॉ० लक्ष्मीनारायण गर्ग]

(उ० प्र० माध्यमिक शिक्षा परिषद्, इण्टरमीडिएट, प्रयाग संगीत समिति के तृतीय तथा चतुर्थ वर्ष एवं अन्य सभी समकक्ष परीक्षाओं के लिए)

बाद्ययन्त्र वर्गीकरण, तबला की उत्पत्ति, तबले के विभिन्न घराने और उनकी शैलियाँ, संगीत के पारिभाषिक शब्द, गीतों के प्रकार, ताल-मात्रा-लय विवरण, दक्षिण भारतीय ताल पद्धति, कर्नाटक पद्धति की सात तालों को हिन्दुस्तानी पद्धति में लिखना, ताल के दस प्राण, मृदंग (पखावज) का परिचय और उसकी तालें, भारतीय संगीत का इतिहास, प्रसिद्ध संगीतकारों का जीवन परिचय, पाठ्यक्रम के निबन्ध, भारतीय संगीत के अवनद्ध वाद्य, ताल वर्णन तथा उनके ठेके आदि। मू० 30/–

जलतरंग अंक [लेखक : शं० वि० कान्हेरे]

जलतरंग की उत्पत्ति और उसकी तकनीकी जानकारी, स्वर और ताल का प्राथमिक ज्ञान, प्रतिदिन का रियाज़ और महत्त्वपूर्ण पलटे, 60 रागों में गतें, जलतरंग वादकों की जीवनियाँ; काष्ठ-तरंग, काँचतरंग, नलिकातरंग, लौहतरंग, पत्थरतरंग, तबलातरंग, बाटलीतरंग, घुंघरूतरंग, तारतरंग, लौहतारतरंग, करबततरंग तथा घंटातरंग की सचित्र जानकारी। मू० 85/–

मृदंग अंक [प्र० संपादक : लक्ष्मीनारायण गर्ग]

मृदंग-वादन की कला पर अद्वितीय ग्रंथ। अनेक खोजपूर्ण लेख, लय प्रयोग के रहस्य, प्राचीन परिभाषाओं का स्पष्टीकरण, हस्त-साधन विधि, 96 तालें, परन, तिहाई, रेला तथा प्रस्तार-सहित बड़ी तालों के ठेके तथा प्रमुख मृदंग-वादकों की जीवनियाँ। मू० 85/–

सितार-शिक्षा [संपादक : विश्वंभरनाथ भट्ट]

सितार का इतिहास और प्रारंभिक शिक्षा, घरानों की तालीम, 35 रागों में प्रसिद्ध घरानों के तोड़ों सहित उस्तादी गतें। मू० 65/

सितार-मालिका [लेखक : भगवतशरण शर्मा]

गोरखपुर तथा अन्य विश्वविद्यालयों के पाठ्यक्रम में स्वीकृत। सितार का प्रामाणिक इतिहास, अंग, रियाज़ का तरीक़ा, पारिभाषिक शब्द, विभिन्न तालों में गतों का निर्माण करना, तानें बनाने का ढंग, गतों के 12 प्रकार, सुमेरुखंडी तानें, तिहाई बनाने की विधि, कठिन लयों का अभ्यास, सितार-वादकों के सचित्र जीवन-चरित्र, 70 रागों के आलाप, परिचय तथा गतें एवं सितार-संबंधी परीक्षाओं के प्रश्न-पत्र। मू० 125/–

बेला-विज्ञान [लेखक : बेनीप्रसाद श्रीवास्तव भाई]

वॉयलिन-वादन से संबंधित एक संपूर्ण ग्रंथ। वॉयलिन की सचित्र शिक्षा, साथ ही संगीत-संबंधी पारिभाषिक शब्दों की व्याख्या और 14 रागों में साठ गतें, आलाप, जोड़, तोड़े व झाले। मू० 70/–

बैंजो-मास्टर [लेखक : चिंतामणि जैन]

बैंजो (टैशोकोटो) बजाने की सचित्र विधि, टाइपराइटर या हारमोनियम जैसी चाबियोंवाले बैंजो पर आसानी से बजाए जा सकें, ऐसे स्वरलिपि-सहित लोकप्रिय गीत व धुनें। मू० 35/–

गिटार-मास्टर [लेखक : चिंतामणि जैन]

गिटार-वादन की सचित्र शिक्षा। स्वर-ज्ञान, कॉर्ड बजाना, क्लासीकल तथा लाइट नृत्य की धुनें, पाश्चात्य, फिल्मी और राष्ट्रीय धुनें सरल स्वरलिपियों सहित। मू० 35/-

म्यूज़िक मास्टर (हिन्दी) [लेखक : प्रभूलाल गर्ग]

बिना किसी उस्ताद की सहायता के घर बैठे हारमोनियम, तबला और बाँसुरी बजाना सिखानेवाली पहली पुस्तक जो 30 बार छप चुकी है। मनचाहे गीत निकालने का तरीक़ा, राग-रागिनियों की जानकारी, हारमोनियम की मरम्मत और चालीस से अधिक सरल गाने, फिल्मों के हिट गीत, भजन, होरी, ग़ज़ल, ध्रुवपद, मल्हार और ठुमरियाँ स्वरलिपि-सहित। 35/-

म्यूज़िक मास्टर (उर्दू) [अनुवादक : मधुसूदन शरण 'बेदिल']

हिन्दी की 'म्यूज़िक मास्टर' का उर्दू अनुवाद। बिना उस्ताद के घर बैठे हारमोनियम, तबला और बाँसुरी बजाने की इतनी सरल तालीम कि एक साधारण इंसान भी कुछ ही दिनों में क़ाबिल मूसीक़ार बन सकता है। मू० 35/-

बाँसुरी-शिक्षा [लेखक : सी० एल० श्रीवास्तव 'विजय']

बाँसुरी-वादन की सचित्र शिक्षा, प्रारंभिक संगीत-शास्त्र की जानकारी, 11 रागों को बजाने के लिए स्वरलिपि-सहित बाज। बाँसुरी के प्रकार, निर्माण और वादन की पूरी जानकारी। मू० 120/-

नृत्य भारती [लेखक : आचार्य सुधाकर]

रेखाचित्रों के माध्यम से विशुद्ध भारतीय नृत्य-कला की सरल शिक्षा। 'नाट्यशास्त्र' के आधार पर नृत्य के प्रारंभिक विद्यार्थियों के लिए प्रश्नोत्तर शैली में 14 पाठ। हाईस्कूल तथा इंटरमीडिएट के विद्यार्थी और शिक्षकों के लिए समान रूप से उपयोगी। मू० 60/-

कथक नृत्य

[लेखक : डॉ० लक्ष्मीनारायण गर्ग • भूमिका-लेखक : शम्भू महाराज]

(प्राथमिक परीक्षाओं से स्नातकोत्तर तक की परीक्षाओं का पाठ्यक्रम)

रंगमंच और कथक नृत्य का इतिहास, कथक नृत्य के प्राचीन कलाकार, कथक नृत्य की विशेषताएँ, नृत्य सम्बन्धी महत्त्वपूर्ण निबन्ध, नर्तकों के भेद, भारत के शास्त्रीय नृत्य, कथक और भरतनाट्यम् का तुलनात्मक अध्ययन, पाश्चात्य और आधुनिक नृत्य-कला, लोकनृत्य, कथक में प्रयुज्य 35 कथानक, रस और भाव, नृत्य के प्राचीन अंग, 28 गतें, हाव-भाव, फेरी, नायक-नायिका-भेद, कथक नृत्य के कवित्त और ठुमरी, वेशभूषा, रूप-सौन्दर्य, सौन्दर्य-अभ्यास, ध्वनि एवं प्रकाश व्यवस्था, घुँघरू तथा पद-संचालन, अंगहार, पाद-विक्षेप; नेत्र, भृकुटि, गर्दन, छाती, पीठ, पेट, कमर, जंघा और पैर की अँगुलियों के संचालन; शारीरिक अंग और उपांग, 24 हस्त मुद्राएँ, नृत्य निर्देशन या कॉरियोग्राफी की कला, लखनऊ व जयपुर घराने का तुलनात्मक अध्ययन, ताण्डव और लास्य की उत्पत्ति तथा नटराज-उपाधि का रहस्य, मुख-बोलों का अभ्यास, प्रसिद्ध घरानों की बन्दिशें तथा विभिन्न तालों में नृत्यांकन, स्तुतियाँ और नृत्य-लहरे, नृत्य-रहस्य, नृत्यकार के गुण, प्राचीन काल के नृत्य, रास नृत्य, नाट्य मण्डप या नाट्यशाला, कर्नाटक ताल पद्धति एवं तुलनात्मक विवेचन, राग-जाति, कथक में प्रयुक्त तालों के ठेके, संगीत पक्ष की आवश्यक जानकारी, नृत्य में गणित का स्थान और ताल के दस प्राण, कथक के 131 से अधिक कलाकारों का परिचय और नृत्य व नाट्य सम्बन्धी लगभग 400 पारिभाषिक शब्दों की व्याख्या। अन्त में विभिन्न संस्थाओं के प्रथम वर्ष से अष्टम् वर्ष तक का कथक-पाठ्यक्रम भी दिया गया है।

मू० 300/-

HINDI BOOKS ON INDIAN MUSIC

VOCAL MUSIC

Baal Sangeet Shikshaa Rs. Vol. I 20/-, II 25/-, III 30/-
Sangeet Kishore 30/-
Kramik Pustak Maalikaa Vol. I 25/-, II 150/-, III 225/- IV 250/-, V 150/-. VI 200/-
Swar Maalikaa 50/-
KramikTaanAalaapIII 125/-
KramikTaanAalaapIV 125/-
Aprakaashit Raag I 35/-
Madhur Cheezen 40/-
Maarwaa Thaat Ank 85/-
AprachalitRaagTaalAnk 85/-
Aalaap Taan Ank 85/-
Thumree Gaayakee 50/-
Vandanaa Sangeet 40/-
Swar Pravah 375/-
Praarthanaa Sangeet 65/-
Bhakti Sangeet Ank 125/-
Soor Sangeet (Press)
Meeraa Sangeet Ank 85/-
Sangeet Vinay Patrika 85/-
Ghazal Ank 85/-
Filmee Shaastreeya Geet Ank 125/-
Filmee Prem Geet Ank 85/-
Filmee UlaasGeetAnk 85/-
Filmee YugalGaanAnk 85/-
Filmee Bhajan Ank 85/-
Filmee Sanskritik Geet Ank 85/-
Filmee Vividh Geet Ank I 85/-, III 85/-
Filmi Vividh Geet Ank V 85/-, VI 85/-
Filmee Virah Geet Ank 85/-
Filmee Ghazal Ank-1 85/-

THEORY AND HISTORY

Sangeet Shaastra 50/-
Sangeet Vishaarad 150/-
Raag Kosh 50/-
Bhaatkhande Sangeet-Shaastra Part III 200/-
Bhaaratiya Sangeet ka Itihaas 40/-
SangeetNibandhaavalee 50/-
Nibandh Sangeet 200/-
Sangeet Chintaamani 200/-
Swarmel Kalaanidhi 30/-
Sangeet Makarand 40/-
SangeetSansmaranAnk 85/-
'Sangeet'SilverJub.Ank 85/-
Vishwa Sangeet Ank 85/-
Mahilaa Sangeet Ank 85/-
Sangeet PareekshaaAnk 85/-
Sangeet Sansthaa Ank 85/-
Sangeet Shikshaa Ank 85/-
Sangeet Shodh Ank 85/-
Mohammad Rafee Ank 85/-
Sangeet Kathaa Ank 85/-
Sangeet ShodhLekhAnk 125/-
Lok Sangeet Ank 125/-
Raashtreeya Sangeet 150/-
Aawaaz Sureelee Kaise Karen 85/-
Paashchaatya Sangeet Shikshaa 65/-

INSTRUMENTAL MUSIC

Vaadya Vaadan Ank 85/-
Taal Ank 85/-
Tabla Ank 85/-
Jaltarang Ank 85/-
Taal Prakaash 80/-
Taal Maartand 85/-
SangitTaalParichaya-I 25/-
SangitTaalParichaya-II 30/-
Kayadaa Aur Peshkaar 25/-
AprachalitKaayadeGaten 40/-
TableParDelhi aurPurab 85/-
Mridang Ank 85/-
Sitaar Shikshaa 85/-
Sitaar Maalikaa 125/-
Belaa Vigyaan (Violin tu.) 70/-
Benjo Master 35/-
Guitar Master 35/-
Music Master (Harmonium, Tablaa and Flute guide) 35/-
Baansuree Shikshaa 120/-
Tabla/Gayan NoteBook 25/-

LITERATURE ON DANCE

Nritya Bhaaratee 60/-
Kathak Nritya 300/-

JOURNAL ON MUSIC

'SANGEET' A monthly magazine on music & dance. Yearly subs. 150/-
'SANGEET' Single copy 15/-

BOOKS IN ENGLISH

Kramik Pustak Vol. I 50/-
Music Mirror (3 issues) 150/-
A Guide to Indian Music 85/-

AUDIO CASSETTES

Kramik Pustak Vol. 1 [Basic Music lessons with 30 compositions] Twin set Hindi/English 70/-

COLOUR PICTURES

Bhatkhande or Paluskar
Size 11"×18" each 20/-
Size 18"×22" each 30/-

HAND MADE PAINTINGS (on Hard board)

Swami Haridas or Tansen
Size 18"×22" each 500.00
Packing & Postage extra

[Prices are Subject to increase from time to time.]

SANGEET KARYALAYA, HATHRAS-204 101 (INDIA)